기독교 선교에 있어서 타종교에 대한 이해는 필수적입니다. 그러나 선교의 역사는 타종교에 대한 극단적 배타주의와 종교 다원주의적 접근 사이에서 그 적합한 자리를 찾지 못하여 왔습니다. 이런 상황 속에서 선교와 종교를 전문적으로 연구하신 김영동 교수께서 새로운 책을 출판하신 것을 진심으로 축하드립니다. 이 책은 기독교 선교에 있어서 타종교의 문제를 다룸에 있어서 다른 책들과는 차별화가 보입니다. 특히 종교의 진·선·미라는 다소 독특한 방식으로 각 종교의 요소를 정리하고 있습니다. 진은 타종교의 교리적 차원으로, 선은 종교의 행동적 차원으로, 미는 종교의 경험과 예술의 영역을 집중적으로 고찰합니다. 진·선·미의 구조로 종교에 대한 다면적 이해를 시도함으로써, 저자는 기독교 선교에 있어서 좀 더 입체적이며 통전적인 방식을 추구하고 있습니다. 이 책은 종교 전반에 대한 해박한 지식과 학문성이 돋보이면서도, 이러한 종교 상황 안에서 어떻게 선교적으로 접근해야 하는지를 3부에서 구체적으로 다루었기에 매우 적용적이며 실제적이기도 합니다. 한국 선교학계에 종교에 대한 연구가 다소 미진한데, 이렇게 훌륭한 책이 출판되어서 매우 기쁘며, 특히 같은 신학교에서 사역하는 후배 교수로 김 교수님의 수고에 존경의 박수를 보냅니다. 그러므로 종교와 선교의 문제를 연구하는 학자 및 목회자들에게, 그리고 타문화권 선교사들과 선교사 후보생들에게 꼭 일독을 권합니다.

**박보경 박사**(장로회신학대학교 선교학 교수, 세계선교학회 부회장)


종교는 문화의 꽃입니다. 종교 속에는 각 지역 사람들의 세계관, 가치, 역사, 예술, 행동 양식에 이르기까지 다양한 문화적 특징을 품고 있기 때문입니다. 건강한 선교, 성경적 복음 전도를 위해서는 반드시 종교를 알아야 합니다. 사실 기독교가 세계 종교를 연구 해온 것은 역사가 그리 깊지 않습니다. 제2차 세계대전 이후 포스트모더니즘 시대의 다원주의 사회가 열리면서 타종교 연구도 활발하게 이루어져 왔습니다. 하지만 이것도 서구 선교사들의 독무대였습니다. 이들은 어떻게 하면 타문화권의 현지인들과 효과적인 소통을 할 수 있는지 연구하였는데 타종교도 마찬가지였습니다. 이와 반면 한국 선교는 1990년대 이후부터 선교사들이 폭발적으로 증가하면서 세계 종교 연구도 함께 이루어졌습니다. 이때 저자인 김영동 교수님도 선교사로 파송 받아 한국선교 부흥에 일조하였기에 몇 가지 면에서 이

책을 추천하려고 합니다.

첫째로, 이 책은 선교현장의 경험이 풍부한 선교학자가 저술하였기에 종전의 '이론' 중심이 아닌 '실제'가 담겨 있기 때문입니다. 이 책에서는 저자가 선교현장에서 겪던 고뇌와 갈등, 장애물을 극복하는 모습을 엿볼 수 있어서 좋습니다. 둘째로, 이 책은 타종교 이해와 접근에 있어서 비둘기처럼 순결하게 복음의 순수성을 유지하되 뱀처럼 지혜롭게 타종교를 접근하는데 중점을 두었기 때문입니다. 종전에 기독교가 타종교를 마치 십자군 운동 식으로 접근해 많은 부작용을 일으킨 것을 신랄하게 꼬집으면서 성경적, 상황적 접근을 시도한 면이 좋습니다. 셋째로, 이 책은 타종교에 대한 바울의 선교전략을 엿볼 수 있기 때문입니다. 유대인의 자문화우월주의식 선교가 아니라 바울의 성경적 선교를 만날 수 있어서 좋습니다.

저자인 김영동 교수님은 인도네시아 선교사로서 타종교 선교를 몸소 체험한 학자입니다. 따라서 김영동 교수님의『종교 진선미와 선교』는 '이론' 중심의 세계 종교를 '실제' 중심의 세계 종교로 돌려놓은 책입니다. 김영동 교수님의『종교 진선미와 선교』는 한국 선교학계의 자랑이자 영광입니다. 목회를 하면서, 선교지에 가기 전에, 선교지에서 사역을 하면서, 선교에 관심을 갖고 펼쳐 보며 혜안을 발견할 수 있는 귀한 책입니다. 선교에 관심을 갖는 목회자, 평신도, 선교사, 신학생에 이르기까지『종교 진선미와 선교』를 일독하기를 적극 추천합니다.

**안희열 박사**(침례신학대학교 선교학 교수, 전 세계선교훈련원 원장)

현시대를 다원주의 시대라고 부른다. 삶의 많은 영역이 다원화되었다는 의미이다. 이런 다원화 가운데 종교도 한 부분을 차지하고 있다. 그런데 문제는 내가 믿고 있는 종교도 잘 모르고 타종교에 대해서는 더 모른다는 사실이다. 종교에는 긍정적인 가르침이 있는 반면 부정적인 면도 갖고 있고, 종교 나름대로의 특징이 있다. 그런데 일부분만을 알면서 많은 부분을 안다고 착각하며 살고 있다. 그리고는 스스로 용납할 수 없는 부분에 대해서는 내가 몰라서 그럴 수 있다거나 그 종교의 특성이 그런가보다 라고 여기기보다 그 종교가 잘못되었다고 일방적으로 폄하하며 비난하기 일쑤다. 종교의 가르침이 잘못된 것인지 그 종교를 신봉하는 종교인의 태도가 잘못된 것인지에 대한 명확한 구분도 없이 종교와 종교인을 한꺼번에

묶어서 평가절하 하는 일이 종종 발생한다. 이런 무지하고 일방통행 식 태도로 인해 종교인 사이에 갈등이 유발되기도 하고 소모적 분쟁이 지속되기도 한다. 현시대의 비정상적 현상이라 할 수 있겠다.

　타종교에 대해 평가를 하려면 적어도 그 종교의 교리에 대한 이해가 선행되어야 한다. 그런 이해 없이 특정 종교에 대해 왈가왈부하는 것은 무지를 넘은 무례라 여겨진다. 이런 우리의 무지와 무례를 멈추게 할 지침서가 김영동 교수님에 의해『종교 진선미와 선교』라는 이름으로 발간되었음은 감사한 일이 아닐 수 없다. 김영동 교수님은 타문화권에서 살면서 학업을 하며 목회를 하며 선교를 한 경험과 선교학자로서 연구하고 선교학 교수로서 가르친 경력을 바탕으로 이 책에서 타종교의 이해를 도모하고 종교권별 선교 접근 방법을 제시한 것은 종교다원화 시대에 무척 고무적이라 하겠다. 이 책을 통해 종교 간의 이해의 폭이 넓어지고, 다원화 시대에 바람직한 선교이해와 적절한 선교방향을 찾을 수 있기를 기대한다.

**조은식 박사**(숭실대학교 교목실장, 한국선교신학회 부회장)


오늘날 전 세계는 과거에는 경험하지 못했던 급격한 변화의 소용돌이 속으로 들어가고 있다. 오늘날 우리는 시간과 공간개념의 변화와 다양한 인종들과 민족들이 혼재되는 상황과 학문 분야에서도 나타나는 융·복합적인 양상들을 목격하고 있다. 인공지능과 같은 4차 산업혁명이 초래하는 새로운 과학기술의 부상은 지리적인 경계선뿐 아니라 정치경제적인 경계선을 넘어 가상의 사이버 공간으로 인간을 몰아넣고 있다. 이렇듯 글로벌 문화변화의 파고가 점점 더 높아지며 세속화와 소비주의 그리고 생태계 문제들이 심화되고 있지만, 우리 주변에서 종교에 대한 관심은 점차적으로 증가하고 있다. 아마도 이러한 현상은 종교가 인간의 가장 깊은 내면과 영성뿐 아니라 일상적인 삶이 초래하는 실재들을 다루고 있기 때문일 것이다. 문화의 핵심인 종교는 인간의 일상생활을 지배하고 있으며 인간의 사고와 행동을 포괄하는 세계관에 지대한 영향을 미친다는 점에서, 오늘날 교회가 선교적으로 참여한다는 것은, 타종교인과의 만남의 중요성을 인식할 뿐 아니라 그들과의 대화의 자리를 어떻게 발견하고 어떤 방식으로 그들과 상호 간의 이해와 태도를 견지하는 것과 연관된다.

　이러한 상황에서 본서는 수많은 종교와 문화가 혼재하는 세계에서 종교 간 대화와 학제 간 대화를 추구하는 선교학의 핵심 특징들을 명료하게 보여주고 있다. 이 점에서, 본서는 선교적 관점에서 타종교를 바라보는 기존의 시각과는 구별되는 접근을 취하고 있다. 특히 다양한 종교들을 종교적 신앙, 행위, 그리고 경험이라는 진·선·미의 관점에서 조망하는 총체적 접근방식을 취하므로, 기독교 선교에 참여하는 그리스도인들로 하여금 종교에 대한 지평을 확대하고 통합적 종교연구를 통한 대화의 접촉점을 발견하는데 도움을 준다. 또한 본서는 성경에 나타난 삼위일체 하나님의 타자에 대한 관심과 환대 그리고 교회가 추구하는 예수 그리스도 안에서 만물을 화해시키고 새롭게 하시는 하나님의 구속적 경륜을 폭넓게 다루고 있다.

특히 본서는 종교연구에 관한 다양한 이론들과 주요 세계 종교들의 진리 주장, 종교 경험 그리고 도덕적 행위를 통합적으로 설명하고, 이에 기초하여 다양한 종교들에 대한 기독교 선교의 방법론을 풀어낸다는 점에서 매우 훌륭한 가치를 지닌다. 본서는 기독교 선교에 있어서 타종교 이해와 대화를 위한 입문서로서 목회자들과 선교사들 그리고 신학생들과 그리스도인들을 위한 필독서이다.

**최형근 박사** (서울신학대학교 선교학 교수)

# 종교 속 진선미와 선교

이 저서는 2019년 순교자김상현목사가족기념석좌기금의 지원으로 수행된 연구임.

# 종교 속 진선미와 선교

초판 1쇄 인쇄 | 2020년 8월 24일
초판 1쇄 발행 | 2020년 8월 31일

**지은이**  김영동
**펴낸이**  임성빈
**펴낸곳**  장로회신학대학교 출판부

**등록**  제1979-2호
**주소**  04965 서울시 광진구 광장로5길 25-1(광장동 353)
**전화**  02-450-0795
**팩스**  02-450-0797
**이메일**  ptpress@puts.ac.kr
**홈페이지**  http://www.puts.ac.kr

**값** 20,000원
ISBN  978-89-7369-465-5  93230

＊이 도서의 국립중앙도서관 출판예정도서목록(CIP)은
  서지정보유통지원시스템 홈페이지(http://seoji.nl.go.kr)와
  국가자료공동목록시스템(http://www.nl.go.kr/kolisnet)에서
  이용하실 수 있습니다. (CIP제어번호 : CIP2020035235)

# 종교 속 진선미와 선교

**김영동** 지음

장로회신학대학교출판부

# 서론

　　20세기 신학에 선교학이 새로운 방향성을 줄 것으로 어느 신학자는 말하였다. 선교학은 신학 분야에서 비교적 최근에 연구 활동이 활발해진 학문으로 교회와 신학에 기대와 사명을 환기시키며 중요한 자리를 차지하고 있다. 수많은 선교학자들이 국내외적으로 학회와 세미나 등에서 활동력을 키워나가고 있다. 학문적으로나 실천적으로 관심이 증대되고 있는 선교학에서 가장 난해하고 어려운 연구 주제가 종교일 것이다. 한때는 세계 선교가 완성될 것이고, 그러면 세계 종교는 이 지상에서 다 사라질 것으로 보았던 순진한 낭만주의적 견해가 선교계를 지배했었다. 하지만 세계의 각종 종교는 기독교 선교에서 그들 나름의 유형과 방법을 배워서 새로운 종교 부흥을 일으키고 있다. 특히 제2차 세계대전이 끝난 후 그동안 서구의 식민 지배를 받던 여러 국가에서 전통적으로 신봉되던 종교의 부활이 두드러졌다. 전통적이며 토착적인 문화 재생과 종교의 부활이 함께 일어나면서 각 나라 민족의 주체성과 정통성을 회복하려는 움직임이 일어났다. 종교는 더 이상 선언적인 저주나 무시로 배척할 수 있는 대상이 아니다. 그렇다고 모든 종교에 동일한 구원이 있다는 종교 다원주의를 수용할 수는 없다. 종교들의 구원 제시는 그 기본적인 세계관, 우주관, 사회관, 인생관 등 모든 면에서 차이가 있기 때문에, 하나의 구원으로 모든 종교를 동일시하는 것은 너무 순진한 사고이거나 아니면 일종의 철학 사상이라고 할 수 있다. 그렇다고 기독교가 우월하다는 생각으로 타종교에 다가갈 수도 없다. 종교를 제대로 알고, 바로 이해하며, 타종교인이라 할지라도 깊이 사랑할 때 참된 복음 진리가 전파될 것이다. 따라서 종교에 대한 이해를 도모하는 것은 과거 그 어느 때보다도 지금 더 절실하게 필요하다.

21세기 종교 다원화 세계에서 소수자로서 기독교는 다수자로서의 전통종교에 대해 서구 식민, 제국주의적인 문화 우월성과 강요와 억압과 지배를 내려놓고 겸손humility과 인격과 통전성integrity과 단순성simplicity으로 선교해야 한다. 21세기 선교의 가장 강력한 장애물 혹은 경계선으로서의 타종교에 대한 이해와 선교 방향 설정은 대단히 중요하다. 서구 중심의 틀을 벗어나서 그야말로 전 지구적 관점에서 다양한 종교에 대한 이해와 분석과 평가를 통해 성경적, 복음적 종교 이해를 도모해야 하며, 변화된 상황에 걸맞은 선교를 실천해야 한다. 무엇보다 중요한 관점은 기독교의 정체성, 즉 복음의 복음 됨을 포기하지 않으며, 복음의 진리 선포와 하나님의 사랑을 균형 있게 추구하는 선교를 이루어야 한다.

이러한 세계 상황의 변화와 타종교 부흥의 현실에서 필자는 타종교, 즉 다른 신앙에 대한 이해를 넓히는 책을 내게 되었다. 이 책은 오랫동안 신학교에서 강의한 내용을 토대로 했지만, 기존의 저서와 여러 자료를 참고하여 이루어진 것이다. 세계 종교를 하나의 책으로 쓴다는 것 자체가 주제넘은 일로 보일 수도 있고, 필자와 같이 학문과 경험이 부족한 사람이 세계 종교를 감히 이야기한다는 것도 염치없어 보일 수도 있겠다. 다만 한국에 태어나서 어릴 때부터 유교, 불교, 샤머니즘, 도교, 창가학회 등을 가정과 마을에서 가까이 체험한 것, 유럽에서 약 7년 정도 머물면서 공부할 때 유럽 기독교를 몸으로 느낀 것, 인도네시아에서 선교사로 봉사하면서 현장에서 이슬람에 대해 조금은 직접적으로 접한 것, 그리고 독일에서 신학박사 학위논문을 쓰면서 한국 샤머니즘과 기독교에 대해서 연구한 것 등으로, 나름 삶의 생생하게 축적된 경험을 모아 종교에 대한 글을 언젠가는 써야 할 것 같은 무슨 운명 같은 생각을 품고 있었다. 필자는 정통 종교학자는 아니다. 필자가 쓴 이 책은 어디까지나 선교학자로서 본 종교에 대한 이해이다. 다시 말하자면 종교 다원주의자나 무신론자가 아니라 기독교인으로서 종교를 이해하면서 바르게 복음을 전하자는 취지에서 이 책을 쓴 것이다.

한국 선교학자가 쓴 비교종교학은 김은수의 『비교종교학 개론』을 대표적인 저서로 손꼽을 수 있다.[1] 총 3부로 이루어진 이 책은 종교에 대한 일반적인 이해와 비교종교학에 대한 기본적인 이해를 제시하고, 외래 종교인 도교, 불교, 신도, 유교, 유대교, 이슬람, 힌두교를 소개하며, 한국 토속종교인 대순진리회, 대종교(단군교), 무교(샤머니즘), 원불교, 증산교, 천도교를 다루고 있다. 이 책은 특징은 한국에서 볼 때 외래종

---

1    김은수, 『비교종교학 개론』(서울: 대한기독교서회, 2006). 이 책의 개정증보판은 2018에 출간되었다. 김은수 외에 종교에 대한 저서를 펴낸 선교학자는 이동주가 있는데, 그녀는 『아시아 종교와 기독교』(서울: 기독교문서선교회, 1998)에서 아시아 종교인 불교, 힌두교, 유교, 천도교를 다루면서 혼합주의를 비판하고 기독교 진리의 척도를 제시한다.

교만 아니라 한국의 토속종교에 대해 깊이 있는 이해를 제공한 점과 외래 및 토속종교를 다루는 일정한 구조를 갖추었다는 점이다. 개별 종교를 알기 쉽게 이해하는 것은 물론이고, 여러 종교를 비교 연구할 수 있는 장치를 마련한 점이 특징이다. 그 기본 구조란 발생 배경과 시대적 상황, 창시자, 경전, 교리와 사상, 생활과 종교의식, 교단 구조와 현황, 대화의 가능성과 과제 등이다. 여기에서 선교학자로서 저자의 저술 목적과 의도를 읽을 수 있는 부분이 대화의 가능성과 과제라고 할 수 있다. 김은수는 외래종교든 토속종교든 그가 다루고 있는 모든 종교에 대해 이러한 대화의 가능성과 과제를 제시함으로써 대화로서의 선교를 보여주고 있다. 그가 의도하는 대화란 "우리의 신앙과 정체성을 포기하지 않으면서 동시에 다른 신앙인들을 진정으로 받아들이고 이해"[2]하는 길이다.

필자는 종교에 대한 정의를 "인간 실존의 문제에 대한 해답의 일환으로서 초자연적이며 초인간적 실재인 궁극적 존재와의 관련성 속에서 진리<sup>믿음</sup>와 선<sup>행동의 이상</sup>과 미<sup>개인적 경험</sup>를 이해하고 실천하는 복합적 체계"로 보았다. 오늘날 세계에 많은 사람들이 신봉하는 현실 종교에 대한 연구 방법으로 제안하고자 하는 것은 인류 보편적인 가치 혹은 '인간의 궁극적인 관념' ultimate human ideals 인 '진·선·미' 관점이다. 이런 관점에서 종교를 이해하려고 찾아보니 이미 켄트 리히터 Kent Richter 라는 종교학자가 앞서서 연구를 시도한 걸 알게 되었다. 리히터는 필자처럼 개개 종교를 구별해서 설명하지 않고 미, 진, 선이라는 구조에 따라 여러 종교를 설명한다. 리히터가 제시하는 진(리)은 종교적 믿음에 대한

---

2    김은수, 『비교종교학 개론』, 99.

것으로서, 궁극적 존재에 대한 관념, 창시자와 현현顯顯, 원천과 권위로서의 경전, 종교 언어, 기타 교리 자아, 고통, 구원에 대한 진리 등의 다섯 가지 관념을 말한다. 선은 종교가 제시하는 신봉자의 행동 원리로서 의례, 도덕적 행위, 사회 질서와 정부이다. 미는 종교 경험, 종교와 예술, 덕 혹은 구원에 대한 재고로 규정된다. 필자는 리히터의 방법론에 많은 도움을 받지만, 그의 구조를 그대로 따르지는 않는다. 리히터가 거부한 방법이지만, 개개 종교에 따라 이 책을 분류하면서 각 종교를 이해하는 방법으로 진·선·미의 구조로 제시하려고 한다. 물론 진·선·미의 하부 구조 혹은 분류 요소는 리히터의 방법론에서 도움을 받는다. 따라서 이 책의 구성은 제1부는 종교의 일반적인 이해를 다루고, 제2부 각 종교 속에 담긴 진·선·미를 고찰하며, 제3부 종교권별 선교 접근 방향을 이야기한다. 제2부의 종교 속에 담긴 진·선·미는 다시 진의 부분에서 신 궁극적 존재, 창시자와 대표자, 경전, 자아, 고통, 구원에 대한 교리라는 구조로 나누어서 살펴본다. 선은 의례, 도덕적 행동과 교훈, 사회 질서로 구분해서 언급하며, 마지막 미에 대해서는 간략하게 종교 체험과 영성, 그리고 예술이라는 주제를 다룬다. 이러한 구성은 그동안의 진, 선 중심의 종교 이해를 미를 포함해서 살펴보자는 필자의 의도가 담긴 것이다. 그리고 각 종교를 다루는 장의 마지막에 그 종교의 진·선·미를 요약 정리한 도표를 첨부한다.

이 책은 일반 독자보다는 선교사, 선교학자, 신학생, 목회자, 일반 성도를 위해서 쓴 것이다. 교회와 선교, 그리고 세상을 위한 선교학이란 관점에서 종교에 대한 이해를 도모하고, 복음을 효과적이면서도 효율적으로 전파하려는 의도에서 쓴 것이다. 그래서 유대교, 기독교, 가톨릭, 정교회 등에 대해서는 다루지 않았다. 종교에 대해 한국 기독교인이나 선교학자가 쓴 책이 많지 않은 것도 이 책을 쓰게 된 간접적인 동기 중 하나다. 독자 중에는 그 많은 기라성 같은 동서양의 전문 종교학자들이 쓴 책들이 많은 데 왜 구태여 또 하나의 책을 써야 하느냐고 항변할 수 있겠다. 이에 대해서는 우리말로 된 간략한 종교 이해가 필요해서라고 간단히 말해주고 싶다.

아무쪼록 이 책이 세상에 태어나서 오직 하나님의 영광을 위해, 하나님 나라 확장과 예수 그리스도의 복음 전파에 조금이라도 사용된다면 기쁘기 한이 없겠다. 이 책을 만드는데 도와주신 많은 분들과 출판사 여러분들과 추천서를 써 주신 귀한 선교학자 여러분들께도 깊은 감사를 드린다.

2020년 7월 15일
저자 김 영 동

# 목차

# 〈표〉 차례

# 〈그림〉 차례

# 제1부

o

종교의
일반적인
이해

# 1장
# 선교 문제로서의 종교

본 장에서 선교학에서 종교 이해의 필요성과 중요성을 이야기하고, 변화된 세계 선교 상황을 파악하며, 종교 다원화 현상과 종교들의 선교를 살펴본다.

## I. 변화된 세계 선교 상황

독일의 종교학자 균터 란즈코브스키 Günter Lanczkowski 는 서구 지식인들이 얼마나 타종교에 대해 무지한가를 안타깝게 생각하며, 자신의 경험을 이야기한다. 태국 국립대학에서 불교철학을 가르치는 태국인 교수가 란즈코브스키 교수를 데리고 방콕 시내 관광 안내를 해주었다. 그 교수는 방콕 시내 관광 중 특히 불교 유적지와 사원들을 보여주었는데, 그동안 그가 참고 지내온 내심을 드러내었다. 지금까지 서양에서 온 여러 종류의 손님들, 즉 농업, 기술, 경제 등 전문가들을 안내했는데 그들은 하나같이 당황스럽게도 불교에 대해 너무 문외한이었다고 한다. 그들은 불교에서 가장 기본적인 의식인 부처상을 돌 때에 반대방향으로 돌았다. 불교 사원에서 부처상을 돌며 예를 표할 때는 시계방향으로 돌아야 하는데, 명망 있는 전문가들이 부처상을 반대로 돈것을 보고 무시당하는 느낌이었다는 고백이다.[1] 이것은 비록 자기 종교의 한 외적 형태의 행동양식에 따라서 사람을 판단한 경우라고 할수 있으나, 란즈코브스키는 이 체험에서 다음과 같이 결론을 내린다. 대부분 유럽 사람들은 비서구인과 문화와 전통적인 종교적 가치나 상징을 모를 뿐만 아니라 속물로 간주하고 있다. 유럽인이 다른 분야에선 비록 높은 지식을 소유하고 있는지 모르나 비서구 문화에 대해서는 무지하다. 세계의 모든 종교가 그 나름대로 오늘날까지 존속하여온 것은 그 종교 신봉자들에게 생로병사의 문제에 해답을 주고, 정신적 문화적 가치와 상징으로 자리매김하고 있음을 일단 수긍해야 한다. 이 말은 타종교를 복음과 대등한 종교로 보라거나 모든 종교는 동일하고 같은 구원에 이르게 한다고 무조건적으로 종교 다원주의를 수용하라는 말은 아니다. 사람들의 삶과 죽음에 영향을 미치고 있는 타종

---

**1**  Günter Lanczkowski, *Einführung in die Religionswissenschaft, Zweite Auflage* (Darmstadt: Wissenschaftliche Buchgesellschaft, 1991), 1.

교의 현실을 있는 그대로 볼 수 있는 눈이 필요하다는 것이다.

이어서 란즈코브스키는 근대 이후로 기술적인 지식의 발전에 대비해서 타종교에 대한 인식은 여전히 미흡하다고 지적한다. 정신, 문화적인 측면에서는 '하나의 세계'가 아직도 실현되지 못했다는 논지를 편다. 지구상의 여러 종교의 다양한 표출 현상과 함께 혹은 다원화된 종교 현상에도 불구하고 '하나의 세계'는 아직 이루어지지 않았다고 한다. 바로 이런 상황이 마지막으로 탐험되고 발견되어야 할 세계 현상이다. 즉 "발견의 시대 마지막 기점"Endphsae des Zeitalters der Entdeckungen이다. 이런 그의 주장은 벨기에의 역사학자 앙리 피렝Henri Pirenne의 다음과 같은 주장을 근거로 한다. 중세의 시작은 이슬람의 확장기인 7-8세기로부터 시작한다. 지중해의 동과 남, 그리고 서로 확장하던 때, 특히 이베리아 반도의 대부분을 차지하고, 서양이 비서구세계와 접촉을 불가능하게 만든 장애물이었던 이슬람의 등장이다. 그래서 중세의 서구 기독교가 타종교와의 접촉이란 겨우 유럽 대륙을 벗어나지 못한 범위 내에서였고, 그리고 종교적 만남과 논쟁 및 격돌은 이단 종파를 빼고, 이슬람과 유대교뿐이었다. 그런데 이슬람과 유대교는 기독교와 공통의 유산을 가지고 있다. 하나는 유일신론적 신앙이고, 다른 하나는 역사적 근거가 이스라엘 종교와 공통이요, 그래서 그들의 접촉이란 오늘의 타종교와의 만남과는 질적으로 다르다. 따라서 이들 유일신 종교의 만남은 전혀 다른 타종교와의 만남에 큰 영향력과 인상을 주지 못했다고 본다. 유형 면에서 타종교의 다양성에 대한 인식이 결여되었다고 보는 주장이다.[2]

---

2    위의 책, 1-2.

중세 시대에는 종교 면에서 지역적인 보편성이 결여되었고, 선교와 역선교 counter-mission 로 발생하는 위기의 성격을 띠는 오늘의 여러 종교의 만남과 같은 현상은 찾아볼 수 없었다. 십자군 전쟁도 중세의 패러다임 안에서의 사건이요, 그래서 어떤 변화도 낳지 못했다. 결국 소위 말하는 '지리상의 발견'으로부터 새로운 시대의 서막이 열렸다고 할 수 있다. 새로운 시대는 칼 대제가 이끈 스페인 왕조 때, 기독교의 이베리아 반도의 탈환 1492년 그라나다의 몰락으로 완결 으로 본격적인 문을 열었다고 할 수 있다. 그러나 그전에 이미 포르투갈의 왕자 하인리히 Heinrich, 1394-1460 는 십자군의 전투 정신을 먼 외지의 불신자를 향한 투쟁 정신으로 전환 시켰다. 이것은 종교 역사상 대단히 중요한 의미를 띠며, 불행한 종교 간 투쟁을 일으키고 선교의 본질을 왜곡시키는 결과를 낳게 된다. 왜냐하면 하인리히 왕자의 불신자를 향한 증오와 전투 정신의 도입은 기독교의 타종교에 대한 기본 이해에 지대한 영향을 미쳤다고 본다. 하인리히 왕자 이후 유럽이 비기독교 세계에 대한 정복을 시작함과 동시에 역사적으로 사실은 아니지만, 전통적인 서구 중심주의적 사관에 따라 소위 말하는 '발견의 시대'가 시작하였다. 그 이후 교통, 통신, 기술의 발달로 지역적인 간격이 극복되고, 아주 밀접한 하나의 '세계화'가 추진되었다.[3] 그런데 우리가 분명히 성찰해야 할 역사적 사실은 1492년에 콜럼부스가 신대륙을 "발견한" 것이 아니라는 것이다. 발견이라는 것은 무인도를 발견한다든지 사람이 살고 있지 않은 미지의 땅을 발견할 때 쓰는 말이기 때문이다. 콜럼부스가 발견했다고 하는 땅에 이미 사람이 살고 있었기 때문에, 우리는 이렇게 말하

---

**3**  위의 책, 2-3.

는 게 옳다고 본다. "1492년은 콜럼버스가 아메리카 대륙을 발견한 해가 아니라, 콜럼버스가 아메리카 사람들에 의해 발견되어 진 해다." 이 말은 필자가 독일 베를린에서 유학 중일 때, 콜럼버스가 탐험을 한 지 500주년을 기념하면서 1992년에 양심적인 선교학자와 지식인들이 모여 정복과 수탈의 역사를 참회한 모임에서 했던 말이다. 그때 필자의 스승인 하인리히 발즈Heinrich Balz의 수업 시간에 들은 이야기이다. 지당하고 또 옳은 말이다.

　　지리상의 발견은 예루살렘 중심의 중세적 사고를 무너뜨리기 시작하였다. 성스럽게 형성된 공간상의 지향점으로서의 중앙 성소의 자리가 비종교적인 지리-물리적 지구의 중심으로 대체되었다. 이방의 신앙과 제의는 악마적이며 유럽 외의 새로운 사람과 문화는 이교도적이고, 악마적인 피조물이요, 야만적인 비참과 탄식의 삶으로 여겨졌던 이전의 태도와 관점이 새롭게 변화되었다. "비서구 세계에서도 지난 수백, 수천 년 동안 존재해오던 것처럼 지금도 여전히 종교들의 힘이 있다는 것을 인식해야 한다고 주장한다."[4] 이런 관점이 일반적인 견해가 되지 못한다면, 그리고 세계화 혹은 변화하는 선교 상황을 종교적 현상의 다양성 속에서 파악되지 않는다면 바른 현실 인식에 토대를 둔 선교를 실천할 수 없을 것이다. 서구 학자들이나 서구 기독교적 관점에서 타종교를 보는 일방성과 한계성을 극복해야 하며, 종교 내부자적 관점과 외부자적 관점의 균형 있는 접근이 필요하다.

---

4　위의 책, 4.

## Ⅱ. 종교 다원화 현상과 종교들의 선교

　　세계화와 함께 곳곳에서 민족적인 정체성의 신장과 문화, 종교적
인 주체성 고양이 일어나고 있다. 특히 우리 시대에 종교의 기능과 역
할이 여전히 증대하고 있으며, 종교의 다원성과 종교 다원주의로 특징
되는 종교사적 사실의 공간적인 보편성 die räumliche Universalität 은 어거스틴
때나 바울의 아덴에서의 설교 때의 상황과 비교가 가능할 정도이다.

　　종교다원화 현상은 수평적인 관점에서 현재적 사실이요, 수직적
인 관점에서 종교사적인 일이다. 종교사적인 다원화의 근저에는 이전
시대의 종교사적인 현현 양식들의 다양성과 풍부함에 대한 인식의 증
대가 깔려있다. 이것은 고고학적인 발굴과 해독 등으로 이방 종교와
문화에 대한 이해가 증대된 데에 기인한다. 특히 20세기 초반인 1928
년, 우가릿의 유적 발굴과 가나안 종교의 발견, 쿰란 문서의 발굴 등으

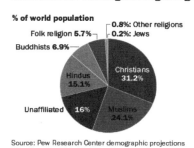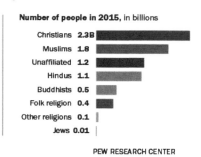

〈그림 1〉 세계종교 인구 통계[2015]

로 나타난 현상이다.

여러 학자들이 "세계종교의 르네상스"를 언급하는데, 이는 여러 종교들이 다양한 선교방법으로 선교 중인 현상을 드러낸다<sup>2015년 현재 세계</sup>

종교의 현황은 위의 〈그림 1〉을 참고하라. 세계의 여러 종교들이 선교를 강력하게 추진하고 있고, 그들도 보편종교로서의 진리를 주장하는 현실이다. 타종교를 토대로 국가 건설이 실현되었고, 각자의 종교를 토대로 하나의 세계를 이루려는 열망을 강력하게 펼치며, 그들의 선교를 추진하는 현상을 직시해야 한다. 예를 들면, 파키스탄의 건국은 이슬람 주도의 나라 건설이다. 파키스탄은 모든 무슬림의 종교, 정치적 공동체 형성인 움마<sup>umma</sup> 사상의 실현으로 추구되었다. 리비아, 레바논, 사우디아라비아, 이란, 인도네시아, 말레이시아 등지에서 이슬람 부흥운동이 여전히 일어나고 있다. 따라서 선교에 임하는 교회와 신학은 타종교의 부흥과 선교에 대해 실존적, 학문적인 차원에서 연구와 분석을 할 필요가 있다. 현대인은 이 세계에서의 방향성을 찾기 위해서 종교 이해와 지식을 요구한다. 종교학자는 종교학 연구의 중요성과 긴급성을 주장하며, 신학자는 "종교 신학"<sup>Religionstheologie, Theology of Religions</sup>의 논의를 주장한다. 그 기본적인 동기는 학문적 관심보다는 실제적인 삶의 방향을 찾고 제시하기 위해서이다. "종교에 대한 어떤 인식 없이 사람은 방향 설정은커녕 결단을 할 수도 없을 것이다."[5] 이러한 역사적이며 통시적인 상황 이해와 분석을 선교적 관점에서 아래와 같이 중세, 근대<sup>modernism</sup>, 근대후기<sup>post-modernism</sup>의 시대별로 나눠 종교 상황의 특징을 살펴본다.

---

[5]    위의 책, 18.

〈표 1〉 시대별 종교 상황

| 중세 | 근대 | 근대후기 |
|---|---|---|
| 이슬람 확장과 유럽의 기독교화 | 계몽주의, 사회, 정치, 종교, 경제 혁명<br>18세기 마지막 시기 - 근대선교(1792) 시작과 기독교 정체성 변화<br>헬라-유럽중심 선교와 교회 구조<br>근대성: 이성, 합리, 실증, 진보, 발전<br>직선적 시간관 | 탈근대, 반근대<br>종교 다원주의<br>비서구 중심 선교<br>신비, 초월, 황홀,<br>순환적 시간관 |

　　중세-근대-근대후기의 이러한 역사적 변천은 어느 하나의 힘이나 운동으로 이루어졌다고 보기 힘들다. 다만 우리는 기독교 선교의 관점에서 이러한 시대의 변천과 선교 운동의 연관성을 더듬어 볼 수 있어야 한다. 찰스 테이버 Charles R. Taber 의 책 서문에서 언급한 윌버트 센크 Wilbert R. Schenk 의 다음의 말은 일리가 있다. "헬라-유럽 세계에서 근대후기로의 전이는 근대 기독교 선교운동의 직접적인 결과이다. 이런 점에서 근대선교운동은 역사적 기독교의 종말을 가져오는데 적지 않은 기여를 하였다."[6] 근대후기의 기독교 선교는 기독교 일방적인 선교가 아니라 타종교와의 만남과 대화를 통한 선교로 패러다임을 전환시키지 않을 수 없다는 것이다.

---

**6**　　Charles R. Taber, *The World Is Too Much With Us: "Culture" in Modern Protestant Missions* (Macon: Mercer Univ Press, 1991), *xi*.

# III. 종교 연구의 목적

많은 사람들은 종교 이후의 시대, 혹은 세속화 시대에 종교가 더 이상 필요 없다고 생각할 것이다. 이 시대에 굳이 종교를 이야기하고 연구하는 의의와 목적은 무엇인가 되물을 것이다. 필자는 미국의 탁월한 기독교 역사학자인 마틴 마티 Martin Marty 가 제시한 종교연구의 목적을 간략히 제시함으로써 그러한 질문에 응답하고, 종교 연구의 필요성을 강조하려고 한다.

첫째, 종교는 현대 세계의 적대관계와 살인과 폭력과 전쟁에 중요한 변수로 작용한다. 아울러 좀 더 미묘한 차원에서 억압과 차별 등의 기제에 종교가 관련되고 있어서 종교 연구는 필요하다.

둘째, 종교는 부족사회든 현대 메가시티 사회든 여러 측면에서 치유의 기능을 함으로 연구 의의가 있다. 수많은 종합병원, 클리닉, 건강 단체들이 종교에 기원을 두는 경우가 많다.

셋째, 종교는 글로벌하게 만연하고 있다. 따라서 학문적으로 종교를 연구해야 할 필요성이 생기는데, 특히 세속 사회에서 여전히 종교가 성장하고 강화되는 근거를 찾아봐야 한다.

넷째, 종교는 유구한 역사를 가지고 있고, 그 영향력은 문화 전반에 걸쳐 끼치고 있기 때문이다. 예술의 여러 영역, 즉 건축, 음악, 문학, 춤, 영화 등에 종교가 미친 영향은 지대하다. 이런 의미에서 종교를 "문화의 영혼" soul of culture 이라고도 한다.

다섯째, 종교에 대한 연구가 쏟아지는 데에도 여전히 종교를 정의하기가 어렵고, 따라서 감질나게 하는 연구 주제이다. 종교의 연구는 종교라는 실체의 한계와 범위를 탐구해야 한다.

여섯째, 인간의 삶의 여러 분야에서 종교는 부인할 수 없는 기능을 한다. 종교와 연관된 학문 탐구 분야는 대단히 많이 제기되었다.

일곱째, 종교는 가장 긍정적인 인간 삶의 영역은 물론 가장 부정적인 삶의 영역을 동기 유발한다. "종교의 이름으로 사람들은 춤을 추고, 예술 활동을 하며, 음악을 만들며, 전쟁을 하며, 사람들을 학대하며, 사람들을 해방시키며, 정의를 고양하며, 편견을 강화시키며, 중독과 싸워서 이겨내게 하고, 또 다른 ⋯ 여러 가지 활동을 한다."

여덟째, 종교는 다원주의를 가장 잘 드러내는 것 중에 하나이다. 비록 현대 세계가 다문화 사회라고 하지만, 이러한 다원화에 가장 중요한 핵심 요소는 종교의 다원성이라고 한다.

아홉째, 종교 연구는 실제적인 차원에서 고려할 수 있다. 정치, 광고, 인간관계 등에 종교를 경시하면 그 진면목을 놓치기 쉽다. 유대인 회당에 돼지고기 세일 광고를 붙이는 그런 난센스는 생각할 수도 없을 것이다.

열 번째, "문화의 주제 혹은 차원으로서 종교"는 학문적 연구의 전문가 그룹을 만들어 내었으며, 이런 의미에서 종교 연구의 의의와 목적은 타당하다고 본다.[7]

이러한 종교 연구의 이유와 의의와 목적은 비록 선교와 직접적인 관련성이 없는 내용도 있지만 대부분 성육신적 선교를 구현하기 위해서 먼저 사람과 그 사람이 생활하고 있는 문화를 이해해야 하는데, 그 "문화의 영혼"인 종교를 연구하는 것은 대단히 중요하다고 본다. 과거에 종교를 접해보거나 체험했거나 연구했던 것이 전부가 아니라 지금 현재 목회, 선교 차원에서 종교 연구를 더 깊이 해야 하는 이유가 제기된다. 그래서 마틴 마티는 종교 연구를 "생기 넘치는 모험" An Exuberant Adventures 이라고 부른다.[8]

하나의 지구촌으로 단일화 하고, 교통 통신의 발달과 정보의 네트워킹으로 전 세계는 긴밀하게 통합되었으나 사실은 다원화와 다원주의가 다양한 영역에서 표출되고 있다. 사회, 문화, 종교, 경제생활에서 이전의 그 어떤 시대보다 세계적인 차원에서 상호 의존과 상호 연결이 강화되고 있다. 이러한 대규모의 사회 변화를 일으킨 세계화는 인간과 사회집단의 정체성과 활동을 전 세계적인 차원에서 변화시키고 있다. 종교 역시 이러한 거대한 세계화의 흐름에 편승할 수밖에 없다. 세계화 시대의 종교 연구가 더 필요한 이유가 제기된다. 한 마디로 종교 연구를 통해 우리에게 바짝 다가온 타종교인을 이해하기 위해서 종교를 알아야 한다.

서로 다른 종교를 가진 이웃들을 이해하고, 함께 더불어 일하며, 서로 원활히 소통하기 위해서 종교를 이해해야 함은 기본 상식이다. 과연 종교는 세계화의 거대한 흐름을 강화할 것인가, 아니면 약화시킬 것인가? 세계화와 종교의 관계성에 대한 주제에 이런 물음이 제기된다. 아울러 세계화가 종교적인 신앙 행위 혹은 종교적 존재 양식에 그 어느 때보다도 더 깊고 넓은 변화의 장이 된다는 점이 종교 연구의 필요성을 제기한다.[9]

---

**7**    Martin E. Marty, "An Exuberant Adventures: The Academic Study and Teaching of Religion," *Religious Studies News* vol. 12 no. 3 (September 1997), 20, 48; Kent Richter et al., *Understanding Religion in Global Society* (Belmont,CA: Wadsworth, 2005), 8-10에서 재인용.

**8**    Martin E. Marty, "An Exuberant Adventures."

**9**    Kent E. Richter, *Religion: A Study in Beauty, Truth, and Goodness* (Oxford: Oxford University Press, 2017), 10.

# 2장
# 종교 개념 정의와 기능

## Ⅰ. 어원적 정의

일찍이 에드워드 타일러 Edward B. Tylor는 애니미즘 Animism에 종교의 기원을 두는 진화론적인 이론을 폈다. 그는 종교란 애니미즘으로부터 출발하고 진화하여 다신론, 일신론, 유일신론의 순서로 진화하였다고 말한다.[1] 그리고 대다수 식자들은 과학의 등장으로 종교는 사라질 것

---

**1** Edward B. Tylor, *Primitive Culture: Researches into the Development of Mythology, Philosophy, Religion, Art and Custom*, 1st ed. (London: Murray, 1865; London: Forgotten Books, 2012).

으로 믿었다. 한편 로버트 엘우드 Robert Ellwood 는 이러한 가설에 반대하여 이슬람, 힌두교, 유교 등의 소위 말하는 '고등종교'가 민속종교화한다고 주장한다. 고도의 진리와 선과 미를 품은 고등종교로 시작하였으나 시간이 갈수록 긴급한 인간의 필요와 욕구를 충족하는 데 민감한 민속종교로 변화한다고 한다.[2]

진화론의 대세가 꺾인 현대의 많은 학자들은 교주, 교리, 경전, 종교적 공동체가 명확히 드러나는 종교와 일반 대중의 필요에 부응하는 종교로 구분한다. 전자는 과거에는 고등종교 high religion, 공식종교 official religion, 초우주적 종교 meta-cosmic religion 등으로 불렸고, 후자는 하등종교 low religion, 민속종교 folk religion, 우주적 종교 cosmic religion 등으로 일컬어졌다. 이러한 구분은 어느 하나의 명칭으로 종교를 규정하기가 쉽지 않음을 나타낸다.

종교에 대한 학문적인 이론은 다음 장에서 다루기로 하고, 여기서는 먼저 종교 개념 정의와 기능을 간략히 살펴보려고 한다. 종교 개념 정의에 따라 세계의 다양한 종교에 대한 평가도 달라질 것으로 보며, 선교 대응도 달라질 것이라고 생각한다.

기시모토 히데오는 종교를 정의하기를 신 관념으로 규정하는 종교, 정서 경험으로 보는 종교, 인간 삶의 활동으로서의 종교 등으로 세 가지로 규명한다. 그중에서 그는 세 번째 입장에서 종교를 규정하면서 다음과 같이 정의를 내린다. "종교란 인간 생활의 궁극적인 의미를 명확하게 밝혀 인간 문제의 궁극적인 해결에 관련되고 있다고, 사람들로

---

**2** Robert Ellwood, *The History and Future of Faith* (New York: Crossroad Publishing Company, 1989).

부터 믿어지고<sup>인정받고</sup> 있는 행위를 중심으로 하는 문화현상이다."³ 그러면서 그는 종교를 규정하는 신 관념과 정서적 경험을 포괄하기 원하여 종교 정의에 다음과 같은 말을 첨부한다. "종교에는 그 행위와 관련하여 신神 관념이나 신성성을 수반하는 경우가 많다."⁴

종교宗教라는 용어, "으뜸마루되는 가르침"이라는 이 말은 원래 한자말에 없던 용어였으나, 19C 종교학이 일본에 소개되면서 서양인의 '릴리전'religion을 번역할 때 '종교'로 번역하여 한자 문화권에서 통용되었다. 종교라는 용어의 어원은 라틴어 '렐리기오'religio로서 다음과 같은 두 가지 어원적 해석이 가능하다.

첫째, 라틴어 '렐리기오're-ligio는 '다시 읽는다'는 뜻의 '렐레그레're-legere에서 파생되었다고 보고, 반복되는 종교의식을 중심으로 초월자에 대한 경외심을 드러낸다고 해석한다.

둘째, 4세기에 락탄티우스Lactantius 260-340라는 크리스천 작가의 해석으로서, 그 어원을 "다시 묶는다"bind together, tie back, fasten behind는 '렐리가레're-ligare에서 나온 단어로 본다. 이것은 신-인 관계의 조명과 죄로 끊어진 관계를 재결합시킨다는 의미를 가진다. 결국 이 두 가지 어원적 해석은 초월자에 대한 경외심과 신-인간의 관계성 아래에 있는 인간의 "궁극적 관심"Ultimate concern을 표명하는 것으로 이해할 수 있다. 락탄티우스는 기독교의 하나님 예배가 참되고, 다른 여타의 전통적인 제의와 실행은 악하고 헛되며 잘못된 것이라고 하였다. 그는 참된 종교vera religio와 거짓 종교falsa religio라는 용어를 도입하였다.⁵

---

3    기시모토 히데오, 宗教學, 박인재 역, 『종교학』(서울: 박영사, 1993), 31.
4    위의 책.

현대의 종교학자인 윌프리드 캔트웰 스미스[W. C. Smith]는 아래와 같이 네 가지 용법으로 종교[宗敎]를 정의한다. 그 내용을 인용하면 다음과 같다.[6]

① 개인적 신앙[Faith]

② 이상적인 종교로 간주하는 특정 공동체와 관련된 신앙, 실행, 가치의 외형적 체계

③ 남이 바라보는 사회적이고 역사적인 현상

④ 잠재적 가능성으로서의 인간의 종교성을 지칭하여 예술, 경제 등과 구별하는 영역

스미스는 개인의 신앙[Faith]과 역사적 실체로서 관찰 가능한 의례, 예술, 음악, 신학 등의 축적된 전통[Cumulative tradition]을 구분하는데, 전자가 인간 마음 안에 있는 근원적인 것을 강조한다면, 후자는 17C 이후 구체적이며 가시적인 현실 종교[religions]를 나타낸다고 한다.[7] 이제 일종의 고전이 된 스미스의 종교 개념 정의, 그리고 신앙과 축적된 전통으로 구별한 종교 이해는 한편으로는 기독교 외의 다른 종교를 객관적으로 이해하게 하고, 다른 한편으로는 기독교의 독특성을 약화시키고 다원주의적인 종교 이해의 길을 열었다고 볼 수 있다. 물론 세계 종교의 공존과 다양성을 인정하면서 대화와 증거를 해야 하는 새로운 선교의 패러다임에서 볼 때, 스미스의 종교 이해가 어느 정도 도움이 된

---

5    W. C. Smith, *The Meaning and End of Religion: A New Approach to the Religious Traditions of Mankind* (Minneapolis; Fortress Press, 1991), 27.

6    위의 책, 48-49.

7    위의 책, 194.

다고 생각한다.

　필자는 켄트 리히터와 후학들에게 깊은 영향을 미친 클리포드 기어츠<sup>Clifford Geertz</sup>의 종교 정의를 살펴보려고 한다. 물론 이것은 서양학자로서 서구적인 전통과 인식론에 영향을 받은 서구 중심적 정의라고 할 수 있고, 그런 점에서 한계성도 있다. 기시모토 히데오의 인간 삶의 활동으로서의 종교 정의는 아시아적인 지적 전통을 담아내고 있는데 최근의 서양 학자들 중에도 삶의 방식으로서의 종교를 주장하기도 한다. 켄트 리히터는 종교에 대한 작업 가설적 정의를 제시하면서, 종교를 초자연적인 혹은 초인간적인 궁극적 존재에 대한 신앙과 신앙행위와 종교체험의 복합적인 체계로 정의한다.[8] 한편 클리포드 기어츠는 『문화의 해석』[9]라는 책에서 종교 정의를 이렇게 내린다. 종교란 "① 상징들의 체계로서, ② 강력하고, 널리 미치며, 오래 지속되는 분위기와 동기를 사람들에게 심어주며, ③ 존재의 일반적 질서에 관한 개념들을 형성하고, 또한 ④ 그 개념들에 사실성의 후광을 씌워, ⑤ 그 분위기와 동기를 독특하게 현실적인 것으로 보이도록 만든다"는 것이다.[10]

　종교는 신앙과 신앙행위와 종교체험의 복합적인 실재에 대한 상징적인 체계로서 인간의 일상생활에 지대한 영향을 미치며, 현세와 내

---

**8**　Kent Richter, *Religion: A Study in Beauty, Truth, and Goodness* (Oxford: Oxford University Press, 2017) 18.

**9**　Clifford Geertz, *Interpretation of Cultures*, 문옥표 옮김, 『문화의 해석』(서울: 까치, 2009). 이 책에 대한 참고할 만한 유익한 서평은 조현범의 "의미추구의 해석학으로서의 문화연구"라는 제하의 글을 보라. http://m.blog.daum.net/bolee591/7864155 (2019. 9. 25).

**10**　위의 책, 115. 영어 원문은 다음과 같다. "A religion is: (1) a system of symbols which acts to (2) establish powerful, pervasive, and long-lasting moods and motivations in men by (3) formulating conceptions of a general order of existence and (4) clothing these conceptions with such an aura of factuality that (5) the moods and motivations seem uniquely realistic." 기어츠의 종교 정의에 대한 비판은 Talal Asad, *Genealogies of Religion: Discipline and Reasons of Power in Christianity and Islam* (Baltimore: Johns Hopkins University Press, 1993)을 참조하라.

세의 삶에 방향성을 제시한다는 관점이 기어츠의 종교 이해다. 수많은 종교에 대한 정의는 다음에 살펴볼 종교에 대한 이론과 마찬가지로 너무나 다양하다. 필자는 우선 켄트 리히터의 종교 정의를 토대로 다음과 같이 일종의 작업가설적인 정의를 내리고자 한다. 종교란 인간 실존의 문제에 대한 해답의 일환으로서 초자연적이며 초인간적 실재인 궁극적 존재와의 관련성 속에서 진리<sup>믿음</sup>와 선<sup>행동의 이상</sup>과 미<sup>개인적 경험</sup>를 이해하고 실천하는 복합적 체계이다.[11]

## II. 종교와 종교들<sup>Religion and Religions</sup>

종교학과 선교학 등의 학문 분야에서는 이미 종교<sup>단수</sup>와 종교들<sup>복수</sup>을 구분하여 사용한다. 이는 마치 문화와 문화들<sup>culture and cultures</sup>, 선교와 선교들<sup>mission and missions</sup>을 구분하여 서로 다른 의미로 사용하는 것과 유사하다. 단수로서 종교란 종교의 본질로서의 종교를 말하며, 복수로서 종교란 세계의 구체적이며 현실적인 종교 혹은 종교 현상들을 말한다. 이것은 종교가 다양하다는 인식을 나타낸 것이요, 다종교 시대의 변화된 학술적 접근을 드러내는 것이다.

---

**11**   Kent Richter, *Religion*, 18. 켄트 리히터의 정의는 다음과 같다. "Religion is a complex set of beliefs, behaviors, and experiences rooted in some notion of transmundane reality thought of as Ultimate Being.".

# III. 종교의 기능

종교사회학자인 오데아O'Dea에 의하면 다음과 같은 종교의 기능을 살펴볼 수 있다.[12] 보편적인 사회적, 심리학적 필요 때문에 모든 사회에 있어서 종교가 발견되는데, 종교의 여섯 가지 기능을 생각해 볼 수가 있다.

## 1. 심리적인 기능

인간은 자신의 운명을 조절할 수가 없는 불확실한 미래를 안고 사는데, 여기에 종교는 지지 support, 위로 consolation, 화해 reconciliation를 제공한다. 즉 불확실한 미래에 직면할 때 종교가 심리적 지지 support를 하며, 미래가 실패와 실망을 가져올 때는 종교는 위로 실질적 기능를 주며, 자기 사회로부터 소원케 되었을 때는 종교가 화해의 수단을 제공해 준다.

## 2. 초월적인 기능

제의나 예배 의례를 통해 초월적인 관계를 제공하는 종교는 새로운 안전과 공고한 정체성 확립의 기능을 한다. 역사는 세상의 많은 변화를 가져왔고, 그때마다 적응하기 위하여 참조점이 필요한데, 종교는 이러한 상황에 방향과 안전 security 을 제공하고 있다.

---

12    Thomas F. O'Dea, *The Sociology of Religion* (New Jersey: Prentice-Hall, 1966).

## 3. 신성화의 기능

사회마다 해야 할 일과 그 그룹의 목표를 갖고 있는데, '어떻게 하면 개인의 목표를 그룹의 목표에 일치시킬 수가 있는가?' 하는 문제를 안고 있다. 이에 대하여 종교가 표준 norms 과 가치 values 를 제공함으로써 그룹의 목표를 합법화하고 신성화 sacralization 시킬 뿐만 아니라, 그 것을 성취할 수단을 제공하여 준다. 아울러 그러한 표준과 가치에 따라 살지 못할 때 생기는 죄의식에 대해서 속죄의 수단을 제공한다.

## 4. 예언적 기능

이 기능은 신성화의 기능과 아주 유사한 것이지만, 한 사회가 합법화한 표준과 가치와 기성의 권위에 대해 비판하고 판단을 내리는 기능이다. 히브리인 예언자들이 이러한 기능의 한 실례가 된다.

## 5. 동질화의 기능

변화하는 사회에 있어서 동질화의 개념은 참으로 중요한데, 종교는 분명한 과거와 한계가 없는 미래에 대하여 동질화의 감각을 개인에게 제공하며, 또한 우주 universe 에 대하여 개인 영혼 spirit 을 중요시하게 하고, 개인에 대하여 우주 universe 를 중요시하여 개인의 자아를 확장시켜 정체성 기능 나가도록 기여한다. 동질화의 기능은 의례를 통해 강화된다.

## 6. 성숙의 기능

인생은 신성하고 초자연적인 것과 관련되기 때문에 성숙은 통과의례 rites of passage 의 형태 속에서 의식화되어간다. 통과의례는 삶의 단계들을 표시하며 변천의식이다. 종교는 개인의 인생행로에 변천을 표시해 준다. 예를 들면 출생, 사춘기, 결혼, 장례 등의 종교적 의식이 있다.

이상과 같이 오데아는 종교의 기능을 여섯 가지로 분류한다. 중복되는 감이 없지는 않지만, 종교의 사회적, 개인적 기능을 제시한 점은 분명하다. 오데아는 이전의 문화인류학자인 말리노브스키와 래드클리프-브라운의 종교와 주술, 뒤르켐의 종교와 사회, 막스 베버 Max Weber 의 종교와 사회 행동의 원천 등을 참조하여 이러한 기능을 도출한다. 이들 학자들에 대해서는 다음에 좀 더 살펴보기로 한다. 오데아는 종교의 기능 외에도 종교 체험, 종교의 제도화, 종교와 사회, 종교의 애매성과 갈등과 딜레마에 대해서도 그의 책에서 다루고 있다.

필자는 기능주의자는 아니며, 종교의 기능을 이야기한다고 해서 기능주의적 관점에서만 종교를 이해하려는 것도 아니다. 선교 신학적 차원에서 기능을 이해하는 것도 의미 있는 일이라고 믿기에, 오데아의 종교에 대한 기능을 제시하였다. 콤스톡은 종교의 기능에 대해서 크게 세 가지 학문이론 분야를 제시한다. 사회적, 생물학적-심리학적, 그리고 심층심리학적 기능이다. 먼저 제의와 신화를 중심으로 본 종교의 사회적 기능과 연관된 이론을 소개하면 다음과 같다.

첫째, 종교는 사회가 가진 유형과 관계성을 상징적으로 표현 symbolic articulation 하는데 기여한다. 예를 들면 아프리카 종교 중 티코피아 Tikopia,

즉 "신들에 대한 종교적 계층 pyramid"은 정확하게 신들을 신봉하는 부족의 사회적 관계의 피라미드와 일치 한다.[13] 둘째, 종교는 인간 사회와 신적인 능력을 연결시킴으로써 인간의 복합적인 사회 체제와 형성에 정당성을 제공한다. 셋째, 사회 내의 하위 그룹들 사이에 특수한 관계 형성을 표현하는 기능을 종교가 제공한다. 종교는 사회 통합의 행위⁺행를 통해 한 사회가 유지되고 보존되며 강화하는 등의 사회통합의 기능을 한다. 넷째, 종교 제의는 체험적인 문제해결의 인식론적 기능을 한다. 제의를 통한 종교적 기능은 인간의 신체와 두뇌의 상호 작용을 돕고, 문제에 대해 체험적으로 스스로 발견하게 한다. 다섯째, 종교는 개인적이며 사회적인 딜레마 dilemmas를 푸는데 직접적이며 창조적인 역할을 한다. 개인과 사회가 직면한 문제를 해결하고, 갈등과 긴장을 해소하며, 사회적 관계 속의 애매함을 극복하는데 종교는 창조적 기능을 한다. 종교가 오데아가 이야기한 것처럼 신성화의 기능도 하지만, 종교는 단순히 전통과 기성 질서를 보존하고 묘사하고 재현하는 적응적인 기능뿐 아니라 창조적이며 개혁적인 기능도 한다.[14]

　　종교에 대한 생물학적-심리학적 기능은 한 인간이 가지는 개인적, 사회적 정체성 형성과 성장에 미치는 영향을 말한다. 이러한 기능을 제공하는 종교 행사 중 가장 핵심적인 제의는 통과의례 중 성년식이다.[15] 심층심리학적 차원에서의 종교의 기능은 간단히 말하자면, 어떻게 하면 고통이나 고난을 당해도 원망하거나 저주나 실패로 여기지

**13**　W. Richard Comstock et al., eds., *Religion and Man: An Introduction* (New York: Harper & Row, Publishers, 1971), 38.

**14**　위의 책, 38-40.

**15**　위의 책, 40-44; Arnold Van Genep, *Rites of Passage* (Chicago: The University of Chicago Press, 1960), 20-21.

않고, 무언가 참고 이겨내고 그 속에서 의미를 찾아내게 내게 하는 것인가를 말한다. 개인이 당하는 그러한 고난이나 난제를 종교적인 세계관에서, 즉 더 높고 웅대하고 장엄한 우주적인 계획과 초월적인 섭리 속에서 이해하도록 한다. 개인적인 고통을 더 크고 의미를 부여하는 전체성 속에서 보게 하는 기능을 한다.[16]

**16**   W. Richard Comstock et al., eds., *Religion and Man*, 44-48; Clifford Geertz, "Religion as a Cultural System," in *Anthropological Approaches to the Study of Religion*, ed. M. Banton (New York: Praeger, 1966), 19.

# 3장
## 종교 연구 방법 개요

　　앞에서 종교란 무엇인가에 대하여 몇 가지 관점에서 살펴보았다. 종교가 무엇인가에 대해서는 학자에 따라, 또한 종교 경험자에 따라 여러 가지 관점이 다르게 나타난다. 인류학자가 보는 관점이 다르고, 심리학자, 사회학자와 역사학자가 보는 견해가 동일하지 않다. 신학자가 보는 것 역시 다르다. 그러나 이 모든 관점의 차이에도 불구하고 기본적인 입장은 신자가 보는 종교관과 학자가 보는 관점 모두가 중요하다. 전자는 주관적인 관점이라 할 수 있고, 후자는 객관적인 입장이라 할 수 있지만, 이때 주관적이라 해서 올바른 인식에 도달할 수 없다는 의미는 아니다. 객관적이라 함은 종교 내면의 주관적인 체험이 아니라 외적으로 드러난 종교의 양상을 우선적으로 연구함을 의미한다.

종교는 인간과 사회의 이해와 삶의 궁극적인 목표에 밝은 빛을 주는 것이다. 아브라함 카이퍼 Abraham Kyper 1837-1920 의 사상을 따르는 로이 클로우저 Roy A. Clouser 는 계몽주의 이후 지배적이었던 과학과 학문이론의 객관적 중립성은 사실이 아니라 신화일 뿐이라고 강조한다.[1]

세계종교에 대한 연구의 역사는 그리 길지 않다. 서구에서 계몽주의의 출현과 식민지 개척과 더불어 서구 기독교 중심의 세계관에서 낯선 종교와의 만남으로 학문적인 종교연구가 시작되었다. 사실 종교라는 용어 자체가 기독교 이외의 모든 종교에 해당하는지 혹은 세계종교를 신봉하는 신자들이 자기가 믿는 바를 종교의 하나로 인식하는지는 오래전부터 의문시되었다. 원래 종교학은 비교종교학이나 종교사라는 명칭으로 연구되어 왔다.[2]

종교 연구는 다양한 방법에 따라 진행되고 있다. 학문 분야에 따라 그 방법이 다를 뿐만 아니라 학자나 연구자에 따라서도 상이하다. 제임스 F. 루이스 James F. Lewis 와 윌리엄 G. 트레비스 William G. Travis 가 쓴 『세계의 종교와 관습』에는 다섯 가지 종교 연구 방법을 이야기한다.[3] 그것은 개성주의, 구조주의, 기능주의, 표준방식, 종교연구사 방법이다. 이것은 학문분야와 학자들의 연구 방법을 다 종합한 것으로 보인다. 그리고 폴란드의 콘라드 소칙 Konrad Szocik 은 종교연구의 방법을 내용분석, 현장조사, 근거이론, 해석학, 역사적 연구, 현상학, 비교연구, 인

1    Roy A. Clouser, *The Myth of Religious Neutrality, Revised Edition: An Essay on the Hidden Role of Religious Belief in Theories*, rev. ed. 홍병룡 옮김, 『종교적 중립성의 신화』(서울: 아바서원, 2017).
2    Jeffrey Brodd et al., *Invitation to World Religions*, 3rd ed. (Oxford, New York: Oxford University Press, 2018), 5.
3    James F. Lewis, William G. Travis, *Religious Traditions of the World*, 엄성옥, 박경환 옮김, 『세계의 종교와 관습』(서울: 도서출판 은성, 1995), 35-66.

지론, 진화론, 실험적 연구 등으로 제시하며, 바람직한 방법은 다원주의적 방법이라고 한다. 소칙은 관념론idealism, 객관주의화objectification, 이데올로기ideology 등의 종교 연구 함정에 빠지는 위험을 제기한다. 관념론이란 종교를 연구하는 사람이 어느 하나의 관념이나 신앙을 종교 발전의 핵심요소로 간주하고 해석하는 것이다. 객관주의화란 종교 연구에서 종교의 어떤 실재reality를 고도의 질서와 구조를 가진 것으로 가정하는 것이다. 이데올로기는 종교 연구자가 어떤 특정한 개념과 사상 등으로 단정하는 것이다. 이러한 함정에 빠지지 않기 위해 소칙은 다원주의적 방법, 즉 사회, 문화, 정치, 심리 등의 종합적이며 총체적인 방법을 권장한다.[4]

종교 연구는 종교 자체의 다양성만큼이나 종교를 보고 이해하는 방법도 다양하다. 각 학문 분야에 따라 종교 연구 방법이 천차만별이겠지만 여기서는 제임스 F. 루이스와 윌리엄 G. 트레비스의 종교 연구 방법에 대한 설명으로 종교 연구의 다양성과 방향을 이해하도록 한다.

# Ⅰ. 개성주의자들의 종교 연구 방법

개성주의자들의 종교 연구 방법이란 어느 특정한 종교를 신봉하는 사람이나 종교 공동체가 진리로 믿는 바를 규명하는 연구 방법이

---

[4]    Konrad Szocik, "Research Approaches in the Study of Religion," *Studia Humana* 4-1 (February 2015): 26-35.

다. 이것은 종교의 신봉자나 공동체에 어떠한 의미를 주는가를 탐구하는 방향이다. 이 연구 방법의 대가로 알려진 학자는 윌프리드 캔트웰 스미스다. 그는 종교의 탐구 방법에 대해 다음과 같이 이야기한다. "종교는 그 추종자들에게 주는 의미가 무엇인가 하는 영역에서 발견된다. 종교를 연구하는 사람이 기본적인 종교 체계를 연구 대상으로 삼지 않고 종교를 신봉하는 사람들을 연구 대상으로 삼을 때, 아니면 적어도 그들의 내면과 관련된 것을 연구할 때, 그는 자신의 연구에 실질적인 진전을 가져온다."[5] 스미스는 종교의 외형적인 제도나 상징, 교리나 관습 등이 종교의 참다운 모습이 아니라고 본다. 그래서 힌두교, 불교, 이슬람 등의 분류와 종교라는 용어보다 믿음과 축적된 전통을 선호한다.

## Ⅱ. 구조주의 연구 방법

스미스의 개성주의 방법은 신앙과 축적된 전통이 그 신봉자에게 어떤 의미를 주는가에 대한 연구라면, 구조주의는 의미보다는 구조에 주요한 관심을 둔다. 쉽게 말해서 예배에 참여하는 자에게 그 예배가 어떤 의미를 주는가를 발견하는 것이 개성주의 방법이라면, 구조주의 연구 방법은 겉으로 보이는 종교의 내면에 있는 감추어진 구조를 발

---

5    Wilfred Cantwell Smith, "Comparative Religion: Whither and Why?," in *The History of Religions: Essays in Methodology* (Chicago: Univ. of Chicago Press, 1959), 35.

견하고 해석하는 것이다. 이 연구 방법을 선호하는 한스 페너 Hans H. Penner 는 여러 가지 전제 조건을 내세우는데, 그중에서도 종교의 외형적 양상에 대한 단순한 묘사나 일반적 구조가 아니라 '심층 구조'에 초점을 모은다. 그가 말하는 심층 구조란 "사회의 집단을 구성하는 개인들에게 부과되어 그 집단이 내보이는 무의식적인 소유물"이다. 이것은 "그 종교나 의식 속에 존재하는 규칙을 파악하는, 학자의 정신적인 구조물"[6]이라고 한다.

## Ⅲ. 기능주의 연구 방법

이 방법의 주안점은 "종교가 한 사회에서 담당하는 기능은 무엇인가?"라는 질문으로 대변된다. 종교 사회학자들과 문화인류학자들이 주로 이 방법을 사용하고, 종교의 역할 혹은 기능이 그들의 핵심 관심이다. 종교 사회학자인 에밀 듀르켐 Emil Durkheim 과 문화인류학자인 브로니슬라브 말리노브스키 Bronislaw Malinowski [7]가 이 방법을 사용한 대표적인 학자이다. 특히 에밀 듀르켐은 종교 의식에 금욕주의적이며 자기 부인적인 성격을 넣고 있는데, 이는 사회적인 기능, 즉 조화와 단결과 공동체 의식 등을 고양시킨다고 본다. 한 사회 안에서 종교 의식은 신화,

---

**6**  Hans H. Penner, "Creating A Brahman: A Structural Approach to Religion," in *Methodological Issues in Religious Studies* (Chicago: New Horizons Press, 1975), 49-65. James F. Lewis, William G. Travis, 『세계의 종교와 관습』, 45에서 재인용.

**7**  Bronislaw Malinowski, *Magic, Science and Religion* (New York: Doubleday Anchor, 1954).

이야기, 종교 문서를 통해 그 사회가 가진 가치와 전통을 전수하고 사회 강화의 기능을 가진다고 한다.[8] 앞에서 살펴본 개성주의 방법은 개인주의적 경향을 가지나 기능주의 방법은 사회적 차원을 중시한다. "기능주의는 어떻게 종교가 개인주의를 교정하고, 개개인들을 사회 단위들로 묶으며, 개인들에게 동질성과 결속력을 가져다주는 전통을 보전하고 전달하는가 하는 등의, 사회에 대한 가치로서, 종교를 설명한다."[9]

## IV. 표준 연구 방법

이 방법은 어떤 인정받는 기준이나 표준에 따라 신의 존재, 경전의 내용, 영들의 출현, 제의적 행위 등이 진리인가 아닌가를 판단한다. 주로 신학자와 철학자들이 사용하는 표준 연구 방법은 각 종교의 신조와 관습과 신앙고백과 제의의 진실성을 연구자가 설정한 표준적인 기준에 따라 판단하는 것이다. 따라서 이 방법은 개성주의자 연구 방법과 같이 서술적인 묘사가 아니라 이론적으로 방법으로 접근한다. 특히 기독교 신학자들은 종교에 대한 특정한 이론적 표준을 설정하고, 그 표준에 따라 각 종교를 보고 판단하기를 원한다. 이 방법의 대표적인 연구자로 간주되는 핸드릭 크래머 Hendrik Kraemer [10]는 객관적이고 과학

---

8    Emile Durkheim, *The Elementary Forms of the Religious Life* (New York: Free Press, 1965), 423, 432.
9    James F. Lewis, William G. Travis, 『세계의 종교와 관습』, 50.

적인 방법의 허구성을 지적하고, 종교 연구가는 어디까지나 자기의 기준에 따라 종교를 이해하고 해석할 수밖에 없다고 한다. 크래머의 종교 이해 기준은 하나님이 인간이 되신 예수 그리스도이고, 예수 그리스도가 하나님의 참다운 계시라고 한다. 결국 크래머에 따르면, 각 종교들은 그 속에 진리에 대한 직관이나 진실성이 전혀 없는 것은 아니지만 "옛사람이나 첫 아담에 속한 인간에 의해 정해진 개념과 가치를 지니고 있는 구속되지 못한 인간의" 창작물이다. 그러므로 "종교는 하나님께 가기를 원하지만, 그분의 영광에 이르지 못하는 인간의 반응"으로 판단된다.[11]

## V. 종교연구사 방법

종교연구사 방법은 말 그대로 종교를 역사적 관점에서 연구하는 방법이다. 이것은 종교를 연구하는 목적이나 방법이 모두 역사적인 관점에 따르는 것이다. 이 방법에 따르는 학자들에 따라 다소 차이가 있는 것은 사실이다. 종교의 기원이나 역사적 전개 과정에 따라 종교의 신조나 믿음, 관습이나 전통 등을 연구하는 흐름이 있었으나 전부는 아니다. 자료의 한계로 연구의 결과가 미흡하다. 요즘에는 진화론적인 기원을 탐구하는 역사적 방법은 그리 호의를 얻지 못한다.

---

**10**　Hendrik Kraemer, *The Christian Message in a Non-Christian World*, 최정만 옮김, 『기독교 선교와 타종교』(서울: 기독교문서선교회, 1993).

**11**　James F. Lewis, William G. Travis, 『세계의 종교와 관습』, 55.

이 연구 방법의 대표자 중 하나는 로버트 베어드<sup>Robert Baird</sup>로서, 그는 역사를 정의하기를 "인간의 과거를 묘사하는 학문"[12]이라 한다. 그리고 종교란 "개인이나 집단에게 최상의 관심사" 혹은 "궁극적인 관심사"<sup>ultimate concern</sup>[13]라고 규정한다. 이것은 궁극적 실재와는 구별된다. 후자는 신, 존재의 기본으로 간주되나, 전자는 궁극적 실재에 대한 인간의 관점을 중시한다고 본다. 연구의 목적을 역사적인 범위로 제한하는 종교사적 연구 방법은 "개인이나 집단들이 최상의 또는 궁극적인 중요성을 두는 어떠한 것을 묘사하며 설명"[14]하려고 한다.

이상 루이스와 트레비스가 제시한 다섯 가지 종교 연구 방법에 대해 간략하게 살펴보았다. 물론 종교 연구 방법이 이상의 다섯 가지만 있는 것은 아니고, 다섯 가지 연구 방법이 완전하다고도 할 수 없다. 종교의 다양성과 종교 연구 방법의 복합성을 고려한다면, 어느 하나의 연구 방법으로 종교를 이해하기는 힘들 것이다. 따라서 우리는 소칙이 제기한 종교 연구의 위험인 관념론, 객관주의화, 이데올로기를 극복하면서 종합적이며 총체적인 방법을 모색하려고 한다. 물론 크래머의 표준 방법의 한계를 인정하면서도 우리는 신학의 입장에서 성서적 진리 기준에 따라 최종적인 평가를 내리고자 한다. 이상의 다섯 가지 종교 연구 방법 외에도 다른 관점에서 종교 연구의 방향을 살펴볼 수 있다.

---

**12** Robert D. Baird, *Category Formation and the History of Religions*, 2nd ed. (The Hague: Mouton de Gruyter, 1991), 32.

**13** 위의 책, 제2장.

**14** James F. Lewis, William G. Travis, 『세계의 종교와 관습』, 64.

# VI. 통시적 관점과 공시적 관점

학문적 연구는 대개 통시적 관점 diachronic perspective 과 공시적 관점 synchronic perspective 을 균형 있게 다룬다. 다차원적이고 다원주의적인 종교 현상 자체를 연구하는 방법은 이 두 가지 관점을 고려해야 할 것이다. 아울러 종교를 이해하는 기존의 방식을 수용하면서도 새로운 관점 내지는 방법적 구조를 형성하여 종교 이해를 모색하려고 한다. 최근에 나온 제프리 브로드 Jeffrey Brodd 와 레인 리틀 Layne Little 등이 함께 쓴 『세계종교입문』 Invitation to World Religions [15]은 경전, 신화, 신조, 윤리적 강령 등에 나타난 가르침 교리, teachings, 신앙체계, 리더십, 가버넌스 구조, 사회적 제도, 예술적 표현 등을 포함하는 각 종교의 특징을 드러내는 역사적 발전 historical development, 그리고 기도, 명상, 예배 등의 다양한 제의를 통해 실천하는 생활방식 ways of life 이라는 이 세 가지 큰 구조에 따라 광대한 종교를 설명하고 제시한다. 그리고 이들이 문제 삼는 종교 연구의 의문점은 다음과 같다.

종교란 무엇인가?

종교는 무엇을 하는가?

종교가 드러내고 하는 보편적 이슈는 무엇인가?

학자들이 신비적 체험 혹은 초월에 대해 이야기할 때 무엇을 의

---

[15]  Jeffrey Brodd et al., *Invitation to World Religions* 3rd ed. (Oxford: Oxford University Press, 2018).

미하는가?

종교 전통에서 무엇이 구성요소인가?

오늘날 종교는 어느 정도 근대화, 도시화, 세계화, 그리고 과학에
영향을 받고 있는가?

왜 다학문적인 multidisciplinary 접근방식이 세계 종교 이해에 필수적
인가?[16]

제프리 브로드와 레인 리틀 등이 채택한 다차원적이고 복합적인
종교 연구의 핵심 조사 내용인 가르침교리, 역사적 발전, 그리고 생활방
식이라는 구조로 각 종교를 탐구하는 것도 유익하다고 본다. 하지만
이런 방법은 변화하는 21세기 4차 산업혁명시대 소프트웨어의 혁명
적인 변화에 과연 유효적절한지 검토해보아야 한다. 소프트웨어 혁명
은 데이터 기반 혁명 data-based revolution, 초연결 혁명 hyper-connected revolution,
초융합 혁명 hyper-convergent revolution, 초지능 혁명 hyper-intelligent revolution 이라는
특성을 지닌다.[17] 그야말로 아날로그 시대가 아닌 디지털 시대가 왔다.
이런 의미에서 니니안 스마트 Ninian Smart 의 다차원적인 종교 연구가 전
개하는 일곱 가지 차원도 종교를 복합적으로 보려는 시도로서 적합하
나, 새로운 혁명의 시대 종교 이해에는 다소 미흡한 감이 있다. 스마트
가 고려하는 종교 연구의 차원은 신화, 교리, 윤리, 의례, 체험, 사회,
물질이다. 이것은 종교 전통을 1차적인 연구 대상으로 하는 것이고,

---

**16**  위의 책, xviii-xix.
**17**  김영동, "제4차 산업혁명 시대의 현실(off-line)과 가상(on-line)을 연결하고 융합하는(connected and blended) 선교학 수업 모델 개발," 「14호 교육실행연구, 초연결시대의 융합적 수업설계 및 실행」, 9-10.

각 종교 전통의 차원 혹은 양상을 주로 강조하는 것이다. 사실 위에서 언급한 제프리 브로드와 레인 리틀 등이 채택한 세 가지 종교 연구의 관점 가르침, 역사적 발전, 생활방식은 스마트의 일곱 가지 관점을 종합하면서 간소화한 것이다.[18]

## VII. 주관적 입장과 객관적 입장

종교 연구에는 연구의 목적과 방법에 따라 크게 두 가지로 나누어진다. 하나는 주관적 입장의 연구이다. 신앙의 입장에서 연구하는 것으로서 자기가 믿어야 할, 혹은 믿는 종교가 어떤 것인지를 탐구하는 것이다. 다른 하나는 문화 현상으로서 종교를 실증적으로 연구하는 객관적 입장의 연구이다. 이것은 '가치중립적'인 객관적인 입장에서 연구를 시도하는 것이다. 여기서 '가치중립적'이라는 말을 언급하기는 했지만, 사실 현대의 과학지식과 인식론에 의하면 완전히 '가치중립적'이거나 '객관적인' 관점은 있을 수 없다는 것이 상식이다. 아울러 본인의 주관성이 없는 인식은 오히려 부적절한 것 내지는 의미가 없는 것이라 할 수 있다. 요아킴 바하Joachim Wach 1898-1955[19]는 전자를 규범적normative 연구라 부르고, 후자를 기술적descriptive 연구라 부른다. 주관

---

18    Ninian Smart, *Dimensions of the Sacred Paperback* (Berkeley: University of California Press, 1999); *Worldviews: Crosscultural Explorations of Human Beliefs*, 김윤성 옮김, 『종교와 세계관』(서울: 이학사, 2000). 후자의 책은 1983년 초판과 이것을 번역한 김윤성의 한국어 번역서는 경험적, 신화적, 교리적, 윤리적, 의례적, 사회적 차원으로 모두 여섯 가지를 제시했으나 후에 제3판(1999)에서는 물질적 차원을 추가하여 모두 일곱 가지 차원을 언급한다.

적, 객관적 입장에 따라 다음 〈그림 2〉에 나타나는 것처럼 신학, 종교
철학, 종교사, 종교학의 입장을 분류할 수 있다.

신학적 연구와 종교철학적 연구는 주관적 입장에 속한다. 그중
신학적 연구는 신앙의 입장에서 이루어지는 연구인데, 특정 종교에 의
해서 주어지는 대전제를 무조건 받아들이고, 사고 방법의 근거를 언제
나 그 출발점인 대전제에서 구한다. 그 반면에 종교철학적 연구는 인
간의 이성을 바탕으로 하는 종교 연구라고 할 수 있다. 자기의 이성으
로 이해되지 않는 한, 신학에 대해서도 서슴없이 비판한다. 종교철학
적 연구의 목적은 종교의 본질을 밝혀 자기가 믿는 종교를 규명하고
자 하는데 있다.

객관적 연구인 종교학과 종교사적 연구는 동일한 대상에 대한

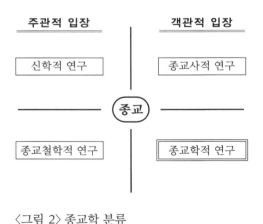

〈그림 2〉 종교학 분류

---

19   Joachim Wach(1898-1955)는 막스 베버(Max Weber)의 한 계보를 계승한 종교사회학자로서, 만
     년에 미국으로 건너가 브라운 대학, 시카고 대학 등에서 종교사 교수를 역임했다. 저서는 *Sociolo-
     gy of Religion* (Chicago: University of Chicago Press, first edition 1944)이 있다.

연구라고 하더라도, 종교학적 연구는 그 대상에 대하여 유형학적 현상 중 하나의 표출이라고 보아, 법칙 정립적 法則 定立的으로 취급하는 반면, 종교사적 연구는 연구 대상을 단 한번만 나타나는 특정한 종교사상으로 보아, 개별 기술적 個別 記述的으로 취급하는 점이 다르다.

'종교학' 연구는 이상의 네 가지 입장의 조합에 따라 달라진다. 먼저 아래 A도표에 나타난 것처럼, 종교 연구의 네 가지 방법 전체를 '종교학'이라고 보는 입장이 있다. 두 번째 B도표는 신앙의 입장에서 하는 신학적 연구만 제외하고, 나머지 세 가지 방법 전체를 '종교학'이라고 보는 것이다. 세 번째 C도표는 객관적 입장의 연구만 '종교학'으로, 네 번째 D도표는 '종교학'이란 말을 가장 엄밀하게 사용하여 종교학적 연구만을 과학적, 체계적이라고 보고 이것을 '종교학'이라고 한다.[20]

종교학의 범위와 연구방법 면에서 객관적 입장의 '종교학적 연구'만을 엄밀하게 종교학으로 보기보다는 A도표처럼 크게 네 가지 연구방법 모두를 종교에 대한 이해를 위해 필요하다고 본다. 본서에서 필자는 이 네 가지 방법을 필요에 따라 차용할 것이며, 종교에 대한 구조적이며 통합적인 연구를 하려고 한다.

---

20  기시모토 히데오, 『종교학』, 21.

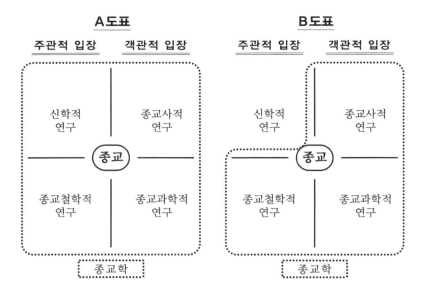

〈그림 3〉 종교학 분류 1    〈그림 4〉 종교학 분류 2

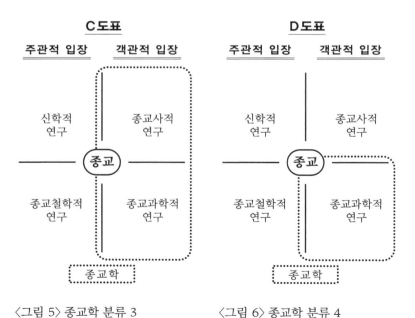

〈그림 5〉 종교학 분류 3    〈그림 6〉 종교학 분류 4

# VIII. 종교에 대한 구조적, 통합적 연구 방법

이번 장에서 우리는 기존의 학문적인 종교 연구 방법에 대해서 로이 클로우저의 순수 객관성은 하나의 신화에 지나지 않는다는 사실을 수용하였다. 제임스 F. 루이스와 윌리엄 G. 트레비스가 정리한 다섯 가지 종교 연구 방법을 간략히 살펴봄으로써 종교 연구 방법의 다양성을 감지할 수 있었다. 그리고 콘라드 소칙의 좀 더 광범위한 종교 연구의 방법을 이해하면서 그가 제시하는 방향은 다원주의적 방법이라는 것을 알게 되었다. 소칙이 경고했듯이 종교 연구에서 관념론과 객관주의화와 이데올로기화는 종교 연구를 통합적이고 다원주의적으로 보는 데 장애가 된다는 사실을 보여주었다. 그렇다면 기존의 종교 연구의 제약과 함정을 탈피하는 종교 연구의 통합적인 방법에는 무엇이 있을까? 이에 대한 질문을 염두에 두고 오랫동안 고찰하던 중 한 가지 방법을 고안하게 되었다. 그것은 기존의 수많은 저서들이 제시하는 개개 종교에 대한 다양한 정보 제공의 차원을 넘어서 좀 더 심층적인 종교 이해를 제시하는 것이다. 개개 종교의 신앙과 실천에 대한 단순한 정보 제공의 차원을 넘어서는 종교 연구 방법은 진·선·미라는 좀 추상적이지만 인류 역사에서 소중하게 추구된 가치와 개념을 중심으로 개개 종교를 분류하고 종교 간의 비교 연구를 가능하게 한다.

인류 역사를 보면 진리 truth가 도덕적 삶의 원리 혹은 도덕률로서 간주되어 온 것을 알 수 있다. 진리는 정의를 포함하여 인간이 인간다운 삶을 영위하기 위해 필요한 가장 근본적인 원리라고 할 수 있다. 인간이 동물과 달리 인간다움이나 덕을 이루고, 너와 나의 공동체적 가치를 고양하며 살 수 있는 것은 바로 이러한 진리에 따른 것이다. 그런데 언제부터인가 인간 개인과 공동체의 삶에 진리가 별로 중시되지 않고, 감정이나 기분이나 개인의 관점이 진리인 것처럼 인식되기 시작하였다.

진리는 절대자나 시원자始元者 혹은 신과 관련하여 이해되어 왔다면, 근대 계몽주의 이후 서구 사회는 더 이상 절대자를 자명한 존재로 인정하지 않는 의심, 부정과 회의 하게 되었다. 임마누엘 칸트Immanuel Kant 1724-1804의 등장으로 진리보다는 선goodness이 도덕의 원천인 것처럼 강조되기 시작하였다. 칸트는 순수이성비판, 판단력비판, 실천이성비판 등의 저서를 통해 신이라든지 자유나 천국 등 초월적이고 인간 이성의 한계를 벗어나는 존재에 대해서 "물자체"Ding-an-sich로 치부하고 인간 인식의 공간에서 다락방에 올려 놓아버렸다. 인간이 인간다운 도덕적 삶을 이루는 원리로 칸트는 정언명법을 제시하였다. "너의 의지의 준칙이 언제나 동시에 보편적 입법의 원칙으로서 타당할 수 있도록 행위 하라. … 너의 준칙이 보편적 법칙이 될 것을 네가 동시에 기꺼이 바랄 수 있는 그러한 준칙에 따라서만 행위 하라."[21] 등과 같은 정언명법을 제시하였다. 이와 같이 칸트는 보편적 관점에서 판단하고, 나에게 적용하는 도덕률이 남에게도 보편타당하게 적용해야 할 것을 요구한다. 그러므로 칸트는 "너 자신과 다른 모든 사람의 인격을 결코 단순히 수단으로 대하지 말고 언제나 동시에 목적으로 대하도록 행위 하라"고 요구한다. 이렇게 칸트의 도덕률의 근본원리는 실천이성을

---

21  이인숙, "칸트에 있어서 '양심'의 의미: '양심의 자유'와 관련하여," 『철학연구』 28권 (2004): 23에서 재인용.

통하여 촉발되는 도덕 감정 das moralische Gefühl 혹은 "도덕법칙에 대한 존경감" ein Gefühl der Achtung fürs moralische Gesetz 과의 관계에서 이루어진다. 이러한 도덕 감정은 "유일하고도 확실한 도덕적 원동력"이 된다.[22] 도덕 혹은 선이 인간 삶의 보편적 가치와 기준으로 되는 시대가 되었다. 그런데 근대후기에 이르러 세상은 변화하였다. 더 이상 진리나 도덕이 사람들의 삶에 절대적인 준거 틀이 되지 못하고 있다.

21세기 최근에 등장한 'i 세대' i Generation 는 개인화와 모바일 기술장치 사용을 통칭하는 표현이다. 'i 세대'의 특징은 광범위한 미디어 사용, 전자 소통의 애용, 멀티태스킹 활동이다.[23] 인간관계보다 스마트폰과 더 가까운 세대', SNS를 공기처럼 접하는 'i 세대'는 개인주의, 전통 사회규범 거부, 평등 의식을 가진 세대로서 불안정성과 애매모호함을 가지며 진리나 도덕보다는 미를 추구하는 세대로 간주된다.

이렇게 통시적인 관점에서 진·선·미에 대한 추구와 강조점을 살펴볼 수 있을 것이지만, 종교는 인류의 역사만큼이나 깊고 오래된 것이므로 진·선·미의 관점에서 통합적으로 종교를 이해하고자 한다. 사실 이러한 접근 방법은 필자가 처음 고안한 것은 아니다. 이러한 착상을 하고 연구를 하던 중 이미 이와 유사한 방법으로 종교를 연구한 책을 발견하게 되어 여간 기쁘지 않았다. 그 책은 앞에서 잠시 이야기 한 바 있는 켄트 리히터 Kent Richter 의 『종교: 미, 진, 선의 관점에서 연구』이다.[24] 켄트 리히터는 미, 진, 선 Beauty, Truth, and Goodness 이라는 종교의 경험,

---

**22**  I. Kant, *Die Metaphysik der Sitten*, Kant Werke Bd. 7, W. Weischedel(Hrsg), (1983), 532; 이인숙, 위의 책, 19-20.

**23**  Larry Rosen, The "Psychology of Technology" https://www.psychologytoday.com/us/blog/rewired-the-psychology-technology/201003/welcome-the-igeneration (2018. 7. 11); *Rewired: Understanding the iGeneration and the Way They Learn* (New York: Palmgrave Macmillian, 2010).

신앙, 종교행위를 종교 이해의 방법으로 채택한다. 리히터는 이러한 종교 이해의 통합적이고 구조적인 방법은 기존의 방대한 종교의 정보 제공과는 차별성을 가진다고 한다. 우선 이러한 방법으로 이해하는 종교 연구는 개개 종교의 신앙과 실천에 대한 관념과 가치에 대한 어떠한 손상도 없이 다양한 종교에 대해 구조적으로 이해를 도모할 수 있다고 한다. 다음으로 그는 이상의 진·선·미라는 세 가지 요소는 개인적인 차원과 집단적인 차원에서 개개 종교에서 발견할 수 있는 가치를 지닌다고 한다. 이러한 종교 이해는 외부자의 관점보다는 좀 더 내부자의 관점에 접근할 수 있다고 보며, 특히 종교 자체의 다층적이고 심층적으로 얽혀 있는 속성을 감지하고 적절히 대응하는데 도움이 된다고 한다. 이러한 이해를 통해 일견 모순이나 불합리하게 보이는 종교의 측면을 논리적이며 정합성 coherence 이 있는 것으로 인식할 수 있게 한다. 산더미처럼 쌓여 있는 종교 전통에 대한 정보를 단순한 파편이 아니라 종교의 신봉자에게 일정한 의미와 가치를 주는 내적 정합성을 준다. 인간의 고유한 생활방식으로 볼 수 있다고 한다.[25] 이러한 방법은 완벽하지는 않지만, 어느 정도는 종교 간의 구조와 비교 연구를 가능하게 할 것으로 보며, 우리가 지향하는 선교적 관점에서 종교를 이해하는데 많은 도움이 된다고 본다.

필자는 종교에 대한 이해를 도모하는 연구 방법으로 진·선·미라는 인류 보편적인 가치와 궁극적인 관심사 혹은 '인간의 궁극적인 관념' ultimate human ideals [26]을 중심으로 개개 종교에 대한 이야기를 풀어놓으

---

24    Kent Richter, *Religion*.
25    위의 책, vii.
26    위의 책, 3.

려고 한다. 이러한 연구 방법과 설명에는 서론에서 이미 언급한 바 있지만, 리히터의 저서에 많은 빚을 진다. 다만 리히터는 개개 종교를 나열하지 않고 미, 진, 선이라는 구조에 따라 여러 종교를 종합적으로 제시한다. 사람들이 느끼고(미), 믿고(진), 그리고 행동하는(선) 삶의 여정이 종교에 의해 어떻게 채색되는가 하는 바를 보여주려고 한다. 그는 미, 진, 선이라는 구조에서 각 종교가 드러내는 특수하고 이해 가능한 바를 드러내려고 시도한다.

우선 리히터가 말하고자 하는 진리은 종교가 제시하는 믿음에 대한 것으로서 궁극적 존재에 대한 관념, 창시자와 현현顯顯, 원천과 권위로서의 경전, 종교 언어, 기타 교리자아, 고통, 구원에 대한 진리 등의 다섯 가지 관념을 말한다. 선은 종교가 제시하는 신봉자의 행동 원리를 말하며, 이는 크게 세 가지 요소로 규정되는데, 곧 의례, 도덕적 행위, 사회 질서와 정부이다. 마지막으로 미는 곧 신봉자가 느끼는 바를 말하는데, 종교 경험, 종교와 예술, 덕 혹은 구원에 대한 재고로 규정된다. 켄트 리히터는 진·선·미의 구조에서 개개 종교의 긍정적인 면만을 제시하려고 하지 않고, 이 세 가지 인간의 궁극적인 관념 혹은 가치의 밝은 부분과 아울러 문제점도 제시하는 비판적 평가를 잊지 않는다.[27] 리히터의 종교학 입문 혹은 종교 이해의 방법론의 특징은 종교에 대한 방대한 정보를 제시함으로 개개 종교에 대한 심층적이고 구조적인 이해를 가능하게 하고, 기존의 진리와 행동 위주의 연구에 미학적 관점을 추가한 것이다. 물론 기존의 종교학 입문이나 세계종교개론서에도 예술과 미에 대한 부분이 없지는 않지만 종교 이해의 기본적인 구조로 채

---

**27**    위의 책, iii-vi.

택한 것은 리히터의 중요한 기여점이라고 본다. 필자는 리히터의 방법론에 많은 도움을 받지만 그의 구조를 그대로 따르지는 않는다. 리히터가 거부한 방법이지만 개개 종교에 따라 이 책을 분류하면서 각 종교를 이해하는 방법으로 진·선·미의 구조로 제시하려고 한다. 물론 진·선·미의 하부 구조 혹은 분류 요소는 리히터의 방법론에서 차용하려고 한다.

# 4장
# 종교에 대한 열두 가지 이론

　　종교에 대한 개념 정의와 이론은 천차만별이라 할 만큼 다양하
다. 고대로부터 중세와 근대를 거쳐 현대에 이르러 전해져 내려 온 종
교에 대한 이론을 다 정리하는 것은 힘들뿐더러 그리 필요하지도 않
은 일이라고 본다. 다만 20세기로부터 근래에 이르기까지 어떤 종교
이론이 제기되었는지를 살펴보는 것은 개개 종교에 대해 알아보기 전
에 필요하다고 본다. 따라서 필자는 대니얼 팰스<sup>Daniel L. Pals</sup>가 쓴 저서를
중심으로 종교에 대한 아홉 가지 이론을 살펴보고, 그의 모델을 따라
세 가지 이론을 추가하려고 한다.

　　미국 마이애미 대학교<sup>University of Miami</sup>의 종교학과 교수인 대니얼
팰스<sup>Daniel L. Pals</sup>는 1996년 옥스퍼드 출판부에서 펴낸『종교에 대한 일

곱 가지의 이론들』[1]을 집대성하여 펴냈다. 그가 제시한 종교 이론은 다양한 학문 분야를 포괄한다. 문화인류학, 심리학, 사회학, 종교학, 문화학 등 대단히 광범위하다. 종교에 대한 일곱 가지 이론은 애니미즘과 주술, 종교와 인격, 사회의 신성함, 소외로서의 종교, 성스러움의 실재, 사회의 "마음 구성", 문화체계로서의 종교 등이다. 10년 후 팰스는 이 일곱 가지 종교 이론에 막스 베버 Max Weber의 종교 이론인 '사회적 행동의 원천'으로서의 종교를 추가하여 제2판을 출간하였다. 팰스에 의하면, 베버의 독특성은 사회이론에 관한 그의 선구적인 노력이다. 종교에 관한 다차원적인 고전적인 이론을 다루는데 있어 빠질 수 없는 '종교이론'으로 가치가 있다고 보고, 중요한 인물임을 강조하고 있다. 2006년에 나온 제2판, 개정판인『종교에 대한 여덟 가지의 이론들』[2]에서 저자는 고전적인 학자들이 다룬 주제들이 오늘날 논의와 검토의 중심이 되는 문제, 다른 이론, 새로운 질문으로 어떻게 발전했는지를 보여주려고 했다. 이것은 시대를 통한 검증의 내용을 담고 있고, 또한 그 영향력의 현재성을 반증하고 있다고 생각된다. 이론과 사상의 연대기적인 이해를 갖게 되고, 학술적인 집약성보다는 이론의 이해에 더 집중하고 있음을 엿볼 수 있다.

2015년에 펴낸 제3판,『종교에 대한 아홉 가지의 이론들』[3]에서 저자는 윌리엄 제임스 William James를 추가한다. 제임스가 종교 경험에 대한 현상의 의미를 밝히려고 한 점을 중심으로 설명한다. 이 책의 제2

---

1    Daniel L. Pals, *Seven Theories of Religion* (Oxford: Oxford University Press, 1996).
2    Daniel L. Pals, *Eight Theories of Religion*, 조병련 · 전중현 옮김,『종교에 대한 여덟 가지의 이론들』 (서울: 한국기독교연구소, 2016).
3    Daniel L. Pals, *Nine Theories of Religion* (Oxford: Oxford University Press, 2015).

판 번역서에서 팰스는 자기의 저술 목적에 대해서 분명하게 요약하여 제시한다. 그것은 고전적인 이론가들의 이론을 통해서 종교가 인간의 문화와 삶, 사회, 역사 속에서 감당한 역할에 대한 이론적인 기초가 세워져 왔고, 그들의 이론을 통해 근본적인 문제에 대한 해답들을 찾을 수 있을 것이라는 기대이다.[4] 필자는 여러 학자들의 세밀한 이론적 주장을 소개하기보다는 그들이 정의하는 종교의 의미를 살펴보고, 기능과 환원주의로 대변되는 근대사의 종교 이론의 흐름 안에서 각 학자들의 입장과 어떠한 차이가 있는지에 집중해서 살펴보려고 한다. 특히 제3판에서 저자는 새롭게 변화된 몇 가지 관점을 제시하는데, 첫째로 기존의 장에서 없던 제임스에 대한 적절한 비교표와 참고도서를 제시한다. 둘째로 기존의 좀 장황한 설명을 줄여서 좀 더 간략하게 제시한다. 셋째로 좀 더 엄밀하고 명확하게 해설하려고 한다.[5] 다음에 팰스가 집대성한 종교에 대한 아홉 가지 이론을 그의 저서를 중심으로 간략히 제시함으로써 지난 세기 동안 다양한 학문 분야에서 어떻게 종교를 이해하는지를 개관하려고 한다.[6] 이어서 필자가 중요하다고 생각하는 세 가지 종교 이론을 추가하여 모두 열두 가지 종교 이론을 정리하려고 한다.

---

4    Daniel L. Pals, 『종교에 대한 여덟 가지의 이론들』, 저자의 한국어판 서문.
5    위의 책, viii.
6    대니엘 팰스의 아홉 가지 종교이론들을 서술하는 아래 부분은 일일이 각주를 달지 않고, 이 책 전체를 요약 정리한 것임을 밝혀둔다.

# Ⅰ. 애니미즘과 주술<sup>Animism and Magic</sup>

애니미즘이란 말은 학계에서 오랫동안 사용되어 온 용어이다. 이 용어를 창안한 에드워드 베넷 타일러<sup>Edward Burnett Tylor 1832-1917</sup>와 그의 이론을 거의 유사하게 제시한 제임스 조지 프레이저<sup>James George Frazer 1854-1941</sup>의 주술론이 종교에 대한 첫 번째 이론이다.

타일러가 처음 고안한 정령숭배라는 말에서 정령이란 자연계, 특히 동물과 식물의 몸 안이나 그 밖의 모든 사물에 잠정적으로 깃들어 있다고 생각되는 영을 말하며, 이 정령을 숭배하는 일을 통 털어서 정령숭배라고 하였다. 진화론적인 종교 기원설을 주장하는 타일러에 의하면, 종교는 정령숭배에서 출발하고, 사령<sup>死靈</sup>, 정령<sup>精靈</sup> 신앙으로 진행하며, 다신교, 일신교 순으로 진화한다고 한다. 이렇게 종교의 기원을 진화론적인 관점에서 추구한 타일러는 정령숭배를 세상을 이해하려는 일련의 노력으로 파악하며, 이 세상에 있는 신비와 불확실한 사건에 대한 하나의 대응으로서 과학과 비슷한 것이라고 설명한다. 하지만 정령숭배<sup>종교</sup>가 과학보다 더 초기의 것이고, 더 원시적이며, 덜 숙련된 것이라고 덧붙이고 있다. 종교는 마치 풍습과 미신처럼 '잔존 하는 것'이라고 말한다. 정령숭배 사상은 아동기적 단계로서 성숙기에 속한 것이 아니라고 한다. 프레이저는 종교가 쇠퇴해가는 데 반해 과학은 새로운 주술처럼 합리적이며 정확한 지식을 제공하게 된다고 본다. 프레이저는 인간의 종교적 사고의 진화를 도식화하여 주술 → 종교 → 과학이라는 발전 단계로 파악했다. 프레이저는 다음과 같이 주술, 종교, 과학이 인간이 경험하는 현상을 설명하는 하나의 사유 가설에 지나지 않는다고 하며, 더 나은 가설이 생기면 과학조차도 대체될 수 있다고 본다.

> 과학의 일반법칙, 곧 흔히 말하는 자연법칙이란 것은 근본적으로 우리가 세계와 우주라는 거창한 이름으로 부르는 주마등같이 늘 변화하는 사유의 환영을 설명하기 위해 고안해 낸 가설에 지나지 않음을 명심해야 한다. 결국 주술과 종교, 과학은 사유의 이론에 다름 아니다. 과학이 그 선배들을 대체했듯이 그것 자체도 좀 더 완벽한 어떤 가설, 아마도 우리 세대에서는 전혀 생각조차 할 수 없는 전혀 다르게 현상을 관찰하는 어떤 방식이 대체하게 될 수도 있다. 지식의 발전은 끊임없이 멀어져 가는 목표를 향한 무한한 전진이다.[7]

타일러와 프레이저는 모두 과학적인 종교 이론가로 자부하고, 초자연적이고 신비적인 종교적 사건은 제거되어야 한다고 주장했다. 비교와 분류를 통한 일반이론의 공식화가 그들이 추구하는 방법이었다. 타일러가 쓴 『원시문화』[8]와 프레이저의 『황금가지』에는 사례와 실증, 병행과 변종들로 일반 작업을 위한 주지적인 내용으로 채워져 있다. 이들은 종교의 기원을 진화적인 관점에서 보았고, 개인의 믿음이 종교 집단으로 성장하고 종교의 기원에 대해서는 개인의 생각과 믿음에 방점을 두었다.

---

**7**  James George Frazer, *The Golden Bough*, 이용대 옮김, 『황금가지』(서울: 한겨레출판사, 2011), 899.
**8**  Edward Burnett Tylor, *Primitive Culture*, 유기쁨 옮김, 『원시문화 1, 2』(서울: 아카넷, 2018).

## II. 종교와 인격 Religion and Personality

20세기 초 종교를 인격 혹은 개성의 차원에서 파악한 지그문트 프로이트 Sigmund Freud 1856-1939의 심리학적 종교이론이 대두되어 일반학계는 물론 신학계에도 가공할 만한 충격을 주고 많은 영향을 미쳤다. 프로이트는 종교를 인류의 보편적인 신경 강박증이라고 보았다. 프로이트는 심리학적 투사가 만들어낸 환상illusion이 종교라고 보았다. 그는 무의식에 심취했으며, 인간의 행동에는 심리적인 의도가 배어 있고, 심리분석은 모든 분야에 있어 인간의 생각과 행동의 동기를 볼 수 있는 새 장을 열었다고 평가되었다. 『꿈의 해석』[9]에서 꿈은 의식되지 않은 것혹은 심층 의식의 욕구 충족을 의미한다고 보았고, 무의식 가운데 있는 생각의 동기를 표출하는 것으로 강조했다. 프로이트는 신을 믿을 이유가 없다고 생각하고, 종교의 의례나 예전을 무가치하게 보았다. 그는 타일러와 프레이저처럼 종교적 믿음이 잘못됐고 미신이라고 치부했다. 『토템과 터부』에서 원시인들의 생활을 심리학적으로 해석함으로 다윈의 생물학적 진화론과 일반 개념에 의한 영향도 받았다고 적었다. 종교는 인간 행위나 생각의 참된 동인이 아니고, 실재가 아니며, 하나의 현상으로 솔직한 환원주의적 접근 방식을 제공했다.

---

[9]   Sigmund Freud, *The Interpretation of Dreams*, 이 환 옮김, 『꿈의 해석』(서울: 돋을새김, 2014). 한글 완역본은 김기태 옮김, 『꿈의 해석』(서울: 선영사, 2011)을 참고하라.

## III. 사회의 신성함<sup>Society as Sacred</sup>

현대 사회학의 방법론적 토대를 놓은 학자로 평가되는 에밀 뒤르켐<sup>Emile Durkheim 1857-1917</sup>은 종교란 저변의 사회적 실체가 방출한 용솟음 혹은 표면의 거품에 불과하다고 표현했다. 그는 종교에 대해 부정적인 판단을 쉽게 내리지 않았다는 점에서 프로이트와 달랐다. 프로이트가 종교를 질병의 징조나 정신이상 증상으로 본 것과 달리, 그는 종교적 믿음이 잘못됐다 하더라도 그것이 사회적 건강을 증명하는 것이 될 수 있다고 보았다. 뒤르켐은 기능적인 관점에서 종교의 긍정적인 면을 부정하지 않았다. 종교가 한 사회에서 하는 기능적 역할에 대해 강조하였다. 기능적인 차원에서 종교의 사회적 역할을 뒤르켐은 몇 가지로 나누어 제시한다. 첫째, "종교란 신성한 것<sup>the sacred; 초자연적 신이 아님</sup>에 대한 신념과 의례의 통합된 체계이다. 애초에 종교는 사회에 대한 숭배이다." 둘째, "종교<sup>토테미즘</sup>는 가장 원초적인 사회제도이며 가장 강력한 집합의식<sup>collective consciousness</sup>을 때로는 집단적 열광을 공급한다." 셋째, "사회의 분화와 더불어 종교는 덜 중요해졌으며 대신 과학과 '개인숭배'가 부상한다." 그런 의미에서 현대 종교는 인간의 존엄과 가치를 최고의 가치로 간주한다. 넷째, "종교는 사회생활의 기초적 범주를 제공한다."[10] 예를 들면, 종교는 시간과 달력이나 질서와 공간에 대한 기초적 사회 범주를 제공한다.

---

**10**  위키백과에서 인용. https://ko.wikipedia.org/wiki/%EC%97%90%EB%B0%80_ %EB%92%A4E B%A5%B4%EC%BC%90 (2019. 09. 21).

뒤르켐은 사회통합의 기능을 하던 종교의 권위가 상실된 혼탁한 시기에 사회질서를 유지할 수 있는 체제의 차원에서 종교를 이해하였으며, 특히 종교의 기원에 대해서 분석하였다. 종교의 기원은 자연계 내의 어떤 사물이 아니다. 자연계 내의 어떠한 사물도 본래부터 세속적이거나 신성하다고 할 수 있는 것은 없기 때문이다. 종교는 초자연적 표상체계와 관련되고, 이러한 "표상체계를 예찬하는 종교의식을 통해서 집합의식을 내면화하여 사회통합"을 강화한다. 따라서 뒤르켐은 "종교의 본질은 사회적 산물이며 개인은 종교적 실천을 통하여 집합의식을 내면화하여 소속집단 혹은 사회에 통합"[11]된다고 주장한다. 뒤르켐의 종교 이해는 환원주의적인 것으로 종교 자체를 오해하는 시발점에 문제가 있음을 드러내고 있다.

종교 제의에서 유래하며, 종교와 관련이 깊은 축제 Festival 에 대한 이해를 살펴보면 흥미로운 대조 점을 발견하게 된다. 모든 종교 행위에 포함된 축제에 대해서는 뒤르켐 모델과 프로이트 모델로 구분하고 있다. 뒤르켐 모델은 축제를 "사회적 통합을 위해 기능하는 종교적 형태"로 규정한다. 반면 프로이트 모델은 축제의 성격을 비일상적 성격으로 보고 있다. 프로이트 모델은 축제의 역기능 혹은 부정적인 면을 부각하는데, 그에 의하면 축제란 통합과 질서를 유지의 사회 문화적 기능보다는 '금기의 위반, 과도함과 난장 트기'에 지나지 않는다.[12]

---

11   위의 사이트.
12   한국문학평론가협회, 『문학비평용어사전』(서울: 국학자료원, 2006).

## Ⅳ. 소외로서의 종교 Religion as Alienation

카를 마르크스 Karl Marx 1818-1883 는 공산주의 사상을 정립한 사람으로 종교 이론보다는 그 자체가 종교와 비슷한 전체주의적인 사상체계를 제시했다. 마르크스의 신조가 세상에 미친 영향은 컸다. 그는 박사학위 논문에서 "나는 모든 신들을 증오한다" 라고 쓰고 있고, "사람이 종교를 만들어내는 것이지 종교가 사람을 만들지 않는다"라고 종교에 대한 부정적인 입장을 분명히 표현하였다. 마르크스는 종교에 대한 이해를 경제에서 찾아야 한다는 견해를 가졌다. 그의 사상을 계승한 엥겔스는 "인간이 정치, 과학, 예술, 종교를 추구하기 전에 무엇보다도, 먼저 먹고 마셔야 하며, 잠자리와 옷이 있어야만 한다는 단순한 사실을 마르크스는 발견했다"고 마르크스의 묘지의 연설에서 말했다. 마르크스는 환원주의적인 길을 따랐으며, 계급투쟁과 경제적 소외에서 그의 역사와 사회에 대한 결론을 내렸다. 사회의 필요성이나 신경증적 인격에서 결론을 도출한 뒤르켐과 프로이트와는 다른 노선을 걸었다.

## Ⅴ. 사회 행동의 원천 A Source of Social Action

프로이트와 뒤르켐, 마르크스가 종교에 대해 기능주의적이며 환원주의적인 견해를 발전시켰다면, 반면 『프로테스탄티즘의 윤리와 자본주의 정신』[13]으로 널리 알려진 막스 베버 Max Weber 1864-1920 는 서로 잘

짜진 직물과 같은 사회 속에서 종교의 지위를 모색하였다. 그는 종교를 비환원주의적 인과관계 속에서 보았다. 그래서 종교는 원인도 아니며, 또한 항상 결과도 아니라는 주장을 하였다. 오히려 변하는 상황들이 궁극적으로 결과를 초래함으로 종교에 전적인 의미를 부과하지 않았다.

베버는 사회 과학이 역사가 아니라는 말을 했다. 이 말에는 합리적인 바탕 위에 세워진 이론적 구성을 추구하고 그것은 실제 적용 가능성을 실현하는데 충분하지 못했다는 자조적인 인정을 담고 있다고 평가한다. 그 자신의 사회학은 순수한 사회과학이라기보다는 유익한 역사학처럼 보인다는 평가를 받는다. 그 자신이 과학적 사회학자로서 보여주고자 했던 기준에 도달하지는 못했다는 괴리감이 있다. 하지만 베버는 종교이론에 관하여 광범위한 학식과 관심, 개념들이 정확하고, 치밀하고, 또 프로이트, 뒤르켐과 마르크스가 주장한 환원주의적 기능주의에 대해 단호한 반대의 입장을 고수함으로 자신의 학문적 공헌을 제공하고 있다고 볼 수 있다.


## VI. 종교 경험의 평결 The Verdict of Religious Experience


심리학 분야에서 종교에 대한 이해를 제시하는 지그문트 프로이

---

13  Max Weber, *Die Protestantische Ethik und der 'Geist' des Kapitalismus*, 박성수 옮김, 『프로테스탄티즘의 윤리와 자본주의 정신』 2판 (서울: 문예출판사, 2010).

트와 대조적인 종교 이해를 윌리엄 제임스<sup>William James 1842-1910</sup>가 주장한다. 프로이트와 제임스의 대조적인 종교 인식과 이론을 제시함으로써 팰스의 『종교에 대한 아홉 가지의 이론들』은 좀 더 균형 잡힌 저서로 자리매김한다.

제임스는 종교심리학을 개척한 사람이다. 그의 저서 『종교적 경험의 다양성』[14]은 오늘날까지 읽히는 고전이다. 제임스는 의학을 공부하고, 하버드 대학교에서 심리학과 생리학을 가르쳤다. 그는 신비주의에 대한 연구를 깊이 하였으며, "변형 의식상태<sup>ASC = Altered State of Conscious-ness</sup>" 연구의 선구자이기도 하다. 그의 연구방법론은 심층심리학자<sup>프로이드, 융과 그의 제자들</sup>에 의해 비판을 받았고, 이제는 낡은 이론으로 간주된다.


# VII. 성스러움의 실재<sup>The Reality of the Sacred</sup>


미르치아 엘리아데<sup>M. Eliade 1907-1986</sup>의 종교개념 정의의 핵심 틀은 성<sup>聖 sacred</sup>과 속<sup>俗 profane</sup>의 구분이다. 모든 종교 이론을 성에 대한 특별한 인식으로 보는 엘리아데는 성이야말로 종교의 "유일하고 특별하며 환원할 수 없는 요소<sup>the one unique and irreducible element of religion</sup>"[15]라고 규정한다. "성은 (인간) 의식 구조에 속한 요소<sup>the sacred is an element in the structure of human</sup>

---

**14** William James, *The Varieties of Religious Experience: a Study in Human Nature*, 김재영 옮김, 『종교적 경험의 다양성』(서울: 한길사, 2000).

**15** M. Eliade, *Patterns in Comparative Religion trans. Rosemary Sheed* (New York: World, 1963), 1; Roger Schmidt et al., *Patterns of Religion* (Belmont, CA: Wadsworth, 1999), 7에서 재인용.

consciousness "**16**이다. 이와 같이 성은 "실재로 인식되는 인간 경험의 의도적인 대상"**17**으로서, 상징으로 인식되며, 속의 세상에서 이러한 성의 인식이 바로 성현 聖顯 Hierophanie 과 관련된다.

엘리아데가 말하는 "성현"이란, 속 안에 있으면서도 성을 지향하는 어떤 사물을 말한다. "성현"이 곧 종교현상이다. "성현화" hierophanization 의 과정을 수행하는 것이 상징이다. "성현"의 이해, 곧 그 의도적 양태의 해석을 위하여 "상징" 혹은 "상징체계"라는 개념을 도입한다. 상징은 단순한 허구나 허상이 아닐뿐더러 객관적인 실재의 재현도 아니다.

> 상징은 객관적인 현실의 복제가 아니다. 그것은 더 깊고 더 근본적인 것을 드러낸다. … 상징은 실재 혹은 즉각적인 경험에서 명확하지 않은 세상의 조건의 양태 modality 를 드러낼 수 있다. … 물이 어떤 형식을 취하기 이전, 잠재력, 혼란을 드러낼 수 있는 상징이라는 한 가지 예를 들 수 있다. 이것은 물론 합리적인 인식 cognition 이 아니라 성찰 이전의 능동적인 의식의 파악 apprehension 에 관한 것이다. 그러한 파악으로 세계가 만들어지는 것이다. … 그것은 깊이 생각한 지식이 아니라 세계의 '암호 ciphe '에 대한 즉각적인 이해를 말한다. 세계는 [상징] 이라는 매체를 통해 '말하고', 그 '단어'를 직접 이해한다. The World 'speaks' through the medium of the [symbol], and its 'word' is directly understood. **18**

**16** M. Eliade, *The Quest: History and Meaning in Religion* (London: University of Chicago Press 1969), i.

**17** "The intentional object of human experience that is apprehended as the real." Bryan S. Rennie, *Reconstructing Eliade: Making Sense of Religion* (Albany: The State University of New York Press, 1996), 21.

이 세상 속의 일상적인 대상의 이해와 마찬가지로 그 속에서 성의 이해도 드러난다고 한다. 성과 속이 구별되지만, 성 없이 속이 없고, 속없이 성이 없을 정도이다. 성은 속과 전혀 다른 것으로, 성 자신이 스스로 드러내고 표출하기에 우리가 인식한다. 성은 우리가 사는 속의 세상에 자연스러운 것으로 통합되어 있지만, 우리 세상에 속한 것이 아닌 실재reality이다. 그리스도인에게 가장 최고의 성현은 하나님의 성육신인 예수님이다.[19] 성의 구조와 형태에 대해 엘리아데는 다음과 같이 말한다.

성과 속, 존재와 비존재, 절대와 상대, 영원과 생성의 역설적인 합일은 모든 성현이, 가장 기본적인 것까지도 드러내는 것이다. … 이러한 성과 속의 합일은 실제로 다양한 수준의 실존의 돌파를 만들어낸다. 이것은 어떠한 성현이라도 상호 모순적인 존재essences, 즉 성과 속, 영과 물질, 영원과 비영원 등의 공존을 보여주고 나타낸다는 점을 내포한다. … 성은 어떤 형식으로도, 가장 낯선 형식으로도 보일수 있다.[20]

18  M. Eliade, "A Methodological Remarks on the Study of Religious Symbolism," in Mircea Eliade & Joseph Kitagawa eds., *History of Religions: Problems of Methodology* (Chicago: Chicago University Press, 1959), 97-98; Bryan S. Rennie, "Mircea Eliade and the Perception of the Sacred in the Profane: Intention, Reduction, and Cognitive Theory," *The Finnish Society for the Study of Religion Temenos* vol. 43 no. 1 (2007), 81에서 재인용.

19  M. Eliade, *The Sacred and the Profane: The Nature of Religion: The Significance of Religious Myth, Symbolism, and Ritual within Life and Culture* (New York: Harcourt, Brace & World, Inc., 1961), 11. Translated from the French by William R. Trask, [first published in German as *Das Heilige und das Profane* (1957)].

20  M. Eliade, *Patterns in Comparative Religion* (London: Sheed and Ward, 1958), 29; Bryan S. Rennie, 위의 논문 "Mircea Eliade and the Perception of the Sacred in the Profane: Intention, Reduction, and Cognitive Theory," *The Finnish Society for the Study of Religion Temenos* vol. 43 no. 1, 82에서 재인용.

베버에게 설명이 일종의 통합을 의미한다면, 엘리아데에게 종교를 설명하는 길은 종교인 자신이 종교를 설명하는 방식이라고 한다. 즉 우선은 자신의 생각과 감정과 믿음에 호소하여 설명하는 방식이라고 그는 주장한다. 이 말은 베버의 경제 중심 종교 이해나 제임스의 심리 중심의 종교 이해와 차별성을 드러내는 것이다. 아울러 프로이트나, 마르크스 등이 주장하는 기능적 환원주의에 대해 반대 입장을 표명하는 것이다.[21] 그는 환원주의가 인간 생활에서 종교의 역할을 심각하게 오해하였다고 주장한다. 그는 인본주의적인 접근 방법을 주장하였고 종교는 항상 '그 자체의 관점'에서 해명해야 한다는 신념을 가졌다. 그는 환원주의에 반대한 담대한 종교적 정의를 가진 학자로 이해되고 있다.

　　엘리아데는 특히 성스러움에 대해 자연의 개체들이 성스러움을 나타내는데, 이는 '실재'는 언제나 '동일한 것이면서도 유기적이지만 순환적인 형태가 되는 것'이라고 설명한다. 그래서 신들이 그들에게 의미 있는 존재가 되는 경향이 있음을 주장한다. 그런 면에서 엘리아데는 성스러움이 세속의 반대라는 개념에서 한 단계 더 나아가서 실재의 의미를 담은 개념으로 인식하고 있다. 그럼에도 불구하고 그의 접근 방법은 광범위함으로 인해 놓치는, 세부적이고 한 종교에서 발견할 수 있는 깊이와 사실들을 발견하는 연구가 필요하다는 비판을 받게 되었다.

---

**21**　Daniel L. Pals, *Nine Theories of Religion* (Oxford: Oxford University Press, 2015), 227-28.

# VIII. 사회의 "마음 구성/산물" Society's "Construct of the Heart"

에번스 프리차드 Edward Evans Evans-Pritchard 1902-1973 의 종교관을 한 마디로 담아내면 "사회의 마음 구성"이라 할 수 있다. 프리차드가 『원시종교론』[22]이라는 자신의 책에서 말했듯이, 인류학과 종교 연구에서 앞선 학자들이 제시한 설명을 해체하는 사명을 가졌다. 하지만 종교를 설명하는데 있어서는 단점을 비판하는 단계보다 더 나아가, '현지에서' 실제 부족민들과 관계를 통해 얻은 깊은 통찰력을 간직한 연구 내용을 소개한다. 그는 실제 두 원시 사회에 들어가, 그 사람들과 살면서 언어와 문화를 배우며, 그들의 행동을 연구한 종교 이론가이다. 그는 현장 조사에서 실험과학을 통해 연구 결과를 제시함으로 원시 공동동체의 일상생활을 연구하였다. 그는 남부 수단의 아잔데족을 연구하고, 또 동아프리카의 가장 큰 부족인 누어 족과 더불어 살며 연구하였다. 그는 주술의 비합리성 안에 담긴 부족들의 정상적인 관념을 설명하였는데, 뮐러, 타일러, 프레이저, 프로이드 등은 심리학적인 이유로 그들의 종교성을 설명하려 하였고, 사회학적으로는 마르크스, 뒤르켐과 같은 학자들은 그것이 가치 없음을 지적한다. 그는 원시인들의 내부로부터 그 환경에서 그들의 시각으로 종교를 이해하는, 즉 내부자적 관점 emic/insider perspective 이 중요하다는 주장을 펼쳤다. 그런 면에서 초문화적인 관점의 종교 이해 또는 자문화가 아닌 수용자 문화가 가진 관점을

---

22    Edward Evans Evans-Pritchard, *Theories of Primitive Religion*, 김두진 옮김, 『원시종교론』(서울: 탐구당, 1985).

제시한 것이라 보인다. 그는 환원주의를 거부하고, 모든 시대와 장소와 시간에서 볼 수 있는 종교적 심성을 언급하고, 종교를 가장 잘 이해하는 것은 역사와 신화를 통해서라고 강조한다. 따라서 그가 이해하는 종교 이론이란, 실재의 개념화와 연관성을 맺는 방법을 설명하는 것 theories explaining religion as a method of conceptualizing and relating to reality 이다.

과학과 종교의 관계성에 대해서 에번스-프리차드는 양자를 상호보완의 차원에서 공존해야 한다고 주장한다. 왜냐하면, 과학과 종교없이 지속가능한 사회는 없다고 보기 때문이며, 모든 문화는 '정신의 산물' construct of mind 인 과학과 '마음의 산물' construct of the heart 인 종교의 양자를 요구하기 때문이다. 그리고 에번스-프리차드는 종교 연구에서 일반 대중들의 살아있는 신앙을 연구해야 하고, 종교인의 눈으로 종교 이해를 해야 할 필요성을 제기했다. 신앙 없이 종교를 연구하는 학자는 종교적 진리에 다가가기 힘들고, 종교를 멸시하거나 배척하는 이론가들은 필연적으로 종교에 대한 생물학적, 심리학적, 혹은 사회학적인 이론으로 축소할 가능성이 높기 때문이다. 에번스-프리차드의 원시종교 이해는 내부자적, 현지조사를 통한 산물로서 그 가치가 높고, 탈 식민주의적 의의도 있다

# IX. 문화체계로서의 종교 Religion as Cultural System

이것은 클리퍼드 기어츠 Clifford Geertz 1926-2006 의 종교 정의이다. 기어츠는 미국의 문화 인류학자로 문화 분석이라는 책을 통해 인간의

문화 활동은 유별나고 독특하기 때문에 과학자 방식으로 설명하는 것이 바람직하지 않다고 주장했다. 인간은 복합된 의미 체계 속에 산다고 하며, 그 의미 체계를 문화라고 부르며, 종교는 그 문화의 부분에 속한다고 보았다. 그래서 그것을 잘 이해하기 위한 것이 해석이라고 하였다. 그래서 그는 문화적인 것을 해석하는 것이 인류학과 사회학에 기여할 것이라 강조 했고, 자신은 이것을 종교 연구에 적용하였다. 종교를 믿고 실천하는 사람들의 눈과 생각을 통해서 종교를 이해하려고 했다. 그는 앞서 베버, 엘리아데와 에번스-프리차드 보다 한 걸음 더 나아간 방법론을 적용했다. 그는 종교에 대해 기능적, 환원주의적 설명보다 종교를 인간의 차원, 영감을 불어 넣는 생각, 태도와 목적처럼 종교의 인간적 관점을 존중하는 연구를 추구 했다. 이론상 그의 방법은 의미를 다루고, 정서와 에토스를 강조하며, '집단의 개성'이라는 주관적 개념을 주장함으로서 믿음과의 관련성과 차이점을 조명하는 데는 미흡했다는 지적을 받는다. 하지만 그는 문화인류학과 사회인류학의 융합을 추구하며 '상징인류학' 혹은 '해석인류학'의 발전 꾀함, 의미추구의 해석학으로서의 문화 연구를 시도하고, '해석으로의 전환'을 확립함으로 인류학과 종교학자들의 연구에 중요한 방향성을 제시하였다고 평가 된다. 앞에서 인용했다시피 클리포드 기어츠는 "상징들의 체계"로서 종교를 규정하며, "문화체계"로서 종교를 이론화한다. 그의 정의에 대한 비판적 고찰도 있지만[23], 그의 종교 정의는 뒤르켐, 베버, 엘리아데, 제임스 등의 영향을 받은 것으로 평가된다.

---

**23**   조현범의 "의미추구의 해석학으로서의 문화연구"와 Talal Asad, *Genealogies of Religion: Discipline and Reasons of Power in Christianity and Islam*을 참고하라.

# X. 성스러움으로서의 종교<sup>Religion as "das Heilige"</sup>

"거룩" 혹은 "성스러움"<sup>Das Heilige</sup>과의 관계 속에서 종교를 이해하는 루돌프 오토<sup>Rudolf Otto 1869-1937</sup>는 종교를 인간의 지식이나 행위보다 내면적인 느낌이나 감정에서 찾는다는 점에서 슐라이어마허의 전통을 따른다. 하지만 오토는 슐라이어마허의 '절대의존의 감정'으로서의 종교 이해에 비판을 가한다. 슐라이어마허의 종교관은 너무 개념적이라는 점과 '성스러움'에 대한 실제적인 체험과는 너머 먼 거리가 있다고 본다. 절대의존의 감정이나 자기의식을 넘어서는 것이 성스러움의 체험이라고 한다. 오토의 "거룩" 혹은 "성스러움"은 종교 정의의 내용이 된다. 오토의 『성스러움의 의미』[24]라는 저서의 부제가 보여주듯이 비합리적인 것을 합리적 요소와 연관시켜서 논지를 편다. 그는 정통주의 기독교에서 비합리적인 것으로 치부되던 종교 체험을 성스러운 체험으로 승화시키고, 그러한 성스러운 종교 체험을 '누멘적 감정'<sup>das nu-minöse Gefühl</sup>이라 불렀다. "비합리적 요소는 모든 종교 가운데서 가장 내적인 핵으로 살아있는 것이며, 만일 그것이 없다면 어떤 종교도 감히 종교라 부를 수 없을 것이다."[25]

그의 대표적인 저서인 『성스러움의 의미』는 1917년에 초판이 나온 이후 1936까지 25판이 나올 정도로 대단한 영향을 미쳤다. 1차

---

**24**  Rudolf Otto, *Das Heilige: Über das Irrationale in der Idee des Göttlichen und sein Verhältniss zum Rationalen*, 길희성 옮김, 『성스러움의 의미: 신 관념에 있어서의 비합리적 요소 그리고 그것과 합리적 요소와의 관계에 대하여』(칠곡: 분도출판사, 1987).

**25**  Rudolf Otto, 『성스러움의 의미』, 10.

세계대전이 끝난 후 독일 청년들에게 가장 인상 깊게 읽힌 두 권의 책 가운데 하나이다. 칼 바르트의 『로마서 주해』와 함께 오토의 이 책은 독일을 넘어서 영미계통의 나라를 비롯한 많은 나라에로 영향력을 미쳤다.

"성스러움" 혹은 "거룩"이란 말은 "성스러운 자"라는 신神을 지칭하는 의미와 "성스러움"이라는 추상적 범주내지 개념을 모두 포함하고 있다. 『성스러움의 의미』의 핵심 명제는 다음과 같다. 성스러움은 신비 Mysterium라는 객관적 성격을 지닌다. 오토에 의하면 신비는 두 가지 유형으로 구분되는데, 두려움과 경외감을 유발하는 신비mysterium tremendum와 가깝게 끌리는 매혹의 신비mysterium fascinans/fascinosum이다. 이 양자는 객관적 실재 혹은 궁극적 실재에 대한 체험과 반응에서 오는 것이다. 전자는 두려움Awefulness, 압도성Overpoweringness, 활력성Energy, 그리고 '전혀 다른 것'전적인 타자성 Wholly Other이다. 이런 점에서 오토는 슐라이어마허의 절대의존의 감정보다 더 깊은 종교적 감정을 포착한다. 그것은 곧 두 가지 속성을 지닌 신비로서, 절대적 타자인 신에 대한 사랑과 두려움의 융합이요, 끌어당기는 매력과 밀어내는 전율의 융합이라 할 수 있다.

오토가 종교 연구에 지속적인 영향을 미치는 이유는 종교의 본질을 규명하는 것은 합리적인 체험이 아니라 직접적인 체험이라고 한 점이다. 이것은 후의 종교체험과 신비주의 연구에 기초가 되었다. 오토의 종교관을 요약하면, 성스러움이 종교의 핵심이고, 성스러움에 얼마나 충실한가에 따라 종교의 가치를 측정할 수 있다는 것이다. 오토는 덧붙이기를 이런 성스러움에 구체화된 최고의 인물이 성령의 충만함 자체인 예수님이라고 하였다.

# XI . 근본적인 질문에 대한 응답으로서의
## 종교 Religion as an Answer to the Fundamental Questions

영국의 지도적 복음주의자인 피터 코트렐 Peter Cotterell 1930- 은 모든 개념의 정의는 정의 내리는 자가 자기의 논의를 위하여 채택한다는 전제 하에 종교를 정의한다. 개념 정의는 첫째로 유목적적 내지는 전술적 Tactical 인 것, 둘째로 한정적 defining 인 것이다. 이 두 가지 전제하에서 코트렐은 아래와 같이 '종교'를 규정했다.[26]

"종교란 근본적인 질문에 응답을 추구하는 정합성이 있는 철학적 체계이다. 근본적인 질문은 세 가지 연속적인 질문으로 이루어진다.

나는 누구인가, 어디서 왔으며, 어디로 가는가, 왜?

너는 누구인가, 어디서 왔으며, 어디로 가는가, 왜?

이 세상은 무엇이며, 어디서 왔으며, 어디로 가는가, 왜?"[27]

코트렐의 개념 정의에 따르면 일신론적인 유대교, 이슬람, 다신론적인 힌두교, 아프리카 전통종교, 불가지론적인 유교, 소승불교 Hinayana

---

**26**   Peter Cotterell, *Mission and Meaninglessness: the Good News in a World of Suffering and Disorder* (London: SPCK Publishing, 1990), 16.

**27**   "A Religion is any coherent philosophical system which attempts to answer the fundamental questions. The fundamental questions fall into three sequences :
Who am I, Where did I come from, Where am I going to, why,
who are you, Where did you come from, Where are you going to, Why
What is this world, Where did it come from, Where is it going to, Why."
이 정의는 제2 바티칸공의회(Vatikanum)의 종교 개념 정의와 유사하다. *Nostra Aetate*, in A Flanneryed., *Vatican Council II: The Conciliar and Post-Conciliar Documents* (Leominster: Fowler-Wright Books, 1975), 738

---

혹은 Theravada Buddhism, 무신론적인 마르크스주의Marxism 등을 다 포괄한다. 이 모든 종교가 제시하는 인간론, 출생기원, 미래에 대한 사상은 다 다르다. 단지 공통점은 "인생은 의미를 가져야 한다는 것"이다. 따라서 종교체계는 첫째로 인간 부조리 disorder에 대해 어느 정도 체계적으로 설명을 하고, 둘째로 그 설명에 적절한 인간 행동을 위한 총체적인 프로그램을 제시한다는 점이다.

코트렐의 종교 개념 정의를 종교학자인 에릭 샤프E. J. Sharpe의 논지와 비교할 수 있다. 샤프에 의하면, 종교는 내적 신념inward convictions과 외적 실천outward practices으로 구성된다.[28] 코트렐이 제기하는 근본적인 질문에 대한 근본적인 대답으로서의 종교는 상호간의 메아리가 아니라 명백히 독립적인 소리라고 샤프는 말한다. 종교는 상호간 주변적인 문제issues 뿐만 아니라 그 핵심문제, 바로 그 생의 근본에서 다르다고 생각한다. 불교, 힌두교, 마르크스주의 등이 제시하는 핵심교리근본를 대조해 보면 쉽게 차이점을 알 수 있다.

# XII. 예술의 원시적 표현으로서의 종교적 행위

이러한 종교 이론을 주장한 학자는 헤라르두스 판 데어 레이유 Gerardus van der Leeuw 1890-1950이다.[29] 헤라르두스 판 데어 레이유는 종교현상학宗敎現象學, phenomenology of religion의 대가로 알려져 있다. 그는 『종교현상

---

**28**　E, J. Sharpe, *Understanding Religion* (London: Duckworth, 1983).

학』에서 기도·사제직·제사 등의 다양한 종교적인 표상 유형들을 통해 종교 현상을 이해하려고 하였다.[30]

　판 데어 레이유의 종교현상학은 종교의 진·선·미를 고려하지 않는 객관적이며 서술적인 연구 태도를 추구하지 않는다. 아울러 유사한 종교현상을 범주화, 유형화하는 비교종교학과 다르다. 그가 말하고자 하는 종교현상학이란 비교종교학적 특징을 포함하지만, 연구를 감행하는 차원에서 특수한 학문적 방법론을 가리킨다. 즉 기존의 비교종교학을 이론과 방법 면에서 체계화하고 심화시켜서 종교학의 새로운 지평을 연 것이다. 그가 지향하는 종교현상학이란 궁극적으로 종교현상이 가지는 의미, 즉 겉으로 드러난 종교 현상들의 배후에 숨어있는 종교 내적인 체험적 이해를 의미한다. 그는 종교현상의 객관적인 이해가 아니라 자신의 삶과 종교 체험에서 공감적einfühlen, empathy 이해를 해야 한다고 말한다. 이러한 이해는 오직 종교 현상의 의미를 이해하는 것이지 종교 현상의 가치, 진리, 사실 등의 문제는 괄호 속에 넣어두고 종교를 파악하는 관점이다. 이러한 괄호 속에 넣는 태도를 현상학적 판단 유보epoche라고 주장한다.

　그럼에도 불구하고 판 데어 레이유는 현상학과 신학은 한 사람에 의해 연구될 수 있다고 보았으며, 종교현상학자가 동시에 신학자가 될 수 있다는 주장을 한다. 두 학문은 두 개의 길과 같이 본질적으로

---

**29**　이 부분은 김영동, "신학적 미학'에 대한 선교신학적 연구: 헤라르두스 판 데어 레이유(Gerardus van der Leeuw)의 『성과 속의 아름다움: 예술 속의 성스러움』을 중심으로," 「신학논단」 제36집 (2011): 29-52를 참고하라.

**30**　이 책은 본래 독일어로 출판되었었는데(1933), 터너(J. E. Turner)가 영어로 번역하여 『본질과 표상 속의 종교』라는 제목으로 출판하였다 Religion in Essence and Manifestation: A Study in Phenomenology (New York: The Macmillan Company, 1938).

구별되지만 분리할 수는 없다는 입장이다. "계시에서 세상으로 내려가는 길은 하향적이고 세상에서 계시로 올라가는 길은 상향적인 것이다. … 첫째 길은 신학적인 것이고, 둘째 길은 종교학이라고 부르는데 종교에 대한 인간 지식을 가리킨다." 신학과 종교학은 이렇게 다르지만 신학자는 상향적인 길과 하향적 길을 동시에 걸어야 한다고 믿었다. 그 근거는 바로 예수 그리스도에게 있다. "신인인 예수 그리스도 안에서 하느님의 길과 인간의 길이 만나게 되기 때문이다."[31] 판 데어 레이유의 종교현상학은 종교에 대한 단순한 묘사가 그 궁극적인 목적이 아니라 현상학적 설명이 찬미가로 승화되는 미적인 특징을 지닌다. 신이 세상을 다스리는 힘을 주체적인 차원과 객체적인 차원에서 연구하며, 이 두 차원 사이에 있는 상호연관성을 묘사하고 분석하는 종교현상학은 찬미와 헌신이란 감정과 감각성으로 연결되기에 신학적 미학과 밀접하게 연결된다.[32] 판 데어 레이유는 종교현상학자의 임무를 "차가운 방관자의 태도가 아니라 오히려 사랑하는 대상을 바라보는 연인의 사랑에 찬 눈초리와 같은 것이어야 한다. 모든 이해는 자기를 주는 사랑에 기초하고 있기 때문이다."[33]라고 말한다.

본래 판 데어 레이유의 『길과 경계선』*Wegen en grenzen: Een Studie Over De Verhouding van Religie en Kunst* 이라는 저서는[34] 매우 중요한 책이다.[35] 미르치아 엘리아데는 "고상하고 우아하게 거의 인상주의자와 같이 글을 쓰고

---

**31**  G. van der Leeuw, "De tween Wegen der Theologie," *Inleiding tot de Theologie*, 1948, 163, 75; 김숭혜 편저, 『종교학의 이해』(서울: 분도출판사, 1993), 150-51에서 재인용.

**32**  Walter H. Capps, *Religious Studies: The Making of a Discipline*, 김종서 외 옮김, 『현대 종교학 담론』(서울: 까치글방, 1999), 191, 195.

**33**  G. van der Leeuw, *Religion in Essence and Manifestation: A Study in Phenomenology*, trans. by J. E. Turner (New York: Harper & Row, 1963(1938), 684; 김숭혜 편저, 『종교학의 이해』, 149에서 재인용.

있다"[36]고 평한다. 이 책은 종교인에게는 미적 감각을 도전하며, 예술가에게는 성스러운 미를 숙고하도록 자극을 부여할 것이다. 기능주의적, 실용주의적 가치가 위세를 드러내는 세상에서 이 책은 성스러움과 아름다움을 새롭게 지각하게 하는 길잡이가 되고, 온화한 사회와 정감이 넘치는 인간상을 정립하는 데 기여할 것이다.

판 데어 레이유는 훌륭한 건축의 설계도처럼 『성과 속의 아름다움: 예술 속의 성스러움』의 구조를 만들었다. 서론에서 제기되는 문제는 '과연 성과 미가 경쟁자인가 아니면 양자가 서로 궁극적인 일치를 이루는가?' 라는 것이다. 그 다음에 '성이란 무엇인가?' 하는 개념규정 문제와 방법론 문제, 이어서 예술의 성스러운 행동 측면, '원시적', '근대적'이란 용어 이해, 마지막으로 책의 구조를 이야기한다.

판 데어 레이유는 이 책에서 춤舞踊, 드라마, 언어文學, 그림, 건축, 음악이라는 예술의 여섯 가지 요소를 체계적이고 반복되는 구조로 한 장씩 다룬다. 첫째 구조는 각 예술의 원시적 표현, 즉 각 종교의 종교 행위 그 자체를 묘사하고 분석한다. 둘째 구조는 예술의 발전사로서, 특히 예술과 종교의 분리 역사를 추적한다. 셋째 구조는 종교와 예술

---

**34** 초판은 네덜란드어로 1932년에, 재판은 1948년과 1955년에 나왔다. 판 데어 레이유 사후인 1955년 판의 편집자였던 E. L. Smelik은 원서의 내용을 편집하거나 가감하지 않고, 원저자와 다른 의견이 있더라도 그것을 엄격히 배제하였다. G. van der Leeuw, *Vom Heiligen in der Kunst* (Gütersloh, 1957), 7. 이 책은 국내 종교학의 새로운 학문 방법론을 개척하였으며, '다종교 상황'이란 말을 일찍이 사용함으로써 종교학 분야에 지대한 공헌을 끼친 윤이흠 교수가 그 일부(원서의 4, 5부와 7부의 일부)를 번역하여 『종교와 예술: 성과 미의 경계에 대한 현상학적 이해』(서울: 열화당, 1996(1988)라는 제목으로 출간하였다.

**35** 독일어 번역본이 1957년 『예술 속의 성』(*Vom Heiligen in der Kunst*)이란 제목으로 파이퍼(Annelotte Piper)에 의해 번역되었다. 영어 번역본 『성과 속의 아름다움: 예술 속의 성스러움』(Sacred and Profane Beauty: the Holy in Art)은 1963년에 출간되었다. 1963년의 첫 영어 번역본에는 미르치아 엘리아데의 서문(Preface)이, 2006년 판에는 거기에다가 다이앤 아포스톨로스-카파도나의 새 판에 대한 소개(Introduction)가 첨가 되었다.

**36** Gerardus van der Leeuw, *Sacred and Profane Beauty*, vi.

의 갈등이다. 넷째 구조는 종교와 예술의 본래적인 일치의 재활로서 종교 예술의 모멘트<sup>Moment 動因, 契機</sup>를 이야기한다. 이 모멘트는 종교와 예술의 외적인 관계가 아니라 미<sup>예술</sup>와 성스러움<sup>종교</sup>의 동시적인 출현을 의미한다. 모멘트는 미와 성의 상호 치환 가능한 모달리티이다. 미와 성이 서로 신호를 하고, 전적인 타자로서의 신을 지시한다고 본다.[37] 마지막 구조는 신학적 미학으로 각 장의 마무리를 하는 것이다. 신학적 미학이란 각각의 예술의 본질과 신의 계시 사이의 관계성을 말한다. 예술과 종교는 본질적인 통일성을 가진다고 보는데, 그 근거는 양자가 공히 신의 계시 혹은 부름에 대한 하나의 응답이기 때문이다. 이 때 결정적인 모멘트는 "신의 형상"으로서의 예수 그리스도가 핵심이다.[38]

대니얼 팰스의 종교에 대한 아홉 가지 이론들은 다양한 학문 분야에서 규명된 종교에 대한 이해를 보여준다. 앞에서도 언급한 바와 같이 이러한 아홉 가지 종교 이해와 이론이 전부는 아니다. 얼마든지 더 많은 종교 이론을 추가할 수 있다. 필자는 세 가지를 추가함으로써 종교 이해의 다양성을 보여주려 했고, 신학적 이해에 도움이 되는 관점을 제시하려고 했다. 다만 팰스가 제시한 이론들은 이미 학계에서 비판을 받은 이론도 포함하고 있다는 점, 타일러, 프레이져, 마르크스, 프로이트, 뒤르켐 같은 유물론적, 진화론적 종교관을 비롯한 무신론적/반종교적 종교 이해도 제시하고 있음을 직시해야 한다고 본다. 방법론적 관점에서 볼 때, 팰스의 저서는 고전적인 주지주의 이론으로

---

[37] 위의 책, xxiv.
[38] 위의 책, 7-8.

부터 설명적 접근 방법으로 심리적, 사회적, 경제적인 기능주의 관점에서 종교 이론의 추구를 제시한다. 과격한 환원주의라 불리는 과격한 형태의 설명적 접근descriptive approach 방법에 반대한 베버와 엘리아데, 해석과 설명의 분열을 극복 하려는 시도를 보여주는 프리차드와 기어츠의 방식은 독자들로 하여금 시대와 환경에 따라 사상과 철학, 신학, 인류학과 과학 등의 관계성 안에서 발전해 온 것을 쉽게 이해하게 한다.

　　팰스의 종교 이론에 대한 역작은 노르웨이 베르겐 대학교에서 가르치는 독일 학자인 미하엘 스타우스베르크Michael Stausberg가 편집한 현대의 종교이론들과 비교할 수 있다. 팰스가 언급한 종교 이론들은 주로 19세기 말과 20세기에 제기된 것들이라면, 스타우스베르크가 편집하여 제시한 종교 이론들은 1990년 이후부터 최근까지 학계에서 제기된 현대의 종교 이론들이다. 스타우스베르크가 편집한 이 책은[39] 팰스가 제시한 이론들과 중복되는 부분이 거의 없는 것으로서 팰스가 제기한 이론들의 연속성 상에서 고찰 할 수 있겠다고 보며, 그러한 의미에서 팰스의 저서가 종교 이론들을 이해하는 밑거름 같은 가치를 지닌다고 하겠다.[40] 스타우스베르크의 책이 보여주는 종교 이론들은 모두 15가지로서, 중복되는 주제들을 반복하여 검토하면 다음과 같다. 언어학과 행동 생물학 1, 인공두뇌학 1, 합리적 선택 이론 1, 체계 이론 1, 고고학 1, 철학 2, 신경학 2, 문화인류학 2, 사회학 3, 인지 과

**39**　Michael Stausberg, ed., *Contemporary Theories of Religion: A Critical Companion* (New York: Routledge, 2009). 이 책에서 종교 이론들은 초인간적 기관, 신인동형론과 애니미즘, 신성의 창조 (욕구와 폭력), 의례, 종교적 경제와 합리적 선택, 소통, 황홀경 체험과 일상생활, 비의도적 뇌 기능의 산물, 진화론적 연속, 초유기체, 뇌의 뿌리, 신화, 새로운 무신론, 강화 실행 등으로 종교를 보는 관점을 제시한다.

**40**　Carloe M. Cusack의 대니얼 팰스 책에 대한 서평, *Journal of Religious History* 39(3) (September, 2015): 442. 스타우스베르크의 책에 대한 자세한 요약과 비평적인 서평은 아래 글을 참조하라. *Method and Theory in the Study of Religion* 22 (2010): 375-377; *Numen* 57 (2010): 212-30.

학 4, 진화론적 생물학 6 등이다. 팰스의 종교 이론들과 비교하면 과거의 철학적 논의의 종교 이론들은 대폭 줄어들고, 새로운 학문 분야, 특히 심리학과 생물학 등의 분야에서 논의되는 종교 이론들이 대세임을 알 수 있다. 이 책의 제1장과 마지막 장에서 스타우스베르크는 종교 이론들이란 공적이며 강압적인 사회적 사실 public and coercive social facts 이고, 또한 은유와 수사적 비유로 작동되는 내러티브 구조 narrative structures 라고 한다.[41]

　　19세기로부터 최근까지의 다양하고 난해한 종교 이론들로 혼란스러운 부분이 없지는 않지만 최소한 흐름은 파악하고 있어야 한다고 본다. 결론적으로 종교 이론들을 요약 정리하자면, 종교를 이해하는 핵심 주제 혹은 종교를 보는 관점이 종교의 기원 origin, 기능 function, 구조 structure, 그리고 특이성 specificity [42]이라는 것이다. 여기서 우리가 기억해야 할 것은 종교에 대한 이론들이 단순히 상아탑 내에서의 탁상공론으로 그치지 않고, 일상의 삶을 사는 민초들에게 까지 강력한 영향력을 끼친다는 사실이다. 어떤 사상은 인류의 평화와 상호 공존에 지대한 악영향을 끼친 것을 알 수 있다. 그러므로 우리는 신학적, 선교학적 목적을 고수하더라도, 종교에 대한 이론 중 한 가지만을 고집하지 말고 다른 견해를 배우려는 열린 마음과 자세를 가져야 하겠다.

---

**41**　Michael Stausberg, ed., *Contemporary Theories of Religion*, 3.

**42**　이 특이성은 스타우스베르크가 강조하는 관점이다. 위의 책, 3-6, 22-23. 종교의 특이성이란 초월적인, 초세상적인, 초자연적인 혹은 초인간적인 힘과 연관된 것이다.

제2부

o

진·선·미로 본
종교의 모습

오늘날 우리는 진화론, 유물론, 과학주의, 포스트모더니즘 등의 시대사조 영향으로 종교보다는 과학에 더 가치를 두고, 종교가 제시하는 진리에 무관심한 사람들이 다수인 것을 느낄 수 있다. 과연 탈식민주의 시대, 포스트모더니즘 시대, 그리고 다원주의 시대로 인식되는 세상에서 진리를 이야기할 수 있는가? 그럼에도 불구하고 필자는 진리는 존재하며, 자기가 믿는 진리를 위해 목숨까지 바치는 사람들이 적지 않다는 사실을 환기하고자 한다. 특히 종교의 신봉자들은 자기가 믿는 종교가 진리라고 믿고 행동하며 살고 있음을 기억해야 할 것이다. 비록 종교적 진리에 대한 강조점에는 경중이 있을 수 있지만, 종교인들의 경험과 행동과 의례에 미치는 진리 주장을 경시할 수는 없다고 본다. 따라서 개개 종교를 개관하는 이 부분에서는 종교의 진리와 선과 미로 나누어서 살펴보기로 한다.

# 1장
# 힌두교 이해

원래 "힌두"<sup>Hindu</sup>란 이름은 지형적인 의미를 지닌다. 산스크리트어 신두<sup>Shindhu</sup>는 본래 '하천'이란 말인데, 특히 '인더스 강'을 지칭했다. 후에 인더스 강에서 물을 길어다 쓰는 지역인 신두<sup>Shindhu</sup> 지방 혹은 '신두 지방의 주민'을 가리키게 되었다. 후에 신두<sup>shindhu</sup>가 페르시아어의 영향을 받아 힌두<sup>Hindhu</sup>로 변하였고, 다시 영어 계통의 인디아<sup>India</sup>로 바뀌었다. 한국, 중국, 일본에서는 인디아의 한자인 인도<sup>印度</sup>가 사용되고 있다. 인도는 현독, 신독, 천축<sup>天竺</sup>으로도 불렸다.

힌두교에는 어떤 특정한 창시자가 존재하지 않는다. 종교적 교리도 베다, 우파니샤드 등 아리아 계통의 내용과 원주민의 토착적인 요소인 '샥티'<sup>힌두교 신은 남성이기에 그 배우자인 '샥티'를 가진다</sup> 나 '링가'<sup>인도에서 숭배하는 신의 표상. 남</sup>

자 생식기 모양의 돌기둥으로, 시바 사당에 모신다. 숭배
등 다양한 내용을 담고 있어, 일종
의 종교군宗敎群이라 해도 될 것이다.
다른 종교와 비교해 볼 때, 배타적
인 성격이 가장 약하며 관용적이다.
곧 힌두교는 근본적으로 여러 종류
의 종교적 믿음과 관습에서 선택하
고 흡수한 요소들을 적합하게 조합
하는 절충주의적이며 혼합주의적
인 종교다. 또한 일상적인 사회생활
의 면에서도 해당 카스트에 따라
여러 가지 차이점을 보이며, 종교적
인 진리, 의무, 의례, 문화 요소, 습

〈그림 7〉 발리 여인 제사행렬

힌두교가 절대다수인 인도네시아 발리 여인
들이 매일 신전에 바칠 제물을 이고 가는 모
습. 각종 과일과 꽃으로 장식한 제물에 향기
가 나도록 만든 것임.

관, 풍습 등도 차이점을 보인다. 이러한 다양성에도 불구하고 힌두교
도는 그들의 종교를 "사나타나 다르마sanatana dharma: 영원한 종교"라고 부르
며, 그들은 태어날 때부터 힌두교도가 된다. 종합적으로 인도 문화는
힌두교에 바탕을 둔 것이라 할 수 있으며, 인도의 풍속, 관습, 사상, 사
회에 걸친 다종·다양한 것의 종합체가 "힌두교"라는 이름으로 불리고
있다.

# Ⅰ. 힌두교의 진리

## 1. 힌두교의 신론

힌두교의 신론은 일반적으로 다신론으로 규정된다. 2억 2천 내지 3억, 혹은 3억 3천의 신이 있다고 한다. 대표적인 신, 즉 트리무르티 trimurti 삼주신 는 브라만Brahman[1], 비슈누Vishnu, 시바Shiva의 삼신이다. 통상 브라만, 비슈누, 시바의 삼신은 각각 우주의 창조, 유지, 파괴를 관장한다고 믿는다. 대중적인 힌두교의 신들은 사람들과 직접적으로 상호 작용을 하며, 신인동형적인 형태anthropomorphic를 취한다. 종종 신봉자들에게 신들이 나타나기도 하고avatars, 화신, 만나기도 하며, 원수들과 싸우기도 한다. 신은 인간이나 동물의 형태를 취하고, 아내와 자녀, 친구와 애인을 두기도 한다.[2] 힌두교의 엄청난 수의 신 가운데 일부 신의 명칭과 신앙 내용은 다음과 같다.

### 1) 브라만과 사라스바티Sarasvati

브라만이란 힌두교도가 믿는 온 우주의 궁극적인 실재reality나 절

---

1  세계종교를 소개하는 책을 보면, 브라만이라는 용어의 혼동을 느낄 수 있다. 브라만이 신명, 카스트 계급, 베다 경전 등으로 다양하게 혼재되어 나타난다. 필자는 기존의 통상적인 용어 사용을 따라 브라만을 신명과 카스트 계급으로 문맥에 따라 통칭한다. 베다 경전은 브라마나(Brahmana)로 표기한다. 참고로 카스트 중 제사장 계급을 브라민(Brahmin)으로 표기하는 책들이 있음을 소개한다. 참고: James F. Lewis, William G. Travis, 『세계의 종교와 관습』, 334 Wikipedia, s.v. "Brahman"(https://en.wikipedia.org/wiki/Brahman (2019.09.28)

2  Kent Richter, *Religion*, 28-29.

대적인 정신 Spirit, 영원한 존재로서 단일하면서도 유일한 존재, 정적이면서도 동적인 존재이다. 힌두교도는 무소 부재하는 신의 개념을 받아들이나, 기독교에서 말하는 우주의 창조자는 아니다. 신은 결코 존재하지 않은 것, 즉 무로부터 창조하지는 않는다. 우파니샤드의 일반적인 가르침은 불꽃이 불에서 나오듯이 우주는 궁극적인 실체에서 나온다고 한다.

세계는 영원으로부터 재창조되어 불명확한 상태로 다시 분해되는 진화론적인 순환과정의 일부이다. 여기에서 진화의 시기는 "브라만의 주야"the days and nights of Brahman 라고 불리는데, 브라만의 주야하루 는 신의 천 년보다 더 길고, 신의 일 년은 사람들의 12,000년에 해당된다.

인도 땅에 유입하여 정착한 아리아인의 주거지에 사라스바티라는 강이 있었는데, 이 강은 그들에게 생명의 젖줄이었다. 후에 이 강을 신격화하게 되고, 여신으로 숭배하게 되었다. 사라스바티라는 원래 물로 상징되는 정화와 풍요의 신으로 간주되었으나, 베다기期 이후에는 학문, 지혜, 음악의 여신으로 숭배되다가, 후에 브라만의 아내가 되었다. 산스크리트의 발명자로도 알려져 있다. 불교 신화에서 이 여신은 변재천辨財天이란 이름으로 수용되었다.

## 2) 비슈누와 락슈미 Laksmi

시바와 견주어지는 힌두교의 대표적인 신이다. 네 개의 팔을 가졌으며, 용의 머리 위에서 명상하는 자세로 세계를 다스린다. 그의 화신 avatar 혹은 avatara 은 총 10가지가 있고, 마지막 화신은 아직 도래하지 않았으며, 앞으로 올 것으로 믿는 일종의 메시아다. 비슈누의 화신과 그 역할은 다음과 같다.

물고기 Matsya : 거대한 홍수가 발생했을 때 최초의 인간 마누를 구했다고 한다.

거북이 Kūrma : 신들에게 불멸하는 넥타[3]를 공급했다.

멧돼지 Varāha : 바다 속으로 깊이 떨어진 땅을 건져냈다.

반은 사람, 반은 사자 Nrsimha : 핍박에서 한 신봉자를 구했다.

난쟁이 Vāmana : 악마로부터 세상을 회복했다고 한다.

도끼를 든 라마 Paraśurama : 크샤트리아를 멸망시키고 브라만의 권위를 회복시켜 주었다.

라마 Rāma : 고대 인도의 미와 윤리의 숭배 대상이다.

크리슈나 Krsna : 악한 왕인 캄사를 물리치고 세상을 구한 영웅이다.

붓다 Buddha : 힌두교에서 붓다는 베다 종교의 수호자로 알려져 있다.

칼키 Kalki : 진리를 회복시키기 위해 악을 멸하는 신으로 말세에 나타날 것으로 믿는다.[4]

마지막 화신 칼키는 '니슈카란카'라고도 한다. 칼리유가기가 끝날 무렵에 출현하여 악한 자를 멸망시키고, 정의 dharma 를 재건하여 사트야 satya 기에 법에 따르는 자를 구원한다고 한다. 칼키는 일반 민중으로부터 미래의 구세주로 추앙받아

---

**3** 일반적으로 넥타는 과즙이나 꿀물을 의미하는데, 여기에서 넥타는 비슈누 신이 12년 동안 악마와 싸운 뒤 신성한 항아리에 담은 영생의 넥타를 의미한다. 비슈누는 넥타를 인도의 신성한 강 네 곳에 뿌려 놓았다고 한다.

**4** James F. Lewis, William G. Travis, 『세계의 종교와 관습』, 388.

손에 번쩍이는 칼을 들고 백마를 타고 혜성처럼 하늘을 난다고 한다.

락슈미는 행운과 번영의 여신으로, 힌두 신화 이전의 베다 시대에는 바루나 신 <sup>우주의 법을 수호하는 신</sup> 혹은 태양신의 배우자였다고 한다. 서사시 시대에 비슈누의 아내가 되었고, 정절의 여인상으로 간주된다. 파드마, 카말라 등의 별명이 있고, 불교에서 길상천<sup>吉祥天</sup>으로 불린다.[5]

여러 화신의 모습으로 윤회를 거듭하는 비슈누와 함께 락슈미도 많은 전생을 거듭하게 된다. 락슈미와 비슈누는 이상적인 부부상으로 그려진다. 락슈미는 한자로 길상<sup>행복</sup>으로 일컬어지듯이 행운과 부의 여신으로 생각되어 인도 전역에서 널리 숭배되고 있다.

### 3) 시바와 파르바티 Parvati

시바는 힌두의 주신 가운데 세 번째 신으로서, 세 개의 눈과 두 개 혹은 네 개의 팔을 가지고 있다. 그 세 번째의 눈은 양 눈썹의 사이에 위치하고, 항상 감겨 있는 상태나 존재의 사멸을 위해서 그 눈이 사용된다. 시바는 삼지창, 도끼, 해골로 만든 목걸이, 호랑이 가죽을 들고 있거나 주위에 가지고 있다. 시바는 하라<sup>Hara</sup>, 샴카라<sup>samkara</sup>, 마하데바<sup>Mahādeva, 대천</sup>, 마헤슈바라<sup>Mahesvara</sup> 등의 별명을 가진다.

이와 같이 시바는 여러 가지 형태의 신으로 나타나며, 보통 네 개

---

**5** 일본 불교의 한 종파인 천태종에서는 비슈누를 비사문천이라 하고, 락슈미(길상천)를 그의 아내라고 믿는다.

의 팔을 가진 모습으로 형상화되나 그 이상의 팔을 가진 모습도 있다. 축복의 신으로서는 여섯 가지 팔로, 춤추는 신과 파괴의 형태로는 각각 여덟 가지 팔로, 부드러운 형태의 신으로 열두 가지 팔로, 보편적인 형태로는 스물여덟 가지 팔의 형태를 띤다. 일반적으로 108가지의 다양한 형태를 취한다고도 한다. 시바 신은 수많은 아내를 두었는데, 그중에 칼리는 파괴와 죽음의 신이다.

〈그림 8〉 시바 신의 춤

남부 인도에서 9세기 후반에서 13세기 초까지 지속된 촐라 왕조(Chola dynasty) 시대의 시바 신이 황홀경에 빠져 춤을 추는 동상(Los Angeles County Museum of Art 소장).[6]

나타라자 Natajara 혹은 춤추는 시바는 매우 보편적이며 대중적인 이미지를 형성하고 있다. 탄다바 Tandava 라고 불리는 춤은 우주의 움직이는 힘을 상징하며, 창조, 보존, 파괴, 화신, 해방 환각의 세계로부터 인간의 영혼을 구원의 행위를 보여주는 것으로 간주된다.

파르바티는 시바의 아내 샥티로 히말라야 산신의 딸로서, 산에 사는 여신이라는 뜻을 지닌다. 시바와 파르바티 사이에서 태어나 인도인들에게 사랑받는 신 가네샤 Ganesh 가 있다, 얼굴은 코끼리 형상이고 몸은 사람인 신으로서, 지혜와 행운과 지식을 가져다준다고 믿는다. 인도인들은 자신의 집과 상점에 가네샤 사진을 걸고, 매일 기도를 드리고 있다. 인도의 길거리에서 관광 상품으로 많이 판매되고 있는 모습

---

6   https://en.wikipedia.org/wiki/Shiva (2019.09.26).

도 볼 수 있다. 또한 시바와 파르바티 사이에서 스칸다<sup>Skanda</sup>도 태어났다고 하는데, 이는 전쟁의 여신으로서, 질병과 재난의 원인으로 여겨지고, 도적의 신이기도 하다.

다신론으로 간주되는 힌두교의 신 중에 야먀<sup>지옥의 왕, 사신(死神)</sup>, 카마<sup>카마데와, 사랑의 신, 화살을 쏘아 애욕을 가져다준다고 여겨진다</sup>, 크리슈나<sup>비슈누의 8번째 화신으로 비슈누와 동일시되고 힌두교 신화에서 활약이 가장 두드러진다</sup>, 하누만<sup>원숭이 신</sup> 등이 대중에게 사랑을 받고 있다.[7]

힌두교의 지극히 많은 다신론을 보면, 한때 신봉되다가 잊혀 진 신도 많고, 별로 이름 없던 신이 점점 더 강력한 신앙의 대상이 된 신도 있다. 그중에서 최고신 혹은 궁극적인 위대함<sup>final and ultimate greatness</sup>을 지닌 신<sup>Indra, Rudra</sup>등으로 등극한 신도 있다.[8] 인드라는 리그 베다<sup>Rig Veda, 詩經</sup> 시대에 대중에게 가장 인기 있는 신으로, 전사의 전형적인 모델로 신 중에 챔피언이었다. 동시에 인드라는 물질세계를 창조하며, 다산을 가져오는 데미우르고스<sup>Demiurge</sup>와 같다. 루드라는 신 중에 친구가 없고, 애인도 없는 바람 혹은 폭풍의 신으로 분노와 질병으로 사람들에게 해를 끼친다.[9] 그래서 루드라는 포효하는 신<sup>the roarer</sup>으로 일컬어지며,[10] 후에 파괴의 신인 시바와 동일시되기도 한다.

---

**7** 힌두교의 신과 신화에 대해서는 http://www.indiary.net/know/index_know.htm에 들어가서 인도예술과 종교-신화와 신 사이트를 참고하라. 라마, 비슈누, 시바, 가네샤 등의 사진과 설명이 잘 나와 있다.

**8** B. R. Kishore, *Rig Veda* (Dehli: Diamond, 1998), 44; Kent Richter et al., eds., *Understanding Religion in Global Society*, 67.

**9** A. L. Basham, Kenneth Zysk eds., *The Origins and Development of Classical Hinduism* (New York: Oxford University Press, 1989), 15.

**10** Ralph T. H. Griffith, *The Hymns of the Rgveda*, rev. ed. (Delhi: Motilal Banarsidass, 1973), 75, 각주 1.

## 2. 힌두교의 기본 교리

### 1) 카르마 karma, 業報

어원의 뜻은 '행동 action' 또는 '행함'으로써, 한 개인의 모든 행동은 어떤 원인의 결과이고, 어떤 결과의 원인은 그 행동이 된다고 주장하는 자연적인 인간응보 법칙의 도덕적인 해석이다. 한 개인이 현재 누리는 지위와 존재 형태는 전생의 행동과 업적에 따른 결과이고, 그 사람의 해탈解脫 가능성은 바로 이생에서의 업보에 따른다는 말이다. 따라서 카르마의 법칙은 자기 행위에 대하여 철저하게 윤리적 책임을 져야 한다는 사실을 강조한다.

### 2) 삼사라 samsara, 輪廻

원래 의미는 '옮겨진다' 또는 재생再生이나 전생轉生의 뜻이었다. 모든 생명체는 영혼을 지니고 있으며, 그들은 업보에 따라 끊임없이 새로운 상태의 태어남으로 윤회를 거듭한다는, 한 마디로 윤회전생설輪廻轉生說이다.

### 3) 모크샤 moksah, 解脫

힌두교도의 인생의 최대 목표는 삼사라윤회의 바퀴로부터 해탈하고, 카르마업보의 굴레 자체로부터 인간의 영혼이 해방되는 상태이다. 이 말은 일반적으로 무크티 mukti로 일컬어지기도 한다. 이런 범주에서

구원이란 모든 힌두교도의 사고방식을 지배하는 근본적인 전제조건이 된다. 널리 알려진 바에 의하면 해탈에 이르는 방법은 다음과 같다고 한다.

첫째, 지나나<sup>jinana</sup> – 삼라만상 우주의 본질과 자기 자신에 대한 지식을 깨우치는 것,

둘째, 박티<sup>bhakti</sup> – 신들에게 바치는 헌신,

셋째, 카르마<sup>karma</sup> – 종교의식과 의례에 따라 행한 업적을 말한다. 특히 죽지 않고 살아생전에 해탈에 이른 사람을 지반무크타<sup>jivan-mukta</sup> 라 칭하면서 높이 추앙한다.

### 4) 아트만<sup>Atman, 영혼 또는 자아</sup>, 마야<sup>Maya, 환상</sup>

모든 종교는 영원의 문제와 육체의 죽음을 초월하는 존재의 문제와 관련되어 있다. 힌두교는 영혼과 신의 관계나 영혼과 다른 영혼과의 관계보다는 영혼의 영원한 존재에 더 관련되어 있다.

아트만<sup>Atman</sup>은 힌두교에서 브라만과 함께 개념 정의하기 어려운 용어에 속한다. 일반적으로 아트만을 인간 개인의 자아 혹은 영혼을 의미하며, 모든 존재의 영원불멸한 본질로 이해한다.

마야<sup>Maya</sup>는 현상의 세계를 일컫는 말로서, 실재하지 않는 것을 실재처럼 보는 환상<sup>illusion</sup>을 의미한다. 이 개념도 힌두교 사상에서 중요한 위치를 차지하는 핵심 개념 중의 하나이다. 우리가 실재<sup>reality</sup>로 생각하는 모든 것, 권력, 성적 만족, 탐욕, 소유 등 모든 것은 우리를 속이는 마야이다.

## 3. 힌두교의 경전

힌두교의 경전은 매우 방대하다. 방대한 경전의 집필 기간은 BC 1400년경부터 AD 500년경까지 무려 2천 년 이상이 걸렸으며, 주로 산스크리트어 Sanskrit, 梵語로 쓰였다. 힌두교의 경전은 크게 '스루티' Sruti: what is heard와 '스므리티' Smuriti: what is remembered로 나누어진다. 스루티는 고대의 현인또는 예언자이었던 리쉬 rishis가 직접 보거나 들은 영원한 진리를 말하는데, 가장 궁극적인 종교적 진리 그 자체를 서술하고 있으므로 힌두교 정통에서 종교적 권위의 기초가 되는 책이다. 그 대표적인 경전은 베다 Vedas이다. 베다는 리쉬의 제자에 의해 기록된 것이다. 다른 한편 스므리티는 제자들이 스루티의 원칙을 확장시키려고 베다에 없는 다른 모든 신성한 글을 집대성한 것으로서, 종교적 실천과 사회윤리를 다루고 있는 보조 문헌이다. 여기에는 도덕적 행위와 사회법에 관한 지침서인 '다르마 샤스트라' Dharma Sastra와 신과 영웅에 관한 성스러운 전설을 모은 '푸라나' Purana 등이 있다.

### 1) 베다 Veda, 吠陀徑

지혜서를 의미하는 베다에는 리그 베다 Rig Veda, 詩經, 야주르 베다 Yajur Veda, 聖禮典, 사마 베다 Sama Veda, 聖歌, 아타르바 베다 Atharva Veda, 呪文의 네 종류가 있다. 베다 시대를 연대기적으로 나누어 보면 다음과 같다.[11]

---

11    J. A. B. Va Buitenen, "Vedic Literature," in *Civilization of India Syllabus* (Madison: University of Wisconsin Press, 1965; W. Reichard Comstock et al., eds., *Religion And Man: An Introduction* (New York: Harper & Row, Publishers, 1971), 122에서 재인용.

리그 베다 - BC 1400

야주르 베다 - BC 1400-1000

사마 베다 - BC 1400-1000

아타르바 베다 - BC 1200

그 다음에 베다 시대 이후의

브라흐마나 Brahmanas - BC 1000-800

아란야카스 Aranyakas - BC 800-600

우파니샤드 - BC 600-300

리그 베다의 내용은 각각 세 부분으로 구성되어 있는데,

첫째, 만트라 mantras, 즉 신들을 찬양하는 찬가 부분,

둘째, 브라마나 bramanas, 즉 제사 의식과 여러 가지 주문 및 제문으로서, 산문으로 쓰인 안내서,

셋째, 우파니샤드 upanishads, 즉 베다의 결론 부분에 속하는데, 철학적, 영적 이론과 진리에 관한 신비적 강화 부분이다. 특히, "비밀스러운 가르침"이라는 뜻의 우파니샤드는 힌두교에 대한 사변적인 책으로서, 그 가르침은 궁극적 실재, 즉 브라만 Brahman: 절대적 존재과 아트만 Atman: 자아의 개념이 중심을 차지하고 있다.


2) 라마야나 Ramayana 와 마하바라타 Mahabharata


이 둘은 힌두교의 서사시로서, 라마야나는 의로운 왕 라마, 즉 이상적인 사람에 대해 이야기해 주며, 개인, 가족, 국가의 도덕적, 사회적 행동의 이상을 묘사하고 있다. 마하바라타는 아리안족의 역사에 대한 대민족적 서사시인데, BC 400년경부터 1200년경 까지의 많은 우화

와 대화를 통하여 그 시대의 도덕적, 정신적, 형이상학적 문제에 대한 해답을 추구하고 있다. 그런데 이 작품 속에 『바가바드 기타』Bhagavad Gita라는 위대한 고전시가 포함되어 있다.

### 3) 바가바드 기타Bhagavad Gita

AD 1세기경 마하바라타의 뒷부분에 부록처럼 덧붙여진 것으로서, '성스러운 신에 대한 찬가'라는 뜻의 이 경전은 현대 힌두교도에게 가장 친숙하고 사랑받는 경전이다. 이것은 비슈누Vishnu 신의 여덟 번째 화신인 마차꾼 크리슈나Krishna와 자신의 사촌 형제들과 전쟁을 치르려는 왕자이자 전사인 아르주나Arjuna 사이에 오고 간 대화로서, 한 개인의 사회적 지위에 따른 사심 없는 행동을 요구하고 있으며, 힌두 철학의 중심사상을 요약해주고 있다.

여기에는 힌두교 영성의 발달 단계에서, 대신對神, 대인對人의 사랑의 개념이 도입되고 있다. 곧 누구나 신에게 헌신함으로써 신분 차이에 상관없이 행복한 삶을 누릴 수 있다고 가르침으로써 낮은 계급의 사람에게도 구원의 길을 열어준 셈이다.

## 4. 자아, 고통, 구원에 대한 교리

힌두교에서 인간 생명체의 고통과 악의 문제에 대한 해결책으로서 제시된 것이 카르마karma, 業報다. 현생에서의 행위에 대한 인과응보의 인식이다. 힌두교의 체계에서 카르마는 인간 행위의 메아리라고 한다. 성경에 "심은 대로 거둔다"시 126:5-6, 갈 6:7-8는 말과 유사한 개념이다.

이러한 카르마-삼사라-모크샤는 인간의 실존이 경험하는 온갖 고통과 악, 정의와 공정의 문제에 대한 해답으로 간주된다. 카르마는 행위에 대한 벌과 심판을 내리는 정의의 시스템은 아니고 인과응보의 체계라고 한다. 카르마는 행위에 대응하는 벌이나 보상을 내리는 어떤 절대자나 신을 상정하지도 않는다. 인과응보가 반드시 벌이나 보상과 일치하지 않는다고 하며, 무슨 신적인 심판자를 전제로 하는 것도 아니라고 한다.[12] 카르마는 인간의 삶에 나타나는 온갖 아픔과 고통과 악의 문제에 대한 해결책으로서, 힌두교 신자들에게 진리로 수용된다.

힌두교의 구원은 삼사라 samsara, 輪廻 의 바퀴로부터 벗어나는 것이고, 카르마 업보 의 굴레 자체로부터 인간 영혼의 해방이다. 해탈은 우주의 본질과 스스로에 대한 지식을 깨우침 지나나 jinana, 신들에게 바치는 헌신 박티 bhakti, 의식과 의례에 따라 행한 업적 카르마 karma 을 통해 성취된다고 믿는다. 이런 경우 자아 atman 는 브라만과 합일에 이른다고 한다. 힌두교의 구원을 대변하는 기도는 다음과 같다.

나를 비현실에서 실재로 인도하시고 lead me from the unreal to the real
나를 어둠에서 빛으로 인도하시며 lead me from darkness to light
나를 죽음에서 불멸로 인도하십시오 lead me from death to immortality.[13]

12  Kent Richter et al., ed., *Understanding Religion in Global Society*, 184-85.
13  Brhadaranyaka Upanishad 1, 3.27; Linda Edwards, *A Brief Guide to Beliefs: Ideas, Theologies, Mysteries, and Movements* (Louisville: Westminster John Knox Press, 2001), 138에서 제인용.

# II. 힌두교의 선

## 1. 의례

힌두교의 의례는 통과의례通過儀禮 rites of passage의 전 과정에 걸쳐 40여 개가 존재했다고 한다. 정결과 보호의 통과의례를 삼스카라samskara라고 하는데, 현재는 많이 축소되어 잉태와 출생 시가르바 삼스카라, 아이의 이름 작명나마카라나, 처음으로 아이가 단단한 식물을 먹을 때안나프라사나, 성년식우파나야나, 약혼, 결혼, 사망, 그리고 사망 이후에 의례를 행하고 있다.[14]

리그 베다 시대 힌두교의 의례는 가정 중심 의례와 마을 혹은 국가 중심 의례로 구분된다. 한 가지 특이한 것은, 의례가 헌신자의 가정이나 야외에 마련된 제단에서 행해졌으며, 따로 신당이 없었다는 점이다. 하지만 구약성경에 나타난 바와 같이 제단의 구조와 구성에 대해서는 세밀한 규정이 마련되어 있었다. 초기의 리그 베다 시대에는 채식주의자와 아힘사ahimsa, 불살생가 등장하지 않았고, 동물 희생 제사가 나타났으며, 인신 제사에 대한 증거도 나타났다. 초기에는 제사장이 한 사람만 있었고, 후에 제의 중 여러 다른 역할을 맡는 제사장 수가 늘어났다. 희생 제의가 더 전문화하고 다양해졌다.

통과의례에 관해서 살펴보면, 우선 임신과 임신 중 3개월 때에 아들의 출산을 기원하는 의례가 행해진다. 임신 4-8개월 사이에 남편

---

14  James F. Lewis, William G. Travis, 『세계의 종교와 관습』, 346.

이 임신한 아내의 머리를 가르마 타는 의식과 함께 '신비롭고 불가사의한 꽃'udambara 가지를 아내의 목에 매어주면서 아내의 안전한 출산과 태어날 아기의 출세를 기원한다. 아기 출생 즉시 아버지는 아기 혀에 버터, 응유curd, 우유가 산이나 효소에 의하여 응고된 것, 꿀의 혼합물을 금 숟가락으로 바른다. 그 외에 다른 의례들도 아기의 부와 지성의 발전을 위해 행해진다. 아기 출생 10일째에 이름 짓기 의식이 행해진다. 3살 때 브라만, 5살 때 크샤트리아, 7살 때 바이샤 계급이 아기의 헝클어진 머리카락에 물을 뿌리며 삭발 의식을 행한다.[15]

힌두교에서 가장 중요한 의식은 아마도 성년식initiation rite, upanayana일 것이다. 이 의식은 상위 세 카스트에 속한 남자 아이에게만 해당된다. 우파나야나 성년식은 카스트에 따라 다른 시기에 행해지는데, 브라만은 8살 때, 크샤트리아는 11살 때, 바이샤는 12살 때에 이 의식을 행한다. 현대에 와서 나이는 유동적이라고 한다. 특히 브라만 계급에게는 성년식이 중요하게 취급된다.

우파나야나 성년식은 아이의 집에서 거행되는데, 한두 명의 사제가 의식을 집전한다. 그들은 상의를 벗은 채로, 자신들 역시 그 의식을 거쳤다는 표시로 거룩함을 나타내는 실을 왼쪽 어깨 위에서 오른쪽 팔 밑으로 걸친다. 성년식은 몇 주간에 걸쳐 준비과정을 거치며, 음식을 준비한다. 성년식을 거행하는 전날 밤에 아이는 침묵을 해야 한다. 그리고 당일 아침에는 어머니와 함께 식사하는데, 이 식사는 아이와 어머니 사이의 의존 관계가 마지막임을 의미한다.

성년식이 행해지기 전에, 아이는 계급이 없는 상태로 간주된다.

---

**15** W. Reichard Comstock et al., eds., *Religion And Man*, 128.

성년식 때 남자 아이에게 성스러운 실을 주고, 리그 베다의 유명한 스탠자stanza, 4행 이상의 각운이 있는 시구인 '가야트리 찬가'Gayatri Mantra 16를 가르친다. 학습기간 동안 아이는 사제이자 스승인 아카랴archarya와 함께 지내며 그를 섬긴다. 성년식의 절차 중 일부를 묘사하면 다음과 같다.

아카랴가 준비한 버터를 화로 안의 불 위에 부으면서 시작된다. 방 중앙에 위치한 화로는 성년식이 진행되는 동안 모든 절차와 순서의 중심점이 된다. 아카랴는 베다 경전의 구절을 읊으며, 신을 초청하면서, 아이의 손바닥에 물을 붓는다. 아카랴가 아이의 이름을 묻고, 아이가 대답하면 아이의 손에 있던 물을 흘려버린다. 그리고 아이의 손, 어깨, 배꼽, 심장, 왼쪽 어깨를 두 손으로 만지며, 아이를 브라흐마카린brahmacarin이라 호칭한다. 그 의미는 베다 경전을 배우는 학생으로서 독신이란 말이다. 다음에 아이는 새로운 신분으로 태어난 증표로서 거룩한 실sacred thread 17을 걸치며, 아카랴는 가야트리 찬가를 가르친다. 즉 "옴Om, 태양신인 사비트리의 온전하신 찬란함을 묵상합시다. 그가 우리의 생각에 자극을 주시기를 바랍니다."18 이 찬가는 성년식 때만 아니라 매일 아침 일출 때마다 암송한다.

성년식을 마친 이후에야 아이는 베다를 배울 기회를 가진다. 성년식은 머리카락 자르기, 목욕, 새로운 의복 입히기 등을 포함한다. 성

---

16  가야트리 찬가(讚歌): 브라만이 매일 외는 베다의 주문(呪文) 혹은 기도문으로서, 해탈(解脫)에의 소망을 나타낸다.

17  성스러운 실 혹은 성유(sacred thread, 聖紐)란 힌두교에서 브라만, 크샤트리야, 바이샤의 상류 세 카스트가 성년식 이후 힌두교에 소속했다는 상징으로서 왼쪽 어깨에서 오른쪽 겨드랑에 걸치는 끈을 말한다.

18  W. Reichard Comstock et al., eds., *Religion And Man*, 39. 또 다른 번역은 "태양의 신, 사비트리의 지극히 황홀함을 묵상하세. 그가 우리의 생각을 자극시켜 주기 원한다네." James F. Lewis, William G. Travis, 『세계의 종교와 관습』, 336. 참고로 영어 번역을 소개하면, "Om … May we contemplate the desirable radiance of the god Savitr; may he impel our thoughts." Gavin D. Flood, *An Introduction to Hinduism* (Cambridge: Cambridge University Press, 1996), 222.

년식이 끝나면, 아이는 자기 키만한 지팡이를 받고, 브라스마카린으로서 첫 번째 행동을 하는데, 어머니에게 선물을 요구하는 것이다. 가족 친지들은 아이에게 성년식을 마친 기념으로 돈이나 선물을 준다. 그 이후에 가족 친지들이 음식을 나누며 축하의 시간을 가진다. 이러한 성년식은 현대 인도에서도 여전히 행해지고 있다.[19]

이전의 '종교 연구 방법' 장에서 설명한 바 있는 이론에 따라 우파나야나성년식 의식의 해석을 살펴보면, 이 의식을 통한 종교 연구 방법을 더 이해하기 쉬울 것이라 여겨서 여기서 간략히 제시한다.[20]

개성주의 종교 연구 해석

아이는 카스트 없는 상태에서 카스트에 소속되는 "제2의 탄생"을 하게 되며, 베다 경전을 배울 수 있는 자격을 획득한다. 물론 아카랴와 부모의 입장에서 이 의식의 의미를 유추해낼 수도 있겠다. 개성주의 방법은 의식에 참여하는 각 개인의 경험, 이해, 의미가 초점이다.

구조주의 종교 연구 해석

성년식이 주인공인 아이가 카스트가 없는 상태에서 카스트 있는 상태로, 비 힌두인에서 힌두인으로, 소년기에서 성년기로, 부정한 상태에서 정결한 상태로 변화한 것을 구조로 설명한다. 즉 참여자들 모두의 언어, 행동 방향 등에서 성년식의 심층구조를 설명한다. "북쪽사람/인생은 동쪽신들/창조과 서쪽귀신/파괴 사이의 중재 역할"을 하는 것으로 보는 세계관을 가지고 성년식의 심층 구조로 해석한다.

19    W. Reichard Comstock et al., eds., *Religion And Man*, 128-29. 이 책 129쪽에 1965년 봄베이(현재의 뭄바이)에서 행해진 성년식 사진을 볼 수 있다.
20    James F. Lewis, William G. Travis, 『세계의 종교와 관습』, 40-64.

기능주의 종교 연구 해석

아이가 소속된 카스트 계급의 일원이 됨, 생활 방식의 사회화, 참여자들의 공동체 의식 통일성과 동질성 부여, 그리고 이상과 가치관과 전통의 보전과 전수를 가능하게 한다.

표준 방식 종교 연구 해석

아카랴가 아이를 무지에서 지식으로 인도하는 중재자 역할을 하는 것과 영적 무지 상태의 아이가 새롭게 되는 것 등의 종교적 의의가 있다.

종교연구사 방법 해석

아이를 힌두인으로, 카스트 계급에 소속시키고, 역사적인 관점에서 성년식이 보다 넓은 의미의 일부분이 되고, 사회의 발전을 제시하는 면을 고려한다.


힌두교의 장례식은 특별하다. 윤회설에 따라 인생이 가야 할 당연한 길로 여긴다. 한 저널의 기자는 "아무도 울지 않는 힌두교 장례식"이란 제목으로 힌두교의 장례식 참관기를 남겼다.[21]

사람이 죽게 되면 머리카락과 손톱을 깎고, 시체를 씻은 후 기름을 바르고, 새로운 옷을 입힌다. 장례 행렬은 널 위에 꽃으로 장식한 시체를 실어 운반하고, 시체는 화장을 위해 쌓아 놓은 장작더미에 안치된다. 화장은 사후 24시간 내에 이루어진다. 시체가 다 타고나면 집안의 어른이 시계 반대 방향으로 네 바퀴 돌고, 그 이후에 사람들은 재

---

**21** 안은주, "아무도 울지 않는 힌두교 장례식," 시사저널 (2004. 11. 06), http://www.sisajournal.com/news/ articleView. html?idxno=101299 (2019. 10. 01)

를 모아 신성한 강이나 다른 곳에 뿌린다. 장례식에 참석한 사람은 8일 내지 30일 동안 정화기를 지켜야 한다. 이 정화기가 지난 후에 친척들이 모여 사자의 운명을 좌우하는 의식인 쉬라드하 shraddha를 거행하는데, 승려를 초청하여 신과 사자를 위해 뿌자 puja, 즉 헌신예배를 드린다. 유가족은 승려를 극진히 대접하고, 모인 손님에게는 작은 밥 한 덩어리를 준다. 죽은 남편의 아내 역시 남편의 시체와 함께 동반한다는 의미에서 장작더미에 눕히는데, 화장을 시행하기 전에 아내는 일어나 그 자리를 떠난다. 남편이 죽으면 살아있는 아내도 함께 화장을 하는 사티 sati 관행은 리그 베다 시대에는 나타나지 않았다. 쉬라드하의 마지막 마치는 기도는 다음과 같다.[22]

> 오 조상들이여, 우리에게 부요함을 주신 후에 어두운 고대의 통로를 따라 떠나시고, 여기 우리에게는 길조의 번영과 용감무쌍한 아들을 주소서.

이때 브라만 승려는 이렇게 기도로 쉬라드하를 마무리한다.

> 만약 조상들이 신들의 세계에 계신다면 불 속에 바친 음식으로 만족하시고, 만약 이들이 조상의 세계에 있다면 브라흐만[sic][23]에게 바친 음식으로 흡족하시며, 만약 지옥에 계신다면 땅에 바친 덩이로 만족하소서.

---

**22**    James F. Lewis, William G. Travis, 『세계의 종교와 관습』, 346-347.
**23**    [sic]는 '원문 그대로'라는 뜻이며, 필자는 본서에서 브라만으로 표기하지만, 인용문은 브라흐만이기에 원문 그대로 쓴다는 의미이다. 이하에 동일하다.

조상 숭배와 관련된 의례 역시 베다 시대에 행해졌다. 최근에 별세한 조상pretas과 이미 오래전에 별세한, 좀 더 신화적인 조상pitris에 대한 숭배 의식이 있다. 세대를 이어 지속되는 조상에 대한 경배는 가계의 연속에 의존하고, 이러한 조상 숭배 의식은 남자 후손의 중요성을 강조한 것이다.[24] 힌두교의 축제일은 〈표 2〉와 같다.

〈표 2〉 힌두교의 축제일

| 축제일 | 시기 | 개요 |
|---|---|---|
| 빛의 축제<br>(Divali/Dipavali) | 10/11월 | 라마와 시타의 귀환을 축하하여, 집, 사원, 거리를 빛으로 밝히고, 선물교환과 행운의 여신인 락슈미에게 음식과 보석을 헌납함 |
| 색의 축제<br>(Holi) | 2/3월 | 불에 타지 않는 주술적 목도리를 가진 귀신(Holika)의 제물 바침을 기념하여 전 인도에서 색깔 있는 가루를 서로 간에 뿌림 |
| 크리슈나 탄생<br>(Krsna-janmastami) | 8 혹은 9월 | 축일 전에 금식하고, 자정에 크리슈나 형상을 목욕시키며, 다음날 아침에 여성이 아주 작은 발자국을 그림으로 크리슈나가 자기 집에 다녀갔음을 상징함 |
| 쿰바 축제<br>(Kumbh Mela) | 매 3년마다 장소 변경하며 거행 | 전 세계 힌두교 신자가 모여서 목욕하고 금욕을 실행함 |
| 시바의 위대한 밤<br>(Maha-Sivaratri) | 힌두교 달력으로 마가(Magha) 달 | 신봉자들이 밤 새 기도하고, 시바의 신성한 이름을 찬송하며, 희생 제사를 드림 |

## 2. 암소 숭배

암소 숭배는 힌두교도에게 오랜 전통으로 알려져 있다. 암소를 단순히 하나의 동물로 보지 않고, 종교적 의미를 부여하여 경의를 표

---

24 　W. Reichard Comstock et al., eds., *Religion And Man*, 129.

하고, 특별한 능력과 권위를 가진 존재로 믿어왔다. "아타르바 베다"는 온통 암소를 찬양하는 내용으로 되어 있으며, 심지어는 암소를 온 우주의 본질과 동일하다고 표현한다.

아리아족이 이주하기 이전의 선사시대 때부터 거주해온 원주민인 드라비다족남부과 몽고족북동부은 다사스dasas로 불렸으며, 검은 피부와 두꺼운 입술이 특징이다. 소 떼를 치며, 이상한 언어를 사용한 종족으로 묘사된 것이 있다.

크리슈나가 소치는 목동으로 자주 묘사된다. 소 숭배는 고대 모신母神 의식과 크리슈나 숭배와 연결된 것으로 본다. 소는 어머니 즉 대지地와 그 풍성함을 상징한다. 소에게 먹이 주는 것은 기도행위와 연결되었다. 소수 힌두교인은 육식을 하나 대부분은 채식주의자이다. 아타르바 베다에 암소는 우주의 본질과 동일시되고 있다. 소의 분비물은 정결의식에 사용되고, 거룩하게 하는 것으로 믿었다. 특히 뿌자를 위한 공간을 정결하게 하는데 소의 똥을 사용한다. 카스트 타부를 어기거나 유럽인과 만난 후에 암소의 분뇨로 몸과 집을 소독하였고, 소의 오줌 물에 손을 적셔 이마에 바르기도 한다. 소가 제공하는 다섯 가지 산물우유, 응유, 버터, 오줌, 똥은 인간의 내적인 정결에 소중한 재료이다. 마른 소똥은 땔감으로도 사용되고, 땅에서 거름이 된 똥은 농업에 유익하다. 이와 같이 소는 농경문화에서 필수적인 재료를 제공하고, 종교적으로 정결하게 하는 데 필수적이다. 소는 생존을 진작하기에 거룩한 소로 간주된다. 현대의 근본주의자들은 소를 "모국 인도"를 상징한다고 주장한다.[25] 간디는 "소는 수억 인도인의 어머니"라고 하였다.

## 3. 도덕적 행동과 교훈

힌두교의 방대한 경전과 신앙 관습에 나타난 도덕적 행동과 교훈을 찾는 것은 대단히 어렵고 복잡한 일일 것이다. 힌두교 사회에서 인간이 지켜야 할 행동규범 혹은 사회적 행동 원리는 다르마dharma로 표현된다. 힌두교 사회에서 개인의 사회적, 종교적 행동 원리는 바로 이 다르마에 의해 규정된다. 카스트에 따라 각각 고유한 다르마가 있다. 다르마는 산스크리트어 동사로부터 파생된 명사로서 '유지한다' '붙잡는다' '지탱한다' 등의 뜻을 지니며, 통상 이법理法·진리·의무·법·정의 등으로 규정할 수 있다. 다르마는 힌두교의 사회는 물론 우주까지도 포함하는 통합과 질서 유지의 근간이다. 다르마는 "한 사람의 특권, 의무, 그리고 아리아인의 공동체의 성원으로서, 어떤 카스트의 일원으로서, 그리고 삶의 어떤 특정한 단계에 처한 사람으로서의 그의 행동의 표준"[26]으로 정의된다.

힌두교의 사회윤리는 내세적 해탈 추구와 현세적, 사회적 생활 표준의 조화를 추구한다. 필자는 길희성의 연구에 따라 '바가바드기타'에 나타난 윤리사상을 중심으로 힌두교의 사회도덕적 삶의 원리를 살펴보려고 한다.

---

**25**  John L Esposito, Darrell J. Fasching, Todd Lewis, *World Religions Today* (New York: Oxford University Press, 2002), 331.

**26**  Pandurang Vaman Kane, *History of Dharmasastra*, vol. 1, 2nd ed. (Poona: Bhandarkar Oriental Research Institute, 1968), 3; 길희성, "'바가바드 기타'에 나타난 힌두교의 사회윤리 - 불평등의 문제를 중심으로 하여," 『인도철학』 1권 (1989): 65에서 재인용.

## 1) 보편의무 sadharana-dharma 와 특수의무 svadharma

보편의무는 말 그대로 일반적인 의무, 혹은 모든 종교가 지향하는 덕목으로서, 출가 승려보다는 재가 신자의 삶의 윤리를 제시한 것이다. 재가 신자의 사회윤리를 규정한 "마누법도경" Manavadharma-sastra, 혹은 Manusmrti 이 제시하는 10가지 덕목은 견인, 인욕, 자제, 부도不盜, 청정, 감각기관의 억제, 지혜, 학식, 진실, 부노不怒이다.[27] 그 외에도 힌두교의 윤리 덕목은 친절, 불굴, 선행, 인색하지 않음不吝, 불살생, 스승의 공경, 정직, 조심성, 손님의 환대, 순례, 명상, 겸손, 인내가 있다.[28]

힌두교의 특수의무 혹은 특수윤리는 인생의 목표 혹은 가치와 관련된다. 이러한 특수의무는 카스트의 네 계급 varna 과 인생의 네 단계 asrama 에 따라 각자 연령과 신분에 따라 지켜야 하는 것이다. 힌두교가 제시하는 인생의 목표는 물질적 부artha, 재물, 감각적 욕망kama, 쾌락, 도덕적 의무dharma, 해탈moksa 이다. 이 중에서 『바가바드 기타』의 주제가 되는 덕목은 도덕적 의무와 해탈이다. 문제는 이 두 가지가 상충된다는 점이다. 현세적 혹은 세간적 의무와 내세적 혹은 초세간적 의무가 상충하는 때가 있는데, 이때는 특수의무를 더 우선시한다. 인생을 네 단계로 나누어 각 시기마다 지켜야 할 의무와 덕목을 규정해주는 '아스라마 다르마' asrama-dahrma 는 이러한 상충되는 긴장관계를 해소하는 지혜를 제시한다. 다르마와 해탈을 조화 있게 이루는 지혜는 인생의 네

---

**27** *The Laws of Manu*, translated by George Bühler, The Sacred Books of the East, Vol. XXV (1886), II, 6; 길희성, "'바가바드 기타'에 나타난 힌두교의 사회윤리 - 불평등의 문제를 중심으로 하여," 67-69.

**28** *The Laws of Manu*, VI, 92; 길희성, "'바가바드 기타'에 나타난 힌두교의 사회윤리 - 불평등의 문제를 중심으로 하여," 69.

단계에 따라 지켜야 할 덕목이 다르다. 첫 번째 인생 단계인 학습기는 범행자梵行者, brahmacarin 로서 스승guru의 지도 아래 '베다' 경전과 여러 보조학문과 아리아인의 법도들을 배우는 단계이다. 두 번째 가주기 단계는 재가자在家者, grhastha 로서 귀가하여 결혼하여 자식을 낳아 양육하고, 일상적인 경제활동을 하며, 조상과 신에게 오대제사panca-mahayajna 등의 의무를 수행해야 한다. 세 번째 단계인 임주기vanaprastha 는 가정을 떠나 종교 활동에 전념하고, 영적 삶을 추구하는 은퇴기를 말한다. 집을 떠나 숲속 한적한 곳으로 은퇴하여 정자나 암자를 지어서 엄격한 금욕과 고행을 실천한다. 부부 간의 성관계와 면도를 하지 않고, 사치스러운 행동을 금하고, 나무껍질로 만든 옷을 입는다. 마지막 유행기sannyāsa 는 일체의 미련과 탐욕과 집착을 버리고 탁발 수행하고, 성지 순례와 수행을 하며, 죽음을 맞이할 준비를 한다. 힌두교도에게 가정은 신앙생활의 기본단위이다. 모든 힌두 가정은 그 속한 카스트에 부합하는 신앙생활과 종교행사를 한다.[29]

그런데 인생의 네 단계에 따른 이러한 삶이 다르마와 해탈의 완벽한 해결책은 되지 못한다는 인식이 제기되었다. 그 이유는 인생이 추구하는 물질적 부artha, 재물, 감각적 욕망kama, 쾌락, 도덕적 의무dharma, 해탈moksa을 시간적 배열에 따라 추구하도록 하는 것이 과연 인간의 다양한 욕구를 동시에 충족시켜 줄 수 있느냐 하는 점이다. 한 사람이 이 네 단계를 순조롭게 거치는 삶을 산다는 보장이 없다는 것이다. 그래서 『바가바드 기타』는 좀 더 근본적인 해결책을 제시하는데, 그것이 바로 행위의 요가karma-yoga 이다. 이것은 "행위 karma를 정신적 훈련yoga으

---

29 위의 글, 70-71.

로서 행함" 혹은 수련으로 행함을 뜻한다. "아무런 욕망이나 결과에 대한 집착 없이 순수한 마음으로 행함"을 말한다. 이때 행위란 "제사의 행위를 비롯한 varnasrama dharma<sup>특수의무</sup>에 준하는 행위"를 말한다.[30] 따라서 "행위 그 자체를 단념할 것이 아니라 행위 속의 욕망과 결과에 대한 집착을 끊고 행동을 하면 자신의 의무에 충실한 행위는 해탈과 양립할 수 있다"고 한다.[31] 이것이 『바가바드 기타』의 중심사상이다. 『바가바드 기타』가 제시하는 다르마와 해탈의 재해석 내지는 해결책은 다음과 같다.

> 행위를 하지 않음으로써 무위無爲를 얻는 것이 아니며
> (행위의) 포기로써만 완성<sup>해탈</sup>에 이르는 것이 아니다.
> 왜냐하면 인간은 결코 한순간도
> 행위하지 않고 존재할 수 없으며
> 누구나 물질적 본성에서 생긴 요소들에 의해
> 어쩔 수 없이 행위하도록 되어 있기 때문이다. 『바가바드 기타』 3:4-5

> 행위의 기관들을 억제하면서 마음으로는 감각대상들을
> 생각하는 사람은 미혹된 자로서 위선자로 불리운다.
> 그러나 마음으로 감각기관들을 제어하면서,
> 행위의 기관들을 가지고, 오 아르쥬나여,
> 집착 없이 행위의 요가를 행하는 사람,

---

**30** 위의 글, 71.
**31** 위의 글, 72.

그는 뛰어난 자이다. 「바가바드 기타」 3:6-7.


그대에게 부여된 행위를 행하라.
행위는 무행위보다 낫기 때문이다.
행위 없이는 그대는 몸의 부양조차 할 수 없을 것이다."
「바가바드 기타」 3:8 **32**


『바가바드 기타』는 이렇듯 결과와 목적을 추구하지 않는 행위, 집착이나 욕망을 버린 행위인 '니스까마 카르마 요가' niskama karma yoga 를 최상의 수행으로 제시한다. 요약 정리하자면, 윤회의 사슬을 끊는 해탈의 방법은 우파니샤드의 사상인 '행위의 제거'로부터 『바가바드 기타』의 사상인 '욕망의 제거'로 강조점이 바뀌었다. 해탈의 의미 또한 '존재론적인 변화'에서 '마음 상태의 변화'로 재해석되었다. "집착 없는 행위"인 카르마 요가는 "사회적 의무의 준수와 초세간적 해탈의 융화"를 이루는 길을 제시한 것이다. 따라서 다르마와 해탈의 조화를 가능하도록 한 것임을 알 수 있다.

힌두교 고대 문헌('가정경')이 현재까지 가정의 종교생활을 규정한다. 사제를 모시고 지내는 가정의례가 있고, 호주를 중심으로 가족 구성원의 생일축하, 이름 작명식, 성년식, 결혼식, 조상에 대한 제사를 수행하며, 아침·저녁 예배 등을 하는데, 이 모든 것들을 '가정경'의 규례에 따라 실행된다. "가정에서의 제사는 … 브라만 신을 공경하는 베

---

**32**  위의 글, 72. 이 번역은 다음 책과 비교하면 좀 더 이해하기 쉬울 것이다. 『요가 근본경전: 하타요 가프라디피카 요가수트라 바가바드기타』, 이태영 편역 (서울: 여래, 2017), 16869.

다 성구 독송의 브라만제, 신들에게 바치는 공물을 불에 던지는 아그니제”, “손님 특히 수도승에게 음식을 공양하는 아디티시바”, “세상을 떠난 조상의 혼을 달래기 위해 물을 뿌리는 조령제” 등이 있다. 보통 힌두교 가정에서는 다섯 종류의 보호신에게 매일 공물을 바치는 것이 관례가 있는데, 그 다섯 신은 시바, 비슈누, 파르바티, 가네샤의 소상<sup>小像</sup>, 수리아를 말한다.[33]

## 2) 사회 질서: 카스트 제도

리그 베다는 푸루샤<sup>purusha</sup>라는 최초의 인간으로부터 네 가지 바르나<sup>varnas, 피부색</sup>가 발생했다고 한다. 이 네 가지 바르나가 바로 고대 인도의 네 가지 카스트 계급을 말한다. 현재는 삼천 가지나 된다고 한다. 푸루샤의 머리에서 브라만, 팔에서 크샤트리아, 허리에서 바이샤, 발에서 수드라 계급이 나왔다고 한다. 브라만은 흰색으로 상징되며, 제사장 계급이고, 크샤트리아는 붉은색으로 전사 계급이며, 바이샤는 노란색으로 농부와 상인들을 말하며, 수드라는 검은색으로 고된 노동을 하는 계급이다. 카스트 밖의 카스트를 “불가촉천민”, “보이지 않는 자”, “하리잔”<sup>harijan, 신의 자녀</sup> 등으로 부른다. 현재 이들은 달리트<sup>Dalit</sup>로 더 알려져 있다. 카스트 제도에 따라 의식, 직업, 음식, 결혼 등 사회적 삶의 모든 조건이 규정된다. 리그 베다가 제시하는 카스트의 기원은 다음과 같다.

---

33    http://blog.daum.net/ceta21/14270339 (2020.07.17).

지고자의 4분지 1은 모든 존재들을 구성하며, 나머지 4분지 3은 영원불멸한 것으로 위에 선다. 아래에 있는 4분지 1을 가지고, 지고자는 살아있는 것들과 그렇지 않은 것들의 모든 면에 퍼졌다. … 그의 얼굴은 브라흐만[sic]이 되었다. 그의 팔은 크샤트리아가, 그의 넓적다리는 바이샤가 되었다. 그리고 수드라는 그의 발에서 생겨났다. 달은 그의 마음으로부터 생겼고, 태양은 그의 눈으로부터, 천둥과 불은 그의 입에서, 그리고 바람은 그의 입김으로부터 나왔다.리그 베다 X. 90 [34]

이렇게 힌두교의 중요한 경전에 뿌리박은 카스트 제도는 인도 사회 문화 종교 교육 등 전반에 지대한 영향을 미친다. 다만 1995년 불가촉천민법이 제정되어서 교육, 의료, 사회복지 분야 등 카스트 제도에 따른 차별을 금지하고 있다. 또한 의대, 법대, 종합 대학 진학에 일정한 인원의 "지정된 계급"하층 카스트 배정 제도를 두고 있다. 인도 인구의 약 15%에 달하는 달리트는 종교, 경제, 사회 면에서 여전히 심한 차별을 받고 있으며 빈곤층에 머물러 있다. 그런데 달리트 출신 대통령이 두 명이나 탄생한 것은 역사의 아이러니라고도 할 수 있겠다. 1997년 코테릴 라만 나라야난과 2017년 람 나트 코빈드가 달리트로서 대통령에 당선되었다. 신임 대통령 코빈드는 "나는 매일 생계를 걱정하며 힘들게 일하는 수많은 인도 국민을 대표한다"라고 입장을 밝혔고, "나의 목표는 대통령이 아니라 인도의 헌법과 국민을 보호하는 것"이라고 하면서 그의 당선의 의미를 강조했다.[35]

---

**34**　James F. Lewis, William G. Travis, 『세계의 종교와 관습』, 345.

**35**　오마이뉴스 (2017. 07. 21), http://www.ohmynews.com/NWS_Web/view/at_pg.aspx?CNTN_CD= A0002344327 (2019. 10. 01).

현대 국가의 법체계가 확립되어서 달리트 출신도 대통령이 되는 일이 현실로 드러나고 있지만, 『바가바드 기타』에 의하면, 힌두교의 사회윤리는 "본성으로 정해진 svabhavaniyata 타고난 sahaja 행위를 고수"하는 "계급적 의무" varna-dharms를 강조한다.[36] 카스트 제도의 기원과 기능을 말하는 『바가바드 기타』의 내용은 다음과 같다.

　　4 계급제도는 요소와 행위의 배분에 따라
　　나에 의하여 산출되었도다.
　　나는 그것의 행위자이지만
　　영원히 행위 없는 자임을 알라. 『바가바드 기타』 4:13 [37]

　　바라문[sic]과 크샤트리아와 바이샤와 슈드라들의
　　행위들은, 오 적을 괴롭히는 자여,
　　본성으로부터 생긴 요소들에 의해 구분되어 있다.
　　평정, 자제, 고행, 순결, 인내,
　　그리고 정직, 지혜, 통찰, 믿음은
　　본성에서 생긴 바라문들의 행위들이다.
　　용맹, 활력, 굳셈, 숙련,
　　그리고 전쟁에서라도 도망가지 않음과 보시,
　　그리고 지배자적 성품은 본성에서 생긴 크샤트리아의 행위들이다.
　　농사, 목축, 상업은 본성에서 생긴 바이샤의 행위이며

---

**36**　길희성, "'바가바드 기타'에 나타난 힌두교의 사회윤리 - 불평등의 문제를 중심으로 하여," 73, 76.
**37**　위의 글, 75에서 재인용.

봉사의 성격을 지닐 행위 또한

슈드라의 본성에서 생긴 것이다.『바가바드 기타』, 18:41-45 **38**

이런 의미에서 『바가바드 기타』의 윤리가 보수적이며 계급적이라고 하는 말이 타당하다고 본다. 다른 말로 하면, 힌두교는 인간이 태어날 때부터 사회적으로 차이가 있고, 불평등하다는 것을 전제로 한다. 카스트 제도의 일반적인 특질을 열거하면 다음과 같다. ① 족내혼族內婚의 엄수, ② 전통적인 직업의 세습, ③ 음식물에 관한 금기인데, 이 경우에는 '깨끗함'거룩/聖과 '더러움'穢의 관념이 저변에 깔려 있어 모든 일상생활과 종교적 행위의 가치 기준이 된다.

바이샤 출신의 마하트마 간디 Mahatma Gandih 1869-1948는 아힘사ahimsa, 비폭력와 무저항과 비협력을 좌우명으로 삼아 식민주의를 반대했고, 카스트 제도에 저항했다. 간디는 몸소 천민들이 타는 기차의 3등 칸을 타고 여행하고, 그는 물론 그의 아내와 주변 동료에게 불가촉천민이 하는 화장실 청소도 하도록 장려하면서 카스트 제도의 개혁을 시도했다. 그는 아쉬람이라는 공동체 생활을 하면서 나라의 독립과 종교 간의 공존을 위해 헌신하다가 암살당하면서 생을 마쳤다. 또 한 사람의 카스트 제도의 대표적인 개혁자는 암베드카르B. R. Ambedkar 1891-1956로서, 자신이 불가촉천민 출신으로서 인도의 독립과 사회개혁과 교육을 위해 일하였다. 인도의 건국 헌법 제정을 주관했고, 인권운동과 인도 불교의 부흥을 위해 헌신하였다. 그는 대중들에게 바바사헵 암베드카르 Babasaheb Ambedkar로 불리는데, 이는 '존경받은 아버지'란 뜻이다.[39]

---

**38**  위의 글, 75-76에서 재인용.

# III. 힌두교의 미

## 1. 종교 체험과 영성

### 1) 요가 Yoga

힌두교의 영적 수행방법으로서 요가의 개념은 영성靈性을 성취하기 위한 근본적인 방법이며, 특별한 관심을 받을 가치가 있다. 요가란 말은 그 어원이 '결합하다', '멍에로 연결하다'와 같은 의미를 지닌 유그 yug라는 말에서 왔는데, 합일 Union, 제어 Control, 방편 Means, 수단 Means [40] 등의 뜻을 지닌다.

요가란 원래는 영적인 목표를 달성하기 위하여 인간의 모든 에너지를 결합하는 것을 의미하였다. 앞에서 말한 바 있는 다르마와 해탈의 조화를 이루는 길은 행위 없음이나 포기가 아니라 집착과 욕망을 끊는 행위를 제시한 『바가바드 기타』의 사상과 연관되어 요가가 행해진다. 해탈의 길로서 마음을 평정으로 이끌 수 있는 수행의 방법은 크게 지혜 요가 jnana-yoga, 행위 요가 karma-yoga, 신애헌신 요가 bhakti-yoga 이다.[41] 『바가바드 기타』 외 다른 경전이나 문헌에 의하면 이 외에도 하타 요가, 라자 요가 등이 있다. 하타 요가는 대중적으로 수행 자세 취

---

**39** Linda Edwards, *A Brief Guide to Beliefs*, 139.

**40** Gavin D. Flood, 위의 책, 94. Vaman Shivram Apte, *The Practical Sanskrit Dictionary* (Delhi: Motilal Banarsidass Publishers, 1965), (fourth revised & enlarged edition), 788.

**41** 『바가바드 기타』 외에 요가를 제시하는 원천은 우파니샤드, 파탄잘리의 『요가 수트라』, 『하타 요가 프라디피카』, 『시바 삼히타』 등의 힌두교 문헌이 있다.

하기 운동의 한 형태로 유행하고(건강, 명상, 다이어트 등을 위한 요가), 라자 요가는 몸과 마음의 훈련을 통해 해탈에 이르고자 하는 수양이다. 라자 요가는 파탄잘리의 『요가 수트라』를 주요 경전으로 한다.[42] 요가의 목적은 심신의 조절을 통하여 인간 의식 양식에 근본적인 변화를 가져오는 것이다. 구원 혹은 해방은 경험적 세계와는 구별되는 것으로서 영혼의 자기 인식이다. 이것은 요가를 통해 성취된다.

## 2) 박티 운동

기원전 500년경부터 발전된 헌신, 신앙, 사랑 등의 의미를 지닌 박티 운동은 힌두교의 신에 대한 찬양 내지는 숭배 형태이다. 신은 보편적인 신을 비롯하여 지방이나 마을 신, 특정 카스트나 가족 혹은 개인이 섬기는 신 등 대단히 포괄적이다. 이런 신에 대한 개인적인 표현은 뿌자puja라고 한다. 뿌자는 보통 가정이나 사원에서 매년 혹은 매일 행해진다. 뿌자와 박티의 최고 숭배 대상은 신이다.[43]

뿌자는 가장이 대표로 가족을 위해 드리기도 하고, 동상이나 그림 등 상징물로 신을 표현한다. 대개 힌두교 가정에서 화환이 걸린 액자에 넣은 여러 신의 그림을 발견할 수 있다. 기독교의 예배처럼 신자들이 공동체로 예배드리지 않고, 힌두교의 뿌자는 각 개인 가정에서 신자들 형편에 맞게 신을 섬긴다.

박티를 행하는 자를 신애주의자bhaktist라고 하는데, 이들에게 특

---

42    https://ko.wikipedia.org/wiki/%EC%9A%94%EA%B0%80 (2019.10.03).
43    W. Richard Comstock et al., 위의 책, 160.

이한 점은 윤회, 해탈, 인과응보 외에 신의 은혜라는 사상이다. 신의 은혜로 해탈에 도달할 수 있다고 믿는다. 주후 10세기의 『나라다 박티 수트라』Narada Bhakti Sutra에 신의 은혜에 대한 언급과 그 중요성이 다음과 같이 묘사된다.

33. 그러므로 오직 신의 은혜만이 모든 구속으로부터 영원히 벗어나 기를 원하는 자들이 가져야 할 목표로서의 가치를 지닌다.

34. 교사는 찬송가와 노래 속에서 다음과 같은 것을 영적인 깨달음 을 위한 방법으로 묘사한다.

35. 그러나 최상의 사랑과 영혼 불멸의 상태는 자아 중심적인 지식 과 감각에 보이는 세상의 객관적인 실체를 포기할 때에야 비로 소 가능하다.

36. 간단없는 사랑의 봉사를 통해

37. 삶의 일상적인 일을 하고 있는 중에도 주님의 영광을 듣고 노래 함으로

38. 주로, 해탈은 위대한 영혼의 은혜를 통해서나 약간의 신의 은혜 를 통해서만 얻게 된다.

39. 그러나 위대한 영혼과 접촉하기란 매우 어려운 일이며, 그런 영 혼과의 교제를 통해 혜택을 얻기 힘들다. 그런 영혼이 주는 영향 은 미묘하고 불가해하며 그 효과에 있어서 확실하다.

40. 그러나 해탈은 신과 신인들godmen의 은혜에 의해서만 획득 가능 하다.[44]

---

44    James F. Lewis, William G. Travis, 『세계의 종교와 관습』, 385.

여기에 교사 혹은 구루가 영적 스승으로서, 은혜의 해탈에 이르는데 중요한 역할을 한다. 물론 해탈을 이루는 근본 동인은 신이다. 박티의 종교적 목표는 신과의 합일과 신과 함께 영원히 거주하는 것이다.

## 2. 예술

종교에서 미를 이야기할 때는 단순히 종교적 경험만 의미하는 것은 아니다. 인생의 세 가지 핵심요소라고 할 수 있는 진리와 선과 미의 종합과 융합으로 드러나는 것이 종교의 미요, 그중에서 가장 깊이 있게 표현되는 것이 종교의 감정적 측면에서의 예술일 것이다. 이때 예술이란 종교적 예술, 즉 예술에 대한 종교적 활용이나 예술을 통한 종교적 심층 체험의 표현을 의미한다. 종교 예술은 어느 종교건 관계없이 종교적 진리의 표현 도구와 선교적 도구일 뿐만 아니라 새로운 사회질서를 증진하는 매체이기도 하다.[45]

종교체험의 예술적 표현은 참으로 다양하다. 건축,[46] 조각, 드라마, 그림, 춤, 음악 등 여러 가지가 있는데, 그중 가장 두드러진 것은 그림이다.[47] 특히 힌두교의 신은 그림으로 상징화되어 표현된다. 크리슈

---

[45] H A Esekong, "Arts, Religion and the New Social Order: Emerging Trends in Mediation in an Age of Globalization," *Lwati: A Journal of Contemporary Research* vol 6, no 1 (2009). https://www.ajol.info/index.php/lwati/article/view/46544 (2019. 11. 03).

[46] 힌두교의 건축에 대해서는 "오동석의 인문여행: 거대한 상징 힌두교의 사원"을 참조하라. https://thruguide.tistory.com/361 (2020. 07. 17).

[47] 판 데어 레이유는 예술 가운데 춤, 드라마, 언어, 그림, 건축, 그리고 음악, 이 여섯 가지 예술 형식을 통해 종교와 예술의 상호작용과 관계성을 탐구한다. 그에 의하면, 신학적 미학이란 각각의 예술(춤, 드라마, 언어/문학, 그림, 건축, 음악)의 본질과 하나님의 계시 사이에 존재하는 관계성을 말한다. Gerardus van der Leeuw, *Sacred and Profane Beauty*.

나는 피리와 함께 묘사되고, 시바는 산 위에 있는 야생의 남자로, 깊은 명상에 잠겨서 호랑이 가죽위에 앉아 있는 모습으로 표현된다. 그의 머리로부터 갠지스 강으로 흘러가는 물이 나온다. 칼리는 흑색으로 채색되며, 파괴의 신답게 해골을 줄줄이 엮은 목걸이를 걸치고, 무기로 만든 치마를 입은 모습을 지닌다. 힌두교의 신에 대한 그림은 신의 권위, 능력, 신비, 초자연적 지혜 등을 상징한다. 그런데 브라만에 대한 그림은 나타나지 않는다. 브라만은 궁극적 실재로서 형식이 없고, 설명할 수 없기 때문이다. 브라만을 표현하는 인격적 그림은 없으나 추상적인 상징은 옴Om으로 표현된다. 짙은 색깔로 묘사되고, 옴으로부터 광채가 뻗어 나가는 모양을 한다.

〈그림 9〉 옴 글자의 소리 확산 모양

브라만을 상징하는 옴 글자와 소리의 확산하는 모양의 화려하면서도 비인격적 표현48

48　Kent Richter, *Religion*, 31.

비슈누는 네 개의 팔<sup>6개 혹은 8개의 팔로 묘사되기도 함</sup>에 각각 인간을 돕는 힘을 상징하는 물건을 들고 있는 모습으로 상징화된다. 비슈누가 들고 있는 사물은 철퇴<sup>곤봉</sup>, 원반<sup>차크람</sup>, 소라 고동<sup>판차잔야</sup>, 망우수<sup>열매를 먹으면 황홀경에 들어간다는 식물, 연꽃으로 능력과 순결을 상징</sup>이다. 비슈누가 타고 다니는 새는 태양의 새로서 가루다<sup>Garuda</sup>로 알려진 신비의 새다. 손에 든 네 가지 물건은 적을 물리치는 무기로 알려졌다.[49]

마츠야에 대한 전설은 흡사 구약성경에 나오는 노아의 방주 이야기와 비슷한 면을 가지고 있다. 아래 설명을 인용한다.

[마츠야는] 힌두교 신화 비슈누의 최초의 화신<sup>아바타르</sup>이었다. 전설에 따르면 후에 마누라 알려진 고대 드라비다의 왕 사티야브라타는 그의 손을 강에서 씻고 있었다. 그때 작은 물고기가 와서 그에게 살려 달라고 애원하였다. 그는 그것을 병에 담았는데 곧 커져서 탱크로 옮겼다가 강으로 바다로 다시 옮겼다. 고기는 다시 그에게 대홍수가 한 주 내에 발생하고 모든 생명을 파괴할 것이라고 경고하였다. 마누는 그리하여 배를 만들고 홍수가 발생하자 그것을 고기가 산정으로 견인하였다. 그리하여 그는 살아남고 그는 다시 지구에 삶을 새로이 세웠다. 이 사티야브라타 또는 마누가 다스린 드라비다의 왕국은 원래의 더 큰 드라비다인 마다가스카르와 동아프리카에서 뻗어 나왔을 수 있다.[50]

---

**49** 비슈누 화신의 상징적인 그림은 다음 사이트를 참조하라. https://ko.wikipedia.org/wiki/%EB%B9%84%EC%8A%88%EB%88%84 (2019.10.08).

**50** https://namu.wiki/w/비슈누 (2019.10.08).

힌두교의 삼대 신 가운데 하나인 시바는 청색, 회색의 몸에 재를 뿌린 형태로 그려지는데, 이는 금욕의 삶을 중요시하는 의미를 지닌다. 인도 서사시에 묘사되는 시바는 10개의 팔과 4개의 얼굴로 나타나고, 세 개의 눈이 있다. 목이 검푸른 것은 용의 독을 마셔서라고 한다. 세 번째 눈은 시바 신의 전지함을 상징하고, 그의 몸을 휘감고 있으며, 앉은 자리 밑에 놓인 호랑이 가죽은 시바 신의 용맹을 자랑한다. 시바 신은 다산과 생산, 파괴의 신으로 묘사된다.[51]

힌두교의 예술적 표현은 그림만 아니라 시로도 표현된다. 힌두교의 서사시 마하바라타는 세계에서 가장 길고도 신화적인 언어로 표현된 시다. 비록 시적인 이미지와 은유로 표현된 종교적인 시는 해석하기가 어려워서 때론 스토리텔링 형식으로 번역되기도 하지만, 시는 대단히 강력한 종교적 기능을 한다.[52] 시적인 텍스트는 만트라mantra[53]라고 하는데, 힌두교 신도들은 송가를 부르거나 제의 행위인 뿌자를 거행할 때, 이 만트라를 주문처럼 외운다. 이것은 현실세계와 영적 세계를 연결하는 단어와 이미지로 해석되며, 신도들의 마음을 신으로 향하도록 자극하는 종교적 기능을 가진다.[54] 어떤 만트라는 쉽게 파악할 수 있는 문자적 의미를 드러낸다. 예를 들면, "옴 나마 시바"Om Namah Sivaya, 즉 "시바에게 경배를 드립니다"[55]가 있다. 하지만 단 하나의 음절로 된

---

**51**    James F. Lewis, William G. Travis, 『세계의 종교와 관습』, 389.

**52**    Kent Richter, *Religion*, 175.

**53**    만트라는 영적 또는 물리적 변형을 일으키는 소리 또는 음절(단어, 구절)을 말하는데, 때로는 기도 형식으로 나타난다. 불교에서는 밀주(密呪) 혹은 다라니(陀羅尼)라고도 한다. Jeffery D. Long, *Historical Dictionary of Hinduism* (Lanham: Scarecrow Press, 2011), 194; Georg Feuerstein, *The Deeper Dimension of Yoga: Theory and Practice* (Boston: Shambhala Publications, 2003).

**54**    Kent Richter et al., eds., *Understanding Religion in Global Society*, 205-207.

**55**    이것은 힌두교 종파 가운데 시바 신을 주신으로 섬기는 힌두교 신도들에게 보편적인 것이다.

만트라는 쉽게 이해하기 어렵다. 이런 만트라는 인간과 신 혹은 어떤 개념을 연결하는 상징적인 기능을 한다. 이런 만트라는 어떤 문장을 통해 의사소통하는 것과는 다른 차원을 가진다. 베다 찬가나 그 외 문헌에 나오는 만트라 중에 가장 오래된 만트라는 앞에 성년식에서 언급한 바 있는 가야트리 만트라 Gayatri Mantra 다. "옴 나마 시바" Om Namah Sivaya 외에 또 다른 대중적인 만트라는 "하레 크리슈나 하레 크리슈나, 크리슈나 하레 하레, 하레 라마 하레 라마, 라마 라마 하레 하레" Hare Krsna Hare Krsna, Krsna Hare Hare, Hare Rama Hare Rama, Rama Rama Hare Hare 인데, 이 만트라는 주로 비슈누 신을 숭배하는 신도들이 외는 주문이다. 이것은 비슈누의 신의 세 가지 이름으로 구성됨을 알 수 있다. 그리고 성년식 때 스승인 구루가 입문하는 제자에게 전수하는 비밀 만트라도 있다. 비밀로 하는 이유는, 이런 만트라를 공개하게 되면 그 효능이 약화된다고 믿기 때문이다. 가장 강력한 만트라는 옴 Om 이라고 한다. 만두카야 우파니샤드 Mandukya Upanisad 56에서 옴은 모든 존재를 포괄하는 것으로 묘사된다. 옴을 A, U, M, 그리고 이 세 음절의 종합, 이렇게 네 가지 부분으로 나누어지는데, 이것은 인간 의식의 네 가지 상태와 연관된다고 한다.[57]

박티 운동에서 유래하는 춤이 타밀 나두 지역 케랄라 중심으로 발전했는데, 사원에서 공연되는 춤-드라마 형식의 예술인 카타칼리 kathakali 가 있고, 아울러 고전적인 춤인 바라타나탐 Bharatanatyam, 오디시 Odissi 혹은 쿠치푸디 Kuchipudi 가 있다. 이러한 춤은 남 인도 지방의 종교

---

**56** 우파니샤드 중에서 중심적인 것 중의 하나를 지칭하며, 기원전 200년부터 기원후 200년 사이에 만들어진 것으로 본다. 짧은 이 우파니샤드는 주로 "옴"이란 한 음절의 의미를 명상하는 것이다. Jeffery D. Long, *Historical Dictionary of Hinduism*, 194.

**57** 위의 책, 194-95.

적 주제와 영적 이념을 드러낸다. 바라타나탐 춤은 꼿꼿이 세운 상체와 꼰 다리 혹은 굽은 무릎의 모양을 하고, 스펙터클한 발걸음, 손과 눈과 얼굴 근육으로 드러내 보이는 몸짓을 통한 정교한 수화 등의 움직임으로 나타난다.[58]

## IV. 대중적인 힌두교

힌두교는 그 신의 숫자만큼이나 다양한 얼굴을 한 종교로 볼 수 있다. 선교적인 차원에서 실제로 인도 사람, 그 중에서 다수의 힌두교도가 믿는 힌두교는 생활 속의 대중적인 힌두교라 할 수 있다. 많은 우상idols을 섬기고, 여러 종류의 템플 의식을 거행하며, 영을 두려워하기도 하며, 수많은 종교적인 축제에 참여한다. 이는 다분히 기복적인 신앙이다. 윤회니 카르마니 의무니 하는 차원 높은 개념은 현실의 종교적인 삶과는 거리가 있다. 대중은 집안의 가족이 건강하기를 바라고, 하는 사업이 잘 되기를 바라며, 아니면 학생은 시험을 잘 보게 해달라고 바라는 마음으로 자기의 신에게 기도하고 뿌자를 드린다. 그렇게 하지 않을 경우 신으로 부터 어떤 재앙을 받지 않을까 두려워한다. 힌두교의 축제는 연중 계속 이어지고, 어떤 경우 많은 사람들이 무슨 축

---

[58]  R. Ramachandran, *A History of Hinduism: The Past, Present, and Future* (New Dehli: SAGE Publications Pvt. Ltd, 2018), 211.

제인지도 모르고 휴일을 즐거워하기도 한다.[59] '쿰브 멜라 페스티벌'은 지금도 세계적인 축제로 거행되고 있는 대중화된 힌두교 축제로서 유네스코가 세계무형문화유산으로 지정했다. 쿰브 멜라 페스티벌은 세계적으로 가장 규모가 큰 평화 집회로 유명하다. 인도 갠지스 강에서 모여 목욕을 하는 이 고대 전통은 천년을 이어져 왔으며, 원죄를 씻어내고 모크샤<sup>moksha, 궁극의 자유</sup>를 얻을 수 있다는 것으로 알려져 있다.[60] 각 도시마다 특히 많이 섬기는 신이 있기도 하다. 예를 들면 캘커타에 가면 칼리<sup>파괴의 신인 시바 신의 아내로 심판과 죽음의 여신</sup>를 많이 섬기고, 뭄바이는 가네샤를 많이 섬긴다.

헌법으로 금지한 카스트의 관습과 제도는 여전히 일상생활 가운데 지켜지고 있고, 결혼식이나 장례식은 카스트 제도의 관습에 따라 거행된다. 여성은 집에서 아침 뿌자를 거행하고 난 후 이마에 붉은 점을 찍는 경우가 허다하다. 남자도 뿌자를 드린 후 대개 이마에 점을 찍으며 힌두교인임을 드러낸다. 하지만 여자들 가운데 대다수는 그 의미를 제대로 파악하지 못하고 단순히 결혼한 여자를 지칭하는 것으로 보는 경우가 허다하다.

---

**59** 힌두교적인 인도의 축제에 대해서는 http://www.indiary.net/know/index_know.htm에 들어가서 "인도예술과 종교"-"축제" 사이트를 참고하라.

**60** "원죄 씻어내고 궁극의 자유로" …印, 유네스코 지정된 '쿰브 멜라 페스티벌'(2019.08.06), http://fiestascope.co.kr/news/view/1064 (2019.10.02).

# V. 세계화와 힌두교

힌두교도 세계화의 물결에 도전을 받고 변화하는 요소와 불변하는 요소를 가지고 있다. 윌리엄 캐리가 그렇게 폐지시키기 위해 애를 썼던 사티<sup>Sati</sup>가 법적으로 금지되었음에도 불구하고 1987년에 시행되었다는 보고가 있다. 18세 신부인 루프 칸와르<sup>Roop Kanwar</sup>가 결혼 후 불과 7개월 후 남편이 죽자 스스로 자진하여 산 채로 화장을 당하였다는 것이다. 이것이 스스로 자발적으로 한 것인지 아니면 타의에 의해 강제로 행해진 것인지가 결국 명확히 밝혀지지 않고 지나갔다. 1947년부터 약 40년 동안 42건의 사티 실행이 알려졌다. 힌두교 개혁의 한계 내지는 딜레마를 보여준다. 그것이 진정한 구원이 길이라는 종교적 신념에 토대를 둔 종교적 자유라는 차원에서 허용해야 할 것인지, 아니면 참된 구원과는 무관한 것이므로 당연히 폐지해야 할 내용인지를 결정해야 할 것이다.[61]

20세기에 들어와서 특정 인물중심의 힌두교 개혁운동 내지는 인도의 중산층에게 매력을 준 대중적인 종교 운동으로는 초자연적인 주술적 능력을 과시하여 추종자를 모은 사티야 사이 바바<sup>Sathya Sai Baba</sup>, 라자 요가 센터<sup>Raja Yoga Center</sup> 혹은 '영적 박물관'<sup>Spiritual Museum</sup> 중심의 명상과 사회개혁을 통해 도시민들에게 영향을 미치는 브라마 쿠마리스<sup>Brahma Kumaris</sup>가 있다.[62] 세계화의 도도한 물결 속에서도 힌두교는 여전

---

61  John L Esposito, Darrell J. Fasching, Todd Lewis, 위의 책, 338-39.
62  위의 책, 339-41.

히 인도인의 종교심을 사로잡고 있으며, 변화하는 사회에서 새롭게 적응하며, 과거의 전통적인 교리나 신행을 새롭게 개혁하기도 하고, 서구로부터 강하게 밀려오는 세속주의와 물질주의의 공격에 정치와 종교가 연합하여 힌두교의 가치와 믿음을 대변하는 대응을 시도하고 있다.[63]

〈표 3〉 힌두교의 개요

| | 진 | | | | 선 | | | 미 | |
|---|---|---|---|---|---|---|---|---|---|
| 힌두교의 개요 | 신 혹은 궁극적 존재 | 창시자와 대표자 | 경전 | 자아, 고통, 구원에 대한 교리 | 의례 | 도덕적 행동과 교훈 | 사회 질서 | 종교 체험과 영성 | 예술 |
| | 브라만, 비슈누, 시바 등 다신교 | 특정한 창시자 없음, 전설적인 리시 (Rishis) 가 신의 소리 들음 | 베다, 우파니샤드, 바그바드 기타 등 서사시 | 윤회, 환상 세계, 카르마로 부터 해탈 | 뿌자, 정결 목욕, 성유 | 카스트 의무, 신애와 헌신 (박티) | 카스트 제도, 성직자 계층, 구루 | 윤회와 카르마, 박티, 요가, 범아 일여 | 그림, 조각, 건축, 음악, 시, 문학 |

**63**　Dipak Gyawali, "Challenged by the Future, Shackled by the Past," *Himal South Asia* (May 1997), 19; 위의 글, 348에 나오는 Dipak Gyawali의 글을 참조하라.

# 2장
# 불교 이해

## I. 불교의 진리

### 1. 신 혹은 궁극적 존재

불교의 기본적인 세계관은 무無라고 할 수 있고, 힌두교와는 달리 무신론 종교라고 알려져 있다. 하지만 불교의 세계관을 다르게 해석하는 관점도 있다. 불교가 기독교, 이슬람, 유대교 등의 절대적 신관은 부정하지만 신도 업karma에 따라 윤회하기에 '윤회론적 신관'을 포함하고 있다는 주장이다. 불교의 초기경전을 토대로 신관을 연구한 안승준은 "불교를 무신론이라고 단정하는 것은 육도윤회에 나타나는 여섯 가지 윤회의 갈래 중 하나인 天界의 존재를 부정하는 것이며, 또 신을 형이상학적 실재로 받아들인다면 업설과 삼법인의 취지와 상충되는 측면이 나타나게 된다"[1]고 주장한다. 그는 불교에선 힌두교의 전지전능한 신관창조 파괴 재생 등을 부정하나, 힌두교의 창조신이 불교에 변형된 형태로 남아서 윤회를 한다고 한다. 이러한 변형된 신은 외호적外護的 신격으로서 만물과 마찬가지로 윤회의 바퀴를 돌고 있는 존재로 묘사되고 있다. 안승준은 도경度經, 삼명경三明經, 세기경世紀經 등 초기경전에서 천신天神을 언급하고 있는 목적을 불교의 기본교리카르마, 연기설를 더욱 강화하기 위한 방편이라고 말한다. 현실의 고통과 죄악은 신이 아니라 카르마에 따라 연기한 것이고, 따라서 중생은 신에게 의지할 것이 아니라 스스로의 깨달음과 정진으로 카르마와 연기를 극복해야 마땅한데, 이를 강조하기 위해서 천신이 등장한다고 한다. 초기 불교에서 천신은 '중생에게 이익을 주는' 역할을 한다고 본다.

이와 같이 불교의 교리 및 수행체계와의 상관관계 속에서 본 불교의 '윤회론적 유신관'이 얼마나 불교의 정통 학설로 수용되는지는 정확히 알 수 없으나, 단순히 불교를 무신론으로 치부하는 것보다는 한번 쯤 생각해 볼 문제라고 본다. 대중적인 불교 신도에게는 불교의 방대한 체계 내에서 유신론적 신앙생활을 하는 경우도 전혀 없지 않을 것으로 짐작되기 때문이다.[2]

---

1    안승준, "아함경에 나타난 초기불교의 천신관" 『구산논집』 제3집 (1994.04), 285-320. 법보신문(2004.08.10일자 보도) http://www.beopbo.com/news/articleView.html?idxno=22761 (2019.10.12).

## 2. 창시자와 대표자

불교는 힌두교와의 관련 속에서 생겨난 것임을 알 수 있다. 왜냐하면, 불교의 창시자라 할 수 있는 고타마 싯다르타 Siddhartha Gautama 가 기원전 560년경에 인도 국경 네팔의 룸비니 Lumbini 에서 힌두인으로 출생하였기 때문이다. 그는 샤카족의 숫도다나 왕과 마야라는 부인 사이에서 태어났으며, 7일 만에 모친을 여의었다. 또한 그는 크샤트리아제2계급 출신으로, 마야부인의 오른쪽 옆구리 밑에서 태어났다고 전해지며, 탄생 한 뒤에 동서남북 네 방향으로 일곱 걸음씩을 걸었다고 한다. 그리고 양손으로 각각 하늘과 땅을 가리키며, 한 유명한 말이 전해진다. '하늘 위와 하늘 아래에 오직 나 홀로 존귀하도다' 天上天下 唯我獨尊. 그 후에 싯다르타는 야쇼다라 Yasodhara 라는 미인과 결혼하여 '라훌라'를 득남하기도 했다. 그러나 그는 어느 날, 궁전을 둘러싼 공원을 수레를 타고 돌다가 끔찍한 상처를 가진 사람, 비틀거리며 걷고 있는 노인의 모습, 묘지로 향해 옮겨지는 시체, 평화롭고 행복해 보이는 한 구도자가 구걸을 하고 다니는 등의 광경을 보게 되었다. 그 날 밤부터 싯다르타는 그 구도자의 행복한 얼굴에 대해 깊이 생각하다가 '생로병사'라는 인생의 근원적인 문제에 부딪혀 심각하게 고뇌하였다. 29세 되었을 때, 생의 수수께끼를 풀기 위해 출가出家하여 머리를 깎고, 노란 옷을 입고

---

**2** 한 예로 조승미의 "불교의 모신(母神) 하리티(Hāriti)"에 대한 연구를 들 수 있다. 조승미에 의하면, 불교의 여신이자 모신母(神)인 하리티Hāriti는 대중들에게 영향력이 있으며, 재가 기부의 중요한 대상이었다고 한다. 불교문헌 속에서 나타난 하리티의 공통된 이미지는 아이를 동반한 형태로서, 그녀의 모성적, 여성적 위상과 역할을 상징한다. 따라서 하리티는 전염병 치료, 어린이 보호, 대를 이을 자식(후사), 안전한 출산 등을 베푸는 신으로 인식되고, 더 나아가 물질적 풍요와 세간의 난해한 일을 해결해주는 신격으로 간주되었다. 조승미, "불교의 모신(母神) 하리티(Hāriti) 신앙의 형성과 변천 연구,"『佛敎研究』第41輯 (2014), 107-48.

거지 승려로 행세하며 시골을 돌아다니게 되었다. 그 후 그는 훌륭한 스승들을 만나 서적연구도 해 보았고, 자기부인自己否認, 뼈만 남을 정도의 금식을 하는 등의 노력을 6년간 하였다. 그러나 궁극적인 만족을 얻지는 못했다. 마침내 그는 당시의 전통적 수행방법인 '선정'禪定과 '고행'을 모두 포기하고 자기가 구하는 것을 발견하기 전까지는 한 나무 아래서 움직이지 않겠다고 결심했다. 그리고는 네란자 강에서 몸을 씻고, 강변의 보리수 아래에서 깊은 명상에 잠겼다. 그러는 동안 '마라' Mara 라는 악마가 이런 뜻을 단념케 하려고 그를 유혹하기도 했으나, 40일 후에 결국 그는 열반涅槃: nirvana 을 경험하였고, 구원을 발견했다고 느끼게 되었다. 이후로 그를 "부처"라 부르게 되었고, 그 때 그의 나이가 35세였다. 이러한 깨달음의 체험 후에 부처 Buddha 는 인간세계로 나가게 되었고, 생의 뜻과 구원에 관하여 설법을 시작했다. 얼마 후에 승가僧伽를 창립했고, 부처가 사망할 때까지 수천 명이 모이기도 했다. 그리고 그는 480년경 80세의 나이로 생을 마쳤다.

이처럼 싯다르타는 '부처'가 되었고, 불교의 창시자로 불리게 되었다. 그는 또한 여러 가지 이름을 가지고 있다. '석가', '석가모니', '부처', '불'佛, '불타'佛陀 등이 그것이다. 이러한 이름의 의미는 다음과 같다. 석가모니釋迦牟尼: Sakiyamuni란 "샤카족 출신의 성자"라는 뜻을 지닌 산스크리트어범어의 한자음이다. 이 부족은 히말라야 산기슭의 갠지스 강 유역에 살고 있던 한 종족이다. 석가라는 말은 석가 족을 의미하고, 모니muni 혹은 무니란 자비compassion를 의미한다.[3] 따라서 석가모니·불타佛陀·불佛·붓다산스크리트어·석가라는 말은 "깨달음을 얻은 사람"이란 말로 풀이된다.

## 3. 불교의 발전 과정

불교철학 이론은 주로 인도불교와 중국불교라는 밀접한 관계를 가진 양대 계통 속에 포함되어 있다. 인도불교는 흥기하면서부터 쇠락하기까지 전후 약 1,500여 년이 걸렸다. 그 사이에는 원시불교로부터 부파불교, 소승불교, 대승불교의 도래와 발전에 이르기까지 여러 단계가 있다. 인도불교 철학을 종합적으로 보면, 소승의 유부<sup>有部: 婆沙</sup>, 설경부<sup>說經部</sup>, 대승의 중관학파<sup>空宗</sup>, 유가행파<sup>有宗</sup>의 4대 종파가 가장 중요하고, 철학사상도 가장 풍부하다. 그러므로 이 4대 종파가 기본적으로 인도 불교철학의 전제를 개괄하고 있다고 할 수 있다.

중국에서 불교가 번영했던 약 600여 년 동안<sup>동진. 東晋</sup>, 남북조<sup>南北朝</sup>, 수당시대 중국 불교는 학파의 성립에서부터 종파의 수립에 이르기까지의 과정을 겪었다. 중국의 불교종파 가운데 수당시대의 천태종<sup>天台宗</sup>, 화엄종<sup>華嚴宗</sup>, 삼론종<sup>三論宗</sup>, 선종<sup>禪宗</sup>, 법상유식종<sup>法相有識宗</sup>이 철학적 색채를 풍부하게 띠고 있는 종파이다. 그 가운데 천태종, 화엄종, 선종이 가장 중국화 된 불교종파이다. 이 세 종파의 불교철학은 이미 중국 전통의 철학사상이나 인도불교의 사상과는 다르다. 인도불교를 토대로 주체적으로 흡수하고, 중국 전통사상과 융합한 중국화 된 불교이다.[4]

또한 불교의 역사적 흐름을 살펴보면, 불타로부터 시작된 원시불

---

3    바로 이 무니에서 어머니, 엄니, 에미란 말이 파생되었다는 주장이 있다. 에미emi에서 미mi는 마 ma, 즉 헤아린다(manage)에서 온 말이다. 며느리 me-nri란 말에서 me도 menage를, nri란 사람 person을 의미한다고 한다. 며느리가 아니라 메느리가 옳다고 하는 주장도 있다. 강상원 박사의 유투브 강의 Special Theme 참조.

4    김선근, "청담스님의 한국불교사에서의 위치," https://blog.naver.com/skkim3130/220020496740 (2019.12.29).

교는 분열이 되어 아쇼카왕 때, '부파불교'로 나뉘었다. 후에 원시불교는 '대승불교'로, 그리고 다시 '밀교' 密敎: 7세기 후반에 흥했던 불교의 한 종파 로 변형된다. 이러한 불교의 변천은 불경의 해석차이로 많은 분파를 형성했고, 20세기에 와서는 더 많은 형태로 변형되었다. 한국에서는 조계종, 원불교가 호국불교의 형태를 띠기도 했고, 일본에서는 새로운 군사적이고 국수적인 창가학회 Soka Gakkai 가 숭배되고 있고, 티벳에서는 귀신을 숭배하는 불교가 성행하고 있다. 그러나 불교의 두 가지 중요 형태는 '상좌부 불교' Theravada 혹은 소승불교 Hinayana Buddhism 와 '대승불교' Mahayana Buddhism 이다.

'소승불교'는 "작은 수레의 교리"의 불교인데, 운 좋은 소수만이 즉, 부처의 도를 엄격히 추종하는 사람만이 열반에 이른다는 것이다. 또한 이 명칭은 대승불교에서 붙인 호칭이라 하여 후에 상좌부 불교 Theravada 로 불리고 있다. 상좌부 불교는 고대 인도 팔리어 Pali 로 전승된 불교 경전을 정통으로 인정하고, 초기의 승가 고승들에 의해 형성된 전통을 계승한 상좌 연장자 들에서 기원을 둔다. 상좌부 불교는 승려의 생활을 특히 강조하는데, 승려들을 위해 토지와 금전을 기증하게 함으로써 매우 부하게 되었다. 상좌부 불교는 현재 스리랑카, 버마, 캄보디아, 태국, 라오스에서 성행하고 있다.

"위대한 수레"인 '대승불교'는 구원이 모든 사람을 위한 것이라고 가르친다. 부처는 각 사람이 스스로를 해탈해야 한다고 가르쳤으나, 대승불교에서는 부처와 그와 같은 다른 사람들을 인류의 구세주로 믿고 있다. 이는 중국, 티벳, 일본, 베트남, 한국에서 성행하고 있다. 불교의 2대 종파의 분포도는 다음과 같다.[5]

Appendix II: Map showing Theravāda Buddhism in Asia

〈그림 10〉 상좌부 불교 분포도

Appendix III: Map showing Mahāyāna Buddhism in Asia

〈그림 11〉 대승불교 분포도

**5**  Damien Keown, *A Dictionary of Buddhism* (Oxford: Oxford University Press, 2003), 부록 II.

1910년과 2010년의 불교 인구 대조표를 보면 〈표 4〉와 같다.[6]

〈표 4〉 불교 인구 대조표

|  | 1910년 | % | 2010 | % |
|---|---|---|---|---|
| 대승불교 | 78,000,000 | 56.5 | 264,000,000 | 56.3 |
| 상좌부 불교 | 52,000,000 | 37.7 | 177,000,000 | 37.7 |
| 티벳 불교 | 8,000,000 | 5.8 | 28,000,000 | 6.0 |

## 4. 경전

불교 경전에 대해서 그 범위와 규정에 대한 다양한 의견이 있다. 서양 학자들은 '경전과 여타의 경전에 준하는 텍스트'로 보기도 하고, '경전과 주석과 위경'을 다 포함하는 것으로 이해하기도 한다. 불교 전통에 의하면 대개 두 종류의 범주로 분류되는데, 하나는 부처의 말씀 word of the Buddha, buddhavacana 인 수트라sutras 와 다른 하나는 학술적 경전인 사스트라shastras treatises 혹은 아비달마Abhidharma 이다. 수트라로 집대성된 불교 경전을 트리피타카Tripitaka 三藏라고 하는데, 이 경전이 부처의 강론에 가장 가까운 것으로 간주된다.[7] 트리피타카는 경장經藏·율장律藏·논장論藏으로 분류된다. 특히 대승불교에서는 트리피타카를 부처의 순수

---

6    이교욱, "불교권 선교의 어제와 오늘 그리고 미래,"『선교와 타종교』(서울: 미션아카데미, 2011), 41.
7    불교의 경전은 여러 차례 결집(불경 편찬 모임)으로 집대성된다. 1차 결집은 석가모니의 가르침을 제자들이 암송하여 500명에 의해 승인을 받은 '오백결집'이고, 2차 결집은 보수적인 상좌부가 부처님 당시 계율을 편집하고 준수를 결의하여 '칠백결집'이라 하며, 3차 결집에서는 패엽에 기록하는 최초의 문자화로 '일천결집'을 하였고 이후 경, 율, 론 삼장(三藏)으로 분류하여 각국에서 대장경을 결집하였다. 한국에는 팔만대장경이 있고, 일본에는 신수대장경이 있다. 해인사의 팔만대장경은 2004년 현재 전산화가 완료되었다.

한 가르침으로 믿는다. 트리피타카에 대한 관점이 대승불교와 상좌부 불교에 따라 달리 나타난다. 불교 경전은 상좌부 불교 계통<sup>아함경 등</sup>, 대승불교 경전, 티베트 불교<sup>밀교의 금강승 계통</sup> 등으로 나눌 수 있다. 불교 경전을 세분화 하면 다음과 같이 분류할 수 있다.[8]

### 1) 상좌부 불교 경전 Theravada texts

상좌부 불교 경전은 팔리<sup>Pali</sup>어로 기록된 경전으로 율장<sup>Vinaya 律藏 승가의 계율</sup> · 경장<sup>Sutta 經藏 부처의 강화</sup> · 논장<sup>Abhidhamma 論藏 학술적 논설</sup> 이라는 세 부분으로 분류되는데, 다음과 같다.[9]

율장<sup>Vinaya 律藏 승가의 계율</sup>

> A. 수타비한가<sup>Suttavibhanga</sup> : 승가의 계율
>
> B. 칸다카<sup>Khandhaka</sup> : 승가의 조직에 대한 계율
>
> C. 파리바라<sup>The Parivara</sup> : 계율의 요약<sup>부록</sup>

경장<sup>Sutta 經藏 부처의 강화</sup>

> A. 디가 니카야<sup>Digha Nikaya</sup> : 34개의 긴 강화
>
> B. 마즈지마<sup>Majjhima</sup> : 154개의 중간 길이 강화
>
> C. 삼유타 니카야<sup>Samyutta Nikaya</sup> : 주제별로 배열한 56개 강화 그룹
>
> D. 앙구타라 니카야<sup>Anguttara Nikaya</sup> : 증가하는 주제 리스트로 계열화된 강화

---

8    Wikipedia, "Buddhist texts," https://en.wikipedia.org/wiki/Buddhist_texts (2019. 10. 12).
9    Damien Keown, *A Dictionary of Buddhism*, 353.

E. 쿠다카 니카야<sup>Khuddaka Nikaya</sup> : 15개 작은 텍스트의 수집

논장<sup>Abhidhamma 論藏 학술적 논설</sup>

A. 담마상가니 <sup>Dhammasangani</sup> : 심리학적 윤리 분석

B. 비브한가 <sup>Vibhanga</sup> : 여러 교의 법주의 분석

C. 다투카타 <sup>Dhatukatha</sup> : 교리의 요점 분류

D. 푸가라판나티 <sup>Puggalapannatti</sup> : 인간 유형의 분류

E. 카타바투 <sup>Kathavatthu</sup> : 분파들 사이의 교리적 논쟁

F. 야마카 <sup>Yamaka</sup> : 가르침의 기본 범부에 대한 질문

G. 파타나 <sup>Patthana</sup> : 24그룹으로 분석한 인과율<sup>causation</sup>

## 2) 대승불교 경전 <sup>Mahayana texts</sup>

**반야바라밀다심경** <sup>반야심경 Prajñāpāramitā</sup> :

천수경과 함께 각종 법회나 제의에 애송되는 경전. 600권의 대반야경의 핵심내용을 260자로 압축한 것으로서 널리 알려진 "색즉시공 공즉시색<sup>色卽是空 空卽是色</sup>을 포함하고 있다.

**묘법연화경** <sup>법화경 Saddharmapundarīka-sūtra</sup> :

천태종<sup>天台宗</sup>의 근본 경전이다. 그 기본사상은 부처가 되는 해탈의 길이 누구에게나 열려있다고 한다.

**정토삼부경** <sup>Pure Land Sūtras</sup> :

《정토삼부경》은 정토교의 근본 경전인 "《대무량수경 <sup>大無量壽經</sup>》 2권, 《관무량수경 <sup>觀無量t壽經</sup>》 1권, 《아미타경 <sup>阿彌陀經</sup>》 1권으로 된 3종의 대승경전<sup>經典</sup>의 총칭"을 말한다.[10]

**유마경** Vimalakīrti Sūtra :

재가 신도 중심의 대승보살사상의 진수를 담고 있다.[11]

**반야삼매경** PratyutpannaSamadhi Sūtras :

초기 대승불교 경전 중 하나로, 최초로 아미타불과 정토 사상을 담고 있다.

**화엄경** The Avatamsaka Sūtra flower garland sutra :

대방광불화엄경 大方廣佛華嚴經 이 원래 명칭이고, 줄여서 화엄경이라 한다. 석가모니의 깨달음을 설법한 가장 방대하고 심오한 경전으로, 일체유심조 一切唯心造 사상을 담고 있다.[12]

**해심밀경** 解深密經 Ārya-samdhi-nirmocana-sūtra Third Turning Sūtras :

인도의 중기 대승불교의 경전으로, 문답 형식으로 논술되어 있어서 경 經 이라기보다는 논 論 에 가까운 경전이다.

**약사여래경** Tathāgatagarbha Sūtras :

어느 누구나 부처의 본성을 가지고 있다고 보는 경전이다.

**천수경** 千手經 Avalokiteśvara Sūtras :

불교 경전의 하나로 천수관음 千手觀音 혹은 관세음보살 觀世音菩薩 의 유래와 발원, 공덕 따위를 말한 경문으로, 불교 행사와 법회, 기도 시에

---

10  『글로벌 세계 대백과사전』 s.v. "정토삼부경".

11  보살(Bodhisattva)이란 Bodhi(覺)와 sattva(중생)가 합쳐진 말로서, 보디(보리)란 궁극적인 깨달음을 추구하는 중생, 또는 "'위로는 자신이 위없는 깨달음에 이르고자 발심하고(上求菩提)', '아래로는 모든 중생을 그 위없는 깨달음에 이르도록 도와주고 이끌어주는 자였다(下化衆生)'"고 한다. 박건주, "대승불교 略史," 『종교문화학보』 10 (2013.12), 198.

12  참고로 원효 스님의 다음 글을 소개한다. 심생즉 종종법생(心生則 種種法生: 마음이 생하는 까닭에 여러 가지 법이 생기고)/ 심멸즉 감분불이(心滅則 龕墳不二: 마음이 멸하면 감(龕)과 분(墳)이 다르지 않네)/ 삼계유심 만법유식(三界唯心 萬法唯識: 삼계가 오직 마음이요, 모든 현상이 또한 식(識)에 기초한다.)/ 심외무법 호용별구(心外無法 胡用別求: 마음밖에 아무 것도 없는데 무엇을 따로 구하랴) http://www.hyundeoksa.or.kr/html/dzArticle/0000300001/973.html?page=4 (2019.10.13).

가장 많이 독송되는 대표적인 경전이다. 흔히 천수다라니경 千手陀羅尼經 이라고 부르기도 한다.[13]

**금강경** Vajracchedikā Prajñāpāramitā Sūtra, Diamond Sūtra :

석가모니에 의해 설해진, 공사상이 깊이 있게 다루어진 대승불교의 대표경전이다. 다이아몬드 같은 지혜로 일체의 번뇌를 소멸시키는 진리라는 의미의 경전이다. 육조 혜능이 이 금강경의 "응무소주 이생기심 應無所住 以生其心", 즉 "마땅히 머무는 바 없이 그 마음을 내라"는 구절을 보고 깨달음을 얻었다고 전해진다.[14] 한국의 대표 불교 종단인 조계종의 소의 경전이다.[15]

### 3) 티베트/밀교 경전 Vajrayana texts

티베트/밀교[16] 경전은 크게 두 부분으로 나누어지는데, 곧 칸주르 Kanjur 라는 부처의 가르침과 텐주르 Tenjur 라는 주석이다.[17] 칸주르 경전은 1411년에 북경에서 첫 번째로 인쇄되었고, 티베트 언어로 된 칸주

---

**13** 천수경에 들어있는 "淨口業眞言(정구업진언)"은 다음과 같다.
수리수리 마하수리 수수리 사바하
수리수리 마하수리 수수리 사바하
수리수리 마하수리 수수리 사바하

**14** http://blog.naver.com/PostView.nhn?blogId=karsamo&logNo=220803596139 (2019. 10. 13).

**15** 이 외에도 대승불교 경전은 다수가 있다. Confession Sūtras, Collected Sūtras, Transmigration Sūtras, Discipline Sūtras, Sūtras devoted to individual figures, Proto-Mahayana Sūtras, Indian treatises, East Asian works 등으로 분류된다.

**16** 여기에서 밀교란 비밀불교(秘密佛敎)의 줄인 말이다. 불교는 크게 현로불교(顯露佛敎, 줄여서 현교(顯敎))와 비밀불교(秘密佛敎, 밀교(密敎))로 나눈다. 현교(顯敎)란 언설로 표현된 경 율 논 삼장의 가르침이나 언어를 사용하여 분석과 논리로서 드러내어 설명한 가르침을 말하고, 밀교(密敎)란 언어로 표현하기 힘든 신비한 경지 혹은 설명하기 어려운 진언(眞言, dhāraṇī), 수인(手印, mudrā), 만다라(mandala) 등을 주요 수행법으로 하여 가르치는 것이다. 밀교는 금강승, 시륜승, 밀종, 구생승, 탄트라 불교 등으로도 불린다. 박건주, 위의 책, 224-232.

**17** 티베트/밀교 경전을 Buddhist tantras, Kriyā Tantras, Charya Tantras, Yoga Tantras, Anuttara Tantras로 나누기도 한다.

르는 1731년에, 텐주르는 1742년에 집대성되었다.[18]

## 5. 자아, 고통, 구원에 대한 교리

### 1) 삼보 Triratna: The Three Jewels, or the three treasures

불교의 기본적인 세계관이 세상의 현상이 허상이고 고해요, 이 현실은 곧 업業과 윤회輪廻에 기인한다고 믿는다. 윤회란 모든 살아있는 생명체는 죽고, 그 이후에 소멸되지 않고, 몸을 바꿔서 현실세계로 다시 태어나는 것을 말한다. 그러므로 모든 생명체는 끊임없이 태어나서 죽는 윤회를 거듭하며, 인간은 살아생전 자신의 업에 따라서 극락에서 다시 태어날 수도 있고, 지옥에서 더 나쁜 상태로 태어날 수도 있다는 것이다.

불교는 또한 인생의 현실은 괴로움품이라고 말하면서, '진리에 대한 무지'로 인해 생겨나는 것이라고 가르친다. 그러므로 괴로움과 번뇌가 없는 청정한 마음을 가꾸는 수행을 강조한다. 그러면 이제 불교의 기본교리에 대해 간단히 살펴보기로 한다.

불교의 각 유파는 삼보三寶라고 하는 불佛, 법法, 승僧을 받아들이는데, 삼보는 불교를 구성하는 3대 지주가 된다. 불佛은 부처, 석가모니를 말하는 것이었으나, 교리가 발전하면서 석가모니와 함께 각종 불타와 보살이 전해지며, 석가모니와 함께 '깨달은 자 전체'를 지칭한다. 부처는 과거 7불석존은 7번째의 부처, 아미타불, 대불여래, 약사여래, 비로자

---

**18**     Damien Keown, *A Dictionary of Buddhism*, 354.

2장 불교 이해    **151**

나불과 함께 부처만큼의 자질은 없으나 대중구제활동을 하는 관음<sup>자비</sup>, 세지<sup>지혜</sup>, 미륵<sup>구제</sup>, 지장<sup>지옥해방</sup>, 문수<sup>지혜</sup>, 보현<sup>보살행</sup>의 보살이 전해진다.

법<sup>法</sup>이란 다르마<sup>달마:達磨</sup>로 석가모니에 의해 전해진 교설과 이 세상에 존재하는 모든 것을 말한다. 불법에는 8만 4천 법문이 있다. 그러나 법에는 두 가지 뜻이 있다. 첫째로 '법칙의 의미'로서, 부처가 말한 법문<sup>法門</sup>을 말하는데, 중생이 법칙을 따라 해탈을 얻게 할 수 있다고 간주되어 법이라 한다. 둘째로 '도리<sup>道理</sup>의 의미'를 말한다. 이것은 교법 즉 교전<sup>敎典: 불교의 모든 전적</sup>과 이법<sup>理法</sup>이다. 이 법은 교법, 즉 교전에서 밝힌 의리<sup>義理</sup>를 말한다. 그리고 법에는 교행<sup>敎行</sup>과 과법<sup>果法</sup>이 있다. 교행은 수습<sup>修習</sup>과 실천으로 이 법에 의하여 실행하는 계<sup>戒</sup>, 정<sup>定</sup>, 혜<sup>慧</sup>의 삼행<sup>三行</sup>을 의미하고, 과법은 원만한 수행 후에 얻는 열반<sup>涅槃</sup> 등의 성스러운 결과를 의미한다. 이처럼 불법의 큰 줄기는 교<sup>敎</sup>·리<sup>理</sup>·행<sup>行</sup>·과<sup>果</sup>의 4법으로 "교<sup>敎</sup>로써 리<sup>理</sup>를 드러내고, 리<sup>理</sup>에 의하여 행<sup>行</sup>을 일으키며, 행<sup>行</sup>으로서 과<sup>果</sup>를 얻는다." 사성제와 팔정도 및 십이연기 등을 법으로 본다.

승<sup>僧</sup>이란 승가의 준말로 불타의 가르침에 따라 생활하는 사람을 말한다. 승은 비구, 비구니의 '출가 수행자'와 '재가수행자' 등의 공동체로 되어 있고, 이 공동체의 모임을 '중<sup>衆</sup>'이라 한다. 우리가 비구, 비구니를 '중'이라 함은 이 '중<sup>衆</sup>'이라는 단어에서 파생되었고, '스님'은 '스승님'에서 유래되었다. 즉 승<sup>僧</sup>이란 불교를 수행하는 집단전체를 말한다. 불교의 근본 목적은 현실생활의 궤도에서 벗어나 해탈을 얻는 데 있다. 이러한 목적을 위해 인생과 우주만상의 본질을 탐구한다. 불교가 처음 일어났을 때는 인생현실 문제의 고찰에 치중하였으나, 그 후에는 전체 인생과 우주를 탐구하였다.

## 2) 사성제(체)설 The Four Noble Truths

불교의 인생관을 밝히는 두 줄기는 사성제설과 삼법인설이다. 그 내용은 인생의 가치에 대한 판단과 인생의 고통에서 벗어나는 방법과 결과에 대한 지적이다.

'사성제'란 고제, 집제, 멸제, 도제를 말하며, 생사와 열반과 인과에 관한 이론이다. 고<sup>苦</sup>는 미혹의 결과요, 집<sup>集</sup>은 미혹의 원인으로 이 두 진리는 생사유전의 인과요, 멸<sup>滅</sup>은 깨달음의 결과요, 도<sup>道</sup>는 깨달음의 원인으로서, 이 두 진리는 열반환멸의 인과라고도 한다. 고제, 집제, 멸제는 부정의 방법이요, 도제는 긍정의 방법이다.

(1) 고제 Dukkha: 인간을 포함한 모든 중생의 생명, 생존이 고<sup>苦</sup>다. '고'의 의미는 감정상의 고통에서 정신의 핍박성, 즉 핍박과 우울의 의미까지를 넓게 포함하며, 우주 안에 고집<sup>苦集</sup>을 벗어난 것이 없다. 또한 인생은 안락함이 없이 고생만 있으므로, 불교는 보통 '고'를 말할 때 2고 內苦와 外苦로 나눈다. '내고'는 신체의 심리적 병통과 감정의 모순된 행동을 말하며, '외고'는 자기 외부에서 오는 재난과 재앙, 3고 괴로운 일을 만날 때 느끼는 고통인 고고(苦苦)와 즐거운 일이 변해갈 때는 고뇌인 양고<sup>壞苦</sup>와 사물의 변화로 인한 무상함으로 느끼는 행고<sup>行苦</sup>, 4고<sup>生老病死</sup>, 5고 4고를 하나의 고로 보고 원증회고(怨憎會苦: 싫어하는 사람과 만나는 고), 애별이고 愛別離苦: 사랑하는 이와 헤어지는 고, 구불득고 求不得苦: 만족을 이루지 못하는 고, 오취온고 五取蘊苦: 蘊이란 사람의 몸의 구성 요소인 육체<sup>色</sup>, 감정<sup>受</sup>, 의지<sup>行</sup>, 의식<sup>識</sup>, 이성<sup>想</sup>이 고집적 욕망인 취<sup>取</sup>와 더불어 탐욕을 일으켜 받는 고, 8고 5고에서 4고를 개별적으로 보고 더한 고, 110고의 수많은 고가 있다. 이처럼 인생을 괴로움의 과정으로 본 것은 당시 고대 인도 동북부지구의 노예사회가 인간지옥임을 반영한다.

(2) 집제 Samudaya : 고의 원인을 살피는 것으로, 12인연설과 윤회설, 신멸, 신불멸설로 설명한다.

바퀴축에 12개의 바퀴살이 연결되어 있는 것처럼 연기의 사슬로 이루어진 12인연설은 석가모니로부터 유래한다. 석가모니는 일체의 사물이 연기, 즉 인과관계로 이루어 졌다고 보았다. "다른 것에 의존하지 않는 것은 아무 것도 없다"[19]는 의미다. 인생의 고통 원인을 오취온 五取蘊에 연결시켜 몸의 '오온'과 '취'로 인생문제를 논증한다. 그것은 5부분, 9부분, 12부분이 있는 부분分은 연緣이라고도 한다.


(3) 멸제 Norodha : 멸은 인생 괴로움의 소멸과 해탈을 말하며, 사람의 나아갈 방향과 목표다. 곧 멸제는 탐욕을 멸진하여 고통을 제거하는 것이다. 그리고 해탈을 통해 얻을 최고 이상의 경지인 열반은 대체로 유여열반有餘涅槃과 무여열반無餘涅槃 두 가지로 나눈다. '유여열반'은 탐욕을 없애고 번뇌를 끊어서 이미 생사의 원인을 소멸시킨 것이나, 전생의 나쁜 업으로 만들어진 육신은 여전히 남아 세간에서 살면서 생사의 원인이 다 소멸되고 생사의 인과도 없어진 상태로 되는 것이다.

석가모니는 고 dukkha를 해결하는 데 장애로 작용하는 정신적 요소를 다섯 가지 부정한 물로 비유한다. 음식의 탐식은 변색된 물 discoloured water, 미움은 끓는 물 boiling water, 관능적인 갈망 sensual craving은 잡초로 질식 한 물 water choked with weeds, 마음의 동요와 불안은 폭풍의 파도 storm waves, 우유부단과 두려운 의심은 진흙탕 물 muddied water로 비유하면서 이러한 것들의 통제를 함으로써 멸제를 실현한다고 본다.[20]

---

19    James F. Lewis, William G. Travis, 『세계의 종교와 관습』. 359.

소승불교의 열반설은 소극적이다. 그 목적은 인생의 고통을 제거하는 것으로서, 일체가 소멸하고, 고통 또한 묶여 버린다. 열반의 내용은 '허무절멸'虛無絶滅로 인생에 대한 비관적 생각과 소극적 무위의 태도를 나타낸다. 이런 이유로 화장을 통해 아무런 흔적도 없는 소멸상태를 궁극의 목적으로 삼는다. 대승불교의 중관학파는 열반과 세간의 본성이 일치하는 것으로 보아, 두 가지 모두 공空이라 하여, 현실세계와 피안세계의 간격을 해소시켰다. 이들은 중생이 추구하는 목표는 마땅히 일체 사물의 실상을 정확히 인식하고 그것을 운용해서 일체의 공론을 제거하여 실상實相을 현시해야 한다고 주장한다.

(4) 도제 Magga : 고통을 소멸시키고 열반을 얻기 위한 올바른 길이다. 석가모니는 고행의 방법으로 중도中道를 주장했는데, 그것을 8정도八正道라고 하며, 불교 발전으로 4염처四念處, 4정단四正斷, 4신족四神足, 5근五根, 5력五力, 7각지七覺支 등이 더해져 7과科 37도품道品이 되었고, 37도품=37 보시분은 성불의 깨달음을 이루어 열반을 증득하는 과정으로 7종류 37조항이 있다. 8정도는 가장 중요한 과科이다.

정견 正見: 정확한 이해, right views ,

정사유 正思惟: 참된 지혜를 이루는 사색 right thinking ,

정어 正語: 순수하고 바르고 깨끗한 말 right speech ,

정업 正業: 합당하고 정당한 행위 right action or karma ,

정명 正命: 정당한 생활 right livelihood ,

정정진 正精進: 해탈을 향해 정진 right effort ,

**20**    Linda Edwards, *A Brief Guide to Beliefs*, 152.

정념 正念: 불교의 진리를 명확히 아는 것 right mindfulness or samma-sati ,

정정 正定: 정확한 선정으로 몸과 마음을 고요케 함 right meditation or samma-samadhi 을 가리킨다.[21] 이 중 정견과 정사유는 지혜 panna 를 말하고, 정어, 정업, 정명은 도덕 sila 을 지칭하며, 정정진, 정념, 정정은 집중 samadhi 을 의미한다.[22]

### 3) 업보윤회설 業報輪回說 Samsara: The cycle of transmigration

석가모니는 12인연과 윤회, 업력을 통일적으로 관계시켜 업력을 중생이 과보를 받게 되는 원인으로, 또 중생이 생사 유전하는 원동력으로 중생의 행위와 행위를 지배하는 의지라고 주장한다. 중생의 신身, 구口, 의意 '3업'이 무명, 즉 무지로 인해 이루어지며, 이런 무지로 말미암은 중생의 행위가 괴로움의 총체적 근원이 된다. 그런데 업의 성질과 그로 인한 과보가 같지 않기에 윤회의 상태도 같지 않다고 한다. 그래서 불교에는 중생이 생전에 지은 선악행위에 따라 '5도 윤회', 또는 '6도 윤회'가 있는데, 6도 윤회란 지옥, 귀신, 짐승, 아수라, 사람, 하늘을 말하며 앞의 셋을 삼악도三惡道, 뒤의 셋을 삼선도三善道라 한다. 중생은 부단한 고해苦海의 부침과 윤회의 유전 속에서 상승과 하락을 반복하며, 불교에 귀의하여 악을 버리고 선을 향해 경건하게 수행할 때 비로소 6도의 울타리를 벗어나 해탈에 도달할 수 있다고 한다.

---

21  팔정도를 비롯하여 불교 용어의 영어 표기는 '실용 한-영불교용어사전'을 참조하라. http://dic. tvbuddha.org (2019. 11. 28).

22  Nyanatiloka Thera and Nyanaponika Thera, *Buddhist Dictionary: Manual of Buddhist Terms and Doctrines* (Kandy, Sri Lanka: BPS Pariyatti Editions, 2019), 94.

## 4) 삼법인설 三法印 Tri-dharma mudra

'삼법인'이란 인생이 무상하고 무아임을 논증하기 위해 제시한 명제인 제행무상, 제법무아, 일체개고를 말한다. 이는 불교를 기타학설과 구분시키는 중요한 것이다. 그 중요성에 의해 공사公使의 문건에 사용되는 인감印鑑에 비유하여 '법인'法印이라고 쓴 말이다. 후에 일체개고가 논리적으로 무상, 무아에 포함되었다고 생각하여 '일체개고' 대신 '열반적정'을 넣어 말하기도 한다.

(1) 제행무상諸行無常 Whatever is phenomenal is impermanent, or all formations or conditioned things are impermanent : 세간의 모든 현상은 변화무상해서 세상에는 고요히 상주하거나 영원불변한 사물이 없다는 말이다.

(2) 제법무아諸法無我 All Dharmas lack self-nature, or inherent existence : 세상에는 단일하고 독립적인 자아나 영원한 존재는 없고, 모든 사물은 다 인연의 화합으로 조성된 것으로, 상대적이고 임시적이라는 말이다. '아'我에는 인아人我와 법아法我가 있는데, '아'에 대한 집착을 '아집'我執이라 하며, 아집은 만 가지 악의 근본이요, 고통의 원인이므로 제거해야 한다. 아집에는 인아집人我執과 법아집法我執이 있고, 이에 상응하여 '무아'無我에도 인무아人舞我와 법무아法無我가 있다. 무상無常에는 반드시 무아無我가 도출된다. 사람뿐만 아니라 다른 일체의 사물도 무아이다.

(3) 열반적정涅槃寂靜 Timeless void of Nirvana, or Nirvana in true peace : 번뇌를 멀리 떠나고, 현세의 형상에 대한 예속을 끊으며, 고요하게 존재하는 것을 말한다. '열반적정'은 불교의 최고 이상의 경지이며, 우주 만물의 실상이며, 우주만물의 진리이다.

# II. 불교의 선

## 1. 의례

불교의 의례는 매일 정기적으로 드리는 예불禮佛과 불공佛供, 재齊, 불사佛事, 법회法會등이 있다.

### 1) 예불

'예불'은 찬탄, 참회, 권청, 수회, 회향 등 다섯 가지 내용으로서, 찬탄은 부처의 뜻을 높이는 것이며, 참회는 자기 잘못을 뉘우치고, 권청은 항상 가까이 있어 가르쳐 주기를 청하며, 수회는 부처의 은혜에 감사하며, 회향은 굳은 결심으로 마음을 정좌하고, "'위로는 자신이 위없는 깨달음에 이르고자 발심하고上求菩提', '아래로는 모든 중생을 그 위없는 깨달음에 이르도록 도와주고 이끌어주는 자였다下化衆生'"에 마음을 쓰는 것이다.[23]

### 2) 불공

"부처님께 공양供養을 올리는 것을 불공佛供이라 한다."[24] 불공은 일일 잘 될 때나 어려울 때나 지혜와 자비를 구하고 감사와 평화와 안식을 간구하는 것이다. 불공의 종류와 의식 절차가 다양하지만 그 내용상의 기본구조는 동일하며 다음과 같다.

① 결계結界: 불공을 드리기 전에 의식이 진행되는 넓은 마음과 깊은 생각을 갖추는 것.

② 청영請迎: 불공을 목적에 맞게 불·보살님을 초청하여 자리를 권하는 것.

③ 권공勸供: 초청하여 자리에 모신 불·보살님께 음식이나 꽃 등을 바치는 것.

④ 가지加持: 가는 가피加被, 지는 섭지攝持의 준말로서, 불보살의 큰 자비가 중생에게 베풀어지고 중생의 신심이 불·보살에게 감명을 주어서 결국 불·보살님과 중생이 일치되는 상승작용으로 불·보살님께 올린 음식이나 꽃 등이 신비한 주문으로 신비하고 영험 있게 되길 바라는 것.

⑤ 축원祝願: 불·보살님의 자비를 중생에게 베풀어 힘을 주기를 기원하는 의식이다.[25]

## 3) 재

'재'는 제사한다는 뜻으로, 고인故人에게 명복을 빌어주는 것으로, 죽은 자는 49재, 산 자는 예서재 등 다양한 재를 올린다. 재란 본래 스님의 식사를 말했으나, 후에 스님에게 식사를 공양하는 의식, 또는 그

---

**23** 『한국민족대백과사전』은 오회(五悔)를 오문(五門)이라는 참회의식으로 죄업을 없애는 불교의례라고 한다. 여기서 오문이란 참회(懺悔)·권청(勸請)·수희(隨喜)·회향(廻向)·발원(發願)이라고 한다. 예불과 오회가 유사한 내용으로 소개됨을 알 수 있다. http://encykorea.aks.ac.kr/Contents/Item/E0038627 (2019.12.03).

**24** 문화체육부, 『한국종교의 의식과 예절』(서울: 범신사, 1995), 101.

**25** 위의 책, 103.

와 관련된 법회를 뜻하게 되었다. 오늘날에는 영산재靈山齋 등 불교의식을 대표하는 의식이 되었다. "재 의식은 의식을 수행하는 목적과 식, 기간 등에 따라 관음재, 지장재, 영산재, 시왕각배재, 사십구재, 생전예수재, 백일재, 소상재, 대상재, 우란분재, 수륙대재 등이 있는데 재의 의미가 원래 신, 구, 의身·口·意를 정재整齋 하는 것과 모든 영혼을 천도薦度하고 산사람의 정신과 육체를 밝히는 일이므로 주로 천도재의 형태로 시행되고 있다."[26]

### 4) 불사

'불사'란 불가의 행사 중의 하나로, 사찰에서 필요성에 따라 불사를 일정한 기간에 정하여 열고, 신도들로 하여금 참여케 하는 것이며, 그 종류에는 가사불사승려들의 옷, 가사법복을 지어 입는 헌금, 금불사부처의 신상에 금칠하는 헌금, 탑불사주지승, 고승이 죽을 때 나오는 사리를 넣는 사리탑을 만들기 위한 헌금 등이 있다.

1년 12달 매달 행하는 불사가 있다. 정월에 원단元旦불사신년기복, 2월 망중望仲 불사十五夜回行祈福, 3월에 삼진三振불사만물회생기복, 4월에 석가탄일석가탄일 축제불사, 5월에 단오불사고기에게 밥을 먹임, 6월에 유두불사방생회 고기 잡아 강에 놓아줌, 7월에 칠석불사칠성다기복, 8월에 한가위불사조상에게 기복, 9월에 구월불사만물구사귀처, 10월에 상달불사신곡新穀을 신께 드리며 기복, 11월에 동지불사팥죽 쑤어 액면을 면함, 12월에 남형불사1년 무사 감사기복 등의 불사가 있다.

### 5) 법회

'법회'는 부처의 가르침을 듣기 위해 모이는 것으로, 불교에 관한 강설을 한다. 그 종류로는 관음법회, 반야법회, 자비법회, 금강법회, 지장법회, 백일법회, 천일법회 등이 있다.

정기법회는 크게 2가지로 나누어진다. 하나는 전통적인 형식인 매월 음력 초하루[1일], 혹은 보름[15일]에 열리는 경우와 다른 하나는 매주 토요일, 또는 일요일 등 특정 요일에 열리는 경우이다. 정기법회에서 상용常用되고 있는 법회의식은 삼귀의·반야심경·설법·사홍서원의 주요 4의식을 제외한 나머지 의식의 순서는 사찰, 지역, 단체마다 다르게 쓰이고 있다.

법회의식의 주요 4의식은 불교의 진리를 체득하는 교육적 과정으로 볼 수 있다. 그리고 주요 4의식은 불교 신앙형태의 발전과정을 단계적으로 표현한다. 우선 '확고부동한 믿음의 단계'인 결정심決定心, 다음으로 '진리를 알게 되어 기뻐하는 단계'로서 환희심歡喜心, 이어서 '그러한 기쁨을 주위의 이웃과 나누고자 노력하는 단계'인 회향심廻向心으로 진행된다. 법회의식은 삼귀의·찬불가/반야심경/설법/사홍서원·산회가를 주요 4의식으로 나타내는데, 이를 도표화한 것을 인용하면 〈표 5〉와 같다.

〈표 5〉 법회의식의 주요 4의식

| 결정심 | 삼귀의·찬불가 | 신(信) |
|---|---|---|
| 환희심 | 반야심경 | 해(解) |
| | 설 법 | |
| 회향심 | 사홍서원·산회가 | 행(行)·증(證) |

**26**    위의 책, 105.

## 2. 도덕적 행동과 교훈

불교의 생활윤리는 인간론, 구원론과의 관계 속에서 이루어진다. 하지만 여기서는 위에서 언급한 계율이나, 도제에 나오는 원리들 외의 생활윤리적인 부분을 간략하게 다루고자 한다.

불교에서는 삼악 三惡: 지옥, 아귀, 축생에서 벗어나기 위해 선과선업 善果善業을 닦아야 한다고 가르치며, 보살이 중생과 함께 열반에 이르도록 실천해가는 행동원리로 6바라밀 및 10바라밀을 제시하고 있다. 이는 ① 보시 布施: 도와줌, ② 지계 持戒: 계율 지킴, ③ 인욕 忍辱: 인내, ④ 정진 精進: 노력, ⑤ 선정 禪定: 마음의 집중, ⑥ 지혜 智慧: 깨달음, ⑦ 방편 方便: 방법, ⑧ 원 願: 바라는 것, ⑨ 력 力: 힘쓰는 것, ⑩ 지 智: 어리석지 않음 이다.

현대불교에서는 어떻게 생활윤리를 가르치는가? 불교방송에서는 '불교상담전화' 자비의 전화를 설치해놓고 절에 나가지 못할지라도 신앙생활을 할 수 있는 법을 말해주고 있었다. 그 내용은 다음과 같다.

절에 꼭 나갈 수 없는 상황에서도 불자들은 신행생활을 할 수 있습니다. 다만 다음의 세 가지를 꼭 지키시기 바랍니다. 첫째, 평소에 항상 불자라는 자각을 바랍니다. 나의 말과 나의 행동, 그리고 나의 마음이 바로 부처님의 말과 행동과 마음임을 알고, 어떠한 일을 당하더라도 '이런 일을 부처님께서 당하신다면 어떻게 하실까'라고 당신에게 되물어보고, 그와 같이 행동하시시오. 둘째, 매일의 수행일과를 정해놓고, 지키기 바랍니다. 정근, 독경, 염불, 등의 기도일과를 정해진 시간에 하기 바랍니다. 셋째, 가끔씩 가까운 절이나 포교당에 가서 그 동안의 정진과 수행에 대해 스님이나, 법사님께 상담을 하기 바랍니다. 그리고 그동안의 여러 잘못을 참회할 기도도 함께 한다면, 절에 나가지 않고도 신앙생활이 가능할 것입니다.[27]

불교인이면 반드시 지켜야 하는 생활규범을 계율戒律이라고 하는데, 오계, 십선계, 보살계, 팔관재계가 있다.

### 1) 오계五戒

불교 신도들의 핵심적인 신앙생활의 행동 규범을 오계라 한다. 오계를 지킴으로써 올바른 사회생활을 하게 된다고 하니 도덕적 행동과 교훈으로 여길 수 있다.

불살생不殺生 ——— 살아있는 것을 죽이지 말라.

불투도不偷盗 ——— 남의 것을 훔치지 말라.

불사음不邪淫 ——— 사악한 음행을 하지 말라.

불망어不妄語 ——— 거짓말을 하지 말라.

불음주不飮酒 ——— 술 먹고 취하여 함부로 행동하지 말라.[28]

### 2) 십선계十善戒

십선계는 대승보살의 적극적인 자비행으로 십선도十善道를 말하는데, 대승불교와 상좌부불교에 따른 내용을 도표화하면 〈표 6〉과 같다.[29]

27  https://blog.naver.com/ljhee0112/120016554234 (2019. 11. 28).
28  문화체육부, 『한국종교의 의식과 예절』, 123.
29  http://www.hyundeoksa.or.kr/html/dzArticle/0000300001/968.html?page=4 (2019. 11. 28).

〈표 6〉 불교의 십선계

| | | 십선업(十善業) | | 십악업(十惡業) |
|---|---|---|---|---|
| | | 대승불교 | 상좌부불교 | |
| 신(身 몸) | 放生 (모든 생명을 살려주라) | | 不殺生 | 살생(殺生) |
| | 勤勉 (부지런히 노력하라) | | 不偸盜 | 투도(偸盜) |
| | 正行 (바른 행동을 하라) | | 不邪音 | 사음(邪淫) |
| 입(口) | 正言 (항상 옳고 바른 말을 하라) | | 不妄語 | 망어(妄語) |
| | 眞言 (진실 되고 참다운 말을 하라) | | 不綺語 | 기어(綺語) |
| | 實言 (유익하고 필요한 말을 하라) | | 不惡語 | 악구(惡口) |
| | 愛語 (자비롭고 사랑스런 말을 하라) | | 不兩舌 | 양설(兩舌) |
| 의(意 마음) | 布施 (모두에게 널리 베풀어라) | | 不貧愛 | 탐애(貪愛) |
| | 慈悲 (연민의 마음으로 대하라) | | 不慈悲 | 진에(瞋恚) |
| | 智慧 (슬기롭게 생각하라) | | 不癡暗 | 치암(癡暗) |

3) 보살계菩薩戒

보살계는 보살이 지켜야 하는 계율을 말한다. 보살계에 해당되는 여러 가지 경이 전해지는데, 그 주에서 우리나라에서 가장 널리 지키는 계율은 『범망경』梵網經의 10중계重戒로서 전문을 인용하면 다음과 같다.

(1) 보살은 자비심을 일으켜 중생을 건져야 하며, 방자한 마음으로 생명을 죽이거나 생명을 죽이도록 시켜서는 안 된다[不殺生].

(2) 한 개의 바늘이나 한 포기 풀이라도 훔치거나 남에게 훔치도록 가르쳐서는 안 된다[不偸盜].

(3) 스스로 음탕하거나 또는 음탕할 것을 남에게 가르쳐서는 안 된다[不婬].

(4) 거짓말을 하거나 남에게 그렇게 하도록 시켜서는 안 된다[不妄語].

(5) 술을 팔거나 또는 팔 것을 남에게 가르쳐서 음주 때문에 중생의 마음을 흐리게 해서는 안 된다[不酤酒].

(6) 모든 사람의 죄과를 발설하거나 그렇게 하기를 남에게 가르쳐서는 안 된다[不說四衆過].

(7) 부당하게 자기 자신을 높이고 남의 훌륭한 일을 숨기고 깎아내리고 헐뜯기를 스스로 하거나 또는 그렇게 하기를 시켜서는 안 된다[不自讚毀他].

(8) 빈곤한 사람이 찾아와서 그 소원에 따라 얻으려 할 때 아낌없이 주어야 하거늘 오히려 업신여기고 화를 내고 욕설을 퍼붓기를 스스로 하거나 이를 남에게 시켜서는 안 된다[不慳惜加毀].

(9) 마땅히 자비심을 가지고 잘못을 뉘우치고 사과하는 사람을 미워하여 용서하지 않거나 그렇게 하기를 가르쳐서는 안 된다[不瞋心不受悔].

(10) 스스로 불佛·법法·승僧 3보를 비방하거나 남에게 그렇게 하기를 가르쳐서는 안 된다[不謗三寶].[30]

이런 10중계는 중국의 그것과 차이를 보이는데, 중국 법상종法相宗

---

30 "십중계," 『한국민족문화대백과사전』, http://encykorea.aks.ac.kr/Contents/SearchNavi?keyword=%EC%8B%AD%EC%A4%91%EA%B3%84&ridx=0&tot=1 (2019.11.28).

은 "1계만 범하여도 나머지 9계는 자동적으로 모두 상실하게 된다."
고 하는 반면에, 원효는 "십중계 중 어느 1계만 범하였을 경우 그 1계
만 상실"된다고 하였는데, 한국의 독창적인 주장이다.[31]

### 4) 팔관재계 八觀在戒

팔관재계는 부처님께서 기원정사에 계실 때 신도의 집을 방문하
여 신도에게 큰 복과 좋은 공덕이 되는 여덟 가지 재계의 법을 설하고
아라한처럼 생활하라고 가르치셨던 데서 유래한 계율이다. 팔관이란
재가의 신도들이 하루 종일 받아 지니는 계율을 말한다. 관關이란 말
은 금지한다는 의미이며, 재齋는 부정을 없애는 의식으로서, 그 방법은
오전에 한 끼만 먹고 오후에는 금식하는 것이다. 또 계戒란 몸으로 하
는 잘못이나 허물을 금하여 방지한다는 뜻이라고 한다. 불교에서 말하
는 팔관은 대략 다음과 같다고 할 수 있고, 그 전문을 인용하면 아래와
같다.

① 자비로 중생을 사랑하며 원망하는 마음이 없고 산목숨을 내
몸같이 여겨야 한다.
② 탐내고 아끼는 생각이 없이 항상 깨끗하고 공경하는 마음으
로 보시하기를 좋아하며, 무엇이든지 주되 바라는 마음이 없
어야 한다.
③ 이성에 대한 부정한 생각을 내지 않고, 맑고 깨끗한 행을 닦으
며 조용히 정진한다.

---

31    위의 글.

④ 거짓이 없고, 법에 맞는 거룩한 말을 언제나 조용하게 웃으며
  말해야 한다.

⑤ 마음에 번뇌 망상과 게으른 생각을 하지 않아야 한다.

⑥ 좋은 의복과 패물로 사치하거나 방탕하게 살지 않아야 한다.

⑦ 몸의 편안함을 위하여 호화로운 생활을 하지 않는다.

⑧ 식사시간을 지키고 수행생활에 어긋나지 않도록 한다.[32]


## 3. 사회 질서

불교의 기본적인 사회 질서 혹은 공동체 구조는 출가신자와 재
가신자의 구분일 것이다. 출가신자는 수행 공동체인 상가<sup>sangha</sup>를 이룬
다. 아라한<sup>arhat 혹은 arahant</sup>은 대승불교에서 완전한 해탈을 이루지는 못했
지만 깨달음에 진보를 이룬 사람을 일컫는다.

불교의 사회 질서와 구조는 일반적으로 출세간적 사회와 세간적
사회로 구분한다. 출세간적 사회는 출가수행자들의 승가<sup>僧伽</sup> 혹은 상가
로 구성되며, 세간적 사회는 재가 신자들로 구성된다. 출세간적 사회
의 기본 덕목은 화합이라면, 세간적 사회의 기본 정신은 자비와 이타
를 토대로 한 화합과 협동이다. 궁극적으로 출세간적 사회와 세간적
사회가 조화를 이룸으로써 불교가 지향하는 이상사회인 불국토<sup>佛國土</sup>

---

32  문화체육부, 위의 책, 121-127. 자료에 따라 내용상 표현이 약간의 차이가 있음을 알 수 있다. 『한
    국민족문화대백과사전』은 일반적인 팔계를 다음과 같이 말한다. ①살생을 금하고, ②주지 않은
    것을 취하지 않으며, ③음란한 행위를 하지 않으며, ④거짓말·거친말·헛된 말·이간질 등을 하지
    않으며, ⑤음주를 하지 않으며, ⑥넓고 편안하고 화려한 장소에 앉거나 눕는 등의 나태함을 버리
    며, ⑦꽃다발 등 장식물과 향수와 노래 등 풍류를 버리며, ⑧때가 아닌 때에 식사하지 않는 오후
    불식을 행하는 것이다. 특히 마지막 오후불식을 8계 중에서 가장 중요시한다고 말한다. http://
    encykorea.aks.ac.kr/ Contents/SearchNavi?keyword=%ED%8C%94%EA%B4%80%EC%9E%AC
    %EA%B3%84&ridx=0&tot=34 (2019.11.28).

를 건설하자는 것이다.[33]

　사회 질서나 구조를 이야기하자면, 대개 정치 경제적 권력 구조와 공식종교와 민간신앙의 분류가 인간과 사회에 지대한 영향을 미친다고 한다. 아울러 또 고려해야 할 사회 질서 혹은 구조는 남자와 여자의 차별적 구분이다. 불교에서도 남성과 여성의 차별적 구별이 보인다. 특히 상좌부 불교에서는 오랫동안 여성 사제를 허용하지 않았고, 지금도 여성 사제가 허용되기는 하지만 여전히 남성 사제 bhikkhus 보다는 낮은 지위로 간주된다. 석가모니 자신은 여성의 영적 생활의 가능성에 대해서 인정했지만, 특히 상좌부 불교에서는 여성 사제 bhikkhunis 는 남성 사제들에 비해 낮은 등급으로 취급되고 있다.[34]

　초기 불교로부터 여성 사제 즉 비구니는 산만하게 하고 도덕적으로 부적당하다고 여겨서 허용을 주저했던 것이 사실이다. 후에 비구니가 허용되기는 했지만, 남성 사제들에게는 없는 여덟 가지 계율을 추가로 부여했다. 하지만 현대 불교에서는 남성과 여성의 동등한 권리를 주장한다.[35]

---

**33**　이재창, "불교의 사회·경제관" 『불교학보』 10권 (1973.07), 99-103. 이재창은 이 논문에서 불교의 사회 윤리를 부자관계, 부부관계, 사제관계, 교우관계, 고용관계 등에 대해 자세하게 설명한다. 위의 책, 103-113을 참조하라.

**34**　Kent Richter et al., *Understanding Religion in Global Society*, 371, 375.

**35**　Linda Edwards, *A Brief Guide to Beliefs*, 155.

# Ⅲ. 불교의 미

## 1. 종교 체험과 영성

불교의 종교체험과 영성은 대단히 다양하게 서술할 수 있다. 필자는 불교의 종교 체험과 영성을 불교 신도들의 불보살 신앙 수행과 기도 생활에 제한하여 다루려고 한다. 기도는 불교의 중요한 신앙생활의 방법이고 일종의 영적 수행법이다. 일반적으로 인간은 그 능력의 한계가 있고, 죄업은 무겁고 모든 일이 뜻대로 되지 않을 뿐 아니라 끊임없이 온갖 고난과 재앙에 직면하게 된다. 이러한 고난·재앙에 대하여 불교에서는 본래부터 자기가 지은 업보業報임을 깨닫고 이를 반성하는 기도를 한다. 기도는 복·덕·지혜·자비와 무한한 능력을 갖춘 불·보살님께 진심으로 귀의하여 불·보살의 가피력으로 지혜와 복덕福德 및 구하는 바가 뜻대로 성취되게 한다는 것이다. 이를 보다 극대화시키는 것이 바로 기도이며, 이는 보다 직접적으로 불·보살의 가피력에 의지하는 매개인 것이다.

### 1) 불보살의 신앙 수행

대승불교는 그 본래 지향하는 바가 출가 수행자만 아니라 전 신도 계층이 대중적으로 널리 신앙생활을 하도록 가르침을 내놓았다. 이러한 대중적인 신앙 수행과 영성 생활은 아미타·관세음·지장·미륵·문수·보현 신앙으로 구분된다.

## 2) 아미타 신앙

불교의 대표적인 내세신앙으로 알려진 아미타 신앙은 소위 해탈에 이르는 것이 이상적인 불국토인 서방극락정토에서 다시 태어나는 것이다. 이것을 극락왕생極樂往生 신앙이라고 한다. 이 극락정토에는 고통이 전혀 없고 즐거움만 있는 세계로, 대승불교에서는 정토淨土의 대표적인 장소로 삼았다. 아미타라는 말은 아미타여래阿彌陀如來에서 온 말로서, 줄여서 미타彌陀라고도 한다. 아미타불이라는 이름은 처음 인도에서 아미타유스amita-yus: 한량없는 생명, 혹은 무량한 수명을 가진 자, 無量壽, 아미타브하ami-ta-bhas: 한량없는 빛, 혹은 한량없는 광명을 지닌 자, 無量光라는 의미이다. 중국에서 아미타라고 부르게 되었고, 중국과 우리나라에서 무량수불無量壽佛이라고도 한다.[36] 아미타 신앙은 동아시아의 내세관과 건축, 미술, 문학 등 불교 신앙과 문화에 지대한 영향을 미쳤다.

## 3) 관세음 신앙

천태종天台宗의 근본 경전인 법화경에 나오는 관세음 신앙은 현세구원신앙이다. 이는 해탈하는 길이 누구에게나 열려있다고 한다. "대자대비의 화신 관세음보살은 현생에 고난 받는 중생을 연민하기에 누구나 큰 고난과 위기의 상황에서 '관세음보살'을 염하면 그 소리를 듣고 그 뜻을 알아 한량없는 중생에게 동시에 구원"[37]을 내린다고 한다.

---

36  박건주, "대승불교 略史," 216; 『한국민족문화대백과사전』, s.v. "아미타불".
37  박건주, "대승불교 略史,", 217.

이는 대승불교의 타력구원을 보여주는 신앙형태로 보인다.

### 4) 지장보살 신앙

항상 연민이 가득한 얼굴 모습으로 보이는 지장보살은 지옥중생의 고통에서 구제하는 보살로서 대중들에게 큰 영향력을 미친다. 지장보살 신앙은 주로 사자死者의 구원을 염원하는 신앙이다.

### 5) 미륵 신앙

미륵 신앙 역시 대승불교에서 대표적인 영성적 신앙 형태이다. 미륵이란 말은 산스크리트어로 '메이트리야' Maitreya 로서 히브리어 '메시아'와 같은 말이라는 설도 있다. 미륵신앙은 '미륵하생신앙'과 '미륵상생신앙'으로 나뉘는데, 전자는 "미륵보살이 사바세계에 탄생하여 성도하고 법을 설할 때 그 제자가 되어 구제를 받겠다고 발원하고 닦는 신앙이다(『미륵하생경』). 상생신앙은 바로 내생에 도솔천에 태어나 그 제자가 되어 가르침을 받겠다는 발원하고 닦는 신앙이다(『미륵상생경』)"을 말한다.[38]

미륵 신앙은 정치, 사회적 위기와 재난의 시기에 말세사상과 더불어 유행되곤 하였다. 미륵 신앙의 대상인 미륵상에 대한 예술적 작품 회화, 조각상 등 불교문화의 꽃을 피우는 부분이 되었다.

---

[38] 위의 책, 218.

## 6) 문수·보현 신앙

이 둘은 부처님의 협시보살로서, 부처님의 지혜와 행원行願의 실천공덕을 말한다. 문수보살은 반야경과, 보현보살은 화엄경과 관련이 깊다. 화엄경에 나오는 보현보살의 실천덕목인 십대원十大願은 인용하면 다음과 같다.

① 모든 부처님을 항상 예경한다.

② 여래의 덕을 항상 칭찬한다.

③ 항상 모든 부처님을 시봉하며 공양한다.

④ 무시 이래의 악업을 참회하고 계율을 준수한다.

⑤ 부처님과 모든 중생의 공덕에 수희隨喜한다.

⑥ 모든 부처님께 설법을 청한다.

⑦ 부처님께 열반에 들지 말고 세간에 머물러 주실 것을 청한다.

⑧ 항상 부처님을 따라 가르침을 배운다.

⑨ 항상 중생에 수순하고 중생의 종별에 따라 갖가지 공양을 한다.

⑩ 이상의 공덕을 모든 중생에게 두루 회향하여 불과佛果를 성취하도록 발원한다.[39]

## 2. 기도

불교의 기도는 다양한 종류가 있다. 영성적 측면에서 크게 호명염불과 독경기도로 나눌 수 있다.

---

39  위의 책, 220.

## 1) 기도 종류

호명염불呼名念佛기도: 지극한 마음으로 부처님을 생각하면서 부처님의 명호名號를 부르면서 일심으로 기도하는 것으로 기도하는 목적에 따라 석가모니 불기도부처님께 귀의하고 성불을 위하여, 미타기도죽은 이의 왕생극락과 극락정토에 태어나길 원할 때, 관음기도모든 고통에서 벗어나 행복을 얻고자 할 때, 지장기도지옥의 중생과 고혼을 천도하고자 할 때, 미륵기도 등이 있다.

독경기도: 부처님의 진리와 사상을 배우고 익혀서 깨달음을 얻고자 할 때 하는 기도법으로 반야심경, 천수경, 금강경, 법화경 등 주로 대승경전을 택하여 일심으로 독경한다.

주력기도: 주력呪力 기도는 특별한 목적성취를 위하여 불교의 비밀스러운 주문을 외우면서 정신집중을 하는 기도로서 주로 쓰이는 주문呪文: 眞言은 '신묘장구대다라니新墓掌久大多羅尼' 등이 있다.[40]

## 2) 기도 방법

(1) 불보살에 지성으로 귀의하는 것이다.
(2) 공양으로 기도한다. 공양은 좋은 향을 사르고 등불을 밝히며 청수차나 엽차 같은 것을 올리며 또는 꽃, 과일, 쌀 등을 공양하는 것이다. 때에 따라서 향을 사르고 등불을 밝히며 차를 공양하든지 아니면 향 하나만을 공양하여도 무방하다.

---

[40]　문화체육부, 『한국종교의 의식과 예절』, 100-101.

(3) 예경하는 것이다. 어떤 하나의 불보살이나 또는 많은 불보살님께 예배하는 것이다. 3배, 108배, 1000배 이상을 예배하는 것이다.

(4) 참회하는 것이다. 이 참회는 카르마를 소멸하고 복을 이루는 기본적인 방법이다.

(5) 염송법이다. 어떤 하나의 불보살이나 많은 불보살의 명호를 부르며 정진精進하는 것이다.[41]

## 3. 예술

불교 예술은 힌두교나 자이나교에 못지않게 다양한 영역에 걸쳐 발전해왔다. 그림, 건축, 조각, 음악, 문학 등 이루 말할 수 없는 신심의 표현이 예술로 꽃을 피웠다. 여기에서는 불교 미술의 상징적 표현은 어떤 것들인지, 그리고 "『묘법연화경』妙法蓮華經이 예술에 미친 영향"을 간략히 살펴봄으로써 불교 예술의 일면을 고찰하려고 한다.[42]

불교의 가르침과 수행과 영성적 삶과 행동에 관련되는 예술적 상징물은 다음과 같다. 즉 목어와 목탁, 운판, 범종, 법고, 부도, 탑, 일주문, 천왕문, 대웅전, 산신각, 연꽃, 만卍자 등이다.[43] 이와 같은 건축,

---

41  위의 책, 100.

42  1600여 년 동안 한국에서 불교 혹은 불교미술이 한국예술이나 미술사에 미친 미학적 문화적 영향에 대해서는 다음 글을 참고하라. 이주형, "한국 불교미술의 미학적 의미와 문화적 특징," 『철학사상』 11 (2000.12), 21-50. 이 글에서 이주형은 불교 조각의 인간 형태의 재현, 한국 독자성, 입체와 몸에 대한 관심, 석굴암의 예술적 탁월성, 주변성의 심화 등을 꼽으면서, 이들의 공통적인 근본 특징을 "재현성의 억압과 추상성의 강조"라 한다. 위의 책, 45. 『묘법연화경』이 예술, 특히 미술과 문학에 미친 영향에 대한 기본적인 자료와 내용은 Wikipedia(english), s.v. "Lotus Sutra"를 참고했음을 밝혀둔다.

43  이에 대한 자세한 설명은 다음 자료를 참고하라. "Special Feature//특집//불교미술읽기: '불교미술의 몇 가지 상징 세계」 『미술세계』(2007.4), 118-19. http://www.dbpia.co.kr/journal/article-Detail?nodeId=NODE00834069 (2019.10.14).

수행과 제의를 위한 도구 및 기물, 상징과 그림, 조각 등의 예술적 상징물들이 수천 년의 역사를 통해 발전해왔고, 각 지역의 문화형성에 지대한 영향력을 미쳤다고 본다.

불교의 상징적이며 예술적인 표현 가운데 하나는 서예 혹은 그림문자calligraphy라고 할 수 있다.[44] 한중일 삼국의 서예는 그 의미만 아니라 글자의 표현양식이 종교적 깊이를 드러낸다. 특히 글자를 통해 마음의 청정함에 이르는 데 있다. 서예는 선의 완성, 잉크의 퍼짐, 붓의 부드러움 등의 조합으로 표현된 종교적 예술로서 일종의 깨달음을 일깨운다고 한다.[45]

불경 가운데 『묘법연화경』은 1400여 년 동안에 걸쳐 동아시아 문화에 지대한 영향을 끼쳤다는 점에서도 논의의 의의가 크다고 할 수 있겠다.[46] 『묘법연화경』이 영감을 미쳐서 예술적 활동이 왕성하게 일어난 7-8세기 중국의 경우는 불교 경전과 당시 지배적이었던 중국의 지지학topography 地誌學의 만남과 상호작용에서 일어난 것으로 보인다.[47]

중국 간쑤 성 둔황 동굴에서 발견된 수많은 유물들이 『묘법연화경』의 모티브를 반영한 것이라고 한다. 둔황 동굴에는 기원전 전한 시

---

**44** 캘리그래피(calligraphy)라는 단어는 그리스어 칼로스(κάλλος kallos '아름다움')과 그라페(γραφή graphē '쓰기')가 합쳐진 말로서, 손으로 아름답게 그린 그림문자 혹은 쓰는 그렇게 그리는 기술을 의미한다.

**45** Kent Richter, Religion, 172-73.

**46** Burton Watson, translator, *The Lotus Sutra and Its Opening and Closing Sutras* (Tokyo: Soka Gakkai, 2009); Donald Lopez, Jr., *The Lotus Sutra: A Biography*, Lives of Great Religious Books (Princeton University Press, 2016); Bunsaku Kurata, Yoshio Tamura ed., translated by Edna B. Crawford, *Art of the Lotus Sutra: Japanese masterpieces* (Tokyo: Kōsei Pub. Co., 1987); Wkkipedia, s.v. "Lotus Sutra," https://en.wikipedia.org/wiki/Lotus_Sutra (2019. 10. 13).

**47** Eugene Yuejin Wang, *Shaping the Lotus Sutra: Buddhist Visual Culture in Medieval China* (Seattle: University of Washington Press, 2007).

대 불교 유물부터 당나라 후기까지 불교 유물이 시대별로 폭넓게 쌓여 있는데, 특히 불상과 그림들이 많다. 수나라 시대 부처와 다보여래 多宝如来 Prabhutaratna 혹은 Buddha of Abundant Treasures 가 『묘법연화경』 11장에 묘사된 것처럼 둘이 함께 앉아 있는 모습은 중국 불교 예술에서 가장 인기 있는 주제라고 한다.[48] 『묘법연화경』 11장에서 다보여래는 동방의 보정 세계寶淨世界[49]에서 사는 부처로 묘사된다.[50] 이런 연유로 국보 제20호인 다보탑이 경주 불국사 대웅전 앞뜰에 석가탑과 함께 나란히 세워져 있게 되었다고 본다. 다보탑과 석가탑은 『묘법연화경』의 「견보탑품」見寶塔品에 근거하여 건립되었다고 한다.[51] 이와 같이 둔황의 석굴 자체가 하나의 종교적 예술품이라 할 수 있고, 석굴을 파서 불상을 모시고 벽화를 그리는 것 자체가 불교에서 공덕을 쌓는 것으로 간주되었다.

문학에 미친 『묘법연화경』의 영향 또한 지대하다. 중국의 구어체 장편소설 『홍루몽』Dream of the Red Chamber 과 일본 문학의 최고 걸작이라는 『겐지 이야기』The Tale of Genji 의 사상적 기초가 『묘법연화경』에서 왔다고 한다.[52] 아울러 그것은 일본 불교 시가poetry에 지대한 영향을 미쳤다고

---

48  위의 책, 5.

49  보정세계는 영어로 "a land 'tens of millions of billions of countless worlds to the east'" 혹은 "Treasure Purity"로 지칭된다.

50  Gene Reeves, *The Lotus Sutra: A Contemporary Translation of a Buddhist Classic* (Somerville: Wisdom Publications, 2008), 236.

51  "경주 불국사 다보탑" 『한국민족문화대백과사전』. "다보여래가 『법화경』을 설법하는 석가모니를 찬양하기 위해 보탑의 형상으로 솟아나 공중에 머물며 찬양한 후, 탑내의 자리를 반으로 나누어 나란히 앉았다는 내용이다. 『불국사 사적기』에는 다보탑을 다보여래상주증명탑(多寶如來常住證明塔)으로, 석가탑을 석가여래상주설법탑(釋迦如來常住說法塔)으로 지칭한다."라고 이 사전에 설명되어 있다.

52  Leon Hurvitz, *Scripture of the Lotus Blossom of the Fine Dharma: The Lotus Sutra*, rev. ed. (New York: Columbia university press, 2009), 5.

한다.[53]

〈표 7〉 불교의 개요

| | 진 | | | | 선 | | | 미 | |
|---|---|---|---|---|---|---|---|---|---|
| 불교의 개요 | 신 혹은 궁극적 존재 | 창시 자와 대표자 | 경전 | 자아, 고통, 구원에 대한 교리 | 의례 | 도덕적 행동과 교훈 | 사회 질서 | 종교 체험과 영성 | 예술 |
| | 니르바나, 공(쏘), 지혜의 완성 (perfection of wisdom), 부처의 마음 | 고타마 싯다르타 | 팔리 경전과 그 외 경전, 부처의 강론 | 윤회, 무지, 갈망, 해탈 | 명상, 공양, 부처 숭배 | 계율, 수도 규율, 자비 | 출가 자와 재가 신자, 승가, 보살, 교사 | 깨달음, 명상과 지혜 | 주문, 건축, 그림, 시가, 문학 |

**53** George J Tanabe and Willa Jane Tanabe eds., *The Lotus Sutra in Japanese Culture* (Honolulu: University of Hawaii Press, 1989).

# 3장
## 자이나교 이해

자이나교 Jainism 는 힌두교의 배경에서 일어난 개혁운동이다. 힌두교 의식주의儀式主義나 희생제의犧牲祭儀와 사제 중심의 베다 브라마니즘에 대한 개혁으로 일어난 금욕주의적 탁발수도 sramana 전통의 종교다. 인도의 비폭력 문화와 예술의 발전에 지대한 영향을 남긴 자이나교는 2006년에 인도에서 힌두교와 달리 공식 종교로 법적 지위를 얻었다.[1]

---

1   Todd M. Johnson and Brian J. Grim, *The World's Religions in Figures: An Introduction to International Religious Demography* (Chichester: Wiley-Blackwell, 2013), 65.

# Ⅰ. 자이나교의 진리

## 1. 신 혹은 궁극적 존재

자이나교의 절대자 혹은 성스러움은 궁극적인 지혜에 도달한 티르탕카라 tīrthaṅkara 또는 지나 jina: "Ford Maker" 강바닥이 얕은 여울목 건설자 로 지칭된다. '여울목 건설자'라는 말은 티르탕카라가 죽음과 윤회의 강을 건너는 길을 열고 해탈에 이르렀다는 의미에서 붙여진 이름이다. 티르탕카라는 카르마로부터 해방되는 자기 정화 혹은 고행을 통해 깨달음을 성취한 존재로서, 영혼의 안내를 찾는 이들을 위한 역할 모델이 된 일종의 신이면서 인간이다. 자이나교 신도들은 창시자인 티르탕카라의 어록과 행동을 반복해서 환기함으로써 그의 가르침과 지혜를 드러낸다.[2]

자이나교는 불교와 마찬가지로 신의 존재를 인정하지 않는다. 우주의 창조자요 섭리자로서의 신을 인정하지 않는다. 카르마의 업보인 윤회는 인격적 신의 심판이 아니라 비인격적 과정이다.[3]

## 2. 창시자와 대표자

자이나교는 마하비라 Mahavira 의 깨달음에서 출발한 종교이다. 마하비라의 본명은 바르다마나 Vardhamana 로서 기원전 540년 인도 비하르

---

**2**    Kent Richter et al., eds., *Understanding Religion in Global Society*, 146, 321.
**3**    Jeffery D. Long, *Jainism: An Introduction* (New York: I. B. Tauris & Co Ltd, 2009), 2. 이 책에는 자이나교에 대해 주제별로 엄선된 참고문헌이 포함되어 있다. 185-88쪽을 참고하라.

주 바이샬리 부근 마을에서 출생했다. 마하비라는 붓다와 마찬가지로 어려서는 크샤트리아 카스트<sup>왕족</sup>로서 호화로운 삶을 살다가 30세에 출가하여 수행자가 되었다. 12년이 지난 후, 그의 나이 42세에 궁극의 깨달음을 얻었다고 전해진다. 이때부터 그는 '위대한 영웅'이라는 의미의 마하비라 또는 '여울목 건설자', 지혜자, 승리자, 정복자라는 의미의 지나<sup>jina</sup>라고 불리게 되었다. 깨달음을 얻은 마하비라는 이후 30년간을 순례하며 자신이 깨달은 바를 전파하다가 열반에 들었다. 이후 그를 따르는 제자들을 중심으로 자이나교가 형성되었다. 이때부터 최고의 완성자를 지나<sup>Jina</sup>라 부르고, 그러한 가르침을 일컬어 자이나교 또는 지나교라는 명칭이 생겼다.[4]

　　자이나교 신도들은 마하비라가 자이나교를 처음부터 만든 것은 아니라 그 이전에 수많은 티르탕카라가 있었고, 그 뒤를 이은 여러 티르탕카라의 마지막이 마하비라라고 한다. 처음 자이나교를 창시한 자는 리샤바<sup>Rshabha</sup>라고 한다. 자이나교에서는 이 리샤바로부터 파르슈바나타까지 23명의 자이나교 지도자들을 완전히 해탈한 자, 티르탕카라 혹은 지나<sup>Jina</sup>라고 하였다. 마하비라는 파르슈바나타의 가르침을 물려받고 12년간 수행한 후 최상의 지혜를 얻어 '지나'가 된 뒤 자이나교의 교리를 정립하고 종교의 체계를 갖추어 실질적으로 자이나교를 창시하게 되었다. 자이나교 교리에서는 창시자인 마하비라가 마지막 지나라고 한다. 자이나교 신도들은 이러한 티르탕카라의 신상을 신전에서 경배한다.[5] 그런데 바하비라 이전의 23명의 티르탕카라가 역사적

---

**4**　　W. Reichard Comstock et al., eds., *Religion And Man*, 153.
**5**　　위의 책.

3장 자이나교 이해

인물인지에 대해서는 역사적으로 확실한 근거가 없다고 한다.[6]

〈그림 12〉 자이나교의 상징

## 3. 경전

자이나교의 경전은 마하비라의 어록과 교훈을 담은 아가마the Ag-amas, Agam Literature 라고 한다. 가장 오래된 경전은 23대 티르탕카라 시대로 거슬러 올라가는데, 14개의 텍스트로 된 파르스바나타parsvanatha, 혹은 푸르바purvas 라고 한다. 그 외에 12개 앙가스Angas [7], 12 우팡가스Upa-ngas, 앙가스의 부수적 경전, 6개의 체다수트라chedasutras, 금욕 수행 규율에 대한 경전, 4개의 물라수트라mulasutras 근본적인 기초 텍스트, 10개의 프라키마수트라prakimasturas, 기타

---

6    Sarvepalli Radhakrishnan, Charles A. Moore, *A Sourcebook in Indian Philosophy*, rev. ed. (Princeton: Princeton University Press, 1967), 264.
7    앙가(Anga)란 부분이란 의미이며, 12번째 부분은 14세기에 소실되었다고 한다.

잡다한 문헌, 그리고 쿠리카수트라culikasutras, 인식 작용과 인식론에 관한 경전 등이 있다. 이러한 경전들은 자이나교 출가자들의 의무와 비폭력 불살생의 계율의 준수에 초점을 두고 있다. 물론 자이나교의 역사, 우주론, 철학, 윤리 등도 포함하고 있다.[8]

마하비라의 제자들이 편집한 이 아가마는 자이나교의 계율인 무소득에 따라 제자들이 더 이상 쓰거나 책을 소유할 수 없게 되자 암송하게 되었다. 세월이 갈수록 마하비라의 교훈이 더 확대되고 첨가되어 엄청난 양의 암송할 내용으로 증가하였다. 따라서 소실된 내용도 많았는데, 마하비라의 원래 가르침마저 잊혀졌다. 이와 같이 소실되거나 잘못 기억되거나 오류가 담긴 경전 텍스트에 대한 문제가 제기되었다.

특기할 사실은 기원전 350년경에 기근이 나서 대다수의 자이나교 사제들이 굶어 죽게 되자 자이나교의 경전도 소실되게 되었다. 디감바라Digambara 종파sky clad[9] 옷을 입지 않는 종파로 공의파(空衣派)는 기근으로 모든 원본 아가마들이 소멸되었다고 믿게 되었다. 다만 수세기에 걸쳐 지도자들과 학자들이 쓴 여러 종교 서적과 철학 문헌들 속에 자이나교의 근본 교리가 포함되어 있다고 본다. 반면 스웨땀바라Svetamabara 종파흰 옷을 입고 금욕 생활에 필요한 약간의 소유를 허용하는 백의파(白衣派)는 대다수 경전이 보존되었다고 믿었다. 그리하여 종파에 따라 경전이 미치는 영향에 대한 생각이 다르게 나타나게 되었다.[10] 양 종파가 일치하는 견해는 이 기근으로 인해 푸르바the Purvas 경전은 사라졌다는 것이다. 기근 이후 스웨땀바라 종파

---

8    Jeffery D. Long, *Jainism*, 32-33.
9    디감바라 종파를 sky clad라고 하는 뜻은 하늘(sky)이 바로 옷이라는 의미도 가진다. 이들은 탁발용 그릇도 취하지 않고, 손에 잡히는 만큼 음식을 먹는다. Jeffery D. Long, *Jainism*, 17.
10   한국 브리태니커 온라인, s.v. "자이나 경전", http://premium.britannica.co.kr.libproxy.puts. ac.kr/bol/topic.asp?article_id=b18j2489a (2019.10.13자 기사).

의 사제들은 자이나교 경전을 보존하기 위해 여러 번 회의를 열었고, 어떤 문서가 정통 경전인지에 대한 논란이 일어났다. 현재는 자이나교 사제들이 경전 책을 소유할 수 있게 되었다.[11]

디감바라 종파와 스웨땀바라 종파는 자이나교의 가장 근본적인 이념과 아래에 언급할 다섯 가지 계율에는 상호 동의하나, 다음과 같은 점에서 차이를 드러낸다.[12] 즉 마하비라의 생애에 대한 자세한 내용, 여성의 영적 위상, 사제의 의복 착용 문제, 제의, 경전의 규정문제 등이다. 이러한 문제들 중에 핵심 내용의 차이점은 〈표 8〉과 같이 표현된다.[13]

원래 마하비라의 사상에 의하면, 모든 존재는 평등하고 그러하기 때문에 불살생을 계율로 지키는데, 이런 의미에서는 남녀가 평등하다고 할 수 있다. 하지만 디감바라 자이나교 종파는 여성을 일종의 이등 계급 시민처럼 간주하여, 여성은 참된 금욕의 삶을 살 수 없다고 한다. 여성들은 현실적인 이유로 나체로 살 수가 없기 때문에 의복을 착용해야 하고, 본성적으로 여성은 해로운 존재 himsic 로 간주한다.[14] 어떤 의미에서 여성이 의복을 착용함으로써 남성의 금욕을 돕고, 여성 또한 나체로 사는 부담감과 수치심을 덜어 준다고 볼 수도 있다.[15] 디감바라 종파가 나체로 수행하고 사는 것은 결코 수치심을 몰라서 그런 것이

---

11  https://www.bbc.co.uk/religion/religions/jainism/texts/texts.shtml (2019.10.09).
12  https://www.bbc.co.uk/religion/religions/jainism/subdivisions/subdivisions.shtml (2019.10.09).
13   https://www.bbc.co.uk/religion/religions/jainism/subdivisions/subdivisions.shtml; https://www.bbc.co.uk/religion/religions/jainism/beliefs/women.shtml (2019.10.09).
14  디감바라 종파는 여성들의 월경으로 여성들이 신체 내의 미생물 유기체를 죽이는 것으로 받아들인다.
15  https://www.bbc.co.uk/religion/religions/jainism/beliefs/women.shtml (2019.10.09).

〈표 8〉 자이나교 종파 개요

| 자이나교 | | |
|---|---|---|
| | 디감바라 종파(공의파) | 스웨땀바라 종파(백의파) |
| 경전 | 기근으로 소실 | 기근에도 보존 |
| 여성의 지위 | 남성으로 윤회해야 해탈가능 | 해탈 가능 |
| 지혜자(Jinas) | 신체 기능 단절, 음식 단절, 세속에서 행동 중지 | |
| 의복 | 사제는 완전 나체로 생활 여성 사제는 의복 착용 | 남녀 사제 단순한 흰색 의복 착용 |
| 이미지 | 눈을 내리뜬 티르탕카라 모습, 평범한 형상 | 응시하는 눈 화려하게 치장한 형상 |
| 제의 | 단순한 제의 | 좀 더 정교한 제의 |

아니라 나체 수행은 곧 마음 내부의 진정한 알몸을 드러내는 방편으로 인식되며 마음의 순수성을 강조하는 수행이라 한다. 이들의 나체 수행은 자이나 철학의 실재론과 물질적인 카르마설과 관련이 깊다.[16]

## 4. 자아, 고통, 구원에 대한 교리

자이나교에서 인간이란 죽음과 윤회의 바퀴에서 돌아가는 존재로서, 힌두교와 불교와 유사하게 그러한 바퀴에서 생로병사를 겪는 고해의 인생이라고 할 수 있다. 창시자요 일종의 구세주인 티르탕카라의 가르침과 모범을 따라 자이나교 신도들은 그러한 죽음과 윤회의 강을

---

16  김미숙, "논쟁의 불교학 (8) 영혼에 관한 불교와 자이나교의 논쟁," 『불교평론』, http://www.bud review.com/news/articleView.html?idxno=491 (2019. 10. 09).

건너 해탈에 이른다고 믿는다.

자이나교에서 구원은 믿음이나 지식이 아니라 선행 혹은 공적을 통한 자력구원이다. 아힘사<sup>ahimsa 不殺生</sup>를 비롯한 하지 말아야 할 계율, 즉 거짓말<sup>satya 不妄語</sup>, 도둑질<sup>asteya 不奪取</sup>, 사유재산 소유<sup>aparigrah 不所得</sup>를 금하고, 금욕하라<sup>不淫 brahmacarya</sup>는 계율을 지킴으로 해탈에 이른다고 가르치고 있다. 특히 제의적인 단식을 장려하는데, 사망에 이르는 단식<sup>itvara</sup>까지도 해탈에 이르는 강력한 도덕적 행동으로 받아들이고, 이와 같이 신에 대한 도덕적 순종에 의해 구원에 이른다고 한다.[17]

## II. 자이나교의 선

### 1. 의례

자이나교는 제사의식이나 희생제와 같은 행위는 해탈에 도움이 안 된다고 한다. 다만 고행을 장려한다. 고행의 중심 방향은 모든 욕망을 차단하는 것이다. 고행은 '내면적 고행'과 '외면적 고행'으로 나누어진다. '내면적 고행'은 무소유, 예의 지킴, 봉사, 묵상, 죄의 참회 등이고, '외면적 고행'은 소식<sup>小食</sup>, 단식<sup>斷食</sup>, 고독, 굴욕을 참는 것 등이다. 최고 최상의 고행은 단식하다가 죽는 것이다. 이러한 경지에 이르면 성인의 반열에 오른다. 마하비라의 부모가 이러한 고행으로 굶어 죽었

---

**17**   Kent Richter et al., eds., *Understanding Religion in Global Society*, 321.

다고 한다.

자이나교에 일반 신도들이 지키는 절기와 순례가 있다. 그 중에서 새해를 맞이하기 전 8일 동안 지키는 금식과 명상의 파이주사나<sup>Pai-</sup><sup>jusana</sup>가 대표적이다.[18] 금식 마지막 날 삼반트사리<sup>Samvantsari</sup>라는 금식, 묵상, 회개의 날이 있다. 특히 연 1회의 회개<sup>Pashadha</sup>를 규정하는 자이나교에서 평신도 가장은 월 2회 임시 승려가 되어 고행하고 봉헌하는 절기를 지킨다. 바른 행위를 중요시하는 자이나교에서는 순례를 종교적 수행의 필수요소로 규정하고 있다. 5대 순례지는 사츠룬자야<sup>Satrun-</sup><sup>jaya</sup>, 사메타 시카라<sup>Sameta Sikara</sup>등의 5대 성산聖山이다.


## 2. 도덕적 행동과 교훈

마하비라의 가르침은 먼저 그는 돌과 먼지를 포함한 모든 사물에 영혼이 들어있으며 살아 있는 존재라고 믿었다. 따라서 이들은 아힘사를 그들의 제1 덕목으로 삼았으며, 이를 대단히 엄격하게 준수하려고 한다. 아힘사는 그들의 삶의 방식과 직업까지 결정짓게 만들었다. 이외에도 자이나교는 거짓말을 하지 말 것不妄語, 다른 사람의 물건을 훔치지 말 것不奪取, 사유재산을 소유하지 말 것不所得, 금욕하면서 육체적 순결을 지킬 것不淫 등을 다섯 가지 기본적인 계율大律法 mahavrata로 가르치고 있다. 출가 수행자들은 이와 같은 다섯 가지 대율법을 준수해야 하고, 재가 신도들은 다섯 가지 소율법anuvratas를 포함한 열두 가지 소율법을 지켜야 한다. 다섯 가지 소율법은 출가 수행자들이 지키

---

18  태양력으로 8-9월에 거행한다.

는 다섯 가지 대율법의 완화된 계율이다. 이와 같이 자이나교는 율법의 준수를 궁극적으로 해탈에 이르는 길로 믿고 강조한다. 열두 가지 소율법은 다섯 가지 소율법, 세 가지 공적 율법gunavratas, 네 가지 훈련 율법shikshavratas, four disciplinary vows 등을 합친 것이다. 세 가지 공적 율법은 다섯 가지 소율법의 효과를 장려하고 정화하고, 그 가치를 다양하게 고양한다고 믿는다. 이것은 개인의 외적 행위를 다스린다. 네 가지 훈련 율법은 신도들의 종교적 의무 수행을 장려하고, 개인의 마음을 정화하는 것을 반영한다. 개인의 내면적 삶을 다스리고, 자선을 통해 표현된다. 열두 가지 소율법은 위에서 언급한 다섯 가지 대율법, 행동반경이동의 절제dikvrata와 소비할 수 있는 것과 없는 것의 제한bhoga-upbhogavrata과 목적 없는 행동의 절제anarthavrata라는 세 가지 공적 율법, 그리고 일정한 기간의 명상하루 48분 이상 명상19과 경전 연구 samayikvrata과 이동을 삼가고 한 장소에 머무르기 desavakasikavrata와 하루 출가자와 같은 일정기간 금욕적인 수행 pausadhavrata 20과 일정한 자선atithisamvibhagavrata 등의 훈련 율법을 가리킨다.21 이러한 열두 가지 자이나교 일반 신도들이 지켜야 할 율법을 도표화 하면 〈표 9〉와 같다.22

힌두교와 불교와 유사한 부분도 있다. 자이나교는 제사의식이나 희생제와 같은 행위는 해탈에 도움을 줄 수 없다고 주장한다. 삶과 죽

---

**19**  48분은 하루의 30분의 1에 해당한다. 이러한 명상의 목표는 우주와 하나가 되는 것이다.

**20**  자이나교 신도들은 매달 두 번 단식하고 자신의 죄를 공개적으로 회개하는 의식을 가진다.

**21**  주성학, "목샤(Moksha: 해탈)에 이르기 위한 자이나교의 도덕률이 자이나 교인들의 도덕성 발달에 미치는 영향," 『선교와 신학』 48 (2019.06): 397-426. Pravin K. Shah, "Twelve Vows of Layperson," Jainism Literature Center, https://sites.fas.harvard.edu/~pluralsm/affiliates/jainism/jainedu/12vows.htm (2019.10.10). 이 사이트에 자세한 열두 가지 율법에 대한 설명이 있다.

**22**  Joo Sunghak, "An Analysis of Ethical Principles of Jainism for Liberation and Moral Development of Jains Using Defining Issues Test," Ph.D. Dissertation of University of Madras (2018), 108-118.

<표 9> 자이나교 신도가 지켜야 할 12 계율

| 5대 소율법 (Anuvratas) | 3대 공적율법 (Gunavratas) | 4대 영적훈련율법 (Śikṣā-Vratas) |
|---|---|---|
| 불살생 (Non-Violence) (Ahiṃsā Anuvrata) | 이동의 절제 (Limited Area of Activity) (Dik Vrata) | 일정기간 명상 (Meditation for Limited Duration) (Sāmāyikaka Vrata) |
| 불망언 (Truthfulness) (Satya Anuvrata) | 이동의 절제 (Limited Area of Activity) (Dik Vrata) | 이동의 제한 (Limited Duration of Activity) (Desavakasika Vrata). |
| 불탈취 (Non-Stealing) (Acharya Anuvrata) | 소비의 절제 (Limited Consumption) (Bhoga Upbhoga Vrata) | 이동의 제한 (Limited Duration of Activity) (Desavakasika Vrata). |
| 불음 (Chastity) (Brahmacharya Anuvrata) | 목적 없는 행동 금지 (Avoidance of Purposeless Activities) (Anartha-Danda Vrata). | 금욕적인 수행 (Leading an Ascetic's Life) (Paushadha Vrata) |
| 무소유 (Non-Attachment) (Aparigraha Anuvrata) | 목적 없는 행동 금지 (Avoidance of Purposeless Activities) (Anartha-Danda Vrata). | 자선 (Charity) (Atithi Samvibhag Vrata) |

음의 무한한 윤회의 바퀴에서 벗어나려면 세 가지 보물 ratna-traya 로 알려진 바른 지식 samyag jnana 正智 과 바른 믿음 samyag dasana 正信 을 가지고 바른 행함 samyag carita 正行 으로 실천해야 구원을 이룬다고 요구한다.[23] 자이나교 경전에는 세 가지 보물의 실천을 강조한다. "바른 믿음 없이 바른 지식이나 바른 행동을 할 수가 없다. 바른 행동이 없이는 카르마로부터 자유롭게 될 수가 없다. 카르마로부터 놓임 받지 않고서는 니르바나 nirbana: 천상계 에 이를 수도 없다."[24]

---

23   서행정, "자이나철학의 형이상학적 의미," 『남아시아연구』 12(2) (2007): 61-91, 특히 79-87을 참조하라.

24   Sammansuttam, 211. 주성학, "목샤(Moksha: 해탈)에 이르기 위한 자이나교의 도덕률이 자이나교인들의 도덕성 발달에 미치는 영향," 『선교와 신학』 48 (2019. 06): 408에서 재인용.

자이나교는 극단적인 단식으로 죽음에 이르기까지 하는 금욕주의를 지향하는 자력종교로서 결국에 계율을 지키고 도덕적 완성으로 해탈에 이른다고 믿기 때문에 윤리적 도덕의 실천이 대단히 중요시된다.

자이나교도 그 유명한 시각장애인 코끼리 만지기 우화를 강조하면서 인간 인식의 한계성을 지적한다. 자이나교의 논리학의 일부를 아래와 같이 인용한다.

옳을 수도 있다.

틀릴 수도 있다.

옳지만 틀릴 수도 있다.

판정할 수 없을 수도 있다.

옳을 수도 있지만 판정할 수 없을 수도 있다

틀릴 수도 있지만 판정할 수 없을 수도 있다

옳거나 틀리거나 판정할 수 없을 수도 있다[25]

자이나교의 인식론 내지는 기본 철학은 "인간은 그 누구든 결코 사물의 전체를 보지 못한다"는 문장과 "사물을 보는 다양한 방식과 실재를 경험하는 다양한 모습을 모두 존중해야 한다"는 주장으로 표현할 수 있다. 이러한 관점을 가리켜서 '아네칸타바다', 즉 비절대주의非絕對主義 원칙이라 하는데, 이를 설명하기 위해 제시하는 우화가 바로 코끼리 한 마리를 손으로 더듬어 묘사한 여섯 시각장애인의 이야기이다.

---

[25] https://namu.wiki/w/%EC%9E%90%EC%9D%B4%EB%82%98%EA%B5%90 (2019.10.09).

이와 같이 자이나교는 무신론적 종교이며, 진리의 다면성과 상대주의와 다원주의를 높이 평가한다. 따라서 자이나교 신도들은 다른 종교를 비판하는 것도 삼가는 관용주의 색채도 띤다. 타종교에 대한 관용과 다원주의적 태도는 마하비라가 가르친 '비절대주의 원칙' Anekanta-vada 에서 도출된다.

자이나교의 축제일은 〈표 10〉과 같다.

〈표 10〉 자이나교 축제일

| 축제일 | 시기 | 개요 |
|---|---|---|
| 빛의 축제<br>(Divali) | 9/10월 | 가을 금식 의식 2주후에 집, 사원, 거리를 빛으로 밝히고, 행운의 여신인 락슈미에게 공물을 헌납함. 일부 자이나교 신자들은 이 날에 마하비라가 궁극적인 해탈을 했다고 한다. |
| 바하비라 탄생일<br>(Mahavir Jayanti) | 3/4월 | 인도에서 국가 공휴일로 지정되었음 |
| 금식 제의<br>(Oli) | 3/4, 9/10월 | 예배와 명상의 9일간 지킴 |
| 시바의 위대한 밤<br>(Paryusan) | 7/8월 | 연례 거룩한 행사로서 신봉자들은 종종 금식과 기도, 명상을 통해 영적 강도를 높인다. |

## 3. 사회 질서

자이나교는 일반적으로 카스트 제도를 거부한다. 아힘사와 평등사상을 이상으로 하는 자이나교의 사회질서 혹은 공동체 sangha 는 출가자 사제와 재가신자로 구성되며, 이것은 각각 두 개로 나뉘어 모두 네 개의 사회 계층을 이룬다. 남성 출가자들의 공동체인 사두스 sādhus 와 여성 출가자들의 공동체인 사드비스 sādhvīs 가 있고, 남성 재가신자 공동체인 스라바카스<sup>śrāvakas</sup>와 여성 재가신자 공동체인 스라비카스<sup>śrāvikās</sup>가 있다.[26] 출가자들은 세속을 떠나 마하비라의 다섯 가지 대율법을 지키며 금욕적인 생활을 하지만, 재가신자는 상대적으로 완화된 열두 가지 소율법을 지키며 세속 생활을 한다.

　　자이나교의 신도는 전 세계에 700만 명 정도이며, 이 중 500만 명 정도가 인도에 살고 있다.[27] 자이나교 신도들은 불살생의 계율로 인해 일찍이 농사나 물건 생산보다는 전문적인 상업인으로 들어섰다. 상업에 관한 교육을 받고, 그에 대한 책을 저술하거나 무역에 투신하였다. 이들은 유대인들과 비교가 될 정도로 상술에 밝은 사람들로 알려졌다. 현대 인도에서 대기업, 부자, 상권 중 상당수를 자이나교 신도들이 차지하고 있다. 2000년대 와서는 다이아몬드 사업에 뛰어들어 유태인의 독점적 지위를 위협할 정도가 되었다. 인도 대기업 중에서 자이나교의 신도들 소유가 꽤 많다고 한다. 마힌드라 그룹은 우리나라 쌍용자동차를 인수했고, 비디오콘은 옛 대우전자를 인수하기 직전까지 협의한 기업이다. 자이나교 신도는 현재 인도 총인구의 0.42%에 불과하나, 인도 세금의 24퍼센트를 내는 국가 재정에 지대한 기여를 하고 있다. 상업 외에도 금융업, 예술, 교육 분야에서 두각을 나타낸다.[28]

---

**26**　Kristi L. Wiley, *Historical Dictionary of Jainism* (Lanham: Scarecrow Press, 2004), 190.

**27**　Todd M. Johnson and Brian J. Grim, *The World's Religions in Figures*, 67.

**28**　자이나교 신자 중에는 고등 교육을 받은 지식인들이 많으며, 인도 문학 발전과 가장 오래된 도서관 보존에 공헌하였다. 위의 책, 65.

# III. 자이나교의 미

## 1. 종교 체험과 영성

극단적인 정화와 단식을 강조하는 자이나교는 사후 세계를 믿지 않는 무파無派이다. 이런 점에서 불교와 공통점을 가진다. 하지만 자이나교는 영혼의 존재jiva를 인정한다. 영혼은 의식적 실체로서 명아命我, Jiva: living라고도 한다. 이 때 의식은 영혼의 영적 실재를 말한다.[29] 다만 영혼의 실재성과 영혼의 기능성을 구분한다. 수受·상想·식識등은 실재로서의 영혼에 부수적인 기능의 일종일 뿐이다. 이런 점에서 불교와 다른 사상을 취한다. 불교가 주장하는 모든 존재의 기본 요소인 5온, 즉 색色·수受·상想·행行·식識은 무상無常하다는 것과, 따라서 5온으로 이루어진 모든 존재 역시 결국 무상하다는 주장을 자이나교는 부인한다. 5온 중의 수受·상想·식識은 영혼의 기능에 지나지 않는다고 본다. 수·상·식 등은 존재의 본질을 구성하는 요소가 아니라 영혼이 각각 외계의 상황 혹은 변수와 작용하여 일어나는 결과일 뿐이라고 본다. 영혼의 기능을 가지고 무상하다고 하는 불교에 비해 영혼의 본질 면에서 무상하지 않고 존재한다는 자이나교의 입장을 드러내는 것이다. 영혼은 일시적이고 가변적인 것이 아니다. 자이나교는 영혼, 운동dharma, 정지adharma, 허공akasa, 시간kala, 물질pudgala 등의 6종을 실재로서 수용하는데 인용하면 다음과 같다.[30]

---

[29]    서행정, "자이나철학의 형이상학적 의미," 73.

자이나교에서는 영혼이란 영속적이며, 무한하고, 창조되지 않으며, 지각할 수 없으며, 파괴되지 않는 것으로 보고 있다. 다만 영혼이 지각되지 않는 까닭은 형체를 갖지 않기 때문이다. 또한 비물질적인 영혼은 공간에 절대적인 수로 가득 차 있는데, 영혼 각각은 공간점空間點, pradesa 을 차지하고 있다고 표현한다. 이러한 영혼은 업의 과보로 인해서 지, 수, 화, 풍, 씨앗, 알 등의 형태 속으로 재생하게 된다는 것이 자이나의 기본 입장이다.[31]

영혼jiva과 비영혼ajiva의 이론원적 자이나교 세계관을 아래와 같이 도표로 나타낼 수 있다.

〈표 11〉 자이나교 세계관

| 영혼<br>(jiva) | 비영혼<br>(ajiva) | | | | |
|---|---|---|---|---|---|
| | 물질<br>(pudgala) | 운동<br>(dharma) | 정지<br>(adharma) | 허공<br>(akasa) | 시간<br>(kala) |

자이나교의 실재를 이해하기 위해서는 프라데샤pradesa 개념을 파악하는 것이 중요하다. 최지연에 의하면, 프라데샤는 공간점空間點, 미세점微細點, 공간, 허공, 극미 등으로 풀이된다. 프라데샤는 다음과 같은 의미를 지닌다. 첫째, 프라데샤는 공간적인 크기를 가지는 존재를 규정하

---

30    김미숙, "논쟁의 불교학 (8) 영혼에 관한 불교와 자이나교의 논쟁," 『불교평론』. 또한 김미숙의 다음 블로그에 있는 글 "영혼에 관한 불교와 자이나교의 논쟁,"도 참조하라. http://m.blog.daum.net/oss0927/8740547?np_nil_b=1 (2019.10.09).

31    위의 글.

는 개념이다. 둘째, 공간을 기능적인 관점에서 운동, 정지, 허공으로 분류한다. 운동과 정지는 영혼과 물질의 융합으로 배출되는 것이고, 세계의 변화와 유지의 조건이다. 허공은 이러한 변화와 유지의 과정과 결과를 만들어내는 장소<sub>공간</sub>의 조건이다. 셋째, 프라데샤는 현상세계를 인식 가능하도록 하는 역할을 한다.[32] 이러한 프라데샤에 기초한 인식론에 의하면, 영혼이 물질과 결합함으로써 물질의 속박을 받는데, 바로 이러한 물질로부터 영혼을 완전히 분리함으로써 해탈에 이를 수 있다고 한다. 물질에의 속박은 욕망에서 오고, 욕망은 무지에서 온다고 본다. 무지는 욕망, 화, 심취, 탐욕을 낳는다. 이러한 무지를 제거할 수 있는 것이 바로 세 가지 보물<sub>바른 지식 正智, 바른 믿음 正信, 바른 행함 正行</sub>을 통해 성취된다.[33]

자이나교에서는 신에게 헌신과 사랑을 바치는 박티 개념은 없다. 그러나 대율법과 소율법 등 금욕과 정화를 실천하는 종교적 도덕 행위에 대한 강한 계율이 있으며, 이러한 도덕적 윤리적 행동 규율은 일상생활 속의 종교적 영성과 관련된다. 영성이란 형이상학적인 측면만이 아니라 일상생활 면에서 관련되는 생활방식이라고 보기 때문이다. 특히 자이나교는 음식에 대한 계율이 명확하다. 아힘사 즉 불살생 교리를 준수하기 위해서 생명체의 살상과 관련 있는 음식<sub>햄버거, 핫도그, 계란, 가금류, 어류, 뿌리 식물 양파, 감자, 당근, 마늘 등</sub>, 견과류, 과일을 금한다. 음식 섭취 시간도 작은 벌레들의 살상을 피하기 위해 일몰 이전으로 제한한다. 이렇게 자이나교는 불살생의 계율을 엄격하게 지키기 위해 노력하며, 그 결과

---

**32**  최지연, "자이나의 Pradeśa 개념," 『인도철학』 제39집 (2013. 12): 105-133.
**33**  서행정, "자이나철학의 형이상학적 의미," 82-83.

로 자이나교 신도들은 채식주의자처럼 보이는데, 엄밀한 의미에서 채식주의자가 되기 위해 채식을 하는 것이 아니라 불살생 계율을 준수하는 차원에서 채식을 하게 되는 것이다. 그리고 채식주의자들이 좋아하는 뿌리 식물이나 견과류를 자이나교는 금하고 있기에 일반적인 채식주의자와 차별성을 보인다. 궁극적으로 자이나교의 채식주의는 해탈을 이루는 종교적 도덕적 생활방식이요, 그들의 종교적 바른 믿음에서 나온 바른 행위로 볼 수 있다.[34]

자이나교의 영성에 사회공동체적 의의 중 중요한 요소 하나는 상호성과 공존성이라 할 수 있다. 자이나교의 상징 도안에는 다음과 같은 경전의 구절이 포함된다. "영혼들은 서로 영향을 준다parasparopagraho jivanam."[35] 자이나교는 모든 영혼은 단독자로 존재하지 않고 상호의존적이라고 한다. "모든 존재가 서로 상처 입히지 않고 이익이 되며 우호적으로 공존해야 한다는 이념을 표상하고 있다. 이 구절은 '살고, 살리고!' Live and Let Live 라는 표어"[36] 집약된다.

앞에서도 언급한 바와 같이 자이나교는 다원주의, 상대주의, 관용주의, 포용주의적인 종교라고 한다. 아울러 자이나교는 용서와 우정의 종교라고도 일컬어진다. 자이나교 신도들의 기도문 가운데 "나는 모든 생명에게 용서를 구합니다. 그들 모두 나를 용서하고, 내가 그들 모두와 친교를 맺을 수 있기를 빕니다."[37]라는 기도는 이런 정신과 영

---

**34**　김미숙, "자이나의 식생활 원리와 그 철학적 배경,"『인도연구』9(1), (2004.06): 141-58.

**35**　Umasvati, Nathmal Tatia (Translator), *Tattvartha Sutra: That Which Is* (Sacred Literature) (New York: HarperCollins, 1994), 131; 김미숙, 위의 책, 155에서 재인용.

**36**　김미숙, 위의 책, 155.

**37**　김환영, "김환영의 종교이야기(12): 불교의 '쌍둥이 종교' 자이나교," 중앙시사매거진 (2017.03.17. 보도), https://jmagazine.joins.com/monthly/view/316076 (2019.10.11)

성을 보여주는 대표적인 것이라고 할 수 있다.

## 2. 예술

힌두교와 유사하게 자이나교도 윤회와 해탈을 지향하나 그 수행 방법과 과정은 사뭇 다르다. 따라서 종교심의 예술적 표현 또한 동일하지는 않다. 자이나교의 수행에 사원 건축은 대단히 중요하다. 인도 라낙푸르에 있는 자이나교의 사원, 아디나타 사원<sub>Adinatha Jain Temple 혹은 지명을 따라 '라낙푸르 사원 Ranakpur Temple'이라고도 함</sub>은 이런 의미에서 상징성을 지닌다. 이 사원은 윤회사상을 비롯한 자이나교의 철학 사상이 반영된 건축물로 알려져 있다. 무신론이라 할 수 있는 자이나교이기에 사원은 신의 집은 아니다.

아디나타 사원 내부를 살펴보면, 중앙에 2.5m 높이의 4개의 얼굴을 가진 상이 있는데, 이는 자이나교 초대 창시자 티르탕가라인 아디나타<sub>Adinatha</sub>가 제시한 우주로 향하는 4개의 길을 상징한다. 그 외 24개의 기둥, 80개의 돔, 420개의 조각상들이 정교하게 배치되어있다. 이 사원은 자이나교의 5대 성지 순례지 가운데 하나로 인식되며, 15세기 북부 인도 예술을 집대성한 대표적인 건축이라 한다. 〈그림 13〉은 아디나타 사원의 외부 전경이다.[38]

---

**38** 출처: http://www.startour.pe.kr/local/india/India_guide-Adinatha%20Jain%20Temple.htm (2019. 10. 11).

<표 12> 자이나교의 개요

| 자이나교의 개요 | 진 | | | | 선 | | | 미 | |
|---|---|---|---|---|---|---|---|---|---|
| | 신 혹은 궁극적 존재 | 창시자와 대표자 | 경전 | 자아, 고통, 구원에 대한 교리 | 의례 | 도덕적 행동과 교훈 | 사회 질서 | 종교 체험과 영성 | 예술 |
| | 티르탕카라, 궁극적 지혜 | 마하비라 | 아가마 | 윤회, 카르마 | 뿌자, 단식 | 아힘사 (비폭력), 정직 | 사제와 재가 신자 구별, 성전 사제 | 정화, 금욕주의 | 아디나타 사원 등 건축 |

<그림 13> 자이나교 아디나타 사원의 외부 전경

# 4장

## 신도 이해

## Ⅰ. 신도의 진리

신도는 일본의 토착 종교로 알려져 있다. 신도는 오늘날 일본에서 "생동감 있고, 독립적이며, 통일성이 있는 종교"[1]로 간주된다.[2] 다

---

**1**    John Breen and Mark Teeuwen, eds., *Shinto in History: Ways of the Kami* (Honolulu: University of Hawai'i Press, 2000), 1.

**2**    신도의 사당인 신사가 "비종교적"(non-religious)이라는 개념은 1889년 메이지 헌법의 종교 원칙에 해당한다고 한다. 이는 메이지 헌법의 종교 자유라는 원칙과 국가가 신사에 특별한 지위를 부여하고 신사에서 공적인 참배를 강화하는, 따라서 국가종교라 수용되는 현실의 모순을 해소하기 위한 데 기인한다고 한다. 위의 책, 252.

신론적인 신앙 체계로서 신도는 가미<sup>kami</sup>라는 신을 믿는다. 신도를 "가미 신앙"<sup>a belief in kami</sup>이라고도 한다.[3]

## 1. 신 혹은 궁극적 존재

신도의 신(들)은 가미라고 한다.[4] 일본어는 우리말과 같이 단수와 복수를 구별하지 않고 표현할 때가 많다. 그래서 가미는 단수를 말하기도 하고, 복수를 의미하기도 한다. 일본 신도에서 가미는 당연히 복수다. 일본에 가미는 8백만 정도라고 한다. 우리나라 신이 273개라고 하는 것과 비교하면 상당히 많은 편이다.[5]

가미는 초월적 존재만 아니라 인간도 될 수 있다. 만물을 신으로 보기도 한다. 가미라는 단어의 뜻은 "높이 들린 것", 평범하지 않고 능력이 있는 특별한 것을 말한다. 무언가 비범하고 특별한 것<sup>자연, 인간, 조상, 자연 환경 속의 영들 등</sup>은 가미로 숭배된다. 가미 가운데 특히 조상신들이 높이 존중되고 참배를 받는다.

일본 사람들이 신앙하는 가미는 가신<sup>家神</sup>, 자연의 신과 기술의 신, 존경받는 영웅신 등으로 분류된다. 가신이란 고대 신화에 나오는 아마데라스<sup>Amaterasu 태양 여신, 天照大神</sup>와 그의 후손인 왕족을 말한다. 일본의 왕은 천황으로 간주되며, 신으로 받들어진다. 자연 환경이 일본인의 삶에

---

**3** Joseph Cali, John Dougill, *Shinto Shrines: A Guide to the Sacred Sites of Japan's Ancient Religion* (Honolulu: University of Hawai'i Press, 2013). 13.

**4** 신도라는 말은 일본어로 '가미노 미치'라고 하는데 중국어 '신따오(Shin-tao)에서 유래한다고 한다. Linda Edwards, *A Brief Guide to Beliefs*, 230.

**5** 한국 민속학자인 김태곤은 한국의 신(주로 샤머니즘을 중심으로 한)을 273종류라고 한다. 김태곤, 『한국민간신앙연구』(서울: 집문당, 1963), 249-57.

미치는 영향을 지대하다. 따라서 자연의 신은 일본인의 삶에 직접적인 관련이 있으며, 후지산, 섬을 에워싼 바다, 강, 들판, 짐승, 약초, 천둥·번개·폭풍 등도 신으로 간주된다. 그 외에도 기술의 신으로 대인관계, 행운, 풍요, 성공, 사업 등에 관련된 신도 있다. 이들 신을 바로 섬기고 좋은 관계를 유지하는 것이 보호와 성공과 번영을 보장받는 길로 여겨진다.[6] 가미는 어디에나 존재하며, 산 자나 죽은 자에게, 유기체나 무기체, 지진과 기근 등의 자연재해 등에도 거주한다. 그래서 신도 신자들은 "세상의 실제적 현상 그 자체를 신적인"[7] 것으로 받아들인다. 가미는 상호간에 소통도 하고, 현세와 관계하면서도 내세와 깊이 관련을 가지며, 무형으로 유동적으로 작동하면서도 윤리적인 융통성을 가진다. 따라서 일본인들은 가미를 신화화하고 숭배하며, 동시에 그 능력을 희구한다.[8]

8백만에 이르는 신도의 신들 가운데 대표적인 7대 신은 라이진 Raijin, 천둥·번개·폭풍 신, 아마데라스, 이자나미와 이자나기 Izanami and Izanagi [9], 이나리 Inari, 산업과 번영과 재정과 농업 신, 하치만 Hachiman, 전쟁과 전술의 신, 텐진 Tenjin, 교육 문학 학문의 신, 라이진과 푸진 Raijin & Fujin, 폭풍과 기후의 신, 벤자이텐 Benzaiten, 음악 물 지식 감정 사랑의 신 이다.[10] 이렇게 볼 때 신도는 정령숭배와 조상숭배와 샤머니즘적 요소가 강한 것으로 보인다.

---

**6**    James F. Lewis, William G. Travis, 『세계의 종교와 관습』, 483-84.

**7**    John K. Nelson, *A Year in the Life of a Shinto Shrine* (Seattle and London: University of Washington Press, 1996), 26.

**8**    위의 책, 33.

**9**    이 신들이 일본이라는 섬을 만들었다고 믿고 있다.

**10**   "7 Shinto Kami You'll Meet in Japan," https://theculturetrip.com/asia/japan/articles/7-shinto-kami-youll-meet-in-japan/

〈그림 14〉 아마데라스 Amaterasu 태양 여신, 天照大神

　　신도의 신을 크게 두 범주로 나눈다면, 하나는 가족의 지도적인 인물이 가미로 되어 일본의 특별한 지역을 보호하는 신이고, 다른 하나는 위험이나 스트레스를 받는 등의 특별한 환경에서 도움을 주는 여타의 가미이다.[11]

## 2. 창시자와 대표자

　　신도는 고대 신화로부터 그 기원을 두지만, 기원 7세기에 일본이 형성되던 시기에 중국으로부터의 영적, 종교적, 정신적 독립을 추구하면서 고유의 토착 종교인 신도를 부양하기 시작하였다. 이때부터 가미라는 단어를 선호했다고 한다. 특정 인물이 창시자는 아니다. 신도는 불교, 유교, 도교 등과 샤머니즘, 애니미즘 등의 요소를 많이 습합하여

---

**11**　Linda Edwards, *A Brief Guide to Beliefs*, 232.

전통을 이어왔다.[12]

## 3. 경전

신도에는 여타 종교에서처럼 공식적이며 확정적인 경전이 없다. 하지만 경전에 준하는 것은 고사기 Kojiki, 서기 712년[13]와 일본서기 Nihonshoki, 서기 720년[14]다. 이외에도 통일본기 Shoku Nihongi 続日本紀, 일본서기 Nihon Shoki 日本書紀, 신황정통기 Jinnō Shōtōki 神皇正統記 등이 경전에 준하는 것으로 간주된다.[15]

## 4. 자아, 고통, 구원에 대한 교리

신도는 인간의 운명과 성공과 보호와 조화로운 삶에 대해 근본적인 관심을 가진다. 다신론적, 자연신론적, 초월신론적인 신론은 일본이라는 섬나라의 지정학적 환경과 관련이 높다고 본다. 신과 인간과 자연이 그런 점에서 칼로 자르듯이 명확하게 분리되지 않는다. 인간을 포함한 삼라만상은 신에 의해 만들어지고 유지된다고 본다. 세계의 운명도 불분명하고, 다만 역사적인 진보는 의미를 가진다고 믿는다. 인간의 운명도 분명히 규정되지 않는데, 사후에 가미가 되거나 가미와 통합한다고 한다. 인간과 신과의 중재자 혹은 계시는 신화, 전통, 신사의 축제 등인데 이를 통해 신의 현존에 가까이 다가간다고 믿는다.

---

12  Joseph Cali, John Dougill, *Shinto Shrines*, 13.
13  '고대 사건들에 대한 기록'이라는 의미로 일본에서 제일 오래된 문헌이다. 일본의 황족, 황실과 관련된 신화와 전설과 역사가 포함되어 있다.
14  '일본의 연대기'라는 뜻으로 일본의 시초로부터 8세기까지의 일본 역사를 기록한 책이다.
15  Linda Edwards, *A Brief Guide to Beliefs*, 236.

보통의 일본인들은 불교를 좀 더 심원한 진리, 생사와 고난의 문제에 해답을 준다고 믿는다면, 신도는 현세적인 복과 평안의 종교라고 본다. 그래서 아이 출생이나 결혼식은 신사에서 의식을 갖고, 장례식과 추도식은 절에서 치른다. 신도가 생生의 세계에 관여한다면 불교는 사死의 문제에 관여한다고 할 수 있다. 16세기 말 일본에 들렀던 예수회 수사는 이런 경향을 관찰하였다.

> 일본에는 두 종류의 우상이 있다. 하나는 호토케佛라 하는데, … 일본인들은 이 호토케에게 죄의 용서와 내세의 구원을 기도한다. 두 번째 우상은 가미神라 한다. 불교가 들어오기 이전부터 일본에서는 이미 이 가미를 신앙하고 있었다. 가미는 원래 일본에 살았던 인간이라고 한다. 일본인들은 이 가미에게서 일체의 행복과 건강과 장수와 자녀에 대해 그리고 적에 대한 승리 등을 기원한다.[16]

이와 같이 일본의 전통에서 신도와 불교의 신불神佛습합이 일어나서 양자의 밀월관계가 이어져 내려 왔는데 메이지 유신의 헌법과 현대적 국가종교화하면서 신불분리神佛分離와 폐불훼석廢佛毀釋으로 변화하였다.

신도에는 유일신 종교에서와 같은 죄로부터의 구원이나 종말의 심판 등이 없다. 인간은 본래 선하다고 믿고, 인간은 모두 신이 되어가는 과정에 있다고 믿는다. 악은 외부로부터 들어온다. 악과 유혹은 어

---

16  『예수회 일본연보』 1585년 8월 27일자, 박규태, "신불분리(神佛分離)의 종교사적 일고찰: 신불의 타자론," 『아세아연구』 46(4) (2003.12), 93에서 재인용.

둠의 세계에 그 기원을 두고, 악한 영들인 마가츄히 magatsuhi 曲靈, まがつひ, Devious Spirit 로부터 온다고 믿는다. 인간이 악을 행하는 것은 인간의 감각과 몸이 쉽게 유혹에 빠지기 때문이라고 한다.[17]

# II. 신도의 선

## 1. 의례

신도에 중요한 요소 가운데 하나는 정결과 부정 혹은 오염의 구분이다. 신도의 문 토리이 torii 는 성과 속의 경계선으로서 오염된 세상 가운데 순수하게 정결한 공간의 입구를 의미한다. 신사 구역에 들어가지 전에 신도 신자는 녹색 나뭇가지로 물을 묻혀 입과 손을 씻음으로 부정과 오염을 씻는 의식을 행해야 한다. 신도에서는 신선하고 살아있고 밝은 것은 정결하고, 정체되고 부패하고 아프고 죽어가는 것은 부정하다고 본다. 따라서 피와 질병과 죽음은 가장 부정한 것에 속한다. 이런 의미에서도 장례식과 추도식은 절에서 행한다고 생각한다.

신도 신자에게 요구되는 의례적 행위는 신을 기억하고 참배하는 것, 정결하고 엄숙하게 유지하는 것, 삶과 기쁨을 즐기는 것, 가미가 보호하는 사회를 후원하는 것 등이다.[18]

---

**17** Linda Edwards, *A Brief Guide to Beliefs*, 233.
**18** 위의 책.

신도의 참배와 축제matsuri를 이해하기 위해서 신사의 구조의 의미를 파악하는 것이 유익하다. 성과 속을 구별하는 토리이 문을 통과하면 북과 어폐gohei와 종이 띠줄가 있는 현관인 하이덴haiden이 나온다. 이곳에서 승려들이 활동하며 일반 참배자들도 기도하고, 신성한 춤을 춘다. 토리이 기둥과 신사 처마 밑에 경계선을 표시하는 줄과 밀짚과 종이로 만든 허수아비를 달아 놓는다. 그 뒤에 8개의 다리로 된 제단에 제물을 바치는 헤이덴heiden이 있다. 그 뒤에 화려하게 장식한 문 뒤에 가미가 있는 혼덴honden이 위치한다. 이곳은 가장 신성한 장소이며, 고대로부터 신성의 거룩한 현현으로 여겨지는 거울, 칼, 보석, 제사題詞 혹은 명문銘文 inscription가 비치되어 있다. 이곳은 일반인들의 접근을 금하는 장소이다. 다만 일반인들이 입장하지 못하는 때에 열어두어 혼덴의 신비한 능력을 발산하게 한다.

축제, 새해, 출산이나 결혼 등의 축일이나 위기의 시기에 신사를 참배하는 경우가 많다. 이러한 신사에 들어가서 참배하는 절차는 대략 네 단계로 나누어진다. 첫째, 정결예식이다. 흰색 옷과 검은 색 모자를 쓴 사제가 나뭇가지나 종이 막대기를 흔들거나 소금을 뿌리거나 아니면 물을 사람들의 머리에 뿌리며 정화 의식을 행한다. 둘째, 예물 드림으로 사제는 신당에 들어가서 제물을 바친다. 셋째, 사제는 공식적인 기도문을 읽거나 고음의 독송을 한다. 넷째, 참배객들도 조그만 헌물을 바치거나 나무에 부적을 붙이기도 한다.[19]

신도 신자들이 지키는 축제일은 〈표 13〉과 같다.

---

**19**  위의 책, 203-205; James F. Lewis, William G. Travis, 『세계의 종교와 관습』, 486-87.

〈표 13〉 신도 축제일

| 축제일 | 시기 | 개요 |
|--------|------|------|
| 쇼가쓰 마쓰리<br>(Shogatsu Matsuri) | 1월 1일(설날) | 연중 최대 명절, 3일간 국가공휴일, 갱신과 새 출발 축제 |
| 히나 마쓰리<br>(Hina Matsuri) | 3월 3일 | 집안에 여자 어린이 성장을 축하하는 전통 축제로서, 히나 인형들을 붉은 천 위에 장식하며 단술을 마시며 축하함. 일본의 많은 만화와 소설에 등장함 |
| 오본<br>(Obon) | 8월 15일 | 죽은 조상을 기리는 명절. 불교의 구제 사상과 신도의 정령신앙이 습합한 것, 조상의 영에게 예물을 바침 |
| 슈분 사이<br>(shubun-sai) | 춘분 | 신자들이 무덤을 찾아 조상을 회고함 |
| 하츠모데<br>(Hatsumode) | 새해 첫 번 신사 방문 | 유명한 신사 방문하여 새로 산 부적을 옛 것과 교환함. 매년 평균 8천만 명이 이 축일을 지킨다. |

## 2. 도덕적 행동과 교훈, 사회 질서

신도가 표방하는 네 가지 중요한 믿음의 근본 내용Four Affirmations of Shinto은 다음과 같다.[20] 이러한 네 가지 근본 믿음은 도덕적 행동과 사회질서를 규정하는 토대로 볼 수 있다.

첫째, 전통과 가족에 대한 믿음이다. 가족은 전통 보존의 토대로서 이해된다.

둘째, 타인과의 조화와 포용과 융화의 세계관을 통한 공동체 의식과 집단의식이 강조된다.[21]

---

**20** Linda Edwards, *A Brief Guide to Beliefs*, 235; Rabbi Marc Gellman, Monsignor Thomas Hartman, Religion For Dummies, https://www.dummies.com/religion/shintoism/four-affirmations-of-shinto/ (2019. 11. 06).

**21** 오성숙, "일본 선교를 위한 일본 신도의 이해," 『선교와 타종교』(서울: 미션아카데미, 2011), 85.

셋째, 자연 사랑이다. 자연을 신성시하며, 자연과 가까이 하는 것이 신에게 다가가는 것이다.

넷째, 육체적 정결이다. 영적, 육체적 제의적 씻음<sup>목욕</sup>은 가미 숭배 신사에 들어가기 전에 자기 자신을 정결하게 한다. 그리고 매년 두 번 오염과 부정을 씻는 축제를 행한다.

다섯째, 축제<sup>Matsuri</sup>로서 신과 조상의 영을 숭배하고 경배하는 것이다.

신도는 정결을 미덕으로 삼는데, 개인의 미덕은 마코토<sup>makoto</sup>라는 진심과 성의<sup>sincerity</sup>를 말한다. 신을 인식하는 데서 우러나오는 전적인 긍정적인 마음가짐이다. 신도의 도덕은 근본적으로 개인보다는 집단의 유익을 위한 것이다. 신도는 인간에 대한 성선설을 믿는 바, 인간은 본질적으로 선하기에 옳은 일을 하게 된다고 믿는다. "신도 신자는 '죄'를 짓는다는 관점에서 생각하지 않고 정직하고 관용하며 정성스럽게 명예를 유지하는 것을 중시한다."[22] 만약 누군가 명예를 유지하지 못하면 개인적으로 물로 씻는 정결예식<sup>misogi</sup>을 하든지, 사제를 통해 정결예식<sup>harai</sup>을 거행하든지 해야 한다.

신도의 도덕과 사회질서는 일본 사회 자체의 도덕과 사회질서와 매우 깊은 연관성을 가진다고 본다. 앞에서 간략히 살펴본 바와 같이 일본의 신도는 일본 종교 문화의 핵심 근간인데, 오랜 역사를 통해 신불습합으로 신도와 불교는 공존하고 상호 영향을 주고받았다. 자연히 신도와 불교로부터 일본 사회의 질서와 도덕적 규범이 파생되었다고 보아야 할 것이다. 천여 년의 역사의 흐름 속에서 신불습합의 경험과

---

22　Linda Edwards, *A Brief Guide to Beliefs*.

메이지 유신의 신불분리와 폐불훼석의 과정에서 파생된 현대 일본인의 도덕적 행동과 사회 질서는 타자인식에서 그 근간을 파악할 수 있겠다. "한편으로는 타자를 유연하게 받아들임으로써 자기를 확인하는가 하면 다른 한편으로는 타자부정을 통해 자기를 확인하는 태도"[23]이다. 궁극적 절대자나 교조나 경전을 특정하지 않는 신도의 자연종교적 특징은 이러한 신불습합과 종교적 관용성을 낳았다고 본다. 국가적 차원의 신불분리 시대와 그 이후로 오늘에 이르기까지 개인의 신앙에는 신불습합이 존재하고, 타종교를 수용할 때 이러한 습합원리로 수용하되 신도와 동화시키고 현재화한다. 따라서 일본인 특유의 공존과 화해의 논리가 발달하였다고 본다.[24] 한편 일본인의 심성은 이러한 화해와 공존과 관용과 더불어 '애매함'과 '무한 포용'과 '조화'도 내포한다. 하지만 메이지 유신 이후의 신불분리와 폐불훼석은 이러한 일본인의 도덕과 사회 질서에 대한 관념에 의문을 갖게 한다. 일본인에게 새로운 것이 들어오면 과거의 것이 '망각'되지만, 언젠가 자기의 것이 갑작스럽게 '회상'으로 분출하게 된다는 마루야마 마사오의 주장을 되새겨 보아야 할 것이다.[25] 이것을 박규태는 '용광로의 회상'이라 이름 붙인다. 그러면서 박규태는 참된 용광로의 회상이 어떤 모습이어야 할 것인지에 대해 제안하는 점이 상당히 설득력이 있다고 여겨서 여기에 인용한다.

---

23  박규태, "신불분리(神佛分離)의 종교사적 일고찰," 115.
24  위의 책, 116.
25  마루야마 마사오, 日本の思想, 김석근 옮김, 『일본의 사상』(서울: 한길사, 1998), 63.

문제는 용광로의 회상, 그 후에 있다. 아마도 그런 용광로의 회상이 타자부정을 통한 자기확집이 아니라, 타자경험을 통한 자기변용의 토대 위에서 신불의 상상력이 발휘되고 그것이 창조적인 주물鑄物로 이어질 때 비로소 일본은 진정한 '용광로'가 될 것임을 기대해 본다.[26]

일본의 화혼양재 사상이나 신불분리 종교정책이 결국 일본 중심의 세계관에 토대를 둔 것으로 본다면, 박규태가 이야기한 바와 같은 '진정한 용광로'가 과연 가능할 것인가 하는 의문은 여전히 남는다. 용광로는 결국에 모든 것을 녹여버리고 말 것이기 때문에, 용광로보다는 모자이크의 조화나 상호보완성을 지향해야 하지 않을까 생각한다.

## III. 신도의 미

### 1. 종교 체험과 영성

자연신과 인신 및 초인간적 신들로 이루어진 다신론인 신도의 신은 애니미즘, 토테미즘, 샤머니즘, 민간신앙 등 다양한 종교적 현상과 관련된다. 일본 신도의 뿌리를 샤머니즘으로 보고, 여타의 외래종교와의 차별성을 부각시키며, 일본과 일본 종교의 독특성과 우수성을 높이려는 역사관이 등장했다. 그 중에는 시바 료타로司馬遼太郎라는 대중

---

**26**   박규태, "신불분리(神佛分離)의 종교사적 일고찰," 117.

작가이자 역사 소설가를 들 수 있다. 그는 일본, 신도, 일본 문화의 우수성을 토착 샤머니즘에 토대를 둔 역사관을 통해 일본인의 우수성과 저력을 보여주려는 의도에서 '시바사관'司馬史観을 형성했다. 일본에서 무당에 해당하는 말은 '미코'巫女, 神子, 혹은 巫子로 표기됨인데, 이는 신령의 전달자로 주로 여성을 지칭한다. 신도 확립 이전에도 존재했다고 보는 미코는 현재에는 신사 소속 미코와 민간에 존재하는 미코로 분류된다.[27] 시바 료타로에 의하면, 한국과 달리 샤머니즘이 유교나 불교에 밀려나지 않고, 일본 고유의 독창성과 우수성을 지닌 신도로 발전했다고 주장한다. 이런 의미에서 신도의 종교 체험과 영성은 다분히 복을 비는 기복신앙, 현실 세계에서 고통과 재앙을 피하고 복을 희구하는 제재초복除災招福의 형태를 띤다고 할 수 있다.

신도의 유형에 따라 종교적 목적과 지향하는 바가 차이가 있을 것이다.[28] 신도의 유형은 보통 세 가지 주요 그룹으로 나누어진다. 먼저 신사신도 Jinja, Shrine Shinto 는 선사시대로부터 유래하는 고래의 신도로서 국가신도로도 간주되고, 일본 천황이 신으로 참배된다. 다음으로 교파宗派 신도 Sectarian Shinto 인데, 19세기 이래로 시작한 13 종류의 교파가 연합한 것이다. 마지막으로 민속신도 혹은 가정신도 Domestic Family Shinto 로서 조직적인 기구나 신조가 없이 지역 민간에서 행해지는 신도 신행을 말한다.[29]

---

**27** 이복임, "한국의 무속신앙과 일본신도(神道)에 대한 연구: 시바 료타로(司馬遼太郎)의 「샤머니즘 사상」을 중심으로," 『일본문화학보』 75 (2017. 11): 338-40.

**28** Robert S. Ellwood, *Many Peoples Many Faiths*, 5th Ed. (New Jersey: Prentice Hall, 1995), 203.

**29** Linda Edwards, *A Brief Guide to Beliefs*, 231-232. 한편 박영기 일본 선교사는 신도를 5가지 종류로 나눈다. 그는 민간 신도, 신사 신도, 황실 신도, 학파 신도, 교파 신도로 분류한다. 박영기, "일본 신도의 특징과 일본 선교전략: 한국교회가 성숙해야 일본선교를 기쁘게 할 수 있다," 『개혁정론』(2015. 03. 18). http://reformedjr.com/board06_01/3091 (2019. 11. 30).

신도 신자가 가정에서 행하는 기도 혹은 참배는 가미다나<sup>kamidana</sup> 중심이다. 가미다나는 집안에 신을 모셔 놓는 감실龕室을 말한다. 감실이란 신주神主를 모시어 두는 선반으로 일본어로 신다이<sup>shintai</sup>라고 한다. 우리 전통 민간신앙에서 신주단지와 유사하다. 이 가미다나는 지역 신과 조상신을 모시는 것이다. 가정에서는 이 가미다나를 중심으로 복을 빌고 재앙을 물리치기를 기원하는 종교의식을 한다. 민간에 행하는 신도 의식 가운데 하나는 오리가미<sup>origami</sup>라는 종이 접기가 있는데, 신사에서 흔히 목격할 수 있다. 형형색색의 다양한 오리가미가 일본 문화에서 전수되어 오는데, 종이의 원자재인 나무 신을 존중하는 의미로 칼로 자르거나 풀로 붙이는 등의 인위적인 행동을 하지 않고 종이 그대로 접는 것이다. 그리고 고전 악기들의 연주와 함께 세련된 춤을 추는 가구라<sup>kagura</sup>라는 신도 참배가 있다.[30]

신도는 다신론적 범신론적 영성을 보여준다. 일본에서 전국에 걸쳐 산재해있는 신사 가운데 약 3분지 1에 해당하는 신사<sup>4만 개 이상</sup>에 이나리<sup>Inari</sup>라는 신이 모셔져있다. 이나리는 산업, 번영, 재정, 농업의 신으로서 신도의 신들 가운데 가장 중요하고 존경받는 신이다. 신사에서 흔히 여우 형상을 볼 수 있는데 여우의 원형이 이나리로 믿기 때문이다. 이나리가 여우를 메신저로 사용한다고 믿는다.[31]

---

**30** Linda Edwards, *A Brief Guide to Beliefs*, 235-236.

**31** "7 Shinto Kami You'll Meet in Japan" https://theculturetrip.com/asia/japan/articles/7-shinto-kami-youll-meet-in-japan/ (2019.11.07)에서 재인용.

## 2. 예술

일본에서 발견하는 신사는 한국의 샤머니즘에서 보는 사당과는 매우 다르다. 교토에서 본 신사는 불교의 절과 유사하게 크고 웅장하다. 신도의 예술을 보려면 신사의 건축을 보면 그 위엄과 웅장함을 알 수 있다. 건축 외에도 종이 접기, 춤, 음악 등 다양하다.

특히 신도의 춤인 가구라Kagura 神楽는 신도 춤의 특별한 양식으로 신을 즐겁게 하는 것이다god-entertainment. 가구라는 원래 신탁을 주는 접신spirit possession인 가미가가리kami'gakari에서 유래한다. 가구라는 농경 절기와 관련 있는 춤으로서 오늘날에도 활발한 모습을 보여준다.[32]

대규모 신사에서 화려한 퍼레이드, 역사적 내용을 다룬 야외극 혹은 가장 행렬, 민속춤, 말 경주, 활쏘기, 폭죽 등이 거행된다. 이것은 일종의 축제를 통한 참배 형태이다. 신도에서는 이러저러한 참배의 행위가 어떤 신에게 행해지는가 하는 것은 별로 중요하지 않다. 다만 이러한 참배 행위 자체가 중요하다.[33]

---

**32** David Petersen, *Invitation to Kagura: Hidden Gem of the Traditional Japanese Performing Arts* (Morrisville: Lulu Press, 2007), 14-15.

**33** Robert S. Ellwood, *Many Peoples Many Faiths*, 205.

〈표 14〉 신도의 개요

| 신 도 의 개 요 | 진 | | | | 선 | | | 미 | |
|---|---|---|---|---|---|---|---|---|---|
| | 신 혹은 궁극적 존재 | 창시 자와 대표자 | 경전 | 자아, 고통, 구원에 대한 교리 | 의례 | 도덕적 행동과 교훈 | 사회 질서 | 종교 체 험과 영 성 | 예술 |
| | 가미 (가신 자연신 기술신) | 특정 인물 없음 (고대 신화) | 없음 (고사기, 일본 서기 등) | 성선설 제재 초복 | 정결과 부정 (토리 이문), 통과 의례 | 가족, 자연, 육체 정결, 축제 | 공존과 화해 | 신사 신도, 교파 신도, 가정 신도 가미 다나 | 신사 건축, 오리 가미, 가구라 야외극 |

# 5장

# 유교 이해

유교儒敎 Confucianism 는 중국, 한국, 일본, 싱가포르, 대만 등 동남아의 한자 문화권에서 중요한 종교이자 오랫동안 생활 철학으로 정착하였다. 그러나 유교는 제사장, 신, 경전이 없는 윤리 체계이지, 종교가 아니라고 주장하는 이들도 있다. 힌두교가 인도의 사회를 유지하는 데 중요한 기본 철학을 제공하였다면, 유교는 광대한 중국을 통치하는 데 기여한 통치 철학이라 하여도 과언이 아닐 정도로 충과 효의 윤리 체계의 국가와 가정을 중시하는 사회 윤리 이념이다. 핸드릭 크래머는 유교를 힌두교, 불교, 도교, 신도 등과 같이 자연과 사회가 혼연 일체가 되는 자연주의적 종교naturalist religions 로 정의한다.[1] 중국의 기독교 변증론자요 신학자인 릿센창Litsen Chang 은 유교를 구원과 속죄를 제시하는 종교는 아니나 실천적 차원에서 종교로 존재해왔다고 보았다.[1] 하지만 어디까지나 유교는 "참된 종교라기보다는 인본주의 체계"[2]라고 한다. 유교는 타종교에 대하여 강력한 도전을 제기하지 않는 것처럼 보이지만 사회 제도와 관습을 통하여 기독교를 박해하였고, 지금도 우리사회에서는 조상 제사가 선교의 난제로 남아 있다. 유교의 성격이 복합적임을 그 명칭이 말해준다. 유교ru jia, 유가ru jiao, 유학ru xue이란 용어 사용에 대하여 간략히 정의해본다. 도가, 법가 등과 비교할 때는 유가로 칭하고, 학문적인 차원에서 유학으로, 종교 차원으로는 유교로 부른다.[3]

유교라는 용어의 영어 표현Confucianism은 16세기 예수회 선교사들에 의해 도입된 말이다. 예수회 선교사들은 "공자와 그를 추종하는 무리들"the sect of the literati을 가리켜서 콘푸시아니즘Confucianism 이라고 했다. 따라서 이 말은 단지 공자의 가르침과 행동만 아니라 그 이전의 중국의 전통과 문화를 잇는 포괄적인 용어라고 한다. 물론 좁은 의미로 공자의 가르침과 행적 및 그 제자들의 전수와 가르침이라는 유교를 지칭하는 것은 당연하다.[4]

**1**  Lit-sen Chang, *Asia's Religions: Christianity's Momentous Encounter with Paganism* (Phillipsburg: P & R Publishing, 2000), 39.

**2**  위의 책, 40.

**3**  '유'라는 말은 인(人) + 수(需)가 합쳐진 말로서, 사람으로서 마땅히 갖추어야 하고, 필요한 사람 (柔, 濡, 潤)을 뜻한다.

**4**  Xinzhong Yao, *An Introduction to Confucianism* (Cambridge: Cambridge University Press, 2002), 16-17.

# Ⅰ. 유교의 진리

## 1. 신 혹은 궁극적 존재

유교에서 신 혹은 궁극적 존재는 천$^天$ Heaven 혹은 상제$^{上帝}$ shangdi 로 간주되며, 천은 생명의 창조주요, 우주의 최고 지배자이며, 인간사의 집행자로 간주되었다. 왕조의 정통성과 인간과 사회의 변화에 최종적인 재가와 심판자로 믿었다. 사실 이 하늘$^天$의 개념은 공자 이전에도 있었지만, 유교는 하늘에 대한 전통적인 영적 신앙에 합리적이며 도덕적인 사상을 추가하였다. 하늘은 단지 수동적인 금지나 보호자일 뿐만 아니라 덕의 설립자로 더 적극적인 의미를 부여하였다. 따라서 하늘의 도가 인간의 도덕적인 능력을 관리한다고 보았다. 송나라 관리인 환퇴$^{桓魋}$가 공자를 죽이려고 하자 공자는 하늘의 섭리를 다음과 같이 말했다.

자왈$^{子曰}$ : "천생덕어여$^{天生德於予}$ 시니 환퇴기여여하$^{桓魋其如予何}$ 리오?"논어 7:22

"하늘이 나에게 덕을 주셨으니 환퇴가 나를 어찌하겠는가?"[5]

환퇴가 권력자이고 힘을 가졌으나 하늘의 뜻을 어기고 공자 자신과 제자들을 죽일 수 없을 것이라는 믿음을 표현한 것이다. 공자의 하늘에 대한 믿음을 크게 두 가지로 요약할 수 있다. 첫째는 이 하늘에 대한 믿음은 인간의 삶의 전 과정에 대한 확신과 미래에 대한 낙관주의의 토대가 된다. 하늘은 현세와 내세의 모든 운명을 결정한다. 둘째,

---

**5**  위의 책, 146.

하늘의 도 the Way of Heaven 는 인간사를 통해 배울 수 있고 낮은 단계의 일, 인간 삶에 대한 학문 높은 단계의 원리은 하늘의 도를 이해하는 길이다. 셋째, 하늘은 인간과 인간의 가치와 공적에 대한 최종의 심판자이다. 최고의 궁극자로서 하늘 유교의 이론과 실천에 핵심 사상이다. 이 하늘은 학문과 교육과 전수를 통해 알려진다. 논어 7:22, 14:36, 12:5, 2:4 **6**

전통유교에서 '귀신'鬼神은 유교적 세계관을 구성하는 포괄적인 개념이다. 귀신이란 요즘 통상적으로 쓰는 마귀나 죽은 사람의 혼을 말하는 것이 아니라 광범위한 인간론 내지 우주관을 이야기한다. 귀신을 좀 더 세분화해보면, 첫째로 신적 근원자를 말한다. 귀신이란 천天, 신, 상제, 기氣 등과 동일한 것으로 간주된다. 둘째로 삼라만상의 생성은 신이라면 소멸은 귀라고 한다. 음양이론에서 양의 신령을 신이라면 음의 신령을 귀라고 한다. 곧게 하는 것은 신이고 돌아가는 것은 귀다. 산 사람을 신이라면 죽은 사람을 귀라고 한다.**7**

성리학자들은 산 사람을 반은 신, 반은 귀라고 했는데, 살아생전에는 신이 주主가 되고, 사후에는 귀鬼가 중심이 된다고 했다. '예기'에는 사람의 몸을 기와 백魄으로 구성된다고 하였고, 기를 신의 신기한 작용으로 보았고, 백을 혼의 신기한 작용으로 보았다. 그리고 사람이 죽으면 기가 하늘로 올라가서 영원한 신령의 무리 속에 포함된다고 했다. 후대의 성리학자들은 예기禮記의 기와 백을 혼魂과 백으로 변경하였으며, 혼은 신이고 백은 귀라고 하였다. 그리고 혼과 백은 사후에

---

**6** 위의 책, 146-147.
**7** 논어 7:22에 "子不語怪力亂神"(자불어괴력란신) 즉, "공자는 괴상한 힘과 어지러운 귀신에 대해 말하지 않았다."고 한다. 이동주, "죽은 사람 아닌, 철저히 산 부모에 효도하는 기독교 윤리," (오피니언/칼럼), http://www.christiantoday.co.kr/news/268442 (2019. 11. 20).

서로 갈라져서, 혼은 하늘<sup>天</sup>로 돌아가고 백은 땅<sup>地</sup>으로 회귀한다고 보았다. 그리고 이 혼백은 산화되어 하나의 근원자인 기, 즉 일원기<sup>一元氣</sup>로 돌아간다고 하였다. 따라서 혼백은 고유성이나 개체성은 없다는 것이 신유교의 사상이다. 그런데 이 산화론이 무속신앙의 강신술과 결합되어 혼백은 완전 소멸되지 않고, 후손들의 제사를 통한 감흥으로 산 자와 죽은 자의 만남을 가능한 것으로 변화되었다. 유교 신봉자들은 사람이 원한이나 억울한 일로 죽는 경우 혼이 산화되지 않고 일정 기간 요괴가 되어 '신적 작용'을 한다고 믿는다. 이러한 믿음을 토대로 조상숭배 제의가 존속된다. 그리고 유교의 범신론적 체계 속에서 조상신과 천신은 동일시되고, 조상숭배가 곧 천신숭배와 마찬가지로 간주되어, 조상은 유교에서 숭배대상이 되고 있다.[8]

## 2. 유교의 우주관: 음양의 이론

성리학자들은 '이<sup>理</sup>'와 '기<sup>氣</sup>'의 보충적 일원론을 주장하게 되었는데, '이'가 존재 원리라면 음양은 '기'에 속한 것으로서, '기'가 뭉치면 천지만물이 생겨나고 '기'가 다시 흩어지면 물체가 다시 사라진다고 믿었다. '이'와 '기'는 분리할 수 없는 하나이며, 중국의 대 성리학자인 주자<sup>1130-1200</sup>는 '이'를 세상의 운명을 좌우하는 신적인 존재로 믿었다. '이'는 성리학에서 '태극'과 같은 것이며 비인격적인 근원자이다. 한국의 성리학자 율곡 역시 '이'를 '도'와 동일시하였고, '신' 또는

---

8    이동주, 위의 글. 또한 이동주의 다음 글도 참조. http://kcm.co.kr/mission/2000/2000-28.htm (2019.11.20).

'통치자'㉖로도 설명했다. 이러한 유교의 우주생성론이 증명하는 바와 같이, 그들은 신이나 귀신이나 인간이나 만물이 '태극' 내지 '무극'에서 생출된 것으로 생각한다. 즉 태극은 만물의 성분이라고 하기 보다는 오히려 그 본질이라고 하는 것이 더 정확할 것이다.

중국 철학의 한 중요한 측면은 우주가 음과 양이라는 두 상반된 힘에 의해서 지배되고 있다는 믿음이다. 음은 여성, 모성, 땅, 추위, 어두움, 약함, 죽음을 나타내는 부정적이고 수동적이며 북쪽을 가리킨다. 양은 남성, 부권, 하늘, 따뜻함, 빛, 힘, 생명을 나타내는 긍정적이고 능동적이며 남쪽을 가리킨다. 음은 수축케 하는 힘이고 양은 팽창케 하는 힘이다. 유교는 이렇게 상호 대립적이며 모순적인 것의 보완과 균형을 이야기한다.

> 유교는 모든 만물에 존재하는 악과 선, 밝음과 어두움, 높음과 낮음, 죽음과 삶, 강함과 약함 등의 상호 대립적인 현상은 반드시 모순과 갈등의 대립이 아니라 상호 보완과 견제의 균형 관계를 이룬다는 것이다. 따라서 하늘은 양이며 땅은 음인데, 이것은 서로 거부하고 반대되는 것이 아니라 서로 결합되는 것으로 본다. 하늘과 땅은 서로 짝을 이루는 것이요, 한쪽이 없이는 다른 쪽이 온전하게 성립될 수 없다. 따라서 하늘은 만물을 낳아 주지만 기를 수 없고, 땅은 만물을 기르지만 낳을 수 없다.[9]

---

9    http://www.kkot.ac.kr/home/1/board/%EB%B9%84%EA%B5%90%EC%A2%85%EA%B5%90%EB%A1%A0-%EC%9C%A0%EA%B5%90.hwp (2019. 11. 20).

이러한 체계는 유교와 도교에 의해서 최종적으로 다듬어졌고, 형태는 송대宋代 A.D. 960-1279에 완성된 것으로 신新유교이었다. 도교에서 그것은 자연 현상을 표현하고자 하는 노력이었다. 도교에서 그것은 우주 질서에 대한 사색적인 이론 이상으로 성장했다. 그것은 흙점과 약, 연금술 등에 응용되는 과학이 되었다. 유교의 음양 이론은 범신론적 성격을 지니며, 남녀차별의 근거가 되기도 한다는 점을 말할 수 있다.

## 3. 창시자와 대표자

유교의 창시자는 공자다. 공자孔子 기원전 551-479는 공부자孔夫子 라고도 하고, 영어로는 콘푸서서Confucius라고 한다. 공자가 죽은 뒤 370년이 지난 후 사마천이 쓴 『사기』에 이런 구절이 나온다.

> 시경에 '높은 산은 우러러보고 큰 길은 따라간다高山仰止, 景行行止: 고산앙지, 경행행지'라고 했다. 내 비록 그 경지에 이르지는 못할지라도 마음은 항상 그를 동경하고 있다. … 역대로 천하에는 군왕에서 현인에 이르기까지 많은 사람이 있었지만 모두 생존 당시에는 영화로웠으나 일단 죽으면 그것으로 모든 것이 끝나고 말았다. 그러나 공자는 포의布衣로 평생을 보냈지만 10여 세대를 지나왔어도 여전히 학자들이 그를 추앙한다. 천자, 왕후로부터 나라 안의 육예六藝를 담론하는 모든 사람에 이르기까지 다 공자의 말씀을 판단 기준으로 삼고 있으니, 그는 참으로 성인이라고 말할 수 있겠다.[11]

공자는 사생아로 태어났을 뿐만 아니라 신분이 낮은 계층으로 가난하게 살면서 공부에 전념하여 중국에서 최초로 대중적인 교사가 되었고, 인간 사회의 삶과 인륜의 도를 설파한 인물이다. 공자와 관련된 고사성어에 '상가지구'喪家之狗, 즉 '상갓집 개'라는 말이 있는데, 이는 '볼품없고 처량한' 공자의 형편을 나타낸다. 춘추전국 시대의 혼란과 암울한 상황에서 공자는 시대의 문제들을 붙들고 씨름하며 공부에 전념하여 시대의 갈 길을 밝히는 지혜를 가르쳤으며, 오고 오는 후대 사람들이 살아가야 할 진리를 교훈하였다고 본다.

공자의 언행을 기록한 『논어』The Analects 에 나타난 공자의 핵심 사상은 학學과 인仁이라고 한다. 우리가 한번 쯤 다 들어보았을 법한 공자가 남긴 유명한 말이 있다.

학이시습지 불역열호學而時習之 不亦說乎
유붕자원방래 불역락호有朋自遠方來, 不亦樂乎
인부지이불온 불역군자호人不知而不慍 不亦君子乎

뜻을 풀이하면 이렇다.

배우고 배운 것을 익히고 실천하니 (군자는) 기쁘지 아니한가?
벗이 있어 먼 곳으로부터 찾아오니 (군자는) 즐겁지 아니한가?
타인이 나를 알아주지 않아도 성내지 아니하니 또한 군자가 아

---

10  사마천 『사기』 '공자세가'편 "태사공은 말한다"에서, 유승우, "사마천이 우리에게 던지는 메시지," http://www.2000news.com/news/articleView.html?idxno=1991와 https://brunch.co.kr/ @bookfit/565 (2019. 10. 30)에서 재인용. 고종문, 『사마천의 사기에서 지혜를 배우다』(사기시리즈 1권) (서울: 키메이커 출판, 2015) (eBook) 참고하라.

니던가?[11]

공자는 특정 종교의 창시자가 되려는 의도는 없었다고 할지라도 그의 인격과 교훈은 후대에 많은 감화를 주었기 때문에 신에 가까울 정도로 숭배되었다. 오랫동안 유교 경전은 국가 관리들의 훈련을 위한 기본 과목이 되었으며, 1912년 공화국이 수립될 때까지도 유교의 위치는 변하지 않았다.

### 4. 경전

#### 1) 사서四書

유교 이해의 가장 핵심이 사서라고 할 수 있다. 공자의 가르침과 언행을 수집하여 묶은 명문집名文集을 사서라고 할 수 있다.[12]

논어: 공자의 가르침과 행동에 대해서 제자들이 편찬한 것으로서 일종의 언행록이다.

대학: 유교의 가장 기초가 되는 교육과 수련의 경전으로서, 유교를 이해하려면 제일 먼저 읽어야 할 책이다.

중용: 유교의 심오하고 형이상학적인 기조인 도道를 이야기한다. 중용은 사람이 우주의 원리인 도를 깨달아 그에 따라 살아야 한다고 강조한다. 임어당은 중용을 높이 평가하여 말하기를 "우주의 영적인

---

11  박재희, 『고전의 대문: 사서편, 인생에서 꼭 마주치는 질문들에 대한 동양고전의 답』(서울: 김영사, 2016) (eBook).
12  배요한, 『신학자가 풀어 쓴 유교 이야기』(서울: IVP, 2014), 69-70.

성격과 그것을 지배하는 도덕률이 이야기되고 있는 책"이라고 격찬한
다. 임어당이 칭찬하는 중용적 삶의 이상을 노래한 이밀암李密菴의 "중
용의 노래"를 여기에 인용함으로써 유교의 멋과 중요의 아름다움을
여유롭게 음미해보자.

> 세상 일은 중용이 최고라고 믿고 살았네.
> 그러나 이상하군.
> 이 '중용'은 씹으면 씹을수록 맛이 나네.
> 중용의 기쁨보다 더한 것 없네.
> 재미있다. 모든 것이 절반.
> 당황치 않고 서두르지 않으니,
> 마음도 편하다.
> 천지는 넓은 것.
> 도시와 시골 사이에 살며,
> 산과 강 사이의 농토를 갖네.
> 알맞게 지식을 얻고, 알맞은 지주가 되어,
> 적당히 일하고 적당히 노네.
> 아랫것들에게도 알맞게 대한다네.
> 집은 좋지도 않지만, 너무 추하지도 않고,
> 가꾼 것도 절반, 가꾸지 않은 것도 절반.
> 입은 옷은 헌 옷도 아니고 새 옷도 아니네.
> 먹는 것도 적당하게.
> 하인은 바보와 똑똑이의 중간.
> 아내의 머리도 알맞은 정도이고

그러고 보니 나는, 반은 부처이고

반은 노자일세.

이 몸의 절반은 하늘로 돌아가고,

나머지는 자식들에게 남기고,

자식의 일도 잊지는 않되,

죽어서 염라대왕께 올릴 말씀,

이럴까 저럴까 생각도 절반.

술도 알맞게 취함이 좋고,

꽃도 반쯤 핀 것이 가장 아름답네.

돛을 반쯤 올린 돛단배가 제일 안전하고,

말고삐는 반 늦추고 반 당김이 제격일세.

재물이 지나치면 근심이 있고,

가난하면 둔해지는 것이 세상의 이치라네.

인생은 달고도 쓴 것임을 깨닫고 보면,

절반 맛이야말로 제일이네.[13]


맹자: 공자의 제자 맹자의 언행을 기록한 책이다. 당시에 횡행하는 이단 사설을 물리치고, 왕도 정치와 공자의 교훈을 밝힌다. 맹자는 인간의 본성은 선하다는 성선설을 주장하고, 인의예지의 도덕률을 가르친다. 맹자의 경제설, 도덕설, 정치론은 후일에 복지, 민본, 공리주의에 영향을 미친다.

**13**  임어당, *The Importance of Living*, 원창화 옮김, 『생활의 발견』(서울: 홍신문화사, 1987), 133에서 재인용.

## 2) 오경五經

공자는 고대의 많은 문서들을 수집해 손질하고 자신의 설명을 덧붙여 네 권의 책으로 정리 했고, 거기에다 자신의 다섯 번째 책을 추가시켰는데 이것들을 유교의 오경 혹은 5대 고전이라 한다.

서경: 소위 말하는 상고시대의 요순임금으로부터 주나라에 이르는 왕들의 언행록이다.

시경: 공자가 중국 각 지방에 유행하던 3천여 편의 시를 모아 편집한 시집이다. 시경은 인간의 본래의 마음을 회복하고 보존하는 데 역점을 둔 것이라고 할 수 있다.[14] 서경과 시경은 당시의 정신적, 종교적 사상을 드러낸다고 할 수 있다.

역경: 주역이라고도 하는 역경은 만물의 원리인 음양 이론을 논한 것이다. 민간에 행하는 점쟁이들의 점과는 차원이 다른 점을 이야기한다. 하늘의 뜻을 온전히 파악하여 내 마음 가는 대로 행동해도 법도에 어그러짐이 없는 단계從心所欲不踰矩를 목표로 한다.[15]

춘추: 중국 최초의 편년체[16] 역사 기록이다. 노나라 은공으로부터 애공까지의 242 년간의 역사를 엮은 것으로서 공자의 근본 사상을 엿보는데 가장 좋은 자료가 된다.

예기: 역대 제왕과 재상들의 도에 부합하며 곧고 올바른 생활양식을 가르치고 있다.

---

**14** 배요한, 『신학자가 풀어 쓴 유교 이야기』, 65.

**15** 논어 위정편에 보면 공자는 나이 칠십에 종심소욕불유구(七十而從心所欲不踰矩)라고 했다. 이 말은 "마음이 하고자 하는 대로 하더라도 절대 법도에 어그러짐이 없었다."는 의미이다.

**16** 편년체(編年體)란 역사를 기록할 때 연, 월, 일의 연대기적으로 기록하는 방식을 말한다.

이상으로 오경을 매우 간략히 소개하였다. 시경, 서경, 역경을 삼경이라 하고, 춘추, 예기를 더하여 오경이라 이름 하는데,[17] 여기에다가 주역을 포함하여 6경을 이야기하기도 한다.

본래 유교에서 사서보다 오경이 더 중시되었는데, 주자가 오경보다 사서를 더 높이 승격시켰다. 그래서 주자를 가리켜 혹평하자면 "유교의 반역자"라고도 한다. 다른 한편으론 주자가 사서 주석을 완수하였다는 점과 "유교의 반역자"이기 때문에 유교가 주자학으로 불리게도 되었다.

## 5. 자아, 고통, 구원에 대한 교리

먼저 유교의 인간관을 살펴본다. 공자의 역경易經 혹은 주역, Book of Changes, I Ching에서, 만물은 태극에서 생生했다고 한다. 생이라는 개념은 리하르트 빌헬름Richard Wilhelm 1873-1930이[18] 생산 내지 산출Erzeugung로 번역한 것처럼 '생산한다'는 뜻을 가진다. 송대에 중국의 신유교가 생을 '출산' production 이란 의미로 해석한 바와 같이, 유자는 창조물을 절대자에게서 유출한生 자녀로 생각한다. 이 동사 '생生'은 창조자와 피조물의 본질적인 구별이 없는 인간관을 형성한다. 중용 1장에 "천명지위성 율성지위도" 天命之謂性 率性之謂道 라고 기록하였듯이 천명은 초월적인 천天의 명령이 아니다. 성性대로 따르는 것이 도道라고 한 바와 같이 인간

---

**17** 배요한, 『신학자가 풀어 쓴 유교 이야기』, 65-69.
**18** 리하르트 빌헬름의 생애와 사역과 업적에 대해서는 김태연, "근대시기 기독교와 유교의 영향관계에 대한 상호문화신학적 고찰: 리하르트 빌헬름과 구홍밍의 교류를 중심으로," 『신학연구』 72, (2018. 6): 141-64를 참조하라.

본성에 의한 판단력으로서, 천명은 다른 것에서 찾는 것이 아니라, 바로 자기 본성에서 찾는다는 말이다.

이러한 자율사상을 근거로 유교는 이상적인 통치자를 '천자'라고 칭했다. 또 인간은 자기가 깨달은 것을 완전하게 실천할 때 성인이 될 수 있고, 성인은 자기의 본성을 지극히 발휘하여 인격을 완성하고, 또 만물을 완성하는 것이다. 이것을 성誠이라고 한다. '만물완성'이란 천지와 합일하여 꼭 알맞게 행하는 것, 즉 참여하는 것을 말한다. 군자가 움직이면 천하의 도가 되고, 행하면 천하의 법이 되고, 말하면 천하의 법칙이 된다는 중용의 진술이 바로 범신론적인 천인합일天人合— 의 상태를 묘사한 것이다. 송대 성리학의 창시자 정이천[1033-1108]은 성측리性側理라고 함으로써 인간의 본성이 절대자의 내재임을 주장하고, 주자周子 역시 그의 논문 '태극도설'에서 '인극'이라는 개념을 사용했다. 인극은 태극과 함께 인간에게 절대성 내지 신격을 부여하는 것이다. 성리학의 인극론은 바로 인간의 본성이 절대자와 다르지 않다는 이론이다. 사람의 영혼이나 죽은 사람의 혼이 섬김의 대상이 될 수 있는 이유가 바로 이러한 유교의 범신론 때문이며, 이러한 사상적 기초 위에 샤머니즘의 조령제가 혼합되는 것이다.

그러므로 창조론이 없는 범신론자들은 하나님을 섬기는 대신에 죽은 사람의 혼을 숭배함으로써 인간을 우상화 내지 신격화하며, 피조물을 숭배하는 우를 범한 것이다. 유교의 인간관에 의해서는 사회적인 죄에 대한 이론만 존재할 뿐, 창조주 하나님에 대한 죄 관념은 없다. 유자들은 양심에 대한 죄의식은 가능하나, 창조주를 모르기 때문에 하나님께 대한 죄의식은 없다. 에밀 브루너[E. Brunner]가 인간의 인식 가능성은 겨우 둘째 돌비의 계명들뿐이고 계명을 준 자를 알지 못한다고 하며, 오히려 하나의 환상적인 하나님을 섬기는 인간의 우상숭배를 지적하는 이유가 여기에 있다.[19] 브루너가 인간의 죄악이 올바른 신神 인식을 방해하고 무효가 되게 했다롬 1:21고 주장하는 바와 같이, 이방 종교들은 죄인의 혈과 육이 하나님의 계시를 왜곡함으로써 형성된 우상숭배이다. 복음전달자는 인극론을 믿는 유자들에게 인간의 피조성과 하나님께 대한 죄악과 타락을 깨우치고, 하나님의 구원과 심판도 전하며, 범신론적 천명사상과 천인합일 사상의 허상을 드러내야 할 것이다.

유儒자는 "사람 인人"과 "필요한 수需"가 합해서 된 말로서, 사회에 유용되는 필요한 인재, 혹은 수기치인修己治人하는 군자를 양성하는 것을 중시한다. 유교의 목적은 이상적 통치에 있으니, 즉 교육의 진리를 가지고 정치의 권력을 써서 이상세계를 건설하는 정교일체正教一體의 사상인데, 교육적 진리는 우주 자연의 법리를 인식하는 것이다.

유학의 핵심적인 사상은 중용中庸이라 할 수 있다. 중용은 공자孔子로부터 주자朱子를 거쳐서 이어져 오는 위대한 사상이다. 중용이란 영어로 중간median 이 아니다. 오히려 인의예지신仁義禮智信, 五常德을 중용이라 한다. 따라서 영어로 다음과 같이 중용을 개념 정의할 수 있다. 중용이란 "효율적이고 지적인 지식이 조화로운 마음 상태와 고도로 융합되어야하므로 현자군자가 규정된 행동 실행의 대의에 자신을 헌신하는 것"[21]이다. 이렇게 될 때 중용이 실현된다.

유교의 구원관은 자력구원이라 할 수 있다. 유교의 목적은 도덕

**19**    E. Brunner, *Der Mensch im Widerspruch: Die Christliche Lehre vom Wahren und vom Wirklichen Menschen* (Berlin: Furche, 1937), 541-45.

적 수양을 통한 자기완성과, 점진적인 자기 확대[수신]를 통해서 제가, 치국, 평천하의 이상사회를 건설하는 데 있다. 그러므로 유자들은 성실히 덕행을 수행한다는 자의식을 가지고 있다.


## II. 유교의 선


### 1. 의례

유교의 상제례에는 종교성이 드러난다. 그들은 신앙대상에게 강복의 서원을 아뢰며, 제의 끝에 "제사가 끝나 조고께서 기쁘게 흠향하셨으니 엎드려 바라건대 5복을 고루 갖추어 가족들을 돌보고 평안하게 하십시오."라고 비는 것이다. 그러나 그들은 이러한 복은 이복[利福]이 아니고 제사를 받은 신령이 그 보답으로써 반드시 준다는 것이다. 그들은 이러한 복을 비[備]라고 칭하는데, 비는 "만사가 구비되어서 순조로운 상태"를 뜻한다.

유교의 상제례에서 핵심 요소는 성[誠]이라고 한다. 보통 지성 혹은 정성으로 이해되는 성[誠]은 중용에서 만물의 근원으로, 만물의 시작과 마침이라고 한다. 성[誠]은 스스로 존재하고 만물을 이룬다고 한다.

---

[20] As the efficient and intelligent knowledge should be highly blended into the harmonious state of mind, so a wise man should dedicate himself to the cause of the prescribed conduct of behavior. 강상원 박사 스페셜 테마(23) - "금문과 산스크리트어가 일치한다" https://www.youtube.com/watch?v=RtveKiG792g (2019. 10. 10).

지극한 정성誠은 신神과 같다고도 한다. 아울러 성이란 도덕실천의 근거로도 강조된다. 중용 20장에서는 "도를 아는 지식도는 여기서 부자유친, 군신유의, 부부유별, 장유유서, 붕우유신의 오륜을 말함, 도를 체득하는 인仁, 도를 실천하는 용기, 즉 지知, 인仁, 용勇을 실현하는 길"[21]로 유교의 핵심 개념 중의 하나로 이야기한다.

성誠은 효와 귀신숭배조상숭배의 통일로도 볼 수 있다. 18세기 한국 천주교도 이벽에 의하면, 유교가 가르치는 정성誠은 제사 때 귀신을 파악하거나 접할 수 있는 개념이다. "'음, 양' 귀신은 본래 초감각적이지만 그것이 가감각적可感覺的이" 되는 것은 그 대표적인 것으로 "조상을 제사지낼 때, 음, 양 기가 여러 가지로 결합함으로써 가감각적인 형태를 지닌 물체가 형성된다."[22]고 설명하고 있다. 이와 같이 초감각적인 귀신이 가감각적인 존재로 변하는 것은 제사에서 성誠으로 가능하고, 후손들이 바치는 제물의 흠향歆饗[23] 여부에 좌우된다. 따라서 "제사와 성誠은 부모사멸을 막는 효행"으로서 절대시되고, 효도의 실행원리가 된다.[24] 그러므로 유교에서 제사를 지내지 않는 것은 가장 큰 악덕으로 간주된다.

유교에서 제사는 효가 시행되는 중요한 제의이다. "효성을 측정할 때는 첫째로 생시에 부모를 봉양하며 그 효순孝順으로서 효를 측정하며, 둘째로 부모가 죽으면 상례를 시행하되 그 비애의 강도로서 효를 측정하고, 셋째로 상례 후에는 제사를 지내며, 그 경애함과 정기적

---

21    이동주, "죽은 사람 아닌, 철저히 산 부모에 효도하는 기독교 윤리".
22    이동주, 위의 글.
23    신명(神明)이 제물을 받아서 먹음을 말한다.
24    이동주, 위의 글.

인 제사로서 효를 측정한다."[25] 유교의 축제일을 대략 요약하면 〈표 15〉과 같다.

〈표 15〉 유교의 축제일

| 축제일 | 시기 | 개요 |
|---|---|---|
| 구정 | 음력 1월 1일 | 우리나라 구정 명절과 유사함 |
| 청명절<br>(Clear Brightness Festival) | 보통 4월<br>(동지 이후 104일째) | 가족이 조상의 묘(산소)를 성묘하고 예를 표하며 청결하게 함 |
| 공자 탄신일 축하 | 음력 8월 27일 | 공자 탄신을 기념 축하함 |
| 백중날<br>(Ghost Month) | 음력 7월 15일 | 죽은 조상의 영이 들어오도록 대문을 활짝 열고, '유령 돈', 음식과 희생제물을 바친다. |
| 옥황상제 탄신 축하<br>(Jade Emperor's Birthday) | 음력 1월 9일 | 옥황상제에게 향과 공물을 바침 |
| 등불축제<br>(Lantern Festival) | 음력 1월 15일 | 가족이 모여 촛불을 켜고, 길과 물에도 빛을 장식함 |

## 2. 도덕적 행동과 교훈

여기에서 유교의 기본적인 특징을 간략하게 살펴보면 다음과 같다.

첫째, 유교의 학문적 특징으로 수기치인修己治人하는 수양철학이다. 특히 이것을 극명하게 보여주는 것이 바로 대학大學 경 1장에 있는 삼강령三綱領이다. 즉,

"대학지도大學之道는 재명명덕在明明德하며, 재친(신)민在親(新)民하며, 재

---

25    이동주, 위의 글.

지어지선在止於至善하니라."

우리말로 번역하면, "큰 학문의 길은 밝았던 덕을 밝히는 데 있고, 백성과 하나가 되는 데 있으며, 지극히 좋은 상태에서 머무는 데 있다."[26] 이 삼강령이야말로 유교의 근본을 밝힌다고 본다. 옛날에 15세가 되면 먼저 읽는 것이 대학大學이었다. 왜냐하면, 유교의 핵심 얼개인 삼강령과 팔조목이 들어있기 때문이다.

대학은 공자의 어록을 제자인 증자曾子가 기록한 것이며, 후에 주자1130-1200가 집대성한 것이다. 대학의 구성은 경1장과 전1장부터 10장으로 되어 있으며, 경1장과 전1장부터 3장까지는 삼강령을, 전4장부터 10장까지는 8조목을 설명하고 있다. 8조목이란 보통 사람들이 익히 알고 있는 것으로서, "격물格物 - 치지致知 - 성의誠意 - 정심正心 - 수신修身 - 제가齊家 - 치국治國 - 평천하平天下"를 말한다.

둘째, 유교의 학문적 목적은 성인聖人이 되기 위함이다. 그래서 수양철학이 발달하였다. 그 방법은 거경居敬과 궁리窮理이다. 쉽게 이야기하자면 거경은 경건으로, 궁리는 학문으로 볼 수 있다. 특히 우리나라 유교만큼 거경修행을 강조하는 유교도 없다.

셋째, 유교의 두 가지 핵심은 인仁과 예禮이다. 논어에 인仁은 109회, 예禮는 74회 언급되고 있다. 인仁이란 사람이 둘 있는 것을 형상화한 것이다(人+人). 이것은 "나 = 남"을 말한다. 유교는 기본적으로 인간의 마음속에 밝음善이 있다고 본다性善說.

중용 제1장은 하늘이 명한 것을 따르고 닦으라고 말하는 것으로

---

26  배요한은 이 구절을 다음과 같이 번역한다. "대학이라는 책에서 가르치는 것은 내 마음 속의 밝은 덕을 밝히는데 있고, 남을 나처럼 사랑함에 있으며, (나와 이웃이 함께) 지극히 선한 상태에 머무는 데 있다." 배요한, 『신학자가 풀어 쓴 유교 이야기』, 288.

보아서 기본적으로 유교는 인간을 선하다고 간주한다.

　　천명지위성 天命之謂性 이오 하늘이 命한 것을 性이라 하고,

　　솔성지위도 率性之謂道 이오 性을 따르는 것을 道라 하고,

　　수도지위교 修道之謂敎 니라 道를 닦는 것을 敎라 한다.

인간은 누구에게나 성性이 있다. 본성에 따라 사는 삶은 곧 "나의 존재=너의 존재"임을 말하고, "나 = 너 = 우리"라는 등식이 성립된다. 공자는 하늘로부터 받은 본성에 따라 사는 삶을 성인聖人이라 한다. "나의 본성=너의 본성=자연의 이치"로 보는 것이 유교이다. 이렇게만 보면 지상천국이요 유토피아라고 할 수 있다. 그런데 仁 즉 "나 = 너 = 우리", 너를 나와 같은 마음으로 사랑하는 본성에 따른 삶에 문제가 생겨난다. 즉 너와 나의 차이가 현실로 나타나는 것을 경험할 수 있다. 그래서 요청되는 것이 예禮이다.

맹자는 "나의 마음과 너의 마음이 같다"고 보아 仁을 강조하여 교육에 치중하였으며, 순자는 "나의 몸과 너의 몸이 다르다"고 보아 예禮를 강조하여 법에 치중하게 되었다. 후에 한비자가 이 법가 사상을 이어받았다. 순자 식의 이해는 서구식 이해와 유사하며, 이성을 통한 예의와 법을 강조한다.

우리나라 유교는 맹자의 전통을 따르며, 인仁은 곧 정情이다. 그래서 "우리" 개념이 발달하였고 혼자 하는 것을 싫어한다.[28] 반면, 일본유교는 "나 ≠ 너"이다. 순자적 유교로서 예를 강조한다. 주객분리로 지식을 강조한다. 우리나라 유교는 "맹자적 공자, 맹자적 유교"孟子的 孔子, 孟子的 儒敎만 흡수하였다. 그런데 산업화, 근대화, 도시화 이후 현대 한국은 순자적荀子的 분위기에 쫓기며, 세계는 순자적荀子的 논리가 지배한다. 이런 관점에서 한국사회 혼란의 한 원인으로 파악할 수도 있다.

## 3. 사회 질서

독일 선교사요 중국학자였던 리하르트 빌헬름은 유교의 사회질서를 유기체적이고 자연적인 가족주의로 보았다. 삼강오륜의 정신이 개인-가족-사회-국가의 유기적 연관성과 일체성을 드러낸다. 부모 자식 간의 관계가 스승과 제자, 군주와 관료, 지도자와 시민 등의 집단주의적, 가족주의적 공동체 사회 질서를 형성한다. 하지만 엄밀히 말해서 유교는 군주제를 옹호하며 현실 기득권 세력을 수용하는 "강력한 정치적 윤리적 이데올로기"로서도 작동하였다.[28] 따라서 어느 시대, 어떤 관점에서 유교를 보느냐에 따라 유교의 현 실태를 다르게 해석할 수 있다. 이념상 가치 지향의 유교적 담론이 지배하는 사회 질서와 현실정치의 권력 유지와 강화 차원에서의 사회 질서가 반드시 일치하는 것은 아니라는 사실을 인식할 때 당위와 현실의 차이를 이해해야 할 것이다.[29]

"유교에 있어서 사회질서의 문제"를 다룬 논문에서 최석만[Sug Man Choe]은 오륜과 오상五常: 인仁·의義·예禮·지智·신信은 인간 본성에 토대를 둔 덕목으로서 사회 질서의 기초라고 한다. 그리고 성리학이 발전시킨 효孝 filial

---

**27** 놀아도 같이, 술을 마셔도 굳이 같이 마시도록, 심지어 많이 마셔서 죽어도 좋다는 식으로 권하는 관습이 바로 이러한 유교적 전통에서 기인한다고 본다. 그래서 아리랑(나를 버리고 가시는 님은 십리도 못가서 발병난다), 한 오백년(… 같이 살자는 데 …) 등의 전통 민요에도 이런 태도가 배어 있다. 우리 한국 사람에겐 나 = 너(님)이다. 유행가 가사를 보면 이것을 알 수 있다. 두만강, 저 푸른 초원위에(남진, 나훈아), 꽃피는 동백섬에(조용필), 핑계되지 말라(김건모), 난 알아요… 오 그대여 가지마세요 지금가면 울잖아요.(서태지) 등에 이런 태도가 드러난다. 아울러 우리는 "우리" 사상이 발달하여, 전혀 피가 섞이지 않았어도 "형-동생"하며, 환대를 잘하여 뇌물로까지 이어져 사회문제가 되며, 지금도 식당에 가면 족보에 관계없이 늙은 남자가 젊은 여자 종업원에게 "언니" 혹은 "이모"라고 부르는 게 다 이런 연유에 기인한다.
**28** 김태연, "근대시기 기독교와 유교의 영향관계에 대한 상호문화신학적 고찰," 156.
**29** 이에 대한 하나의 사례연구로서 허남린, "규율과 질서: 임진왜란과 유교적 사회질서," 『국학연구』 14 (2009.06): 249-87을 참고하라.

piety, 충忠 loyalty, 서恕 forgiveness 도 단순히 추상적 규범이 아니라 구체적인 사회 질서이다. 후에 주자 혹은 주희는 충을 자기의 최선을 다하는 행동진기지위충 盡己之謂忠이라 하고, 서恕란 타인의 입장에서 자기를 적용하는 것 추기지위서 推己之謂恕으로 해석하였다. 더 나아가서 주희는 충이 성인聖人의 마음에 있으면 성誠 sincerity이 되고, 서가 성인의 마음에 있으면 인仁 benevolence이 된다고 하였다. 충이 도의 몸도지체 道之體이라면, 인은 도의 활용 道之用이라고 한다주자. 『論語 集註』, 理仁 편.30

유교의 현대적인 해석을 시도한 최석만은 그의 책에서 오륜五倫을 재해석 한다. 서구적인 개인주의와 그 왜곡현상인 이기주의를 토대로 한 민주주의는 각종 사회 문제의 원인이기에 유교의 가치관과 세계관으로 보완 내지는 해결책을 찾을 수 있다고 본다. 유교의 재해석을 통해 창조적인 민주주의의 발전을 이루어야 한다고 주장한다.31 인간과 사회와 민주주의에 대한 유교적 가치의 창조적 기여를 주장한 이 책은 유교의 재해석을 추구한 것으로 보인다.

유교의 사회 질서의 근간은 인간 개인 간의 관계와 가족으로부터 확장되어 사회와 국가로 나아가며, 국가는 개인의 복지와 번영과 안전과 교육을 책임져야 하고, 개인은 국가에 충성해야 한다고 본다.32 아울러 유교의 사회 질서의 또 다른 토대는 바로 화和 harmony이다. 화는 중용을 통해, 그리고 화를 이루는 객관적 조건을 제시함으로써 이루어진다.33

---

30   Sug Man Choe, "The Problem of Social Order in Confucianism," *Comparative Korean Studies* 6 (2000): 59-77. 특히 66.
31   최석만, 『유교적 사회질서와 문화, 민주주의』(전주: 전남대학교출판부 2006), 340이하.
32   Sug Man Choe, "The Problem of Social Order in Confucianism," 67.
33   위의 책, 68.

# III. 유교의 미

## 1. 종교 체험과 영성

유교의 종교 체험과 영성은 유일신 신앙을 토대로 한 종교의 그것과 사뭇 다르게 보인다. 우선 정통 유교에서 초월적 존재에 대한 믿음의 여부와 귀신론, 상제례 등에서 샤머니즘과 습합되거나 혼합된 신앙 행태에 대한 평가에 따라 달라 질 수 있다. 그리고 유교의 근본 진리인 수기치인과 거경과 궁리의 추구, 그리고 오륜과 오상의 실천 등을 종교 체험과 영성으로 볼 수도 있다.

한국 유교의 거목이라 할 수 있는 정약용은 "수기를 통해 확립된 윤리적 주체성에 기초하여 사회현실의 개혁을 추진한" 인물로 평가된다. 유교 경전의 한국적 재해석을 통해 학문과 경건의 높은 수준에 이를 뿐만 아니라 새로운 인간과 국가의 길을 제시한 정약용도 자신을 돌이켜 스스로 이렇게 고백하였다.

> 나는 … 60년이다. … 이 세월을 거두어 매듭짓고 일생을 돌이켜 금년부터는 정일하게 몸을 닦고 실천하면서 하늘의 밝은 명령을 돌아보며 여생을 마칠 것이다. … 그 명銘에 다음과 같이 적어 두었다. "네가 너의 잘한 일을 적으려면 몇 편 되겠지만, 너의 숨겨진 사특함을 기록하면 책이 끝이 없으리. 너는 자신이 사서四書와 육경六經을 안다 말하지만 그 행실을 살핀다면 부끄럽지 않을 수 있겠는가? 너는 칭찬을 늘어놓지만 찬양할 것 없으니 어찌 몸으로 증명하여 나타내

고 드러내지 않는가? 네 어지러움 끝내고 네 창광狂을 거두어 하늘 섬김에 힘쓰면 마침내 길상하리.<sup>34</sup>

임부연은 유교의 영성, 그 중에서 특히 정약용이 궁구하고 깨달은 유교적 영성을 천명天命을 따르는 '하늘 섬김'事天과 인간관계의 '교제'交際로 분석한다. 중용의 가르침에 의하면, "원래 인격신인 '하늘'天이 우주론적이고 형이상학적인 의미를 가진 '천명'으로 전환되고 이러한 천명이 '본성'으로 내재됨으로써 천지인天地人 삼위일체三位一體 trinity, 곧 삼극三極 = 삼재三才의 구조를 형성"한다. 이로부터 인간이 하늘 혹은 자연과 하나가 된다는 '천일합일'의 사상을 배태했다.<sup>35</sup> 정약용이 발전시킨 천명을 좀 더 풀이하자면, "천명은 일상생활의 인간관계에서 자신의 잘못이나 허물을 저지하거나 반성하는 내면의 목소리"다. 천명은 또한 도심道心이라 한다. "도심은 본성이 발현된 마음으로서 선을 행하려고 하고 선을 선택할 수 있는 역량이 있으므로 도심의 욕구를 따르는 것이 솔성率性이요 천명을 따르는 것이 된다."<sup>36</sup> 따라서 "내면 깊은 곳에서 들리는 도심의 목소리를 천명으로 받아들이는 예민한 종교의식宗敎意識 religious consciousness 이야말로 정약용이 제시한 새로운 영성靈性 spirituality 의 핵심"<sup>37</sup>이라고 한다.

---

**34**　『文集』卷16, 「自撰墓誌銘【集中本】(『定本』제3책, 278-279쪽). "鏞生於乾隆壬午, 今逢道 光壬午, 一甲子六十朞, 皆罪悔之年也. 收而結之, 以還一生, 其自今年, 精修實踐, 顧諟明命, 以畢其餘生. …… 其銘曰: 爾紀爾善, 至於累牘. 紀爾隱慝, 將無罄竹. 爾曰予知, 書四經六. 考厥攸行, 能不愧忸. 爾則延譽, 而罔贊揚. 盍以身證, 以顯以章. 斂爾紛紜, 戢爾猖狂. 俛焉昭事, 乃終有慶.'" 임부연, "정약용이 발견한 '천명天命'과 '교제交際'," 『다산학』 32호 (2018. 06): 9에서 재인용.

**35**　임부연, "정약용이 발견한 '천명天命'과 '교제交際'," 11.

**36**　『中庸自箴』(『定本』제6책, 230쪽). 위의 책, 31에서 재인용.

**37**　임부연, "정약용이 발견한 '천명天命'과 '교제交際'," 32.

오상 가운데 예에 대해서 공자는 이렇게 말했다.

제가 배운 것은 다음과 같습니다. 사람이 따르고 있는 모든 것 가운데 예가 가장 위대한 것입니다. 예가 없으면 우리는 천지신명에게 숭배를 드릴 알맞은 방법을 알지 못합니다. 또는 왕과 신하, 통치자와 백성, 노인과 연소자 각자의 알맞은 자리를 알지 못할 것입니다. 그리고 남자와 여자 사이, 부모와 자식 사이, 그리고 형제 사이의 도덕도 세울 수 없습니다. 가족 간의 상하 관계도 구별할 수 없습니다. 군자가 예를 높이 숭상하는 것은 바로 이런 까닭입니다.[38]

인간의 삶에서 예를 실천하는 것, 모든 관계에서 윤활유와 같이 질서와 조화를 이루고, 남과 함께 바르고 상호 도움이 되는 실천적 덕목이 예라고 할 수 있다. 예의 내용 혹은 정신은 공경하는 마음과 배려이고, 예의 형식은 정중한 행동이나 실천이라 할 수 있다. 오상을 다 실천하는 것이 유교의 영성이라 할 수 있겠지만 인과 예의 중요성을 강조할 수 있다.

## 2. 예술

종교로서의 유교의 종교 체험의 표현 양식으로서 혹은 초월성에 대한 상상력의 표현으로서 예술을 이야기할 수 있을 것이다. 유교의

---

**38** 공자, 『논어』 문례 제6(問禮 第6); D. S. Noss and J. B. Noss, *Man's Religions* (New York: Macmillan, 1980), 271; James F. Lewis, William G. Travis, 『세계의 종교와 관습』, 445에서 재인용.

출생과 성년식과 결혼식과 장례식에 관련된 예술적 표현이나 제사와 문묘, 종묘에 관련된 예술적 표현 양식이 있을 것이다. 그림, 음악, 춤, 문학 등 다양한 관점에서 살펴볼 수 있을 것이다. 유교의 경전 가운데 시경, 서경, 역경, 악경, 예기, 춘추 등은 예술적 관점에서 충분히 고찰할 수 있는 것이다.

먼저 음악에 대해서 살펴보기로 한다. 이희재는 "유교제례에서의 악樂의 의미 – 한국의 문묘와 종묘제례악을 중심으로"에서 유교제례 즉 예는 예술 즉 악과 불가분리의 관계에 있다고 한다. 예를 구현하는 데에 악이 동반한다는 것이다. 예와 악을 통해 온갖 사물들이 조화를 이루고, 하늘과 땅의 제례를 올릴 수 있다고 한다. 유교제례에는 음악과 춤이 필수 요소이다. 다양한 악기가 연주되고, 중후하고 화려한 노래가 울려 퍼지며 제례가 진행된다. 여기에서도 인간의 본성 내지는 인간의 천명이 게재된다. "제례에서의 음악은 … 인간과 인간사이의 위계질서와 상응하여 조화를 이루어야 한다. … 그러므로 음악의 조화는 다름 아닌 사람과 사람사이의 신분과 조화와 질서를 상징"한다.[39]

조화를 이루려는 유교 예술은 음악과 무용만이 아니다. 문묘제례나 종묘제례에 나타난 음악과 무용의 중요성을 미루어 짐작할 때 유교의 예와 악은 상호보완적임을 알 수 있다. 예기는 이 점을 지적한다. "대저 예악은 악기를 통해 실행하여 성음聲音을 내고 예를 종묘사직의 제사에 적용하여 산천의 귀신을 섬기는 것은 인민과 함께 하는 것이다."[41] 이희재는 유교의례에서의 악樂의 의의를 음악적 질서를 통한 위

---

39    이희재, "유교제례에서의 악(樂)의 의미 – 한국의 문묘와 종묘제례악을 중심으로,"『유학연구』22권 (2010): 165.

계질서의 중시, 선인과 충신에 대한 경의, 음양조화의 상징이라고 한다.[41]

〈표 16〉 유교의 개요

| | 진 | | | | 선 | | | 미 | |
|---|---|---|---|---|---|---|---|---|---|
| 유교의 개요 | 신 혹은 궁극적 존재 | 창시 자와 대표자 | 경전 | 자아, 고통, 구원에 대한 교리 | 의례 | 도덕적 행동과 교훈 | 사회 질서 | 종교 체험과 영성 | 예술 |
| | 도, 우주 질서, 완덕, 선비의 성품 | 공자, 맹자 | 사서 삼경 | 사회부 조화, 악한 성품 | 제의적 예절, 조상 숭배, 공자 숭배 | 덕성, 인, 지혜, 충성, 경건 | 대중 사원 제도, 사회 질서 구조화 | 수기 치인, 천명 | |

---

40 禮記, 樂記 "若夫禮樂之施於金石, 越於聲音, 用於宗廟社稷, 事乎山川鬼神, 則此所與民同也." 이희재, 위의 책, 183에서 재인용.

41 이희재, "유교제례에서의 악(樂)의 의미," 177-82; 유교 음악의 치료적 기능에 대해서는 왕해화, "공자의 음악치유 사상에 내재된 예술치료적 의의,"『연극예술치료연구』5권 (2015): 33-75를 참고하라.

# 6장
## 이슬람 이해

이슬람은 2009년 현재의 통계로 200여개 국가에 존재하고, 68억 세계 인구 가운데 23%인 15억7천만 명을 차지하는 종교이다.[1] 이슬람의 분포도는 〈그림 15〉과 같다.[2]

9·11테러 이전과 이후의 이슬람에 대한 이해는 많은 면에서 그 면모를 달리한다. 2003년 미국과 이라크와의 전쟁 이후 더더욱 이슬

---

1  "Mapping the Global Muslim Population: A Report on the Size and Distribution of the World's Muslim Population". Pew Research Center (October 7, 2009). https://www.pewforum. org/2009/10/07/mapping-the-global-muslim-population/ (2019.10.26).

2  위의 자료, https://www.pewresearch.org/wp-content/uploads/sites/7/2009/10/weightedmap. pdf (2019.10.26). 표에 나타난 수치는 백만 명 단위를 나타낸다. 일례로 인도네시아에 2억 3백만 명이 무슬림이 살고 있음을 알 수 있다.

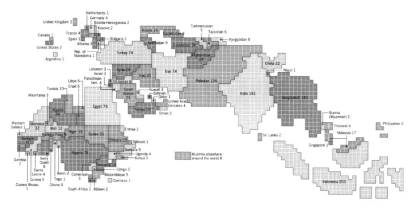

〈그림 15〉 세계 이슬람 분포도

람과 기독교의 관계는 대화와 화해보다는 긴장과 갈등으로 특징 지워
진다. 이슬람은 유대교와 기독교처럼 성경적인 배경을 갖고 있으면서
도 전혀 다른 종교로 형성되어 왔다고 본다. 많은 이슬람 국가들이 근
대에 들어서면서 민족주의와 자본주의 영향을 받아 그 공동체성이 와
해되는 위기를 맞고 있는 면이 없지 않지만, 세계의 어떤 종교보다도
이슬람은 전 세계 공동체적인 성격이 강하다. 경제적으로는 이슬람 국
가들이 산유국으로서 집단 경제체제를 구축하면서 국제 사회에 상당
한 영향력을 행사하고 있다. 문화적으로는 유럽과 북미 그리고 아시아
와 아프리카의 문화와는 전혀 다른 모습을 띤 블록을 형성하고 있으
며, 이슬람 사회는 여성의 지위를 비롯한 인권의 사각 지대로 알려져
있다. 그러한 이슬람에 대한 이해가 더 절실히 요청되는 시대를 맞이

했다.

따라서 본 장에서 필자는 이슬람 신봉자인 무슬림에 대한 우리의 이해를 새롭게 하고자 일반적인 이슬람의 진·선·미를 고찰하면서 이슬람의 신앙과 생활을 살펴보려고 한다. 이슬람 세계가 쿠란<sup>Qur'an</sup>과 하디스<sup>Hadith</sup> 그리고 샤리아<sup>Shariah</sup>에 의하여 지배되는 정교일치의 사회이라는 것을 감안하여, 그들의 신앙과 생활을 좀 더 자세하게 다루려고 한다.

# I. 이슬람의 진리

## 1. 신 혹은 궁극적 존재

무슬림은 서기 7세기에 순수한 신앙의 새로운 샘이 동양에서 갑자기 터져서 서양의 갈증을 시원하게 해 주었다고 믿는다. 이슬람은 대체로 여섯 가지 믿음을 가진다고 한다. 창조주 알라 유일신의 존재, 천사나 사탄이나 진과 같은 초월적 존재, 쿠란, 선지자와 예언자, 심판, 그리고 정명 定命, 카달에 대한 믿음이다.[3] 정명 혹은 숙명이란 인간의 모든 존재와 행위를 포함하여 우주와 천하 만물이 미리 정해져 있어서 인간의 의지와 노력과 지력에 무관하게 일어난다는 것이다.[4] 쿠란 개

---

3    여기에 내세를 포함시키면 일곱 가지 믿음이 된다. "이슬람교"『한국민족문화대백과사전』.
4    정수일, 『이슬람 문명』(서울: 창비, 2002), 128-31.

경장인 제1장, 알파티하는 다음과 같다.

> ① 자비로우시고 자애로우신 하나님의 이름으로
> ② 온 우주의 주님이신 하나님께 찬미를 드리나이다.
> ③ 그분은 자애로우시고 자비로우시며
> ④ 심판의 날을 주관하시도다.
> ⑤ 우리는 당신만을 경배하오며 당신에게만 구원을 비노니
> ⑥ 저희를 올바른 길로 인도하여 주시옵소서.
> ⑦ 그 길은 당신께서 축복을 내리신 길이며 노여움을 받은 자나
>   방황하는 자들이 걷지 않는 가장 올바른 길이옵니다.[5]

쿠란 Qur'an [6]에서의 신에 관한 교리는 엄격한 유일신론이다. 신은 한 분이며 유일한 분이다. "은혜로우시고 자비로우신 하나님의 이름으로. 이르라, 그분이야말로 유일하신 하나님이시니라. 홀로 계시고 모든 간구를 들어주시는 하나님이시니, 그분께서는 낳지도 아니하시고 태어나지도 아니하시는 분이시며, 그분에 비견할 자는 아무도 없느니라." 쿠란 112:1-5.

무슬림들은 하나님을 유대인들이 믿었던 하나님과 동일한 하나님이라고 한다. 쿠란에는 하나님의 이름이 99개의 이름으로 표현되며, 그 이름마다 하나님의 본질과 속성을 나타내고 있다. 그에게는 협

---

**5**  최영길 편저, 『성 쿠란: 의미의 한국어 번역』(서울: 송산출판사, 1988), 2-3. 쿠란 한글 번역도 다양하나 편의상 그 내용을 소개하는 목적으로 쉽게 찾을 수 있는 다음 사이트도 소개한다. https://ko.wikisource.org/wiki/%EA%BE%B8%EB%9E%80/%EC%A0%9C1%EC%9E%A5 (2019.10.17).

**6**  이슬람 경전인 쿠란은 코란 혹은 꾸란으로 읽히기도 한다.

력자도 동등한 존재도 없다. 알라는 무한하며 초월적이며 창조주요 최후의 심판자이다. 그리고 신은 한 본체 안에 세 위격이 있다는 기독교 신앙인 삼위일체론을 철저히 거부한다. 이슬람은 삼위일체를 믿는 기독교인들을 셔크shirk, 사교로 단정하고 죄를 짓는 것이라고 한다.[7] 무슬림들은 신과 그리고 '존재하라'고 하는 신의 단순한 명령을 존재하도록 만든 피조물 사이의 그 어떤 중재자도 인정하지 않는다. 위엄이 있으며 군주적인 존재로 서술된 쿠란의 신은 인격적인 신이다. 그는 언제나 인간 가까이 있으며, 항상 어려움과 고통 가운데 있는 인간이 그를 부르면 그는 응답한다.

이슬람의 신 알라에게 사람들이 신상을 만들고 조각 등 형상화하는 것, 그리고 그것에 절하거나 기도의 대상으로 삼는 것은 절대 용납되지 않는다. 유일신을 믿는 이슬람은 종교의 통일성과 유일성, 이슬람만이 참된 종교라는 독특성을 주장한다.[8] "말하라, 신은 한 분이시며 영원하시다. 자식을 낳지도 않으시며, 태어나시지도 않으셨으며, 그와 같은 자는 아무도 없다.112:26.

이러한 신의 모습은 유대-기독교 전통과 또한 이교 아라비아의 개념들과 관련되어 있다. 그런데 유대-기독교 전통으로 말미암아 신에 대한 개념에 수정이 가해지게 되었으며, 이것은 이교 아라비아의 신 개념이 되었다. 쿠란은 모든 형태의 우상 숭배를 거부하고 아랍인들이 자신들의 신당haram, 가장 유명한 것은 메카 안에 있는 카아바 신당이다에서 예배하던 모든 신들과 신위를 제거함으로써 철저한 유일신론으로 일관하였다.

7    James F. Lewis & William G. Travis, 『세계의 종교와 관습』, 278.
8    위의 책, 277-80.

## 2. 천사

무슬림들은 진, 천사, 사탄 등의 초자연적이며 영적인 존재를 믿는다. 이슬람에서 천사는 빛으로부터 창조된 가장 고귀한 피조물 중의 하나이며, 눈에 보이지 않는 영적 혹은 형이상학적 존재이다. 천사는 인간 창조보다 더 앞선다.

천사의 역할은 영적세계와 현실세계에서 다르게 나타난다. 영적세계에서의 역할은 알라에 대한 완전한 복종과 찬미, 알라의 권좌를 떠받침, 선행하는 자의 격려, 지옥행 사람에 대한 경고, 계시의 전달 등이고, 현실세계에서의 역할은 인간에게 진리와 선의 영감으로 영적 활동, 신자에 위한 기원, 예배 임재, 쿠란 낭송에 강림, 신자를 축복, 인간 형태로 출현, 알라의 사랑과 증오 표현, 행동의 기록, 혼을 거두어 들임, 천국 소식 전파 등의 역할을 한다.[9]

## 3. 창시자와 대표자

이슬람은 사도[rasul] 혹은 최후의 최종적인 예언자[nabi]인 무함마드 [Muhammad]에 의해 창시되었다고 한다.[10] 그의 가족은 쿠라이쉬 부족의 하심 지파에 속했고, 메카의 성전인 카아바를 관리하는 종족이었다. 그는 서기 570년에 메카에서 태어나 메카에서 살았다. 무함마드가 여

---

**9**  이원삼, "이슬람에서의 천사와 JINN," 『종교연구』 10 (1994. 12): 145-53.
**10**  그의 원명은 "무함마드 이븐 압둘라 이븐 압델모탈리브 이븐 모쉼"(Muhammad ibn Abdullah ibn Abdelmottalib ibn Moshim)이라는 긴 이름이다. Karl Jaspers, *Socrates, Buddha, Confucius, Jesus: From The Great Philosophers*, 황필호 옮김, 『소크라테스, 불타, 공자, 예수, 모하메드』(서울: 종로서적, 1980), 171.

섯 살 때 고아가 되어, 할아버지와 삼촌과 함께 살았다. 그는 삼촌을
따라 카라반 상업 <sup>낙타 몰이꾼</sup>에 종사하였다고 하며, 여러 곳을 여행하며
다양한 영적 존재를 접하고 믿었으며, 기독교와 유대교도 알게 되었
다. 이러한 여행과 상업에 종사한 경험들이 그의 종교적 사고에 깊은
영향을 주었다. 그는 25세 때에 15세 연상인 재력가 과부 카디자<sup>Khadi-</sup>
<sup>jah</sup>와 결혼하고 재산을 관리하게 되었다.

당대 사회 현실에 불만을 품었고, 부족과 씨족간의 싸움과 도덕
적 부패에 염증을 느꼈으며, 당시의 다신론적 신앙과 관습에 의심을
품었던 무함마드는 40세에 히라<sup>Hira</sup>산 동굴에서 우주의 비밀에 대하여
명상을 하며 계시를 받았다고 한다. 그가 처음으로 계시를 받은 것이
바로 이 히라산 동굴에서 홀로 묵상과 기도를 하던 중이었다. 이 때 가
브리엘 천사로부터 "낭송하라!<sup>11</sup> 낭송하라! 핏덩어리로 사람을 창조하
신 창조주의 이름으로 낭송하라!" 하는 명령을 받았다. 쿠란 수라 96
의 일부분은 다음과 같다.

> 읽어라 (우주만물을) 창조하신 그대 주님의 이름으로
> 그분께서는 한 응혈에서 인간을 창조하셨다.
> 읽어라. 그대 주님은 가장 관대하신 분
> 펜으로 (쓰는 것을) 가르쳐 주신 분이시고
> 알지 못했던 것을 인간에게 가르쳐 주셨느니라.<sup>12</sup>

---

**11** 쿠란이란 아랍어 단어는 까라아(낭송하다)라는 동사에서 파생된 명사로 '낭송'이라는 뜻을 지닌
다. "낭송하라"는 말은 나중에 쿠란에서 "읽어라"로 번역되었고, 이 말로부터 쿠란이라는 단어가
유래한다.

**12** http://islambusan.org/%EA%BE%B8%EB%9E%80%EC%9D%BD%EA%B8%B0/ (2019. 10. 17).

무함마드는 유일신 사상에 대한 계시를 환상 중에 체험하였다. 그는 유일신을 '알라'Allah라고 했고, 자기 자신을 하나님의 예언자로 불렀다. 그리고 그 계시를 수록한 책을 쿠란Qur'an: '낭송'이라고 하였다. 무함마드는 메카의 개혁을 시도하였으며, 그가 6년 동안 전한 메시지는 "알라만이 참 신이며, 카아바의 신들은 참 신이 아니다" 였다. 그는 대부분 사람들의 반대로 추종자들과 함께 피신하였다. 그 기간 동안 카디자는 죽고, 친구의 딸인 아이샤Ayisha와 결혼하였다. 당시 메디나에서 분쟁이 일어나자, 무함마드는 그곳의 사람들의 요청으로 서기 622년에 메디나로 갔다. 이것을 아랍어로 도피라는 뜻의 '히즈라'Hejrah라고 부른다. 무함마드는 서기 630년에 메카로 진격하여 신상을 제거하고 메카를 이슬람의 중심지로 삼았다. 그의 첫 번째 설교가 금요일에 행했으므로, 이슬람은 예배를 금요일에 드린다. 무함마드는 히즈라 10년서기 632년 메카에서 마지막 순례를 하고 후계자 알리로부터 충성을 다짐받은 후, 6월 8일 아내 아이샤의 무릎에서 62세의 나이로 죽었다.

무함마드는 아담, 노아, 아브라함, 모세, 예수님을 관통하는 모든 선지자들에 이어 최종적으로 계시를 전한 인물로서 이슬람의 최종성과 통일성에 결론을 내린 예언자로 간주된다. 무함마드는 무슬림의 신앙과 행동과 경건의 표본으로 간주된다. 그의 말과 행동으로 알라의 뜻을 계시하는 "살아있는 쿠란"living Quran으로 보는 무슬림들도 있다.[13] 무함마드를 이슬람의 창시자가 아니라 종교 개혁가로 보는 관점[14]도 있지만 대개 창시자로 인정한다. 무함마드의 업적은 첫째, 당시 서부

---

**13** John L. Esposito, *Islam: The Straight Path 3rd. ed., Updated with new epilogue* (Oxford: Oxford University Press, 2005), 11.
**14** 위의 책, 12.

아라비아 세계에 새로운 윤리와 유일신 종교를 소개했다. 둘째, 알라의 뜻을 중심으로 단합하고 연합하여 헌신하는 아랍 부족 공동체로서의 제국 건설이다. 셋째, 이슬람 제국의 확산을 가져오는 선교의 동기를 부여했다.[15]

## 4. 경전

이슬람 신앙Iman의 네 가지의 근본적인 자료들은 쿠란Qur'an, 순나sunnah, '이즈마' Ijma`, '이즈티하드' Ijtihad 등이다.

### 1) 쿠란Qur'an

쿠란은 무함마드가 히라Hira 산 위에서 가브리엘 천사로부터 받은 계시의 책으로, 무슬림에게는 하나님의 말씀으로 여겨지는 책이다. 무슬림은 쿠란을 "책의 어머니"Mother of the Book로 간주하는데, 이는 천국에 있는 원본에서 나온 것이라는 의미이다.[16] 서로 다른 길이의 114장surah으로 구성된 쿠란은 이슬람 가르침의 근본이 되는 자료이다. 쿠란의 각 장을 수라surah라고 한다. 각 장의 서두는 "은혜로우시고 자비로우신 하나님의 이름으로" Bismillah ar-Rahman ar-Rahim라는 말로 시작한다.(제9장을 제외한 매장 첫머리에 위치한다.) 크기는 신약성경의 4/5정도이고, 각 장은 3절에서 280절에 이르기까지 다양하다. 그 절을 아야ayah라고

---

15  James F. Lewis & William G. Travis, 『세계의 종교와 관습』, 266-69.
16  위의 책, 276.

하며, 총 절수는 6,236절이다. 문체는 문학적인 아랍어로 되어 있다.[17]

메카에서 받았다는 수라는 짧고 시적이며 감정이 풍부한 반면에, 메디나에서 받은 수라는 길고 장황한 이야기체로 되어 있다. 쿠란의 중심 내용은 미래의 심판에 대한 경고, 선지자 무함마드에 관한 내용, 이슬람 공동체의 생활에 관한 규정으로 구성되어 있으며, 하나님, 창조, 영적 세계, 낙원과 지옥 등과 같은 교리적 내용들도 있다.

무함마드는 읽을 줄 몰랐으므로 계시 받은 것을 기억하고, 그의 추종자들이 받아썼다. 쿠란의 최종적인 집필은 무함마드의 사후 12년이 지난 후, 제2대 칼리프인 우마르Umar에 의해 완성되었다. 무슬림들에게 있어서, 아랍어로 된 쿠란은 절대적인 권위를 가지고 있으며, 외국어로 번역되는 것도 불경한 일이라 하여 금하였다. 그러나 이슬람의 개방적인 선교 정책의 필요성에 의해, 1930년 무스타파 케말 아타튀르크Mustafa Kemal Atatürk가 터키어로 번역을 시도한 이래 계속 다른 언어로 번역되고 있다.[18]

### 2) 순나Sunnah

순나는 본래 이슬람 이전의 아랍 사람들이 그들의 종족법과 일반법을 표현하기 위하여 사용된 말이었다. 순나는 "모범, 모본, 길, 방향, 삶의 방식" 이란 뜻으로 이슬람의 전통 특별히 무함마드의 언행을

---

**17** 위의 책, 275-76; John L. Esposito, Islam, 17; 김정위, 『이슬람 사상사』(서울: 민음사, 1987), 33.

**18** 쿠란의 한글 번역은 1980년 김용선 교수가 펴낸 『한역주해 코란 역편』이 나왔고, 사우디아라비아의 지원을 받아 최영길 교수가 번역한 『성 쿠란 의미의 한국어 번역』이 번역본으로 나와 있으며, 후에 최영길은 한글로 완역하고 주석과 해석을 첨가한 『쿠란 주해』를 다시 출판하였다. 위키백과, s. v. "쿠란" https://ko.wikipedia.org/wiki/%EA%BE%B8%EB%9E%80 (2019. 10. 17).

담은 하디스<sup>Hadith</sup>로 부터 옮겨온 것을 말한다. 하디스는 무함마드의 말과 행위를 기록하고 있으며, '보고 기록 또는 무함마드에게 돌려지는 어록을 모아 놓은 것'을 말한다.

### 3) 이즈마 Ijma'

이즈마란 종교 공동체 내부의 이슬람법에 대한 학자들의 견해의 일치<sup>consensus or agreement of Islamic scholars on a point of Islamic law</sup>를 의미한다. 이것은 교리 해석과 법학상 구속력을 갖는다는 원칙이 확립되었다. 이즈마의 교리는 AH<sup>"헤지라 이후"라는 뜻으로 이슬람의 시대구분을 표기함</sup> 2세기에 율법 이론과 관습을 표준화하고 개인적이고 지역적인 견해의 차이를 극복하기 위하여 도입되었다. 이미 받아들여진 쿠란에 대한 해석 그리고 '순나'의 실제적인 내용<sup>하디스와 신학</sup>은 모두 '이즈마'에 의존하였다.

### 4) 이즈티하드 Ijtihad

이즈티하드는 '노력하다' 또는 '힘을 내다'를 의미하는 용어로서, 새로운 문제에 대한 율법적 교리적 해답을 찾아내기 위해서 필요로 하는 것이다. 이슬람 초기에 '이즈티하드'는 개인적 견해의 형태를 취하였기 때문에 대립되고 혼동된 견해가 많이 있었다. AH 2세기에 '이즈티하드'는 쿠란과 하디스의 가르침의 비교와 대조를 통해 연역적 의견 도출을 하는 절차인 '키야스'<sup>Qiyas: 연역적 유비에 의한 추론</sup>로 대치되었다. 키야스는 이미 알려진 명령을 새로운 상황에 적용하고 새로운 명령을 만들어내는 것이다. 그러나 알-가잘리<sup>Abu Hamid Al-Ghazali 1058-1111</sup>는 새로운 '이즈티하드'의 권리를 주장했으며, AD 18-19세기의 개혁자들은 근대의 영향을 받아 이러한 원리를 주장하여 한 번 더 폭넓은 지지를 얻었다.

### 5. 자아, 고통, 구원에 대한 교리

1) 인간

쿠란에 따르면 신은 분명히 평행된 피조물 인간과 '진'$^{jin}$을 만들었는데, 하나는 흙으로 다른 하나는 불로 만들었다. 하지만 쿠란은 '진'에 관하여 거의 이야기하지 않는다. 쿠란이 중점적으로 관련하고 있는 것은 인간이다. 유대교, 기독교의 아담의 타락 이야기는 받아들여지나, 쿠란은 신이 인간의 불순종의 행위를 용서했다고 언급한다. 이 불순종의 행위를 쿠란에서는 원죄로 보지 않는다. 쿠란은 인간을 모든 피조물 가운데서 가장 고결한 존재, 즉 다른 피조물이 받아들이기를 거부한 책임을 지닌 피조물임을 선언한다. 쿠란은 모든 자연은 인간에게 복종하도록 만들어졌다고 한다. 이러한 높은 지위에도 불구하고 쿠란은 인간을 유혹에 약하고 비틀거리는 존재로 서술한다. 인간은 반역적이며 자만심으로 가득 차 있고, 자족적인 속성을 자칭하는 것으로 생각된다. 따라서 자만은 인간의 가장 중요한 죄로 생각된다. 왜냐하면 인간은 자신의 본질인 피조물의 한계를 인정하지 않음으로써 스스로에게 신과의 동등한 관계를 돌리는 그리고 신의 온전성을 범하는 죄를 저지르고 있기 때문이다. 따라서 참된 신앙은 흠 없는 신의 온전성에 대한 그리고 신의 뜻에 순복하는 이슬람에 대한 믿음으

로 이루어진다.[19]

신은 자신의 온전성의 진리를 전달하기 위하여 인간에게 사자들과 예언자들을 보냈다. 그러나 인간은 사탄의 유혹을 받아 신의 온전성을 잃어버리고 또한 그것을 거부하려고 한다. 쿠란의 가르침에 따르면 사탄Shaytan; Iblis이 된 존재는 이전에 높은 지위를 차지하고 있었으나, 다른 천사들과 함께 아담을 존경하도록 명령받았을 때, 그렇게 하기를 거부함으로써 불순종의 행위로 말미암아 신의 은총으로부터 떨어져 나갔다. 그 후로 그의 활동은 인간을 과오와 죄 가운데로 빠지도록 미혹하는 것이었다. 따라서 사탄은 인간과 동시적인 존재이며, 사탄 자신의 불순종의 행위는 쿠란에서 오만의 죄로 해석된다. 사탄의 음모는 마지막 날에야 사라질 것이다.

신의 사자들은 전 역사를 통하여 인간을 신에게로 돌아오라고 부르고 있다. 그럼에도 불구하고 극소수의 사람들만이 그 진리를 받아들였으며, 대부분의 인간들은 그 진리를 거부하였고 불신자kafir 곧 신의 은혜를 모르는 자가 되었다. 인간이 완고하게 되면 그의 마음은 신에 의해서 밀폐된다. 그럼에도 불구하고 죄인이 회개하고tawbah 진정으로 진리에로 전향하여 자신을 구원할 수 있는 기능성은 항상 있는 것이다. 신은 항상 기꺼이 용서하려고 하며 용서할 준비가 되어 있다. 진정한 회개는 모든 죄를 제거하고 인간으로 하여금 새로운 삶을 시작하고, 무죄한 상태로 회복시켜 주는 효험을 지닌다.

이슬람이 제시하는 구원의 길은 믿음과 선행이다. 무슬림들에겐

---

**19** 인간의 죄와 거룩의 문제에 대해서는 Phil Parshall, *The Cross and the Crescent*, 이숙희 옮김, 『십자가와 초승달』(서울: 죠이선교회출판부, 1994), 제5장을 참고하라.

죄로부터의 구원, 예수의 대속의 죽음의 교리를 부정한다. 쿠란에서 구원을 의미하는 단어는 낙원Surah 76:12, 79:40, 3:15, 3:185과 안전한 장소Surah 78:31 등의 표현이 담겨있다. 이슬람에서 구원받을 수 있는 사람은 다음과 같다. 첫째, 쿠란에 규정된 여러 가지 계명을 지키며 선한 일을 하는 사람Surah 2:112, 3:148,76:12, 둘째 믿음을 가진 사람[20], 셋째, 알라를 경외하는 사람Surah 78:31, 넷째, 알라를 숭배하는 자Surah 3:15, 다섯째, 알라의 마음에 합한 자Surah 36:13 등이다. 간략히 말하자면, 알라의 법에 순종하고, 알라의 뜻에 따를 때 구원을 얻는다고 한다.

　　이슬람의 교리에 따르면 세상의 종말인 '마지막 날'에 모든 죽은 자들이 부활하고, 모든 사람에게는 그들의 행위에 따라서 심판이 선고될 것이다. 쿠란은 개인적인 심판에 대해서 주로 이야기하고 있지만, 몇몇 구절에서는 '그들 자신의 경전'에 따라서 심판을 받게 될 별개의 공동체의 부활을 이야기한다. 부활이 있게 될 것을 증거하기 위하여 쿠란은 도덕적이고 물리적인 주장을 하고 있다. 모든 응보가 그의 생전에 다 주어지지 않았기 때문에, 마지막 심판은 그 응보를 완성하기 위하여 필요하다. 쿠란에 따르면, 신 자신이 자비로서 죄인들을 용서할 수 있으나 어떤 중재도 있을 수 없다. 저주받은 자들은 지옥 불에 타게 될 것이며, 구원받은 자들은 낙원의 기쁨에 거하게 될 것이다. 하지만 일찍이 이슬람의 전통은 중재의 관념을 발전시켰는데, 기독교의 구원의 교리에 대응하여 그렇게 한 것 같다.

---

**20** "믿음이 없는 자는 재산도, 자식도 Allah 앞에서 아무 소용이 없다. 다 지옥불의 땔감이다"(Surah 3:10).

# Ⅱ. 이슬람의 선

## 1. 의례

## 2. 이슬람의 실행 규율 Five Pillars

무함마드가 죽은 후 몇 십 년 동안 이슬람의 특수한 종교 사회적 조직 형식이 그 공동체 생활의 요체로 사용되었으며, '이슬람의 기둥' 으로 규정되었다. 카리지파는 이 다섯 기둥에다가 여섯 번째 기둥으로서 '지하드'를 추가하였다. 그러나 그것은 전 세계 이슬람 울라마<sup>공동체</sup>에 의해 받아들여지지 않았다.

### 1) 신앙고백 Shahadah, Iman

첫 번째 기둥은 신앙고백<sup>증언</sup>이다. "알라 외에 다른 알라<sup>신</sup>는 없다. 무함마드는 알라의 사자이다."[21]라는 신앙고백을 말한다. 이 공동체의 성원 자격은 이 고백에 달려 있다. 이 신앙고백은 적어도 일생에 한 번, 큰소리로, 정확하게 목적을 가지고, 그 의미를 전폭적으로 이해하고, 충심으로 음송되어야만 한다. 죽을 때까지 이것을 고백해야 하며, 올바른 단어를 올바른 순서에 따라 정확하게 음송해야 한다. '샤하다'는 고백, 증언이란 뜻이다. 전승에 의하면 무함마드는 다음과 같은

---

21    라 일라하 일라 알라 모하메드 라술 알라( La ilaha illa Allah Muhammed rasul Allah).

신앙 고백자에게 주어지는 상급을 받을 것이라고 했다고 한다. "이 신경을 암송하는 자마다 노예 열 명을 풀어 주었을 때 받는 상급과 동일한 상급을 받을 것이며, 백 가지 선한 행위가 그의 구좌에 더해질 것이고, 그의 백 가지 죄가 지워질 것이며 마귀로부터 보호를 받게 될 것이다."[22]

### 2) 예배 또는 기도 Salat

두 번째 기둥은 하루에 다섯 번 행해지는 기도이다. 무에진 muezzin, 기도하라고 부르는 사람은 모스크 첨탑 minaret에서 큰 소리로 영창한다. 하지만 그 기도들은 만일 사정이 있어서 모스크에 갈 수 없을 경우에는 개인적으로 드려질 수도 있다. 여자들과 어린이들은 보통 집에서 기도를 드리며, 12살이 넘는 남자 아이들은 사원에 가서 다른 사람들과 기도를 드려야 한다. 첫 번째 기도는 해가 뜨기 전 아침에, 두 번째 기도는 정오 직후에, 세 번째 기도는 오후 늦게, 네 번째는 해가 진 직후에, 다섯 번째는 자기 전에 행해진다. 오늘날의 무슬림들의 기도 시간은 계절에 따라 변동이 약간 있지만, Fajr 아침 5-6시경, Zohr 낮 1시경, Asr 오후 4시경, Maghib 오후 5-6시경, Isha 오후 6시30분-7시경에 갖는다. 하지만 쿠란에는 세 번의 기도만이 언급되어 있다. 즉 아침 기도, 저녁기도 그리고 오후의 중간기도 등이다.

---

22 Samuel Martinus Zwemer, *Islam, a Challenge to Faith: Studies on the Mohammedan Religion and the Needs and Opportunities of the Mohammedan World From the Standpoint of Christian Missions* (London: Forgotten Books, 2015), 102; James F. Lewis & William G. Travis, 『세계의 종교와 관습』, 285에서 재인용.

무슬림은 기도하기 전에는 반드시 손과 얼굴과 발을 씻는다. 기도가 시작되면 '이맘'은 메카를 바라보고 서고, 회중은 횡대로 줄을 맞추어 그의 뒤에 서고, 그를 따라서 여러 가지로 자세를 취한다. 각 기도는 네 개의 무릎을 꿇는 행동인 장궤長跪 절차rak'ah를 두 번 반복하는 것으로 이루어진다. 각 절차는 서있는 자세뿐만 아니라 한 번의 장궤와 두 번의 부복으로 이루어진다. 각 자세가 바뀔 때마다 음송해야 할 내용은 전승에 의해서 고정되어 있다. 기도의 마지막 절차는 신앙고백 암송이다. 그리고 평화의 인사를 두 번 나눈다.

금요일 예배는 하나의 강화khutbah로 이루어지는 데, 강화에서 설교자는 보통 쿠란의 한 구절을 음송하고 그것에 근거하여 강론을 한다. 그 내용은 도덕적인 것일 수도 있고, 사회적 정치적일 수도 있다. 금요일의 강화는 보통 사회-정치적인 문제에 대한 일반 여론에 상당한 영향력을 미쳐 왔다. 사실상 특별히 현대에 와서는 이 규칙이 대단히 이완되었다. 하지만 금요일의 기도에 아직도 많은 사람들이 참석하고 있다.[23]


### 3) 자카트zakat


세 번째 기둥은 '자카트'라고 불리는 의무적인 구제 혹은 구빈세求貧稅 alms tax or poor tithe 이다.[24] 이것은 쿠란이 부과하는 유일한 영구적인 의무이며, 매년 각자의 수입에 따라 현금, 곡물, 소금 등으로 낼 수 있

---

**23**   John L. Esposito, *Islam*, 89-90.

**24**   「자카트」라는 말은 '정화'를 의미하며, 이는 그러한 의무금을 냄으로써 한 사람이 가지고 있는 나머지 재산도 종교적으로나 율법적으로 순수하게 된다는 것을 가리킨다.

다. 그 양은 여러 규정에 따라 다르다. 만일 비가 와서 농사를 짓는 곳이면 수확한 곡식과 과실의 10%를, 그리고 인공적으로 물을 대서 농사를 짓는 곳이면 수확의 5%를 바친다. 현금이나 귀금속으로 바칠 때는 2.5%를 낸다. '자카트'는 국가가 수납할 수 있고, 기본적으로 가난한 사람들을 위해 사용한다. 그러나 쿠란9:60은 그 밖의 목적들을 언급하고 있다. 즉 무슬림 전쟁 포로들의 몸값을 치르는 것, 오랫동안 빚진 사람들을 구제하는 일, '자카트' 수납자의 보수, '지하드'(그리고 더 나아가서는 쿠란의 주석자에 따르면 교육과 후생을 위하여) 그리고 여행자들의 편의 시설을 건립하는 일 등이다. 이 의무가 면제되는 자는 가난한 자들, 노예, 빚진 자, 하나님에게 직접 봉사하는 직분을 맡은 자들, 구제금을 모으는 직분자, 여행자 등이다. 최근 파키스탄, 수단, 리비아 같은 현대 국가에서 자카트 세금 제도를 도입한 나라도 있다.[25]

### 4) 라마단 ramadan, Saum

'라마단' 무슬림력의 제9월 30일간 동안의 금식은 신앙의 네 번째 기둥이다.쿠란 2:183-185. 단식은 동틀 녘에 시작되어 해질 녘에 끝난다. 쿠란은 라마단 때에 쿠란이 계시되었다고 한다.쿠란 2:185 쿠란의 또 다른 구절 97:1 은 언급하기를, 이것은 '결정의 밤에' 계시되었다고 한다. 무슬림들은 일반적으로 라마단의 26-27일 밤을 거룩하게 지킨다. 병든 자나 여행 중인 자는 단식을 연기하여 "다른 때 동일한 기간의 날"에 단식할 수 있다. 가난한 사람들에게 매일 음식을 공급하는 것도 "그것을

---

25 John L. Esposito, *Islam*, 90.

베풀 수 있는 자들을 위하여" 규정되고 있다. 일반적으로 12세부터 참여하고, 여자도 금식을 하게끔 되어 있고, 여행자, 병자들, 어린 아이들, 부득이한 사정이 있는 자는 면제된다.

라마단이 끝나면 거대한 축제가 3일 동안 벌어지는 데 이드 알피트르<sup>Id al-Fitr</sup>다. 가족 친척이 다 모여서 선물을 교환하며 잔치를 벌인다. 대개 이슬람 국가에서는 국가 공휴일로 지킨다.[26]

### 5) 성지순례<sup>hajji</sup>

다섯 번째 기둥은 메카를 순례하는 것이다. 메카에서의 순례하는 행사는 카아바를 도는 것<sup>또와프</sup>과 사파 동산과 마르와 동산 사이를 왕복해서 걷는 것<sup>싸이</sup>이고, "아라파트"<sup>에덴동산</sup>에서 머물면서 여타의 의식과 예식을 행하는 것이다.[27]

모든 무슬림은 일생에 한번은 순례를 하도록 규정되어 있다. 순례 의식은 매년 무슬림력의 마지막 달<sup>두 알-히자 월</sup>의 7일에서 시작하여 10일에 끝난다. 순례자가 그 성도<sup>聖都</sup>로부터 약 10km 떨어진 곳에 이르면, '이흐람'<sup>ihram</sup>의 상태에 들어간다.[28] 원칙적인 주요 행위로는 카아바[29] 성소 또는 성스러운 메카를 방문하고, 카아바<sup>하자르 알-아스와드</sup>에 입 맞추는 일, 카아바를 일곱 번 순행하는 일, 사파 동산과 마르와 동산을

---

26  위의 책, 90-91.
27  한국이슬람교중앙연합회 선교부, 『성지순례』(서울: 이슬람교중앙연합회, 1978). 2.
28  이슬람에서 순례를 수행하기 위해 반드시 들어가야 하는 신성한 상태입니다. 순례자는 정결 의식을 수행하고 규정된 복장을 착용하여 순례 경계(Miqat)를 넘어 가기 전에 들어가는 상태를 말한다.
29  카아바는 정육면체 모양의 검은 돌로서 55피트 높이의 벨벳으로 덮여 있다.

일곱 번 오르내리고 그 사이를 왕복하는 일 등이다. 의식의 두 번째 단계는 순례자가 메카에서 약 7km 거리의 미나<sup>Mina</sup>까지 가서 하루를 보내는 것이다. 그곳으로부터 그는 아라파트로 가며, 거기서는 강화를 듣고 하루 오후를 보내는 일이 핵심적인 일이다. 마지막 의식은 무즈달리파<sup>아라파트와 미나 사이에 있음</sup>에서 밤을 보내며 사흘 동안 의식<sup>Id al-Adha</sup>을 행하고, 축제를 마친 후에 메카로 돌아와서 카아바를 일곱 번 돈 후에 마친다.

이와 같은 이슬람의 다섯 가지 기둥은 개개인 무슬림의 생활문화, 국가적인 차원에서 사회문화, 전 세계적인 차원에서 울라마 공동체 문화로 자리매김하였다.[30]

### 3. 성지와 절기

무슬림은 매년 순례하는 메카의 카아바를 가장 성스러운 장소로 간주한다. 이곳은 하나의 모스크보다 훨씬 중요하며, 하늘의 기쁨과 권능이 땅에 직접 맞닿는 곳으로 믿는다. 하디스에 전승에 따르면, 아브라함이 카아바를 건설하였다고 한다. 그 다음 성지는 메디나에 있는 "예언자의 모스크"이고, 예루살렘은 세 번째 성스러운 장소이다. 원래는 예루살렘이 첫 번째 키블라였으나,[31] 무함마드가 메디나에서 그때까지 예루살렘을 향하여 기도하던 예식을 그 방향을 바꾸어 메카를

---

**30** 이슬람의 다섯 가지 신앙의 기둥에 대해서 한국인 학자가 서술한 내용은 아래 자료를 보라. 최영길, "이슬람, 현대 그리고 개혁," 『서강인문논총』 23 (2008.06): 145-53.

**31** 키블라(qiblah)는 무슬림들이 기도할 때 향했던 방향으로, 키블라가 카아바로 변경되었다. 이슬람의 전승에 따르면 무함마드가 하늘로 승천(mi'raj)한 곳이기도 하다.

향해 절하고 기도하도록 했다. 시아파는 이라크의 카르빌라<sup>알리의 아들 후사</sup><sup>인이 순교한 곳</sup>와 이란의 메쉐드<sup>이맘 알리 아르-리다가 매장된 곳</sup>가 공경하는 장소이다. 무슬림 대중에게 있어서 수피 성인들의 사당들은 존경 또는 경배의 대상이 된다. 바그다드에 있는 위대한 성인 압드 알-카디로 알-질라니의 무덤에는 수많은 순례자들이 매년 방문한다.

무슬림력은 무함마드가 서기 622년 메카로부터 메디나로 이주<sup>hijrah</sup>한 것에 기원을 둔다. 일 년 중 가장 큰 축일은 라마단 월의 마지막 날을 경축하는 이드 알-피트르, 그리고 성지 순례의 마지막 날은 이드 알-아다이다. 무슬림들이 지키는 거룩한 절기로는 히즈라 9월<sup>라마단월</sup> 하순을 들 수 있다. 무함마드가 신으로부터 계시를 받아 쿠란을 만든 것을 기념하는 이 절기 중에는 밤에 하늘 문이 열려지므로, 모든 사람의 기도를 신이 들을 수 있다고 믿는다. 또 천사들이 복을 가지고 땅에 내려와서 복을 나누어준다고 한다. 히즈라 1월<sup>무하람월</sup>의 10일째 되는 날을 아슈라라고 하는데, 이 날에 아담과 이브가 에덴동산에서 추방되고, 또한 노아가 방주에서 나온 날로 간주한다. 그리고 칼리프 후세인이 암살당한 날로 보아, 시아파는 이 날을 거룩한 날로 지킨다. 그 밖의 이슬람 절기로는 예언자 무함마드의 승천 밤, 성인들이 죽은 날 등을 구별하여 기념한다. 무슬림 대중들은 '우르스'<sup>urs</sup>라고 불리는 의식을 행함으로 여러 성인들이 죽은 날을 기념한다. 이슬람의 절기를 요약 정리하면 〈표 17〉과 같다.

<표 17> 이슬람 축제일

| 축제일 | 시기 | 개요 |
|---|---|---|
| 금요 기도회<br>(Jumah) | 매주 금요일 | 예언자 무함마드가 제정한 금요 예배 |
| 새해<br>(Ras al-Am) | 이슬람력 새해 첫날 | 무함마드의 메디나로의 헤지라 기념 |
| 아슈라<br>(Ashura) | 이슬람력 새해 첫달 10일 | 아담과 이브가 에덴동산에서 추방되고, 또한 노아가 방주에서 나온 날, 무함마드의 손자 후세인 사망 기념, 자선을 행하는 성스러운 날 |
| 무함마드 탄신일<br>(Mawlid) | 이슬람력 3번째 달 12일 | 무함마드 탄신 축하 |
| 승천의 밤<br>(Laylat al-Miraj) | 이슬람력 7번째 달 27일 | 무함마드의 승천을 축하 |
| 라마단 | 이슬람력 9번째 달 | 금식하며 신앙을 정비함 |
| 권능의 밤<br>(Laylat al-Qadr) | 라마단 마지막 10일간 | 무함마드가 쿠란의 첫 번째 경구를 계시 받은 날로 지키며 축하 |
| 금식 종결 축제<br>(Id al-Fitr) | 이슬람력 10번째 달 첫 날 | 라마단 금식 마침을 축하하며 기념 |
| 희생제<br>(Eid un-Adha) | 이슬람력 12번째 달 10일 | 아브라함이 이삭을 희생 제물로 바치려던 날 기념 |

## 4. 도덕적 행동과 교훈

### 1) 허용 halal 과 금기 haram

할랄이란 이슬람법에 따라 허용되는 대상이나 행동 any object or action which is lawful or permitted 을 말한다. 유대교에서 코셔 kosher 에 해당한다고 간주된다. 대개 할랄은 허용되는 음식에 대한 이슬람법이라고 생각하면 무방하다. 이슬람 사회에 있어서 음식에 관한 규율은 매우 엄격하다.[32] 무슬림은 죽은 동물, 돼지고기와 돼지고기 원료의 모든 음식, 개, 피, 하나님의 이름으로 잡지 아니한 동물, 그리고 술과 마약 등을 강력하게 금지하고 있다. 그러나 해양 동물은 모두 허용된다. 또 가금家禽류, 낙타, 소, 양, 닭, 정제 아교Gelatine, 리파아제 lipase 지방 분해 효소 등은 조건부를 달아서 정당하게 먹을 수 있다.[33] 사냥도 허용이 된다.[34] 할랄을 상징하는 다양한 문양과 인스턴트 식품인 삼양라면에 표기된 할랄 문양도 있음을 알 수 있다.

무슬림들은 식사 전후에는 반드시 손을 청결히 씻어야 한다. 전통적인 아랍 음식은 맨 손으로 먹는다. 또한 금요일 예배, 그리고 라마단이 끝나는 다음날에 갖는 이드 알 피트르와 성지순례 중에 양을 잡아 바치는 날인 이드 알 아다의 기도 시간에는 반드시 목욕을 해야 한다. 일상생활 가운데에서도 기도하기 전에 노출된 몸을 씻는다.

### 2) 샤리아와 법률 체계

실천적인 차원에 있어서 이슬람의 가장 중요하고 포괄적인 개념은 '샤리아'Shari'ah의 개념이다. 이 용어는 문자적으로 "물이 있는 곳으로 인도하는 길" the road to the watering hole 이란 뜻이다. 곧 생명의 근원으로

---

**32** "한국 이슬람교 할랄 규정"에 대해서는 다음 자료를 참조하라. "한국 이슬람교 할랄 규정(할랄 식품의 생산, 제조·가공, 취급, 보관 및 유통 등에 관한 지침, 2016)" http://www.koreaislam. org/kislam_home/%ed%95%a0%eb%9e%84-%ec%9e%90%eb%a3%8c%ec%8b%a4/?uid=1621& mod=document (2019.10.25).

**33** 최영길, 「이슬람의 생활규범」(서울: 명지대학교 출판부, 1985), 181-82.

**34** "What is Halal? A Guide for Non-Muslims", https://www.icv. org.au/about/about-islam-over view/what-is-halal-a-guide-for-non muslims/ (2019.10.18).

인도하는 길이라는 뜻이다. 종교적으로는 "신에게로 인도하는 의로운 삶의 대로"로서, 인간에 대한 신의 명령의 총합을 의미한다. 포괄적인 의미에 있어서 이것은 법률, 도덕적 원리, 그리고 모든 무슬림들이 동의해야 할 신조를 포함한다.

이슬람의 신학적 규정이 최초로 구체화되고 샤리아라는 용어를 최초로 사용하게 된 때는 서기 9세기였다. 이 시기에는 이 용어가 법에 대하여 제한적으로 사용되었고, 신학은 샤리아로부터 제외되었다. 그러나 신학과 법률의 가정 사이에는 뚜렷한 모순이 있었다. 따라서 후대의 신학-법률학자들은 "샤리아의 목적을 연구하는 학문"이라고 불리는 한 새로운 종교적 지식의 분야를 개척하였다. 그 분야의 발전에 있어서 가장 뛰어난 인물은 알-가잘리, 이븐 티아미야, 아쉬 샤티비 그리고 인도 델리 출신의 샤 왈리 알라[1762년 사망] 등이 있다. 샤리아는 법률의 철자라기보다는 법률이 실현에 목적을 두는 가치 체계로 생각되었다. 쿠란과 '순나'의 법적 명령들로부터 도덕적 목표를 분리시키려고 하는 그 어떤 시도도 이루어지지 않았기 때문에 무슬림의 법은 도덕과 법이 뒤섞인 원래의 격식이 없는 상태로 남아 있게 되었다.

이슬람 율법에 있어서의 연역적 방법론은 처음 250년 동안 발전된 방법론으로서 네 개의 공식적인 원천[official sources]으로 이루어져 있다. 처음의 원리는 '쿠란'과 무함마드의 '순나'이다. 이것은 만일 어떤 신앙이나 관습이나 율법의 요목이 쿠란의 본문이나 예언자의 '순나'에 분명하게 언급되어 있으면 그것은 절대적인 구속력을 가지는 것으로 받아들여져야만 한다는 것을 의미한다. 세 번째 원천은 유비적 추론[analogical reasoning], 즉 '키야스'[qiyas: 유비적 추론] 또는 '이즈티하드'[ijtihad]이다. 이것은 만일 쿠란이나 순나의 본문에 기록되지 않은 새로운 경우나 어떤 문제가 발생하게 되면 그 문제는 새로운 문제와 유사한 본문과 전례로부터 그 차이점에 따라서 유비적, 이성적으로 추론함으로써 해결될 수 있다. 네 번째 원천은 공동체의 합의, 즉 '이즈마' Ijma': 의견일치 혹은 합의이다. 실제적인 효력이라는 관점에서 동의는 모든 것 가운데 가장 중요한 요인이다. 왜냐하면 사실상 쿠란과 '순나'자체의 효용성도 그 공동체의 합의 또는 일반적인 인정에 의존하고 있기 때문이다. 새로운 율법이 만들어지거나 새로운 관념이 받아들여지는 것은 동의에 기초하고 있다. 수피교에 대한 일반적인 용어, 중세에 이슬람에 있어서의 합리주의적 경향을 거부하는 것, 그리고 근대의 관념과 가치를 용인하거나 거부하는 것은 모두 궁극적으로 '이즈마' 즉 '합의'의 원리에 근거한다. 하지만 이슬람에서는 이러한 합의와 의견일치를 절대화하지는 않는다. 이슬람 신앙의 다섯 기둥 같은 원리에 대해서는 합의와 일치를 중요시하지만, 이혼의 근거나 세금 납부와 유산법 등에 대해서는 이슬람 내에서도 차이점이 존재한다.[35] 신앙에 관한 사항은 세밀한 부분까지 엄격하게 규정하고 불변하는 것으로 인식하지만, 사회적, 정치적, 경제적, 교육적 이슈에 대해서는 일반적인 이성과 추론과 비판적 사고를 허용한다.[36] 무함마드가 이야기했다고 하는 "공동체 내에서 의견의 차이점은 알라의 풍성함의 표지"라는 원리에 입각해서 다양성의 공존을 허용한다.[37]

---

**35**   John L. Esposito, *Islam*, 74-84.

**36**   Sohbi Rayan "Islamic Philosophy of Education," *International Journal of Humanities and Social Science*, vol. 2 no. 19 (2012.10): 151.

**37**   John L. Esposito, *Islam*, 84.

3) 교육

이슬람의 창시자 무함마드는 교육을 강조하였다고 한다. 이슬람
은 교육을 통하여 이상적인 무슬림을 양성하는 목적 외에도 인식론적
인 근본 근원fundamental epistemological origins으로서 세 가지 요소, 즉 감각
sense, 지성mind, 종교적 신앙religious faith을 균형 있게 양육하는 목적도 가
진다. 이러한 세 가지 인식론적 근본 근원에 대한 연구는 사고와 심사
숙고를 통해 이루어지기 때문에 교육이 대단히 중요하다. 일찍이 삼촌
과 함께 많은 여행을 통해 견문을 넓혔던 예언자 무함마드는 교육의
중요성을 다음과 같이 말했다.

지식을 습득하는 것은 모든 남녀 무슬림들에게 의무이다.
지식을 구하라. 요람에서 무덤까지
지식을 구하라. 너가 그것을 위하여 중국에 가야할지라도[38]

따라서 이슬람의 교육은 비판적 사고를 지식과 학문의 발전을
위한 연구 방법으로 장려한다.[39] 따라서 이슬람 교육의 목적은 "개인
의 육체적·정신적·영적으로 온전한 무슬림으로서의 성장을 도모하고
무슬림의 결속을 다지는 움마무슬림 공동체를 형성하고 현세와 내세에서

---

**38** 김종도, "이슬람 교육관과 쿠탑(Kuttāb)에 관한 연구,"『한국중동학회논총』제35권 제2호 (2014.10):
   41.
**39** Sohbi Rayan 위의 책, 155. 쿠란에는 다음과 같은 단어들을 수업이 반복하면서 사고의 중요성
   을 언급하고 있다. Consider (Yaaqilun), understand (yafqahun), learn wisdom (yataffakarun),
   see (yanzurun), foresight (yubserun), meditate (yaatabirun), speculate (yatadabbarun), ponder
   (yaamalun). 위의 책, 152.

가치 있는 삶을 살 수 있는 '선한 인간'을 양성하는 것이라고 할 수 있다."[40]

무슬림의 교육 활동은 8세기에 주로 쿠란과 예언자의 '순나'를 보급시키기 위하여 시작되었다. 그 첫 번째 임무는 그전 세대에 의해서 전수된 쿠란과 무함마드의 행위와 교훈의 의미에 관한 지식을 수집하고 체계화하는 것이었다. 따라서 이 교육의 초기 시대에 학습의 성격은 전승적인 것이었다. 이 '지식을 구하는'talab al-'ilm 활동으로 아랍의 전통 역사, 문헌에 관한 학문이 생기게 되었다. 무슬림 교육의 한 중요한 특징은 기초 교육쿠란 읽기, 쓰기, 기초적인 산수은 보다 높은 수준의 교육과 아예 분리되어 있다. 고등교육에 있어서는 주제보다는 책, 본래적인 저작보다는 해석이 강조되었다. 이러한 것은 기계적인 암기에 의한 학습의 습관과 더불어 지성적인 창조성을 더욱 더 메마르게 하였다. 심각한 단점에도 불구하고 '마드라사' madrasah: 대학[41]는 하나의 중요한 장점을 창출해 냈다. 그 종교적-법적 내용의 일치를 통하여 '울라마'는 지역적인 무슬림 문화가 대단히 다양함에도 불구하고 세계 무슬림 공동체의 명확한 특징이 된 사고와 목적의 전체적인 일치와 응집을 실행할 수 있었다. '기초' 교육을 담당하는 학교들은 '쿠타브' kuttab[42]로 불렸다. 학생은 선생과 함께 가까이 혹은 멀리 함께 여행을 하였으며, 그들은 또한 선생들에게 자신들이 배운 것을 가르칠 자격증ijazah을 얻었

---

**40** 서범종, "이슬람 교육의 이해를 위한 기초 연구," 『한국교육학연구』 19권 2호 (2013.06): 167-87.

**41** 아랍어 마드라사(madrasah)란 일반적으로 모든 종류의 학교를 의미한다. 서방(西方)에서 이슬람교 신학(神學) 학교 또는 대학을 특정지어 가리킨다.

**42** 이슬람 이전에 존재했던 교육기관으로 우리나라의 서당에 해당한다. 원래 쿠타브는 읽기와 쓰기 중심이었으나 이슬람 등장 이후 암기가 중심으로 바뀌었다. 인도네시아의 쁘산뜨렌(pesantren)에 해당한다고 볼 수 있다. 이는 이슬람 정체성 형성에 대단히 중요한 기능을 한다.

다.

무슬림은 배우려는 열정을 가진 사람을 아주 높이 평가한다. 쿠
란에 쿠란을 배우고 가르치는 일은 지상명령이라는 취지의 구절이 나
온다.

자비로우신 알라께서 쿠란을 가르쳐주셨노라. 그분은 인간을 창
조하사 그에게 표현의 방법을 가르치셨노라쿠란 35:1-4 43

하디스에 나오는 무함마드의 말은 지식을 구하는 자를 칭송하고
알라가 보호한다고 한다.44

지식을 구하는 길을 밟는 자는 알라께서 그를 위하여 천국 가는
길을 수월하게 하시니라' Muslim 본 책 1345, 하디스 1381
누구든지 지식을 찾아 여행을 하면 알라께서 천국의 길 중 하나
를 여행하도록 하시노라' Sunan Abi Dawud 본46 3641
지식을 구하러 간 사람은 알라께서 그가 돌아올 때까지 알라의
길에 있게 되느니라' Tirimidhi 본 책 1347, 하디스1385
누구든지 지식을 구하면 알라께서 그를 천국 가는 길을 수월하
게 하시니라Sunan Abi Dawud 본 3643 48

---

43  서범종, "이슬람 교육의 이해를 위한 기초 연구,", 43에서 재인용.
44  아래의 4 가지 인용문은 김종도, "이슬람 교육관과 쿠탑(Kuttāb)에 관한 연구,", 43-44에서 재인용
    하였음을 밝혀둔다.
45  6개의 하디스 중 이맘 무슬림(Muslim ibn al-Ḥajjāj AH 202-261 [817-875 CE])이 수집한 하디스
    를 말함.
46  Abu Dawood(Abū Dāʾūd al-Sijistānī AH 202-275 [817-889 CE])가 수집한 하디스를 말함.
47  Tirimidhi(Abū ʿIsā Muḥammad al-Tirmidhī (died AH 279 [892 CE])가 수집한 하디스를 말함.

## 5. 사회 질서

### 1) 이슬람의 사회 문화적 고찰

#### (1) 부족주의

원래 아라비아는 거대한 사막에 위치한 지리적 환경으로 지역 간의 교통과 소통이 제한되어 있어 다른 지역 주민들과의 접촉이 거의 없었다. 따라서 이슬람의 출현 직전까지 북부 아라비아에서는 베드윈 부족주의가 사회의 토대였다.[49] 베드윈 Bedouin 부족주의 사회의 최소 구성단위는 개인이 아니고 집단이었다. 집단적인 유목민 사회에서 약탈과 전쟁과 생존의 위협이 상존했다. 베드윈 부족의 선출된 부족장 sayyid 혹은 shaikh 의 권위는 그리 크지 않았고, 집단 내에서 제일인자 정도의 단순한 권위였다.[50] 사막에서 생존에 위협을 받던 지리적, 경제적 상황에서 베드윈 부족주의, 낙타, 야자수, 모래가 삶의 4대 요소로서, 이들의 유기적 관계에서 생활이 이루어졌다.[51] 사실 사막은 베드윈에게 살아가는 땅 이상의 구실을 한다.

사막이야말로 그들의 성스러운 전통을 보호해 주고, 그들의 순수한 혈통과 언어를 보존해 주며, 외적의 침입으로부터 보호해 준다. 사

---

**48**   서범종, "이슬람 교육의 이해를 위한 기초 연구,", 43에서 재인용. 위 세 사람의 수집 외에도 부카리 (al-Bukhārī AH 194-256 [810-870 CE], 아부 압달라(Abū ʿAbdallāh ibn Mājā AH 210-273 [824-886 CE], 그리고 말릭(Mālik ibn Anas)의 수집본 하디스가 있다. Albert Kenneth Cragg, *Encyclopaedia Britannica*, s. v. "Hadith," https://www.britannica.com/topic/Hadith (2019. 10. 18).

**49**   김정위, 『이슬람 사상사』, 22.

**50**   위의 책.

**51**   한승주, 『중동경제』(서울: 박영사. 1977), 77.

막의 계속적인 단조로움과 무미건조함은 그들의 성격이나 신체적 구조에도 영향을 미쳐 전투에서의 용맹심, 부족 공동체에 대한 충성심이 뛰어나다.[52] 아울러 아라비아 사람들은 자신들을 신의 특별한 피조물로 여기는 정체성을 가졌으며, 그들이 신봉했던 유일신 신앙이 후대의 무함마드에게 영향을 미쳤다.[53]

### (2) 가족

알라에게 예배하는 신앙의 법칙으로 다섯 가지 기둥이 중요한 것처럼, 무슬림의 사회적 법에서는 가족에 대한 법이 가장 중요하게 취급된다. 이슬람은 움마 즉 공동체가 대단히 중요한데 그 공동체의 기초 단위가 가족이다. 역사의 흐름과 더불어 변화하는 법이 있지만 가족에 대한 법은 변화가 없으며, 여성에 대한 것이나 가족에 대한 것은 대단히 민감하게 이슬람 사회에 이슈가 된다.[54]

결혼[nikah]은 쿠란과 하디스에 의한 모든 무슬림 남녀의 의무사항이다. 정당치 못한 동거 생활, 간음과 동성애를 금지한다. 어떠한 경우에도 결혼 능력이 있는 자의 결혼 기피를 금지한다.[55] 결혼의 성립에는 2명의 증인이 필요하다. 또한 결혼이 성사되기 전에 마흐르[mahr] 즉 신

---

**52**  김정위, 『이슬람 사상사』, 16.

**53**  "무슬림의 가정생활," http://www.islammission.org/culture/muslim-family/ (2019. 10. 19).

**54**  John L. Esposito, Islam, 93. 이슬람의 가족법에 대해서는 John L. Esposito, Natana J. DeLong-Bas, *Women in Muslim Family Law, Second Edition* (Contemporary Issues in the Middle East) (Syracuse, NY: Syracuse University Press, 2001)와 Elizabeth Brownson, *Palestinian Women and Muslim Family Law in the Mandate Period 2*. edition (Gender, Culture, and Politics in the Middle East) (Syracuse, NY: Syracuse University Press, 2019)를 참조하라.

**55**  한국이슬람교중앙연합회선교부, 『이슬람에서의 허용과 금기』(서울: 한국이슬람교중앙연합회, 1978), 19-20.

부의 값을 결정하는 계약이 맺어진다. 마흐르는 신랑의 아버지가 신부의 아버지에게 지불하며, 현금일 수도 있고 현물일 수도 있다. 이슬람에서는 이교도와의 결혼을 금지하는데, 하나님의 백성이었다는 사실을 특별히 감안하여 무슬림과 기독교인과의 결혼을 허용한 것이 특이하다. 쿠란의 전반적인 윤리는 부부간의 결속이 '상호간의 사랑과 자비'에 근거하고 있다. 쿠란에 의해서 규정된 상세한 상속법은 한 중심 가문 남편·아내·자녀·남편의 부모들의 관념을 승인하는 경향이 있다. 이슬람은 부모의 권한을 강조하였으며, 쿠란은 효성 특히 모친에 대한 효성을 중요한 미덕으로 칭찬하고 있다. 자신의 아버지를 살해한 자는 자동적으로 상속권이 박탈된다. 무슬림 사회는 근대화의 영향에 잠식되기까지 기본적으로 종족이나 준 종족으로 구성된 사회로 남아 있었다. 도시화에도 불구하고 종족의 동맹은 변화와 근대 정체의 발전에 크게 저항하였다. 실제로 종족의 풍토는 너무나 강하여 대부분의 무슬림 사회들은 가문의 공공 세습 재산의 와해를 방지하려고 딸에게는 종교법이 규정하고 있는 상속의 몫을 주지 않고 있다.


### (3) 일부다처제도


결혼에서 여성의 결정권을 허용하며, 근친상간은 금지된다. 무슬림 남성이 비무슬림 유대교, 기독교 여성과 결혼을 할 수 있으나, 비무슬림 지역에서는 금지되고, 무슬림 여성과만 결혼해야 한다. 무슬림 여성은 비무슬림 남성과 결혼할 수 없다.[56]

일부다처제도는 이슬람 이전에 아라비아에서 관행 되던 것으로 쿠란에서 허용되었는데, 그러나 쿠란과 이슬람법은 다른 일부다처 사회의 관행과는 달리 자유로운 일부다처제도가 아니다. 이슬람은 네 명의 아내를 가져야 한다고 말하지 않고, 동시에 결혼할 수 있는 아내의 숫자를 네 명 이상은 허용하지 않는다고 한다. 이슬람의 일부다처주의는 남자가 외간 여자와 밀회하거나 본처와 이혼하기보다 차라리 아내를 하나 더 얻는 것이 더 낫다는 것이다.[57] 아내가 불임으로 자식을 낳지 못할 때나 아내가 지병으로 남편의 성적 욕구를 채워줄 수 없을 때에도 일부다처제가 정당한 해결책이라고 주장한다.[58] 이러한 허용은 같은 아내들 사이에 공평이 행해질 수 있는 조건에 한하였다. 남편은 아내들에게 동일한 지원과 애정을 보여주어야 한다. 이슬람의 주장에 의하면 일부다처제도는 여성과 가정의 생존과 복지를 강화하기 위한 방편이라고 한다. 남자들이 전쟁으로 대폭 숫자가 감소하는 사회에서 미혼 여성이나 미망인의 복지를 위해서 순기능을 한다고 한다. 무슬림의 가정에서 남편과 아내는 전통적인 가부장적인 가족 내에서 상호간의 차이와 성격과 능력과 기질과 역할 등을 반영하는 차원에서의 상호보완적이라고 한다.[59] 하지만 오늘날에도 무함마드 시대의 잦은 전투와 가정의 파괴 등에 대한 보호적 측면을 이유로 들어 일부다처제도를 합리화하는 것은 문제가 된다.[60]

　　이혼의 권한은 기본적으로 아내를 일방적으로 거부하는 남편에

---

**56**　Yusuf Al-Qaradawi, *The Lawful and the Prohibited in Islam (Al-Halal Wal Haram Fil Islam)* (Arabic), translated by Kamal El-Helbawy, M. M. Siddiqui, and S. Shukry, (Plainfield, IN: American Trust Publications, 1999), 171-92.

**57**　한국이슬람교중앙연합회 선교부, 「이슬람의 다처주의관」(서울: 한국 이슬람교 중앙연합회, 1980), 3.

**58**　위의 책, 12-13.

**59**　John L. Esposito, *Islam*, 95.

**60**　강영순, "인도네시아 여성의 지위: 혼인법에 대한 헌법과 이슬람법 관점을 중심으로," 『아시아연구』20(1) (2017.02): 139.

게 주어졌다. 하지만 여성도 또한 특정한 이유를 들어 이혼하기 위하여 그녀의 남편을 법정에 고소할 수 있었다. 순결의 덕을 이슬람에서는 기본적으로 중요한 것으로 간주한다. 쿠란은 순결의 상태ihsan를 보증하는 방법으로써 결혼을 보편적으로 권장하였다. 그런데 이러한 순결의 상태는 한 명의 자유로운 아내에 의해서 유발되는 것으로 주장된다. 무슬림은 "남달리 성적 욕구가 강하기에 여자와 오랫동안 떨어져서는 살 수 없는 남자라면, 그의 아내가 불감증이거나 병들어 있다거나 혹은 월경 기간이 매우 긴 여자라면, 한 번 더 결혼하도록 허락하는 것이 보다 더 고상하고 예의 바르지 않을까?"[61] 라고 한다. 이 교리는 무함마드가 본처인 과부 카디자 외에 12명의 아내를 더 거느렸던 자신의 개인의 도덕 생활을 합리화시키기 위한 이슬람의 편의를 목적으로 산출된 교리라는 해석도 가능하다. 그리고 역사적으로 일부다처제도 보다는 이혼 문제가 더 여성에게 불리하게 작용하는 사회적 문제로 대두되었다. 여성은 자신들의 권리조차도 잘 알지 못하는 경우가 많았고, 남성 중심의 가부장적 사회 전통의 영향도 있었다.[62]

## 6. 이슬람의 종파[63]

### 1) 카리지파 The Kharijites

무함마드가 일치되고 결속된 공동체 개념을 가르쳤음에도 불구

---

61    한국이슬람교중앙연합회선교부, 『이슬람에서의 허용과 금기』, 23.
62    John L. Esposito, *Islam*, 98.
63    공일주, 『중동의 기독교와 이슬람』(서울: 예영커뮤니케이션, 2002) 제2부 8장을 참고하라.

하고, 그가 죽은 후 몇 년도 못 되어 무슬림 사이에 격렬한 이견이 나타났다. 제3대 이슬람 수장caliph인 오스만Uthman의 통치 때에 특정 집단이 칼리프의 족벌 등용과 실정을 비난하면서 불만을 품고 그를 암살하였다. 그 반역자들은 무함마드의 사촌이자 사위인 알리Ali를 치리자로 인정하였으나, 그의 지도력도 문제 삼아 대항하였다. '카리지'khariji 라는 말의 어원인 '쿠루즈'khuruj는 '반역'을 뜻한다. 카리지파는 자신들이 불신앙적이라고 생각하는 일에 대해서는 능동적으로 이의를 제기하고 또 반역을 일으키는 것이 옳다고 믿었다.

　카리지파는 공동체와 지도력의 본질과 개념에 근본적인 주장을 한 이슬람 역사의 초기 분파이다. 일종의 종교적 근본주의자들로서 "배타적인 평등주의자"다. 쿠란과 순나를 문자적으로 해석하는 극단적인 경건주의자라고 할 수 있다. 카리지파는 전투적인 청교도요 행동주의자여서 법을 그들의 손으로 집행하고자 했다. 이들은 마음을 달래는 것은 혀가 아니고 바로 행동에 있다고 주장했다. 카리지파는 중대한 과오나 죄kabirah를 범하고 신실하게 참회하지 않는 개인이나 집단은 더 이상 무슬림이 아니고kafir, 죽어 마땅하다고 하였다.[64] 만일 신앙에 의로운 행위가 수반되지 않는다면 단순한 신앙고백샤하다만으로 무슬림이 되는 것이 아니라고 한다. 선행은 신앙의 필요 불가결한 요소이다. 카리지파의 두 번째 원리는 호전적인 이상론으로서 투쟁 정신 즉 '지하드'jihad이다. 지하드를 신의 정의를 실현하는 도구로 받아들였다. 그들은 이 '지하드'가 이슬람의 다섯 기둥 가운데 들어가야 하고, 여섯 번째 기둥이라 주장하였다. 또 카리지파는 통치의 기초가 의로운 성격

---

64　John L. Esposito, ed., *The Oxford History of Islam* (Oxford: Oxford University Press, 1999). 279.

과 신앙심이라고 믿었기 때문에 인종이나 피부 빛이나 성별에 관계없이 모든 무슬림은 신앙이 만족스럽다면 누구나 통치자가 될 수 있다고 생각하였다.[65] 이러한 생각은 통치자가 무함마드의 가문에 속한 사람이어야만 한다는 시아파의 주장과 국가의 우두머리는 무함마드의 종족, 즉 메카의 쿠라이쉬 족에 속해야만 한다는 순니파의 주장과 대립되는 것이었다. 이런 의미에서 평등주의 옹호자라고 한다. 이런 아랍귀족 중심주의를 반대하는 그들이 만민 평등주의적 입장으로 인해 베드윈과 비아랍계 무슬림 가운데 상당한 추종자를 확보할 수 있었다. 카리지파 가운데 온건한 집단인 이바디야Ibadiyya는 예멘, 오만, 탄자니아잔지바르에 지금도 현존한다. 카리지파의 맹신적인 청교도 정신만 아직까지 순니 무슬림 속에 남아, 18세기에 이르러 아라비아 반도에서 와하비Wahhabi 운동의 발생 동기가 되어 오늘날 사우디 왕가의 모태가 되었다. 이집트의 타피르 왈 히즈라Takfir wal Hijra 그룹과 와 자마 알-지하드Jamaat al-Jihad 그룹이 카리지파의 급진적인 계통이다.[66]

## 2) 무타질라파Mu'tazilah

9세기 중반에[67] 정점에 달했던 무타질라파는 이슬람에서 거대한 신학운동을 말한다. 8세기와 9세기 동안에 희랍의 철학 서적과 학문 서적 특히 아리스토텔레스와 플로티누스의 책이 아라비아어로 번역되어 학문적 결실이

---

**65**    김정위, 『이슬람 사상사』, 120.

**66**    John L. Esposito, *Islam*, 41-43.

**67**    830년에 칼리프 마문(Mamun)이 바그다드에 세운 일종의 '집현전'(House of Wisdom, Bayt al-Hikmah)은 외국어 문헌과 외래 문화의 번역을 담당했는데, 이것이 무타질라파의 등장을 자극한 것으로 보인다.

나타났다. 무타질라파의 등장 배경에는 이슬람 내에서의 신학적 토론은 물론이고, 이슬람 외부의 이원론자, 불교도, 기독교도와 논쟁도 하였다. 이러한 철학적, 합리적 신학운동을 일으킨 사람들을 무타질라분리자라고 한다.

무타질라파의 신학운동의 핵심 내용은 다섯 가지 근본 원리로 표출되었다. 9세기 중엽에 이 다섯 가지 근본 원리를 집대성한 아부 후사인 알-카하야트 Abu Husayn al-Khayyat는 자신의 저서 『변증론』Book of Vindication에서 이 다섯 가지 근본 원리를 정리하여 제시하였다. 그 원리는 알라의 의로움 God's justice, 알라의 통일성 God's unity, 중간의 입장 the "intermediate position", 알라의 불가항력적인 경고와 약속 God's irreversible threats and promises, 알라의 권선징악 God's commanding the right and prohibiting the wrong 이다. 이러한 원리는 쿠란의 자유로운 해석을 주장하는 자유주의자들, 증명할 수 없는 예정을 믿는 결정론자들, 쿠란을 "창조되지 않고" 영원하다고 믿으며 하디스의 전문연구가로 자처하는 전통주의자에 대해 반대하는 변증론이라 할 수 있다. 무타질라파의 도덕 신학의 핵심 의도는 알라의 의로움 혹은 정의이다.[68]

무타질라파는 신앙과 행위에 관한 질문에 대하여 카리지파와 마찬가지로 행위를 신앙의 혁신적인 요소로 인정한다. 중한 죄를 저지르고 회개하지 않은 사람을 무슬림도, 비무슬림도 아닌, 오히려 중간에 있다고 본다 이런 의미에서 중간의 입장이다. 또한 무타질라 교리의 중심으로 생각되는 인간의 선택과 자유를 인정하고, 자신의 행위에 대한 책임을 져야 한다는 주장을 한다. 따라서 예언자나 신의 계시가 없다고 하더라

---

68    John L. Esposito, ed., *The Oxford History of Islam*, 278-79.

도 인간은 옳은 것을 행해야 할 도덕적 의무가 있다. 사후 세계에 대한 알라의 약속에 부합하게 선과 악 사이에서 합리적으로 선택해야 한다고 한다. 선악의 분별은 인간의 내재하는 자질이고, 어느 것을 선택해야 할지는 인간에게 직관적으로 부여된 능력으로 본다. 이에 반해 전통주의자와 결정론자는 이미 중간의 입장을 허용하지 않고, 알라가 무엇이 옳고 그른지를 이미 확정해 놓았다고 믿는다. 무타질라파 신학에서 계시는 합리적 윤리의 명령과 일치하여 해석될 뿐이다. 계시의 기능은 두 가지이다. 첫째로 계시의 목적은 옳은 것을 선택하도록 인간을 돕는 것이다. 왜냐하면 선과 악의 갈등 속에서 인간은 종종 용기를 잃게 되며 자신의 합리적 판단과는 달리 잘못 선택할 수도 있기 때문이다. 신은 예언자를 보낼 수밖에 없으며, 따라서 예언자는 인간을 위하여 최선을 다해야 한다. 그렇지 않으면 신의 은총과 자비의 요구는 완성될 수 없다. 둘째로 계시는 계시 이외의 다른 방법으로는 알려질 수 없는 적극적인 종교적 의무기도나 금식 등를 전달하기 위하여 필요 불가결한 것이다. 두 번째 원리인 알라의 통일성에 대해서 무타질라파는 신의 속성에 대해 주장하는 신인동형론자를 강하게 반대한다. 후자는 신에게 지식, 권능, 생명, 의지, 스피치, 청취, 시야sight 등의 속성이 있다고 주장한다. 그러나 무타질라파는 신의 본질essence과 속성attribute을 분리하는 입장을 배척한다. 신의 본질과 속성은 동일하다는 것이다.[69]

10세기에 시작된 무타질라에 대한 반동으로 새롭게 형성된 신학 체계가 '정통' 신학orthodox Sunni Islam으로 간주되는 순니파이다.

---

**69**   위의 책, 279.

### 3) 순니파 Sunnah/Sunni Islam

순니파는 전체 이슬람의 87-90%를 차지하는 가장 큰 종파이다.[70] 시아파와 순니파의 분리는 무함마드의 후계자 문제로 야기되었다. 그 후에 정치적, 신학적, 법적인 이견을 노출시켜왔다. 순니파와 시아파의 분열은 정치적으로 지속되어 현대에 와서 그 갈등이 여전히 크고, 극우 보수파인 와하비파 Wahhabism 의 출현을 조장하였다.[71]

초기의 분열에 의해서 야기된 주장과 입장을 바탕으로 순니파는 그들 나름대로의 교리적 입장을 규정하였다. 순니의 아랍어는 순나 Sunnah 인데, 이 단어는 '많은 사람들이 찾는 길'을 뜻하고, 이슬람의 종교적 용어로는 '무함마드의 정통 가르침 혹은 모범 체제'를 뜻한다. 이 순나는 샤리아 shariah 의 원천이요, 할랄과 하람의 근원으로 간주된다. 순나는 계시된 것이며 쿠란에 쓰여 있고, 모든 무슬림은 이 순나에 복종해야 한다고 믿는다.[72] 이러한 문맥 속에서 '순나'라는 용어에는 보통 '결속된 다수' al-jama'ah 라는 부가어가 수반된다. 이 용어는 분명하게 밝히 규정된 길을 그 공동체의 결속된 다수의 길로 간주하고, 오류가 분명한 분파들의 주변적인 입장과는 구별하는 개념으로 쓰인다. 카리지파의 불관용과 분리주의, 무타질라파의 엄격함에 대한 순니 정통파의 핵심 주장은 보편성이다.

---

**70**  "Mapping the Global Muslim Population: A Report on the Size and Distribution of the World's Muslim Population". Pew Research Center. (2009.10.07)

**71**  Tayeb El-Hibri, Maysam J. al Faruqi, "Sunni Islam," In Philip Mattar et al., eds., *The Encyclopedia of the Modern Middle East and North Africa* vol. 4 second ed. (London: Macmillan Reference, 2004).

**72**  John L. Esposito, ed., *The Oxford History of Islam*, 120.

순니파는 신앙의 여섯 기둥으로서 여섯 가지 신앙고백을 믿는다. 곧 신의 유일성, 신의 천사, 신의 계시로서의 책, 신의 예언자, 사후의 부활과 심판, 신의 예정이다.

10세기 순니파의 대표적인 인물이자 그의 가르침이 정통 순니파의 신학이 된 알-아샤리 Abu al-Hasan al-Ashari 873-935 는 인간의 행위는 신에 의해서 창조되었고 인간에 의해서 습득되었으며, 인간의 책임이란 이러한 획득에 의존하고 있다고 하였다. 하지만 그는 인간이 진정한 의미에서 행위자로 서술될 수 있다는 것을 부인하였다. 알-아샤리와 그의 학파는 인간의 이성은 선과 악을 구별해 낼 능력이 없으며, 행위는 신이 명하는 바에 따라서 선한 속성과 악한 속성이 부여된다고 하였다. 더 나아가서 신의 의지는 행위를 선하게도 만들고 악하게도 만들기 때문에, 한 인간은 단순히 받아 들여야만 할 신의 율법을 넘어서 이성에게 물을 수 없다. 물론 신이 인간의 행위를 창조하지만, 인간은 그것을 획득하고, 그에 따라서 상과 벌을 받게 되는 책임을 진다고 한다. 그리고 신의 본질과 속성을 동일시하는 무타질라파를 반대한다. 그렇다면 인간이 기도나 간구로 신의 힘, 신의 지식, 신의 생명 등을 얻으려고 하게 되고 그러면 신 자체 보다는 속성을 얻으려고 하기 때문이다. 신의 정의 또한 인간이 합리적 이성으로 파악할 수 없는 것이다. 알-아샤리는 신이 행하는 것이나 명령하는 것은 무엇이나 정의롭고, 신이 금지하는 것은 무엇이든지 정의롭지 못하다고 말한다.[73]

아샤리 학파는 수피 신학자 알-가잘리 Abu Hamid al-Ghazali 1058-1111 의 영향력으로 11세기 이후에 특별히 널리 유포되었다. 이러한 신학자들

---

[73]    John L. Esposito, ed., *The Oxford History of Islam*, 280-81.

은 인간의 자유를 약화시키면서 신의 권능을 더 강조하였기 때문에 인간의 운명과 삶에 대한 결정론적 견해가 순니파 이슬람의 특징이 되었다. 이러한 견해는 유일한 참된 존재인 알라만 인정하는 수피즘에 의해서 다시 활성화되었다.

### 4) 시아파 Shi'a, Shiism

전체 무슬림의 10-13%를 차지하는 시아파는 주로 이란, 파키스탄, 인도, 이라크에 존재한다. 시아파는 알리 <sup>제4대 칼리프이며 무함마드의 사위이자 사촌</sup> 와 우마야드 왕조 Umayyads 661-750 사이의 적대감 때문에 생겼다. 순니파와의 전투에서 칼리프인 알리가 죽고, 그의 아들 후세인까지 카르발라 Karbala 전투에서 전사하였다.[74] 알리가 죽은 후에 시아파는 알리의 가문에 치리권의 회복을 요청하였으며, 그 요구로부터 시아파 정통주의는 알라<sup>신</sup>로부터 통치할 권리를 부여받았다고 하는 사상이 발전되었다. 정통 시아파는 12명의 '이맘'들을 인정하고 있는데, 그 마지막 인물<sup>무함</sup> <sup>마드</sup>은 9세기에 사라졌다고 한다.

시아파와 순니파의 의 결정적인 차이점은 지도자인 이맘 Imam 의 직분에 대한 교리적 입장에 있다. 순니파는 이맘 즉 칼리프가 선출된 후계자로서 정치, 군사적 지도자이지만, 종교 지도자는 아니라고 하는데 반해, 시아파는 이맘을 정치, 군사, 종교 지도자로 인정한다. 이맘은 예언자는 아니지만, 계시의 영감을 받았고, 죄가 없으며 무오하다고 한다. 그는 최초의 이맘인 무함마드와 알리의 직계 자손이어야 한다고

---

74    김정위, 『이슬람 사상사』, 54.

주장한다.

시아파는 순니파의 실용주의와는 대립하여 관념론과 선험주의를 강조하였다. 순니파는 의사 결정과 실제적인 지식의 근원을 그 공동체의 '협의' Ijma' consensus 로 믿고 있지만, 시아파는 오류가 있는 근원으로부터 나온 지식은 무용지물이며, 확실하고 참된 지식은 무오한 '이맘'과의 접촉을 통해서만 얻을 수 있다고 생각하였다. 시아파는 순니파와는 대조적으로, 인간의 의지는 자유로우며, 인간의 이성은 선과 악을 알 수 있는 능력을 갖고 있다고 주장하는 무타질라파의 교리를 채택하였다.[75]

영적인 관점에서 볼 때 시아파와 순니파의 가장 큰 차이는 시아파가 순니파에는 없는 수난 주제를 도입했다는 점이다. 알리의 아들 후세인 Hussein 이 우마야드 왕조 군대의 손에 죽은 사건[680년]은 심금을 울려주는 연설, 수난극, 그리고 그 참가자들이 정서적인 열광 가운데서 무거운 쇠사슬이나 날카로운 도구를 가지고 자신들의 가슴을 치거나 자신들의 몸에 상처를 내는 종교적인 행렬로서 찬양된다. 이러한 수난 주제는 또한 아프가니스탄과 파키스탄 그리고 인도에 있는 순니파 대중에게 영향을 미쳤는데, 그들은 '타지야' ta'ziyah 라고 불리는 수난극에 참여한다. 시아파의 신도의 수는 순니파에 비하면 소수에 불과하지만, 순니파 이슬람에 큰 영향을 미쳤다. 모든 무슬림들이 알리와 그의 가문을 공경하고 알리의 후손들sayyid, 혹은 sharif 을 존경하는 것은 이러한 영향이다. 시아파는 16세기 이래로 이란의 공식적인 국교이다.

---

**75**    John L. Esposito, *Islam*, 43-45.

## 5) 열두 이맘파 Twelve Imam Shiism

시아파의 85%를 이루고 있는 열두 이맘파약칭 이맘파는 현재 무슬림권에서 중요한 소수파이다. 열두 이맘파는 시아파의 첫 칼리프인 알리로부터 12대에 걸친 그의 후계자들에게 절대적인 충성을 바치는 이슬람의 소수 종파이다. 서기 874년에 12번째 이맘인 무함마드 알-문타짜르Muhammad al-Muntazar가 사라졌다고 한다.[76] 열두 이맘파는 이란에서 16세기 이후 국교화하여, 전 국민의 90% 이상이 따르는 절대 다수를 이루었고, 이라크에서는 인구의 60% 이상을 차지하는 다수파이나 정치, 사회적 영향력은 순니파 무슬림에 비하여 작기 때문에 사회적 갈등의 불씨가 되고 있다. 레바논은 프랑스의 영향권 아래서 박해받는 교파의 피난처로 자처하여 현재 30% 이상의 인구가 열두 이맘파에 속하나 대부분이 빈곤층이다. 파키스탄과 인도에서도 열두 이맘파는 전체 무슬림 인구의 10%에 이른다고 한다. 8세기 후반부터 현재까지 칼리프 알리의 자손인 모로코 왕가를 이루고 있지만 국가의 지배적 법체계는 순니파의 영향 하에 있다.

이맘은 카리스마적이고 오류가 없는 지도자로 간주되고 무하람력 첫 10일 동안 축제를 지내고 이맘들의 무덤특히 후세인과 그들의 친척들의 무덤, 그리고 카르발라는 주요 사당으로 신성하게 여겨진다. 열두 이맘파의 특징은 마지막 이맘의 재림과 심판이다. 어릴 때 사라진 열두 번째 이맘이 마지막 심판 때에 나타나서 세상을 심판한다고 한다. 열두 번째 이맘인 마흐디Mahdi가 메시야가 되어 돌아와야 구원을

---

**76**  John L. Esposito, *Islam*, 44-45.

얻고, 충성스런 자들에게 상을 주고, 정의와 진리의 이상적인 이슬람 사회를 건설할 것이라고 믿는다. 열두 이맘파로부터 이스마일파[77]와 드루즈파 등이 생겨났다.[78]

## 6) 수피 Sufi 교[79]

수피교는 무슬림 공동체가 취했던 세속성과 철학적 신학, 혹은 율법과 신학의 '형식주의적인' 표현에 대하여 반감을 가졌던 인물들의 반작용으로부터 시작되었다. 이슬람에서 가장 위대한 신학자요 정통 순니파 신학에 정통했던 알-아샤리 신학자 인물인 알-가잘리가 신학적 기초자로 간주된다. 논리학, 철학, 신비주의, 신학을 연마한 알-가잘리는 아샤리 신학과 수피즘의 이름으로 신플라톤주의적 이슬람 신학을 비판하였다.[80]

수피교는 이슬람 율법은 존중하되 금욕, 청빈, 명상 등을 중요하

---

[77] 주로 인도와 동아프리카에 퍼져있는 이스마일파, 즉 일곱 이맘파는 열두 이맘파가 제6대 이맘 자아파르 알 싸디끄(765년 죽음)의 장남인 이스마일이 술을 마신다고 비난하여 그의 동생 무사(799년 죽음)를 제7대 이맘으로 모신 데 반대하고 이스마엘을 옹립한 데서 비롯한다. 이스마일파는 이스마일의 자손만이 '숨은 이맘'이 될 수 있다고 선언하고 이스마일의 계승권을 옹호하기 위해 끈질긴 투쟁을 벌였다. 이 과정에서 그들은 시아파를 통합적 교의로 이끌었다. 특히 영지주의적 의례에서 이원론적인 사항을 많이 도입했다.

[78] 위의 책, 45. 드루즈파(Druzes)는 11세기의 이스마일파 선교사였던 다라지(Darazi)에게 거슬러 올라간다. 그의 추종자는 파띠마조의 칼리파 하킴(Hakim)을 '숨은 이맘'이라고 주장했다. 칼리파 하킴을 일종의 신의 화신인 우주적 존재의 현시로써 간주하기 때문이다. 드루즈파에서는 일부다처제가 금지되어 있고 일부일처로써 여성들의 지위는 남성들과 대등하게 취급되고 영혼이 윤회한다는 믿음이 널리 퍼져 있다. 오늘날 드루즈파의 신자 수는 약 25만 가량으로 추산되며 주로 레바논과 시리아에 살고 있다. 위의 책, 47-48. 이 외에도 이슬람의 종파는 다수가 있다. 자이드파(Zayd), 알라위파(Alawis, alevi), 바하이파(Bahai), 아흐마디야파(Ahmadiyya) 등이다.

[79] 수피라는 용어는 아랍어로 양모를 뜻하는 어근 수프(아랍어: ṣūf)에서 파생된 말이다. 수피즘의 초기 추종자들이 금욕, 청빈, 명상을 상징하는 하얀 양모로 짠 옷을 입었기 때문에 수피라 불렸다. Eric Emmanuel Schmitt, *Monsieur Ibrahim And The Flowers*, 김민정 옮김, 『이브라힘 할아버지와 코란에 핀 꽃』(서울: 문학세계사, 2006), 96.

[80] John L. Esposito, ed., *The Oxford History of Islam*, 282-89.

게 여긴다. 지성보다는 체험을 중시하고, 신도의 내면적 각성과 코란의 신비주의적 해석을 강조한다. 수피교는 신과의 교제를 추구하는 감정적 단계인 황홀경, 직관지 또는 비법적 지식을 이상으로 삼는 인식적 단계 등을 통하여 발전하였다. 수피 수도사들은 자신들이 '카슈프'kashf라고 불리는 내적 지식 즉 '계시'wahy라는 다른 직관을 가지고 있다고 믿는다. 일종의 영감을 드러내는 '카슈프'의 개념은 지적인 이해력을 넘어 있으며,[81] 객관적 타당성을 지닌 형태의 지적인 이해력을 중시하여 '카슈프'를 받아들일 수 없는 신학자들에게는 위협이 된다.

　　수피교가 이슬람 정통 사상 체계 안에서 상당한 위치를 차지하게 된 것은 알-가잘리의 순니파 신학과 수피교의 종합이다. 수피의 경험적 방법의 힘을 자각하고 있던 알-가잘리는 신학자들에게 이야기하기를, 만일 신학이 '마음의 신학' 안에 기초를 두지 못한다면, 그 교리는 종교적 진리가 될 수 없을 것이며 내적인 생명이 없는 빈 껍질뿐이라고 하였다. 동시에 알-가잘리는 수피교를 정통의 한계 안에서 지키려고 노력하였으며, 인간의 자아 즉 에고와 신성의 연합에 관한 수피교의 보다 과장된 주장을 거부하였다.

　　특히 아리스토텔레스의 물리학에서 중요한 원인과 결과의 인과적 필연성에 대해서 알-가잘리는 그 모순을 지적한 점이 흥미롭다. 그에 의하면, 이성이든 경험이든 그 어느 것도 인과관계의 필연성에 대해서 그 정당성을 입증하지 못한다고 한다. 경험은 그저 결과가 원인과 동시다발적으로 일어나는 것을 보여줄 뿐이라고 한다. 원인으로 인해 결과가 유래하는 것이 아니라고 본다. 원인과 결과의 인과적 필연

---

81　카슈프는 '연다'는 뜻의 '파트하'라고도 불린다.

성은 마음에서 원인은 원인이요 결과는 결과라는 생각만 일어나게 할 뿐이라는 것이다. 따라서 세상에서 결과는 우주에서 유일한 원인자인 신에 의해서 직접적으로 일어나는 것으로 보아야 한다고 주장한다. 결국 아리스토텔레스의 물리학 이론에서 중요한 원인과 결과의 인과관계에 대한 주장은 기적을 창조하는 알라의 권능과 부합하지 않는다고 결론을 내린다.[82]

하지만 알-가잘리가 죽은 후 곧 수피교는 '모든 존재의 일치'<sup>세계와</sup> <sup>신의 일치</sup>를 설교하였던 스페인의 신비주의자 이븐 알-아라비 Ibn al-Arabi 1165-1240의[83] 손에서 범신론적 신지학으로 발전하였다.[84] 당시 유대교, 기독교, 이슬람 문화가 공존했던 문화적 환경에 영향을 지대한 영향을 받았던 알-아라비는 메카와 바그다드 등 30년 동안 구도자적 여행을 하였다. 알-아라비의 범신론적 신지학은 존재일원론으로도 불리는데,

---

**82**  John L. Esposito, ed., *The Oxford History of Islam*, 284.

**83**  이븐 알-아라비에 대해서 더 연구하고 싶으면 다음 도서를 참고하라. Annemarie Schimmel, *Mystical Dimensions of Islam* (35th Anniversary Edition) (Chapel Hill: The University of North Carolina Press, 2011), 263-73; Seyyed Hossein Nasr, *Three Muslim Sages: Avicenna-Suhrawardi-Ibn Arabi* (Cambridge, MS: Harvard University Press, 1964), 83-124.

**84**  아라비가 남긴 이야기 한 토막을 소개함으로써 수피교가 추구한 자아 추구와 하나님의 사랑과 실제에 대해 생각해보자.

한 남자가 연인의 집 문을 두드렸다.
연인이 물었다. "누구세요?"
남자는 "나예요" 하고 대답했다.
이에 그녀가 말했다.
"이 집은 좁아서 당신과 내가 함께 있을 자리가 없어요."

그래서 남자는 사막으로 명상을 하러 떠났다.
몇 년이 지나 남자는 다시 연인의 집으로 가서 문을 두드렸다.
연인의 목소리가 들려왔다. "누구세요?"
남자가 대답했다. "나는 곧 당신입니다."
그러자 문이 열렸다.

https://m.blog.naver.nhn?blogId=pink-madam&logNo=220912409091&proxyReferer=https%3A%2F%2Fwww.google.com%2F (2019. 10. 28). 아라비에게 있어서 "인간적인 사랑이란 모든 곳에 존재하는 사랑받는 자에 대한 열정적인 탐구와 매우 유비되는 것이다." Sidney Spencer, *Mysticism in World Religion* (Brunswick, NY: A. S. Barnes, 1963), 130; Robert S. Ellwood, *Mysticism and Religion*, 서창원 옮김, 『신비주의와 종교』(서울: 이화여자대학교출판문화원, 1994), 144.

이것은 우주의 삼라만상이 한 분 알라로부터 유래한다는 것이다. 다만 알라는 유일신으로서 초월적 본성<sup>아하디야</sup>과 주님으로서 세상에 알려지는 내재적 본성<sup>루부비야</sup>을 가진다고 한다. 알라는 세상의 창조주이면서 인간과 세계에 개입하고 결정하며 숭배의 대상이 된다.[85] 그렇다면 이러한 신의 초월성과 내재성이 어떻게 조화를 이루는가? 어떻게 인간이 경험하게 되는가? 하는 의문이 따른다. 아라비는 다음과 같이 이야기한다. "우리 자신들은 우리가 하나님에 대해 묘사한 것에 의해서 생겨난 공여자들이다. 우리의 실존은 단순히 하나님의 실존의 대상화일 뿐이다. 하나님은 우리에게 존재하는데 필요한 존재이고, 반면에 우리는 그가 그 자신 스스로를 표출할 수 있도록 해주는 하나님에게 필요한 존재이다."[86]

　　정통 이슬람에 대한 수피교의 가장 심각한 위협은 수피교가 가진 성인의 이상이 예언자 직에 대한 새로운 도전으로 발전되었다는 점이다. "영적으로 예언자가 위대한가, 성인이 위대한가?" 이븐 알-아라비는 성인이 더 위대하다는 견해를 주장하였다. 왜냐하면 성인은 신으로부터 직접 지식을 얻지만, 예언자는 천사로부터 지식을 얻으며, 예언자는 율법을 선포하는 한 '사람들과 함께' 하지만 성인은 '신과 함께'하기 때문이다. 이러한 엄청난 모순은 결국 '영적인 상태'의 변증법에 의해서 해소되었다. 이 변증법에 따르면 수피의 경험은 '내적인 것'과 '외적인 것' 그리고 '일치'와 '다원성' 사이의 율동적 움직임으로 간

---

85　김정명, "존재일원론을 정립한 수피 철학자 이븐 아라비," http://www.koreaislam.org/kislam_home/%ec%9d%b4%ec%8a%ac%eb%9e%8c%ec%9d%98-%eb%93%b1%eb%b6%88/?mod=document&uid=4376 (2019. 10. 28).

86　Sidney Spencer, 『신비주의와 종교』, 143에서 재인용.

주된다. 이러한 종합주의 운동은 예언자적 경험에서 절정을 이룬다고 주장한다.

이슬람의 분파를 역사적으로 분류해보면 그 주요 흐름을 〈그림 16〉과 같은 도표로 나타낼 수 있다.[87] 이 도표에서 1대로부터 4대까지는 무함마드를 직접 계승하는 정통 칼리프를 나타낸다. 소괄호 번호 (1)부터 (12)는 제4대 칼리프인 알리의 뒤를 잇는 12 이맘파를 나타낸다. 이들은 바하이파와 아마디야파와 함께 시아파에 속한다.

## 7. 현대 이슬람 부흥운동

반근대주의, 반서구 운동의 흐름과 이슬람 근본주의의 도전혹은/그리고 폐해의 영향으로 이슬람 부흥운동이 일어났다. 이슬람 개혁운동을 이슬람 근본주의 Islamic Fundamentalism 혹은 이슬람 원리주의라는 말로도 지칭하는데, 사실 무슬림들은 사용하지 않는 용어라고 한다. 이슬람 부흥운동의 근대적 뿌리는 압둘 와하브Muhammad ibn Abdul Wahab 1703-1792가 1745년 창시한 와하비즘이다. 인도의 사이드 아마드Sayyid Ahmad 1817-1898와 같은 서구의 문명과 가치를 추종하는 세속적 근대주의자도 없지는 않지만, 서구 세력에 반대하는 급진주의적 폭력 운동도 있다. 일반적으로 반근대주의와 반서구주의를 표방하는 이러한 부흥운동은 무슬림 대중 보다는 특권층과 기득권층의 이익을 대변하는 정부에 대해서도 반기를 들었다. 하지만 근본적으로는 이슬람을 토대로 하지만

---

**87**  Bill Musk, *The Unseen Face of Islam: Sharing the Gospel with Ordinary Muslims* (East Sussex: Monarch, 1989), 257.

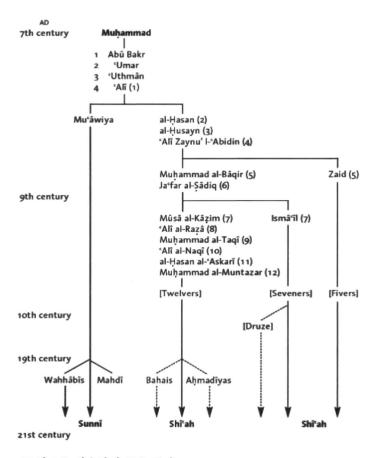

<그림 16> 이슬람의 주요 종파

부분적으로 서구의 가치와 학문을 수용하는 혼합적 개혁운동도 있다. 자말 알딘 알아프가니 Jamal al-Din al-Afghani 1838-1897가 이런 운동의 창시자로 전 세계 모든 무슬림의 대동단결을 추구했던 범 이슬람주의 사상가였다.[88]

현대 이슬람 부흥운동 흐름은 중동지방의 무슬림 형제단 the muslim

brotherhood, 북아프리카와 동남아시아의 살라피아 운동, 인도·파키스탄의 '잘자미 이슬라미' 등이 있다. 이러한 현대 이슬람 개혁운동은 대개 중하류계층들이 주도하였고, 정치와 종교, 민주주의, 여성, 인권, 시민사회, 자본주의 등의 이슈를 둘러싼 담론과 논쟁으로부터 야기되었다.

이슬람 부흥운동의 일반적인 신앙 프레임은 다음과 같다.

1. 이슬람이야말로 통전적이며 포괄적인 생활방식이다. 이슬람은 삶의 모든 영역, 즉 정치, 법, 사회, 문화, 교육, 예술, 음식 등에 관련된다.
2. 이슬람 사회의 실패는 이슬람의 정통 신앙에서 벗어나서 서구적인 세속주의, 즉 물질주의와 자본주의를 추종한 이유 때문이다.
3. 이슬람 사회의 회복은 이슬람으로 돌아가서, 이슬람 사회정치와 사회 시스템으로 개혁하는 것이다. 이는 쿠란과 예언자 무함마드의 가르침으로 돌아가는 것이다.
4. 알라의 통치를 회복하고, 참된 이슬람 사회 질서 회복을 꾀하는 것은 서구 정신에 채색된 사회 체제를 무슬림 사회의 유일한 청사진인 이슬람법으로 대체해야 한다.
5. 비록 서구화된 사회를 정죄하지만, 근대화 그 자체만은 선택적으로 수용하는 태도를 가진다. 특히 과학과 기술을 수용하되, 이슬람 신앙과 가치에 부합하는 면에서만 받아들임으로 서구화와 세속화를 방지하려고 한다.

---

88  김중순, "이슬람 근대주의의 이해," 『동서인문학』 47 (2013. 12): 23-52.

6. 이슬람화의 과정, 더 엄밀히 말하자면, 재이슬람화는 헌신되고 훈련된 무슬림들의 조직을 요한다. 사회 부패와 불의와 대항하여 투쟁할 수 있는 무슬림이 필요하다.[89]

이상과 같은 일반적인 신앙과 가치와 이념을 넘어서 더 급진적인 행동주의자, 과격 근본주의자들은 신학적 정통교리와 정치적 현실주의의 구현을 위해서는 폭력적인 혁명도 불사한다는 신념을 가진다. 불신앙과 불신자에 대항하는 지하드도 이들에겐 종교적 의무로 간주하여, 그러한 정부나 개인과는 폭력도 불사한다는 입장이다. 이들에겐 유대교나 기독교인들도 "책의 사람"으로 인정되지 않고 불신자로 간주된다. 유대교와 기독교인들은 서구 기독교 식민주의와 시오니즘으로 거부되며, 이슬람을 침입하는 유대-기독교 공모자로 여겨진다. 이들의 이상은 이슬람 국가를 실현하는 것이다.

이와 반대로 온건 무슬림 개혁자들도 있다. 이들은 고등교육을 받은 사람들과 중산층과 그 이하 계층 출신을 포함하며, 성직자만 아니라 다양한 계층 출신들로 구성된다. 급진적인 과격 행동주의자들은 소수인데 반해 온건 무슬림 개혁자들이 다수임을 감안해야 한다.

현대 이슬람 국가들은 세 범주로 분류된다. 즉 세속화된 국가, 무슬림 국가, 이슬람 국가다. 세속화된 국가는 터키가 유일한 예인데, 무스타파 케말의 지도력 아래 종교는 개인의 사적 영역에 한정되고 국가는 세속 정치 원리에 따른다. 이슬람 국가 체제는 사우디아라비아가 속하고, 대다수 국가는 무슬림 국가에 속한다. 무슬림 국가란 정치, 경제, 법, 교육 제도는 서구적인 양식을 취하나 국가 인구의 다수가 무슬

---

**89**　John L. Esposito, *Islam*, 165-66.

림이고 무슬림 전통을 가진 나라를 말한다. 이들 무슬림 국가는 이슬람에 더 무게중심을 두는 나라들이다.[90]


# III. 이슬람의 미


## 1. 종교 체험과 영성

### 1) 기도

무슬림은 하루 다섯 번 기도<sup>salat</sup>한다. 기도는 무슬림의 영성과 종교 생활의 중심이고, 엄격한 정결과 정해진 시간을 지키면서 기도에 임한다. 또한 이슬람의 두 가지 대축제일<sup>Id al-Fitr, Id al-Adha</sup>의 핵심 요소이 기도 하다. 기도는 대개 다음과 같이 진행된다.

모스크 꼭대기에 있는 뾰쪽 탑에서 새벽 네 시에 기도 시간을 알리는 무아진<sup>mu'azzin</sup>이 큰 소리를 낸다.

"신은 위대하시도다. 신은 위대하시도다. 기도하러 오라. 기도는 잠보다 낫다."

기도할 때 지켜야 할 사항은 메카를 향하는 방향과 정결이다. 집이나 모스크에서 항상 목욕을 하고, 물이 없을 때는 상징적인 행동으로 대치할 수 있다. 모스크라는 단어의 의미가 "엎드려 절하는 장소"

---

**90** 위의 책, 166-69.

이듯이 기도하는 자세 또한 절하고 무릎을 꿇고, 머리를 땅에 대고 꿇어 엎드린다. 기도의 시작은 무아진이 두 번째 부름인 아잔 azan, 즉 기도로의 부름을 선포한 후에 시작한다. 기도로의 부름은 다음과 같다.

> 신은 위대하시도다! 신은 위대하시도다! 신은 위대하시도다!
> 신은 위대하시도다!
> 나는 알라 외에 다른 신이 없다는 것을 증언한다!
> 나는 알라 외에 다른 신이 없다는 것을 증언한다!
> 나는 마호메트[sic]가 신의 사도라는 것을 증언한다!
> 나는 마호메트[sic]가 신의 사도라는 것을 증언한다!
> 기도하러 오라! 기도하러 오라!
> 구원으로 오라! 구원으로 오라![91]

아랍어로 드리는 기도문은 주로 신앙고백 shahada 과 쿠란 1장과 여타의 쿠란의 특정 부분을 낭독하는 것이 포함된다. 대표적인 기도문 가운데 하나는 다음과 같다.

> 입술의 경배는 신을 위한 것이며,
> 몸의 경배인 구제도 그러하도다!
> 당신에게 평강이 있으라, 오 선지자여,
> 신의 자비와 그의 축복과 함께!
> 우리에게와 신의 의로운 종들에게 평화가 있을지어다!

---

91    James F. Lewis & William G. Travis, 『세계의 종교와 관습』, 287.

오 신이여, 마호메트[sic]와 그의 자손에게 자비를 베푸소서.

아브라함과 그의 후손에게 자비를 베푸신 것과 같이 하소서.

당신은 찬양을 받으실 분이오며 위대한 분이니이다.

오 신이여, 마호메트[sic]와 그이 후손들을 축복하소서.

아브라함과 그의 후손에게 축복하신 것과 같이 하소서.

당신은 찬양을 받으실 분이오며 위대한 분이니이다![92]

이와 같이 무슬림의 기도는 개인의 소망을 아뢰는 사적 기도, 혹은 신과의 대화라기보다는 신에 대한 복종과 경배의 영적 행위이다. 금요일 정기 예배 시간에는 음악이나 헌금이 없고, 설교도 있거나 없다. 여자들은 옆이나 뒤에서 서고, 아니면 한쪽 곁에 커튼을 친 뒤에서 금요 예배에 참여한다.

## 2) 수피 수도회의 황홀경 춤

수피교의 영적체험은 이성의 작용이 아니라 신과의 합일된 상태인 신비적 황홀경의 추구로 나타났다. 12세기로부터 수피교는 대중종교운동으로 변화하였으며, 수피 수도회는 모로코에서 인도네시아로 확장되어 나갔다. 그 사당은 추종자들의 순례지가 되었다. 수피교의 종교 지도자인 "샤이크shaykh를 따르지 않으면 구원이 없다"라는 말은 중세 후기 이슬람에서 보편적으로 인정된 격언이었다. 수피 수도원

---

92 Thomas Patrick Hughes, *A Dictionary of Islam* (Chicago: Kazi Publications, 1995), 465-66, 468; James F. Lewis & William G. Travis, 『세계의 종교와 관습』, 287-88에서 재인용.

Jahriyya은 일반 종교 생활의 중심지가 되었으며, 거의 모스크를 능가하였다. 정신 집중이나 열광적인 춤 또는 특정한 공식 문구들을 음송하는 특정한 관습을 통하여 자기 최면의 상태[hal]로 들어가는 기술은 일반의 종교성의 뛰어난 표현이 되었으며, 여기에는 미신적인 제의, 여러 가지의 기적에 대한 신앙 그리고 성인 숭배와 같은 것이 수반되었다. 샤이크는 초심자들에게 '디크르'[dhikr][93]의 관습을 전수해 주며, 그의 영적인 여행의 길을 계획한다. 그 영적인 여행 동안에 제자는[94] 스승을 절대적으로 신앙해야만 한다.

수피교 안에도 여러 분파가 있는데 그 중에 13세기 페르시아 시인, 수피 신비주의자, 이슬람 신학자인 루미[Jalaluddin Muhammad Balkhi (Rumi)] 1207-1273를 시조로 하는 메브레비 혹은 마울라비야 종단[Meleve or Mawlawiyya]이 있다. 이 종단은 "빙빙 도는 데르비쉬[whirling dervishes]"로도 불린다. 수피교 내에서 고도의 종교예술로 신비적인 춤사위 의식[sema]을 독창적으로 고안하였다.[95]

---

**93** '기억' 즉 신에 대한 기억을 의미하는데, 이는 수피교에서 신을 의식하는데 초점을 맞추는 영성 훈련을 말한다. 예를 들면, 마음으로 기억하거나 혀로 읊조리는 것이다.

**94** 제자는 아랍어로 파끼르 혹은 무리드(murid)라고 한다, 대개 스승(샤이크)는 제자(무리드) 들을 끌어 모았다. 샤이크는 자기 가르침의 권위와 영성체험의 계보를 저명한 수피들에게 소급하여 연결하였는데, 이러한 연결고리를 씰씰라(Silsila a chain of transmission)라고 했다. 이것은 이슬람 법학자들이 하디스의 권위와 확실성을 증명하기 위해 이스나드(연결고리)에 집착한 바와 유사하다.

**95** 루미의 세마에 관한 시 한 구절을 인용한다.
    기도로 향하는 사람들(Those who turn in the direction of prayer,)
    춤추라, 이 세상과 다음 세상에서. (whirl in both this world and the next.)
    주의를 기울이라 친구들이 원을 지어 춤출 때(Pay heed when a circle of friends whirl,)
    빙빙 돌고 돌아라, 카바 중심으로. (circling round and round, the Kaaba is the center.)
    당신이 설탕 광산을 원한다면 거기에 있다. (If you wish a mine of sugar, it is there;)
    그리고 당신이 설탕 한 조각을 원한다면, 무료이다. (and if you wish a fingertip of sugar, it is gratis.)

    Mevlana Jalaluddin Rumi, *Love's Ripening: Rumi on the Heart's Journey*. translated by Kabir Helminski and Ahmad Rezwani (Boston: Shambhala, 2008), 93.

흘러내릴 듯한 비단 같은 옷을 입은 춤추는 신도들이 쉐이크 주위에 둥그렇게 둘러선다. 쉐이크는 마치 태양이나 지구의 자전축처럼 우주의 중앙에 서서 중심점이 된다. 이 춤사위는 지구와 은하의 운행에 곤한 시작이요 끝이다. 머리를 뒤로 젖히고, 한 팔은 하늘을 향하게 하였으며 다른 한 팔은 땅으로 향하게 한 채, 이들은 춤을 추면서 빙빙 돈다. 플루트와 현악기, 드럼 등을 사용하여 음악과 춤을 함께 치르는 이 디크르[96] 의식은 수피종단 디크르 의식 중 가장 유명한 것으로 발전해갔다. 사실 이러한 것은 명백히 정통 이슬람의 정신과 관행에 어긋나는 것이다. 종교 의식에서 춤사위는 대개 원시 종교의 특징이다. 그렇지만 마울라비야 종단은 그들의 독특한 춤사위를 몰아의 황홀경에 도달하는 수단이자 신비한 천체운동의 한 표현으로 간주한다.[97]

수피 수도회들은 도회지 수도회들과 시골 수도회들로 크게 나누어지는 데, 도시의 수도회들은 '울라마'들에게 영향을 받았기 때문에 정통에 보다 가까운 반면에, 시골 수도회들은 정통에서 보다 거리가 먼 수도회들로부터 시작해서 완전히 비정통적인 수도회들도 있다. 가장 정통적인 도시 수도회는 나크쉬반 수도회인데, 이 수도회는 음악 samac 을 금한다. 터키의 베타쉬야 수도회는 가장 중요한 시골 수도회들 가운데 하나로 기독교적인 관습과 시아파의 관념에 영향을 받았다.

---

**96** 춤을 일종의 디크르(dhikr), 즉 신을 기억하는 형식이라고 한다. 2008년에 UNESCO는 "멜빌 종파의 세마 의식"을 세계무형유산으로 지정하였다.

**97** 손주영, "수피의 종단들," https://m.cafe.daum.net/monandal/vnk/18?q=D_N5A2_iIHQZo0& (2019.10.28).

인도의 소위 비정규적 bi-sharc 수도회들은 무슬림 관습과 힌두 관습들이 혼합된 것을 갖고 있으며, 신비요법, 미신, 비정통적인 관습들로 수수께끼 속에 싸여 있다.

수피 수도회 가운데 물질적 가난을 선택하거나 수용한 탁발수도회를 가리켜서 데르비쉬라고 하는데, 이들은 엑스타시 <sup>황홀</sup> 상태에서 빙글빙글 돌거나 격렬하게 춤추거나 또는 노래를 부르는 등의 법열적法悅的 의식을 행하는 탁발 수도승托鉢修道僧 이다. 우즈베키스탄의 부크하라 Bukahra 에서 생긴 바크흐타시야 Bakhtashiyah 라는 수피 수도회는 신비한 허리띠를 상징으로 하는데, 이들은 허리티를 묶었다 풀었다 하면서 일종의 기도를 다음과 같이 일곱 번 한다.

① 나는 욕심을 묶고 관용을 풉니다.
② 나는 분노를 묶고 온순함을 풉니다.
③ 나는 탐심을 묶고 경건을 풉니다.
④ 나는 무지를 묶고 신에 대한 경외를 풉니다.
⑤ 나는 열정을 묶고 신에 대한 사랑을 풉니다.
⑥ 나는 배고픔을 묶고 영적 자족을 풉니다.
⑦ 나는 사탄숭배를 묶고 거룩함을 풉니다.[98]

수피교는 신비주의적 영성 운동으로 많은 이들의 신앙심을 고취하고 종교심을 강화한 바가 크지만 이슬람 내 비판가들은 수피교 영성의 수동성, 숙명론, 성자숭배, 민간 신앙화 된 신앙형태 등을 지적한다.

---

[98]    Thomas Patrick Hughes, *A Dictionary of Islam*, 118. 항목: "Faqir"

## 2. 예술

　　메소포타미아, 페르시아, 이집트, 그리스, 인도 등에서 종교와 철학, 경건과 학문을 융합하여 찬란한 중세 이슬람 문명을 빚어낸 100명의 무슬림 위인들의 삶과 업적을 소개한 『1400년 이슬람 문명의 길을 걷다: 이슬람을 빛낸 위인 이야기』라는 책이 있다. 저자들은 이 책 제9장에서 "문학가와 예술가" 11명을 이야기한다. 이 책이 제시하는 중세 이슬람의 대표적인 예술가를 통해 중세 이슬람 문명의 찬란한 족적을 엿볼 수 있다. 그들은 이슬람과 예언자의 시인 하산 빈 싸비트, 이슬람 산문 문학의 대가 알 자히즈, 아랍의 천재 시인 알 무타납비, 무하까끄체를 완성한 서예가 이븐 알 바우와브, 페르시아 대서사시 『샤나메』의 저자 페르도우시, 자유로운 영혼의 위대한 시인 수학자 오마르 카이얌, 다재다능한 음악가 아미르 쿠스라우, 괴테에 영향을 준 신비의 혀 하페즈, 페르시아 세밀화의 대표화가 베흐자드, 세계적인 터키 건축가 미마르 시난, 파키스탄의 국민시인 무함마드 이끄발이다.[99] 중세 이슬람에 한정된 이슬람 예술가 선정이지만, 문학, 서예, 음악, 연설, 그림, 건축 등 다양한 분야를 대표하는 사람들이다.

　　이슬람의 미적, 종교적 표현으로서의 예술은 근본적으로 신론과 관련된다. 이슬람의 알라는 창조주, 초월자, 심판자 등으로 신앙되는데, 특히 유일성과 통일성과 진리성으로 인해 알라 외에 그 어떤 신도 용납하지 않을 뿐 아니라 어떠한 형상화도 거부한다. 쿠란 16:74는

---

**99**　　손주영 · 황병하, 『1400년 이슬람 문명의 길을 걷다: 이슬람을 빛낸 위인 이야기』(서울: 프라하, 2012), 제9장 "문학가, 예술가" 참조.

이렇게 말한다 "그러므로 하나님께 어떤 것도 비유하지 말라 실로 하나님은 너희들이 알지 못하는 것을 알고 계시니라."[100] 따라서 신상이나 조각품이나 그림으로 묘사할 수 없다. 또 그것을 형상화하여 그 앞에 절하거나 기도하거나 예배하는 일은 신성모독이고 우상숭배이다. 그래서 이슬람은 신의 유일성, 통일성, 진리성, 정의, 자비, 사랑, 권력, 주권적 의지 등을 드러내는 문학과 건축과 서예<sup>그림문자</sup>와 아라베스크 무늬 등을 발전시켰다.[101] 따라서 이슬람 예술은 크게 세 분야로 분류되는데, 식물과 꽃의 추상적 표현, 기하학적 표현, 서예이다. 그리고 이 세 가지 요소를 융합하여 만들어낸 것이 아라베스크 예술<sup>arabesque art</sup>라고 한다.[102]

전완경은 이슬람 예술의 특징을 정리하면서, 우선 이슬람 예술을 그리스-로마, 인도, 중국 등과 같은 거대한 문명의 요람 중 하나로 간주한다. 그는 이슬람 예술도 "거대한 문명의 용광로"로 표현한다. 특히 인간적인 형상화를 피하고 추상성과 형식성을 강조하는 이슬람 예술은 그리스-로마 예술 전통을 창조적으로 발전시켜서 도식화된 그리고 기하학적 문양을 가진 이슬람 특유의 예술을 발전시켰다고 한다. 전완경은 이슬람 건축은 이슬람 제국의 상징으로서 이슬람 특유의 모스크, 궁전, 요새, 무덤 등의 건축물을 이루었음을 강조한다. 모스크는 메카의 카바 신전을 향하여 지어서 무슬림들이 동일하게 어깨를 나란히 하고 횡대를 이루며 메카를 향해 예배하는 데 이것은 이슬람이 지

---

**100** 또 다른 번역으로는, "하나님께 어떤 것도 비유하지 말라. 하나님께 비유될 것 아무것도 없느니라." 최영길 편저, 『성 쿠란』, 489.

**101** James F. Lewis & William G. Travis, 『세계의 종교와 관습』, 279.

**102** 이슬람 예술에 대한 슬라이드 공유 사이트를 참조하라. https://www.slideshare.net/hendQaid/lecture-1-islamic-art (2019. 10. 29).

향하는 평등성의 한 표현이라고 한다.[103]

이슬람의 미술은 그리 발전하지 못했다고 보는데, 다만 장식 미술로서 아라베스크 기하학적 문양은 위대한 예술적 창조라고 할 수 있다. 자연이나 인간의 현실세계를 반영하는 것이 아니라 "비교적 작은 단위나 모티프를 반복한다거나 조형양식에 따라서 하나의 커다란 장식 형태"를 창조적으로 표현했다. 실제 현실과는 동떨어진 것처럼 보이는 이러한 예술이 영감의 근원으로 기능을 한다. 이슬람 아라베스크의 기하학적 문양은 "원, 정방형, 다각형, 십자가의 변형인 만卍자, 꼬부랑길, 장기판 무늬, 지그재그 형태 등"을 기본적인 문양으로 삼고, 이 때 특징은 단순한 형태에서 점차 고도의 복잡성과 풍부성을 이룬다는 점이다. 이런 이슬람 미술에서 이슬람 특유의 디자인이 고안되었다. 기하학을 토대로 한 이슬람 디자인은 독특한 예술을 낳았다. 건축과 아라베스크 문양 외에 신성한 언어로 인식되는 아랍어를 바탕으로 하여 현란함과 우아함을 표현하는 서예도 발전했다. 그리고 아라베스크와 서예가 혼합되어 나타나기도 하였다.

이슬람의 서예는 두 종류로 나누어지는데 하나는 나스키 Naskhi 이고 다른 하나는 쿠피 Kufi 라고 한다. 전자는 그라나다에 있는 알함브라 궁전 벽에 걸려있는 작품처럼 흘림의 곡선으로 쓴 글씨체로서 가장 섬세한 장식적인 표현으로 간주된다. 후자는 모서리가 있는 글씨체로서, 예루살렘의 암석 사원에 있는 것이 대표적이다. 쿠피는 곡선으로 흘림은 볼 수 없으나 좀 더 기하학적인 표현미를 더한다.[104]

---

**103** 전완경, "이슬람 예술의 특징 I," 겸재예술인문통신 '미술사 특강' "이슬람 문화와 예술" 9강, 2쪽; http://gjjs.or.kr/home/index.php?pg=subm6_s2&bo_table=ryusunyung&wr_id=35&bt=v&sca=&sfl=wr_subject&stx=%EC%9D%B4%EC%8A%AC%EB%9E%8C&sop=and (2019.10.17).

이슬람 건축, 서예, 아라베스크 등은 전반적으로 장식이 주목적이었고, 현실세계의 재현보다는 "목가풍의 세계 혹은 종교적, 신비적, 도덕적 이상에 의해 채색된 세계를" 예술적으로 표현하였다.[105]

이슬람 음악은 유럽 중세 음악에 영향을 끼칠 정도로 고도의 발전을 이루었다. 서양 음악이 두 개의 선법을 사용하는 반면, 아랍 음악은 열두 개의 선법을 사용할 정도로 발전했다. 다만 화성 대신 단선적인 선율의 리듬과 장식음을 강조하고 성악곡 위주로 발전했다. 이슬람 음악은 또한 즉흥 연주와 멜로디를 특징으로 한다.[106] 이슬람은 다양한 산물로 복을 빌고 화를 멀리하며 영적 정신적 물질적 축복을 기원한다. 부적과 인장과 행운의 상징으로 목걸이나 팔찌 따위에 매다는 장식 charm 등을 소유했다. 이와 같이 이슬람의 예술적 실용적 작품은 쿠란과 연관하여 복을 비는 것이 많다. 일상의 삶과 종교적 영성의 종합이 예술적 작품으로 나타난 것으로 이해된다.

**104** Bruno Leone, *The Spread of Islam* (San Diego, CA: Greenhaven Press, 1999), 120.

**105** 위의 글, 2-7. 이슬람 예술의 극치 중 하나로 보이는 알함브라 궁전의 '칠층천'(seven heavens, artesonada)에 대한 한 수학자의 연구를 참고하라. Lynn Bodner, "A Geometric Analysis of the Seven Heavens," https://archive.bridgesmathart.org/2005/ bridges2005-285.pdf (2019.10.29). 린 보드너는 알함브라 궁전의 '칠층천' 쪽매붙임(marquetry 나무쪽이나 널조각을 가구 표면 등에 붙이는 세공)을 모든 후대 칠층천 천장 예술의 원형이라고 한다.

**106** 위의 글, 7. 이슬람의 시대별 예술에 대해서는 전완경, "이슬람 예술의 특징 II," http://gjjs.or.kr/home/index.php?pg=subm6_s2&bt=v&bo_table=ryusunyung&wr_id=36&page=&sca=&sfl=wr_subject&stx=%EC%9D%B4%EC%8A%AC%EB%9E%8C&sop=and (2019.10.17)를 참고하라.

〈표 18〉 이슬람의 개요

| 이슬람의개요 | 진 | | | | 선 | | | 미 | |
|---|---|---|---|---|---|---|---|---|---|
| | 신 혹은 궁극적 존재 | 창시자 와 대표자 | 경전 | 자아, 고통, 구원에 대한 교리 | 의례 | 도덕적 행동과 교훈 | 사회 질서 | 종교 체험과 영성 | 예술 |
| | 유일신 알라 | 무함 마드 | 쿠란, 하디스 와 이슬람 율법 | 신에 대한 부인, 복종 | 매일 기도, 라마단 금식, 하지 | 제의적 복종, 이슬람 율법 | 이맘, 신자의 평등 | 천국과 지옥, 죄를 타파 하는 올바른 복종 | 건축, 그림 문자, 미술, 춤 |

# 7장

## 민간신앙 이해

　　문화인류학자 에드워드 타일러Edward B. Tylor는 애니미즘Animism 혹
은 정령숭배라는 말을 학문적으로 정초시킨 사람이다. 그는 애니미즘
에서 종교의 기원을 찾고, 그로부터 진화하여 다신론, 일신론, 유일신
론으로 점차 진화하였다고 주장하였다.[1] 한편 많은 학자들은 과학이
종교를 대체한다는 종교 소멸론을 확신하였다. 반면 로버트 엘우드
Robert Ellwood는 이들과는 정반대의 입장을 표명하였다. 소외 '고등종교'
가 민간신앙이나 민속종교로 변화한다고 보았다. 그에 의하면 고등종

---

**1**　　Edward B, Tylor, *Primitive Culture: Researches into the Development of Mythology, Philosophy, Religion, Art and Custom* (London, Murray, 1871).

교가 뚜렷한 보편적 비전과 문화 변혁의 동력으로 출발하나 인간의 절실한 필요와 욕구 충족에 부합하는 민간신앙으로 변화한다고 한다.[2]

인간의 삶에 공식종교만 아니라 민간신앙<sup>민속종교</sup>의 영향력을 언급한 것이다. 일찍이 유진 나이다는 이러한 종교의 현실을 "이층종교" two-storied religion 로 명명한다.[3] 이것은 종교 믿음과 실천의 두 가지 명백한 차원을 종합한다. 즉 이층종교는 신앙과 실천의 이상적인 형식과 실제적인 형식의 절충이다. 한편 가톨릭 선교학자 로버트 슈라이터 Robert J. Schreiter 는 공식종교와 민간신앙의 구분과 아울러 공존 현상을 "이중 종교적 체계" dual religious system 라고 한다.[4] 실제로 세계 역사는 '고등종교'와 '민간신앙'의 공존을 보여준다. 따라서 이슬람 전문가인 두들리 우드베리 J. Dudly Woodberry 는 민속이슬람과 정통이슬람의 공존을[5], 폴 히버트 Paul G. Hiebert 는 민속 힌두교와 철학적 힌두교의 공존을 주장하였다.[6] 한편 C. K. 양 Yang 은 확산종교 diffused religion 와 제도종교 institutional religion 를 구분하는데,[7] 후자는 "교리와 의례가 비교적 체계화되어 있고 고정적"이며, 전자는 "교리나 의례에 일관성이 적고 가변적인데다가, 일상생활과 밀착되어 있어 다른 사회·문화 현상과 경계를 짓기가 용이하지 않"[8]는 것이라고 한다.

2    Robert Ellwood, *The History and Future of Faith* (New York: Crossroad Publishing Company, 1989).

3    E. A. Nida, *Religion Across Cultures: A Study in the Communication of Christian Faith* (New York: Harper & Row, 1968), 17-19.

4    Robert J. Schreiter, *Constructing Local Theologies* (Maryknoll, NY: Orbis Books, 1985), 148-49.

5    J. Dudly Woodberry, ed. *Muslims and Christians on the Emmaus Road* (Monrovia: MARC, 1989).

6    Paul G. Hiebert, "Folk Religion in Andhra Pradesh: Some Missiological Implications," *The Gospel among Our Hindu Neighbors.* Ed. by Vinay Samuel and Chris Sugden (Bangalore: The Association for Evangelical Theological Education in India, 1983).

7    C. K. Yang, *Religion in Chinese Society* (Berkely: University of California Press, 1962), 294-295.

"민간신앙은 민간 층에서 전승되는 자연적 신앙, 곧 민간인이 신앙하는 자연적 종교"[9] 현상으로서, 도그마화한 교리와 경전과 종교공동체가 없다. 따라서 민간신앙의 전승과 신행은 자연적 상황 속에 있는 자연인이다. 그 종류를 살펴보면, 매년 초의 신년제를 비롯하여 계절제, 가신신앙家神信仰 혹은 가택신앙, 동신신앙洞神信仰 혹은 부락신앙部落信仰. 마을신앙, 무속신앙, 점복신앙, 풍수신앙, 동물신앙, 자연물신앙, 영웅신앙, 민간의료, 금기, 주술 등 다양하다.[10]

# Ⅰ. 민간신앙의 진

## 1. 민간신앙의 특징

공식종교와 민간신앙은 동일하게 인간의 문제를 대상으로 하나 서로 관심의 영역이 다르다. 공식종교는 궁극적 실재와 내세적인 실재신. 천사 등에 관심을 둔다. 우주적 관점에서 우주의 기원과 의미와 운명에 대한 포괄적이고 영원한 본성에 초점을 둔다. 반면 민속종교는 당면한 일상생활의 문제에 관심을 둔다. 때로는 상호 모순적인 실천을 행하

---

**8**  徐永大, "韓國 土着宗敎史 硏究의 回顧와 展望," 韓國史論 28 (1998. 12. 30): 477. http://db.history. go.kr/item/level.do?sort=levelId&dir=ASC&start=1&limit=20&page=1&pre_page=1&setId=-1&p revPage=0&prevLimit=&itemId=hn&types=&synonym=off&chinessChar=on&brokerPagingInfo =&levelId=hn_028&position=-1 (2019. 12. 28).

**9**  김태곤, "민간신앙을 해부한다," 『민간신앙』(서울: 도서출판 두란노, 1994), 7.

**10**  위의 책, 8.

며, 실재에 대한 통일적인 관점을 제시하지 못한다. 화를 멀리하고 복을 구하며, 그때그때의 긴급한 문제에 대한 해답을 추구한다. 기근, 재난, 불행, 갑작스런 죽음, 연애의 성공, 농업, 사업, 학교 교육, 중대한 결정에 조언이 필요한 문제 등에 대한 여러 가지 다양한 행동 방향을 제공한다.[11]

폴 히버트는 민간신앙의 실용주의적 특징을 대중이 제기하는 궁극적인 네 가지 질문과 관련하여 규정한다. 그 질문이란 첫째로 생의 의미와 죽음, 둘째로 행복과 불행, 셋째로 불투명한 미래에 대한 통제, 넷째로 선악의 규정과 도덕적 질서의 문제 등이다.[12] 이러한 실존적이며 실용적인 문제에 답변을 제공하는 것이 민간신앙이다.

### 2. 민간신앙의 분류

#### 1) 우주적 종교와 초우주적 종교

스리랑카의 유명한 신학자요 종교학자인 알로이스 피에리스<sup>Alois-ius Pieris</sup>는 종교를 나누기를 우주적 종교<sup>cosmic religion</sup>와 초우주적 종교<sup>metacosmic religion</sup>로 분류하였다. 우주적 종교란 위에서 말한 민간신앙 혹은 정령숭배로 불리는 것을 말하고, 초우주적 종교란 기성 세계종교, 문자있는 종교 혹은 경전종교를 말한다. 우주적 종교는 인간이라면 누

---

11   Paul G. Hiebert, "Popular Religions," James M. Phillips and Robert T. Coote, eds. *Toward 21st Century in Christian Mission* (Grand Rapids, Mich.: Eerdmanns, 1993), 255, 257.
12   Paul G. Hiebert, R. Daniel Shaw, and Tite Tinou, *Understanding Folk Religion: A Christian Response to Popular Beliefs and Practices* (Grand Rapids, Mich.: Baker, 1999), 77-79.

구에게나 자리 잡고 있는 '종교인' homo religious 이 인생의 신비 앞에서 잠재의식에 의해 취하는 태도를 대변하는 것으로 본다. 이 신앙은 우주적 능력물, 불, 열기, 바람과 회오리, 땅과 지진, 홍수와 태풍 등, 인간에게 필요하면서도 인간을 두렵게 만드는 힘과 관계가 있다.

우주적 종교와 초우주적 종교의 관계성이란 관점에서 볼 때 몇 가지 특징을 들 수 있다.

첫째로, 아주 예외적인 지역을 제외하고 우주적 종교는 순수하고 원시적인 형태를 갖추지 못하고, 대부분 기성 세계종교에 의해서 지배되거나 그 속으로 통합되어 버린다.

둘째로, 초우주적 종교도 추상적으로 경전 속에서 textual 머물지 않았고 언제나 지역문화의 우주적 종교가 제시하는 세계관 속에서 맥락을 함께하여 contextual 존재해 왔다는 사실이다. 우주적 차원과 초우주적 차원이 서로 교차하여 있다. 따라서 동일한 기성 세계종교가 시대와 문화에 따라 다른 형태를 취하는 것은 바로 이러한 이유 때문이다. 예를 들면, 우주적 종교가 아프리카에서는 구원 종교로 인식되기도 하나 아시아에서는 구원을 베푸는 종교로 간주되지 않는다. 따라서 기술공학 문명이나 과학적인 진보 및 사회·정치적 활동이 기성 세계종교들에 영향을 미치는 것은 그 종교들이 가지고 있는 우주적 차원에서이다.

여기서 이 이론을 지지한다고 가정하고 우리 한국교회의 현황을 분석하면, 우리 한국기독교의 문제는 기독교가 가진 고유한 구원관이 초우주적 차원에서보다 우주적 차원으로 해석되고 믿어져서 소위 말하는 샤머니즘적인 기복신앙화된 것으로 볼 수 있다.

셋째로, 우주적 종교가 강한 지역에서 기성 세계종교의 선교가 뿌리를 잘 내렸다는 사실이다. 예를 들면, 인도네시아에 이슬람이 수용되고, 필리핀에 가톨릭이 쉽게 뿌리내린 것은 그 종교들이 수용될 때 그 지역에서는 우주적 종교가 길들여지지 않았거나 반쯤밖에 길들여지지 않은 형태로 남아 있었기 때문이다. 그러나 스리랑카, 버마, 인도 그리고 다른 여러 지역에서는 이슬람과 기독교가 그 문화를 쓸어낼 수 없었던 것은, 영지적 구원사상이 벌써 그 우주적 종교를 하나의 통합된 문화적 제도 안으로 이끌어 들인 뒤였기 때문이다.[13]

## 2) 유동식의 한국 종교구분

풍수, 참위, 점복, 예언과 무속신앙을 민간신앙으로 구분한 유동식의 한국의 종교 분류는 〈표 19〉와 같다.[14]

〈표 19〉 유동식의 한국종교 분류

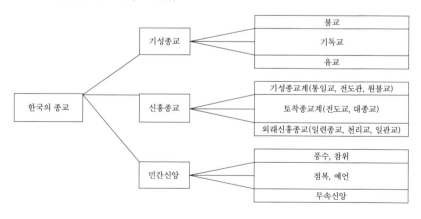

---

13  알로이스 피에리스, 『아시아의 해방신학』(왜관: 분도출판사, 1988), 171-207.
14  유동식, 『민속종교와 한국문화』(서울: 현대사상사, 1978), 267.

### 3) 김태곤의 민간신앙 분류[15]

한국 민속학자요 샤머니즘 전문가인 김태곤에 의하면, 민간신앙은 민간 층에서 전승되는 자연적 신앙, 곧 민간인이 신앙하는 자연적 종교라고 한다. 김태곤은 민간신앙을 다음과 같이 분류하고 있다.

- 가신신앙: 성주신, 조상신, 조왕신, 터주 등
- 동신신앙<sup>부락신앙</sup>: 동신제, 산신, 서낭신, 장승, 솟대신앙, 신당
- 무속신앙, – 독경신앙, – 점복신앙, – 풍수신앙,
- 동물·자연물·영웅 신앙,
- 사귀신, 민간의료, 금기, 주술

## 2. 신 혹은 궁극적 존재

민간신앙은 그야말로 신들과의 공생공영이라고 할 수 있다. 집 안에 여러 장소와 관련된 신, 마을 주변의 신, 구체적인 신과 추상적인 신으로 가득하다. 한국의 민간신앙에서 신봉하는 신은 집 안에서 인간과 상호작용하며 공존·공생하는 신이 많다. 부엌에 조왕신, 대문에 수문장신, 변소에는 측간신, 건물 중심주에 성주신, 마루에 이어지는 안방에 삼신 제석신, 울타리 안에서 집터를 지키는 터주 대감, 우물이나 장독대에 칠성님, 광에는 재물신인 업 신, 마당에는 오방신장 신, 지붕에는 집지킴 신, 뜰에는 정 신 등이 가득하다.[16]

---

**15** 김태곤, 『한국민간신앙연구』, 7-22; 김태곤, "민간신앙을 해부한다," 46.

민간신앙의 신은 궁극적 실재나 초월적인 신이라기보다는 일상 생활에 안전과 보호와 생존을 돕는 기능을 하는 신이라고 할 수 있다.

## 3. 경전

민간신앙의 창시자와 대표자는 특정할 수 없다. 공식종교에는 경전과 경전 해석과 전수 및 의식을 관장하는 전문적인 종교지도자가 있다. 경전은 우주와 세계와 인생의 궁극적 문제에 대한 해답을 제시하고, 신앙의 대상과 실천에 대해서 방향과 경계를 제공한다. 일반적으로 종교지도자는 공식적인 교육을 받은 전문가이다. 반면 민간신앙에는 특정한 경전이나 전문적인 교육기관이 없을 뿐더러 뚜렷하게 내세울 종교지도자도 없다. 민간신앙 지도자는 민초들의 실제적인 필요와 욕구를 충족시키는 것으로 그 자질과 능력을 평가받는다.

## 4. 자아, 고통, 구원에 대한 교리

민간신앙은 인간의 삶을 비롯하여 삼라만상이 초월적인 힘에 의해 움직인다고 믿는다. 이러한 초월적인 힘이란 샤머니즘 혹은 무교의 경우에는 신령의 힘이요, 점복사상에서는 천지운도天地運度가 결정하는 것이요. 풍수사상에서는 천지의 기운이다. 따라서 민간신앙의 구원론의 핵심은 유교의 5대 복과 유사하게 장수와 부자와 평안 등이다. 초월적인 힘에 의해 지배되는 인간과 만사의 운명을 그대로 수용하는

---

**16** 김동욱 외 4인 공저, 『한국 민속학』(서울: 새문사 1988), 267-70.

것 같지만 장수, 부자, 평안 등을 추구하는 신앙으로 그 운명을 변화시키려는 노력을 다분히 기울이는 것을 알 수 있다. 그 운명 변화의 신앙적 행사가 바로 종교의례이다. 곧 인간이 종교의례로써 초월적인 힘이나 자기의 운명을 조절할 수 있다는 신념이 민간신앙을 불러일으킨 것이다. 따라서 점복이나 풍수지리에 의한 인간의 종교적 조작이 형성되게 된 것이다.[17]

가신신앙의 경우 구원이란 한 집안의 액운을 없애고 가문의 번영을 개인적으로 비는 것이다. 부락신앙은 부락의 전 주민이 참여하여 부락의 풍요로움과 평안, 제재초복除災招福을 비는 신앙이다. 한국인에게 있어서 복은 '편안하고 만족한 상태 또는 그에 따르는 기쁨'이라고 볼 수 있으며 일반적으로 행복이나 길운吉運 등으로 이해되고 있다. 민간신앙은 제화초복除禍招福, 즉 화를 멀리하고 복을 기원하는 기복祈福에 그 목적을 두어왔다. 흔히 한국인은 서경에 나오는 오복, 즉 수壽 장수, 부富 부유함, 강녕康寧 건강함, 유호덕有好德 덕을 좋아하고 즐김으로 사회적 인정 받음, 고종명考終命 모든 꿈을 성취하고 집에서 죽음을 추구한다.[18]

**17** 서병진, "우리나라 미륵신앙의 전개와 복지정토 관점에서의 조명," https://blog.naver.com/jsy1851/221684943902 (2019.12.28).

**18** 권복규, "한국인의 전통 죽음관," 『한국 호스피스 · 완화의료학회지』 vol. 16 no. 3 (2013.09): 155-65.

# II. 민간신앙의 선

## 1. 의례

### 1) 가신신앙과 의례

한국의 가신신앙과 의례를 중심으로 살펴보기로 한다. 가정 집안에 장소에 따라 관장하는 신이 있다고 믿는 것이 특징이다. 그러므로 가족 대표자(주부)가 집안의 행운과 가족의 평안을 기원하는 제사나 고사를 지내는 것을 가신신앙이라고 한다. 가신신앙이란 명칭은 가족신앙 혹은 가정신앙이라는 말로도 쓰인다. 가신신앙 혹은 가정신앙은 부락신앙과 마찬가지로 샤머니즘과 유교적 제사신앙이 습합된 것으로도 본다. 즉 가신신앙에서는 샤머니즘 전통이라 할 수 있는 주부나 여성이 중심이 되는 의례가 있고, 남성이 중심이 되는 제사 의례가 있다.[19] 민간신앙의 의례중 가신신앙의 의례는 다음과 같이 구분된다.

첫째, 조상 단지 ― 조상님이나 조왕님으로 불리는 조그마한 단지에 쌀(곡식), 양념, 엽전 등을 넣어 안방이나 부엌의 조왕 머리에 얹어두고 정성을 다해 모신다. 조상 단지는 두 가지로 분류되는데, 첫째는 안방 조령(祖靈)으로서 안방 선반 위에 조령을 모시는 것이다. 조상 단지 안에 쌀이나 보리를 봄, 가을로 갈아 넣고 그대로 보관한다. 조상 단지 안의 쌀들이 줄거나 좀이 쓴다거나 하면 흉조로 생각한다. 쌀의 변화

---

19  김동욱 외 4인, 『한국 민속학』, 265.

유무로써 조상의 혼령을 가늠하는 것은 농경민족의 특징이라 할 수 있다. 둘째는 조왕 단지로서 부엌에 곡식, 깨 등을 넣은 단지를 모신다. 솥 위의 선반 남쪽 끝에 위치시키는 것이 일반적이다. 매일 밥과 떡 한 접시를 차려 놓고 모신다.

둘째, 성주<sup>마루</sup> — 성주는 가택신, 혹은 가장의 수호신이다. 조상단지와는 달리 차남 이하도 모실 수 있다. 성주는 마루에서 모시는데 마루는 신성한 제의의 장소이다. 혼례, 기제사 등을 봉행 하는 곳이 바로 마루이며 마루란 가장 높은 곳, 즉 종宗의 뜻을 가진다. 성주 독에 보리나 쌀을 담아 마루 한구석에 놓거나 마루방 천정의 중보와 마룻대 사이 대공에 한지를 접어 붙인다. 한지 속에 동전을 넣거나 한지 위에 쌀알을 적셔 붙이기도 한다. 독에는 쌀 대신 벼를 넣기도 한다. 의식은 주부들이 가무家巫가 되어 고사를 지내고 고사떡을 돌린다. 그 시기는 상달이 일반적이다. 그밖에 명절·제사·생일 때 음식을 차리면 일단 성주께 상을 드렸다가 물린다. 간혹 딸을 시집보낼 때 사주단자를 받으면 깨끗한 바가지에 담아 성주께 고한 다음 풀어 보기도 한다. 부인이 주가 된 상주 신앙은 그녀의 남편家長의 건강을 비는 것으로 가장이 무고하면 가운家運이 번창하는 것으로 믿었다. 또한 농가와 어촌에서는 다수확과 풍어豊漁와 만사형통을 위해 성주신에게 빌었다.

셋째, 조왕부엌 — 조왕은 불의 신이다. 따라서 부엌에 모시며 주부들의 신으로 되어 있다. 불은 물과 함께 정화淨化의 작용을 한다. 장례 때 관이 나가면 곧 아궁이에 불을 때고 이사할 때 난로를 먼저 들여 놓고, 성냥을 이사 문안으로 사가는 것은 정화와 함께 가신家神을 모시는 것이라 할 수 있다.

넷째, 터주와 업뒤꼍 — 터주는 가택신宅地神이고 흔히 단지에 낟알이나 천을 넣고 주둥이를 덮는다. 업은 건궁업이 대부분으로 사람업, 구렁이업, 족제비업이 있으며 단지에 낟알을 넣고 주둥이를 덮는다. 이 때 천은 넣지 않는다. 이것은 풍농과 자식 번창을 위하여 무당, 점복 등이 시켜서 시작하는 경우가 많다. 장독대 옆에 대를 만들고 단지를 놓는 것도 업의 일종이다. 이 경우 매월 7일자가 든 날로 3회 목욕 재계하고 정화수를 떠놓고 자손들을 위해 기도한다.

다섯째, 측신<sup>변소</sup>, 문신<sup>문</sup> — 야간 변소 출입 시 헛기침을 한다든지 상방<sup>마루방</sup>에 위치하는 중요한 가신으로 문전신을 모신다든지 하는 것도 가정 신앙의 하나이다. 문전신은 남편이고, 조왕은 본처이고, 측신은 변소 각시<sup>첩</sup>이라는 믿음도 있어서 부엌과 변소 사이는 지푸라기 하나 부지깽이 하나라도 왕래하면 동티가 난다고 엄금한다.[20]

## 2) 부락<sup>동신</sup>신앙과 의례

부락신앙은 자연부락을 단위로 하여 존재하며, 민간신앙이 그러한 자연부락을 반영하고 있다. 민간신앙이 신에 대한 경배보다는 인간이 중심이 되며, 따라서 의식과 결과에 중점을 두고 있다. 부락신앙은 부락민에게 안정감을 주는 기능을 하며, 부락제를 통해서 단결심이 강화된다. 민간신앙의 의례중 동신신앙의 의례는 다음과 같다.

첫째, 산신제<sup>山神祭</sup>

① 제의<sup>祭儀</sup>의 명칭 — 산신은 산군 즉 호랑이를 말한다. 호랑이의
    그 신령한 힘에 의하여 마을의 평온을 유지하고 액을 막고 외

---

20  위의 책, 267-70.

부의 세력에서 보호받기 위한 제사이다.

② 제일<sup>祭日</sup> — 제일은 길일을 택하는 바, 입춘이 지난날로부터 가장 가까운 산신 하강 일에 거행하는 것이 일반적이다.

둘째, 당제<sup>堂祭</sup>

① 제의<sup>祭儀</sup>명칭 — 어촌과 도서 지방에서 부락민의 안녕과 생업<sup>生業</sup>의 번창을 비는 동제<sup>洞祭</sup>로서 흔히 당제<sup>堂祭</sup>라고 부른다.

② 제일<sup>祭日</sup> — 음력 정월 보름에 지내는 것이 일반적이나 정월 초사흘에도 함.

③ 대상신<sup>對象神</sup> - 산신, 당산 할머니, 각씨신, 수신, 당신, 지황신, 십이신, 말, 뱀, 고양이, 호랑이 등을 대상으로 하여 제를 지낸다.

셋째, 장승제

① 제의의 명칭 — 또는 노신제<sup>路神祭</sup>라 하며 부락 입구에 선 장승이 대상신이다.

② 제일 — 음력 정월 15일 새벽에 지낸다.

넷째, 동화제<sup>洞火祭</sup>

① 제의의 명칭 — 동화제, 거릿제 등으로 불린다. 축제 행사적 성격이 강하다.

② 제일 — 음력 정월 15일 초야에 지낸다.

③ 제의의 목적 — 동리가 일 년 동안 평안하고 풍작이 들기를 기원한다.

동신<sup>부락</sup>신앙에서 더 살펴볼 내용은 다음과 같다.

첫째, 성황당 — 속칭 서낭당이라고도 하는 성황당은 보통 마을로 들어오는 입구나 마을과 마을 사이 고갯마루에 수북이 쌓은 돌무더기와 신목이 세워져 있다. 길 가는 사람들은 서낭당 옆을 지나가면서 돌을 쌓거나 침을 뱉고, 집안 식구들의 동정이나 오색 천 등을 신목에 매달고 제물을 바치면서 소원을 빌거나 마을의 평안을 기원하였다. 이렇게 액운을 막는 것을 홍수막이라고 하였다. 이런 민간신앙은 만주, 몽골, 일본 등에서도 나타난다.[21]

둘째, 장승 ─ 장승은 마을의 수호신으로 잡귀를 퇴출하고 재난을 보호하는 역할을 한다. 나무나 돌을 깎아서 만든 장승은 대체로 마을 입구나 길가에 세운다. 장승의 윗부분은 사람 얼굴 형태로 만들고 장승의 아랫부분에는 천하대장군天下大將軍 혹은 지하여장군地下女將軍이라는 글씨를 새겨 한 쌍으로 만든다. 장승은 단순한 이정표가 아니라 일종의 주술적인 신앙 대상으로 신성시되어 해를 가하면 벌을 받는다고 믿었다. 새로운 나무 장승을 세울 때는 황토 칠을 하는데, 이는 장승의 영적 힘을 강화시키는 주술적 행위로 볼 수 있다.[22] 장승은 마을을 상징하고 일체화하는 상징 공포성과 해학성 기능을 가지고 있다.

셋째, 성기숭배 ─ 금기 혹은 민간속신의 하나로서 성기숭배는 성의 종교성, 신비성, 생산성을 내포한다고 본다. 인간의 성기 모양의 모형이나 그와 유사한 형태의 물체를 숭배하는 민간신앙의 하나가 성기숭배이다. 성기숭배는 "생산력이나 풍요를 가져다주는 기능"[23]을 가지며, 반대로 그러한 주술적 기능을 제거하는 이중적인 기능을 한다고 한다.

---

**21**  위의 책, 271.
**22**  위의 책, 279-81.
**23**  위의 책, 304-306.

### 3) 점복·예언占卜·豫言 신앙과 의례

　　한국 민간신앙의 중추를 이루고 있는 것으로 점복·예언을 들 수 있다. 넓게는 점복이 샤머니즘의 일부를 이루고 있다고도 하겠다. 그러나 점복은 샤머니즘의 특징인 가무제례歌舞祭禮가 없다는 점에서 샤머니즘과 구별된다. 그 뿐 아니라 샤머니즘과는 관계없이 독립된 행사로 되어있는 것이 점복占卜의 대부분이다. 샤머니즘의 무당과 민간신앙의 점쟁이는 다른 특성을 지닌다. 물론 상호간에 연결점도 가지고 있다. 호남지방에서는 점쟁이가 택일하면 무당이 굿을 하는 상부상조하는 모습도 보인다.

　　점복의 목적과 배경에는 미지의 불안 탈피와 운명론에 대한 신앙이다. 점복은 미래의 운명을 알려는 것이고 동시에 그 미래에 닥칠 불행의 원인을 알고 해결책을 세우려는 것이다. 해몽, 택일, 풍수 등과 결혼 이전에 관상을 보고, 사주를 보내어 궁합을 맞추는 일 등이 바로 점복의 주술적 신앙 행위이다. 대체로 점복·예언은 개인의 운명론에 치중되어 있다. 넓은 의미에서는 풍수지리나 참위설도 점복·예언에 속한다. 그러나 이것은 씨족 집단의 운명이나 왕조의 운명론을 다루는 것이므로 별도로 취급한다. 점복·예언占卜·豫言 신앙의 의례에 속하는 것은 일반적으로 자연관상점, 동식물에 의한 점, 해몽점解夢占, 신점神占, 승부점勝負占, 작괘점作卦占 등이 있다. 작괘점 가운데 일반화된 것이 사주四柱점이다. 인간의 운명 혹은 길흉화복을 사주生年·月·日·時와 팔자干支干支로 점을 치는 것이다. 우리나라에서 보편화된 사주점은 토정비결土亭祕訣을 이용한 점이다.[24]

## 4) 풍수참위風水讖緯 신앙과 의례

풍수지리설에 의하면 천지는 살아있는 존재로 인간 삶에 영향을 미친다고 한다. 땅에는 지맥을 통해 생기가 흐르고 있다. 이 생기에 따라 인생의 흥망성쇠가 좌우된다. 이러한 생기를 조절하는 방법은 조상의 뼈를 통해서이다. 그러므로 생기 왕성한 명당에 조상의 묘지를 트는 것은 후손들의 번창을 보장한다고 믿는다. 여기에 풍수지리 신앙의 기본적인 이해가 있다. 일반적인 풍수지리 신앙은 생기가 충만한 땅명당에 묘지를 만드는 묘지풍수가 중심이다.[25] 한편 양기陽基를 찾아 주택을 건축하는 주거풍수사상도 있다. 묘지를 음택陰宅이라 하고, 산 사람의 주거지를 양기라 한다. 양기 역시 생기가 충만한 곳에 주택을 세움으로써 복을 받고 소원성취하려는 신앙에서 나온 용어이다. 그런데 음택과 양기의 그 영향권은 차이점을 보이는데, 음택은 한 가족의 번창이란 좁은 범위라면, 양기는 한 마을 또는 나라의 공동체 번영을 위해 작용한다는 사상으로 발전했다. 그리하여 고려시대로부터 양기풍수는 국도國都풍수 사상으로 전개되어 갔다.

참위讖緯란 미래의 길흉화복과 흥망성쇠의 운명에 대한 예언을 뜻한다. 점복예언도 그러한 뜻을 가지고 있으나, 다른 점은 점복이 주로 개인의 운명에 집중되어 있는데 비해 참위는 주로 왕조의 흥망성쇠를 말하고 있다는 것이다. 그리고 참위는 항상 문자로 표현되고 있

---

24  http://www.culturecontent.com/content/contentView.do?search_div=CP_THE&search_div_id=CP_THE002&cp_code=cp0224&index_id=cp02240141&content_id=cp022401410001&search_left_menu=2 (2019.12.28).

25  김동욱 외 4인, 『한국 민속학』, 284.

다는 점에서 또한 그 특이성이 있다. 참위 역시 음양오행설에 기초한
다. 일반적으로 참위설은 풍수지리설과 혼합되어 있기 때문에 흔히 풍
수참위설이라고 한다.

　　민간신앙이란 관점에서 볼 때, 흔히 풍수와 샤머니즘과 유교를
혼동하는 경향이 있는데 이 세 가지를 단순화해서 구분하자면 〈표
20〉과 같이 도표화할 수 있다.

〈표 20〉 민간신앙 구분

| 풍수 | 자손 ← 부모(죽은 자) |
|---|---|
| 유교 | 자손 → 부모(산자) → 조상(죽은 자) |
| 샤머니즘 | 자손 ⟷ 부모(죽은 자, 귀신) |

　　이를 간략히 설명하면, 풍수는 자손이 부모로부터 일방적으로 복
을 받으려는 것이라면, 유교의 제사는 반대로 자손이 부모에게 일방적
으로 희생제물을 바치는 것이다. 샤머니즘에서는 풍수와 유교의 제사
를 종합한 형태라 할 수 있다. "부모와 자식, 산 사람과 죽은 사람의 상
호관계의 신앙구조를 가진" 샤머니즘이 풍수와 제사를 융합하여 조상
숭배라는 복합적인 신앙구조를 이룬다고 보는 것이다.[26]

---

**26**　위의 책, 287. 필자는 김동욱 외 4인의 책에 나오는 도표 중 샤머니즘 부분을 약간 수정하였다. 즉
　　"무속 = 자손 → 부모(죽은 자, 귀신)"으로 된 것을 "자손 ⟷ 부모(죽은 자, 귀신)"으로 변경하였
　　다.

## 2. 도덕적 행동과 교훈

교리적 정통성을 강조하고, 논리적 일관성이나 내적 통일성을 지닌 공식종교는 그 종교를 신봉하는 사람들의 전적인 충성을 요구한다. 이런 의미에서 배타적이라고 할 수 있다. 하지만 민간신앙은 일견 모순적으로 보이는 요소들도 동시에 수용하는 자세를 취한다. 심지어 민간신앙 신봉자들은 인생의 고난과 운명에 대한 여러 가지 질문에 대한 다른 종교의 원인 설명과 해결 방식까지도 성공이나 복을 준다면 큰 저항 없이 쉽게 받아들인다.

따라서 민간신앙에서 도덕적 행동은 개인과 가정과 부락 혹은 집단의 안녕과 평안과 복에 유익한 방향으로 이루어진다. 다만 민간신앙과 습합된 공식 종교의 도덕적 질서와 민간신앙이 가진 금기와 타부 등도 영향을 미칠 것으로 본다. 공식종교는 교리와 윤리 지향적이라면 민간신앙은 문제해결을 위한 능력에 초점을 두는 실천 지향의 성격을 지닌다.

## 3. 사회 질서: 조직과 기능

공식종교는 기구와 조직을 갖고 있다. 중앙 집중적인 기구와 종교를 상징하는 교회나 사원과 성지, 지도자를 길러내는 종교교육기관, 통제를 하는 관료주의적 조직과 함께 언론, 학교, 병원, 사회복지 기관 등과 같은 봉사기관도 소유한다. 로버트 레드필드 Robert Redfield 와 밀턴 싱어 Milton Singer 는 이러한 고등종교의 핵심 기관을 "대전통" great tradition 이라고 불렀다. 아울러 이들은 고등종교의 "소전통" little tradition 도 언급하였는데, 그것은 이 세상에 사는 대중 신봉자의 지역 회중 모임과 대중적인 종교행위를 말한다. 소전통은 대전통의 신학적 논쟁을 알지 못하거나 관심이 없다.[27] 이러한 고등종교의 소전통은 민간신앙과 일맥상통하는데, 폴 히버트는 고등종교의 소전통과 애니미즘의 혼합을 민간신앙라고 한다. 어떤 실재에 대한 통일성과 체계를 갖춘 이론을 가진 것이 아니라 때로는 상호 모순적인 내용을 가진 느슨하게 연관된 종교 실천의 집합을 민간신앙이라 한다. 하지만 민간신앙은 삶의 현장에서 닥치는 긴급한 문제에 대한 즉각적인 해결책을 제시한다.[28]

## III. 민간신앙의 미

### 1. 종교 체험과 영성, 예술

민간신앙은 고도의 교리나 경전이나 조직체가 있는 것이 아니므로 체계화된 종교 체험과 영성을 논하기는 어려울 것이다. 기복신앙과 문제해결을 위한 능력에 초점을 두는 민간신앙의 종교 체험도 가신신앙, 동신신앙, 점복예언 신앙, 풍수신앙 등의 다양한 의례와 관습과 의

---

27 Robert Redfield and Milton Singer, "The Cultural Role of Cities," *Economic Development and Cultural Change* 3: 53-73.

28 Paul G. Hiebert, "Folk Religion in Andhra Pradesh," 255. 이슬람의 경우 대전통은 공식이슬람의 구조와 지도자를 가지고 있으며, 모스크와 신학자에 초점을 둔다. 이슬람의 소전통은 민속이슬람의 모임이나 실천을 포함하며, 주로 성소나 성인에 초점을 맞춘다. Bill Musk, *The Unseen Face of Islam: Sharing the Gospel with Ordinary Muslims* (Monrovia, Calif.: MARC, 1989), 201.

식을 통해 초자연적이며 초월적인 힘을 느낄 것이며, 조상숭배와 혼합되어 의례로 나타나는 경우도 있다. 알로이스 피에리스가 우주적 종교를 이야기할 때 언급한 바와 같이 인간은 삶의 신비 앞에서 초인간적인 능력과 힘을 체험하게 된다. 민간신앙은 인간에게 필요하면서도 인간을 두렵게 만드는 우주적 능력물, 불, 열기, 바람과 회오리, 땅과 지진, 홍수와 태풍 등을 체험하게 한다. 민간신앙의 예술은 다양한 의례의 도구나 장식 등의 유형적인 예술과 음악, 그림, 조각 등의 표현예술로 나타난다.

〈표 21〉 민간신앙의 개요

| 민간신앙의 개요 | 진 | | | | 선 | | | 미 | |
|---|---|---|---|---|---|---|---|---|---|
| | 신 혹은 궁극적 존재 | 창시자와 대표자 | 경전 | 자아, 고통, 구원에 대한 교리 | 의례 | 도덕적 행동과 교훈 | 사회 질서 | 종교 체험과 영성 | 예술 |
| | 자연적, 초자연적 신(격), 조상신 | 없음 | 없음 | 기복신앙, 제재초복 | 가정, 마을 단위 의례 | 권선징악, 현세구복적 윤리 | 소전통 | 문제 해결 능력 | 산물과 음악, 그림, 조각 등 |

# 8장

## 샤머니즘 이해

 

 

과거에 샤머니즘은 미신, 우상숭배, 귀신숭배 등으로 간주했다. 특히 한국교회는 샤머니즘을 기복종교의 대명사로 간주한다. 샤머니즘은 기성 종교와 달리 민간에 널리 퍼져 있거나 기성 종교에 습합되어 있다. 한국교회의 일반적인 입장과는 달리 종교학자는 샤머니즘을 고대종교로서 연구해왔다.[1] 특히 1960년대 이후 국내외 학자들이 샤머니즘 연구의 붐을 조성했다. 필자는 종교학자의 연구를 참고하여 주

---

1   샤머니즘 연구의 학술적 대가는 미르치아 엘리아데로 볼 수 있으며, 그의 연구 이후 많은 연구가 등장했다고 본다. M. Eliade, *Schamanismus und archaische Ekstasetechnik* (Frankfurt, 1989). 이윤기 옮김, 『샤마니즘』(서울: 까치글방, 1992). 그 외에도 최근에 나온 샤머니즘 연구서는 다음과 같다. 샤머니즘사상연구회 (엮음), 『샤머니즘과 타종교의 융합과 갈등』, 샤머니즘 사상연구회 학술총서 3 (서울: 민속원, 2017); 조흥윤, 『한민족의 기원과 샤머니즘』(서울: 한국학술정보, 2002).

로 한국 샤머니즘에 대해서 다루고자 한다.

한국 샤머니즘에 대한 평가는 이중적이다. 긍정적인 면을 보는 학자는 샤머니즘을 한국인의 심성과 생활태도의 한 원인 혹은 토대로 파악한다. 한국인의 가치체계, 사상, 세계관 형성에 일정한 영향을 미쳤다고 한다. 샤머니즘을 한국 문화 이해의 전이해 내지는 전제로 볼 수도 있다는 것이다. 샤머니즘은 외래종교 수용의 토대로서도 일정한 기능을 한다고 본다. 그런데 샤머니즘은 대개 부정적인 관점에서 이야기된다. 즉 한국 문화의 부정적인 요소로서 근대화의 장애물이라는 관점이다. 유진 나이다Eugene A. Nida의 이층종교[2]라는 이론에 따라서 분석할 때 한국 교회는 공식종교로서 기독교이지만, 일부 신앙의 행태와 사회적 삶에 있어서는 샤머니즘이 기층종교와 같은 모습을 보여주는 주고 있다. 이것은 분명 한국교회의 위기라고 본다.[3]

샤머니즘은 다음과 같은 관점에서 연구의 필요성을 제기한다. 첫째로 한국의 기층종교 혹은 한국인의 종교적 심성으로서의 기능을 하고, 둘째로 한국에서 기독교 신앙의 생성과 전수에 영향을 미치며, 셋째로 한국 문화 속에 복음의 상황화를 하는 데 고려해야 할 요소이기 때문이다.

---

**2**      E. A. Nida, *Religion Across Cultures: A Study in the Communication of Christian Faith* (New York: 1968), 17-19.

**3**      김영동. "샤머니즘적인 영성의 도전에 직면한 한국 개신교의 선교적 과제," 『장신논단』 제10집 (1994): 554-583; 장남혁, "샤머니즘," 『선교와 신학』 제6집(2000): 143-181; 장남혁, 『교회 속의 샤머니즘』(서울: 집문당, 2002).

# Ⅰ. 샤머니즘의 진리

## 1. 신 혹은 궁극적 존재

한국 샤머니즘에서 신과 신령은 다양한 특성과 종류를 가지고 있으며, 총 273종이라고 한다. 이중 자연신이 64%, 약 90%는 남성신이다. 최고신은 하느님이다. 신들은 무당의 굿을 할 때 제각기의 특성과 기능에 따라 역할을 하며, 신봉자들의 행복과 평안을 보장한다고 믿는다. 개인의 행·불행은 신들에 대한 대우와 봉양에 좌우된다고 믿는다.[4]

## 2. 한국 샤머니즘의 구조

무당은 굿을 통하여 신령과 신봉자의 관계를 조화 있게 하는 중개자 역할을 한다. 이러한 조화를 이루는 것이 샤머니즘 신앙의 목표이다.

### 1) 무당

무당이란 말은 몽골어 '우가단'과 동일 어간에서 나온 말이다. 무ᄑ는 춤추며 흥분하여 탈신한 상태에서 신령을 임하게 하는 여인을 가

---

4    김태곤, 『한국민간신앙연구』(서울: 집문당, 1983), 249-57.

리킨다. 지역별/외래종교별 영향에 따른 무당의 명칭은 다음과 같다.

경기도: 만신, 충청도: 법사, 전라도: 단골, 제주도: 신방, 경상도 와 강원도: 무당

불교적인 용어: 보살과 법사, 도교적인 용어: 신선과 선관, 유교 적인 용어: 대사와 훈장

무당의 종류: 강신무와 학습무세습무

무당의 역할: 점, 부적 만들기, 지성, 굿, 신봉자의 회집 주선 등이 다. 전통적으로 한국 무당은 제사장, 예언자, 치료자, 예술가 혹은 오락 가의 기능을 한다.

2) 신봉자

신봉자는 실존적인 문제가 발생하면 그 해결을 목적으로 무당을 찾는다. 그들은 무당이 신령과의 접신을 통해 모든 종류의 인생 문제

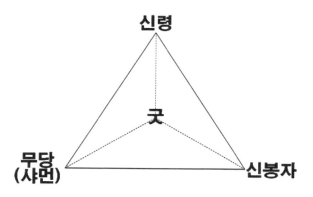

〈그림 17〉 한국 샤머니즘의 구조

를 해결하고 예방하는 데 기여한다고 믿는다.

### 3. 인간 이해와 신<sup>절대자</sup> 체험[5]

한국에서 샤머니즘과 단군 신화는 밀접한 관계를 가진다. 단군신화에 나타난 한국인의 세계관은 포괄적이고, 인격적이며, 인간 중심적이다. 단군<sup>신인 혹은 무당 왕</sup>은 신과 인간과 모든 살아있는 존재가 조화를 이루는 세계를 다스렸다. 그 뿐만 아니라 단군은 바람, 비, 구름을 조종할 수 있었으며, 기도를 통해 곰이 인간으로 변화되는 명령을 내리기도 하였다.[6] 원시적 형태의 샤머니즘은 인간과 신의 연계성 혹은 신인 융합 사상을 가졌다. 인간과 신은 어떤 면에서 절대적인 연결고리로 이어져 있고, 모든 생명체는 상호연관성을 가지며, 또한 신의 통치하에 존재하였다. 신의 강림<sup>임재</sup> 가운데 신인융합을 축하하고 즐기는 민중의 축제가 펼쳐졌다. 그 축제에는 음복연, 가무, 부락민의 향연이 포함되며 민중의 삶의 리듬역할을 하였다.[7]

샤머니즘의 세계관에서 하늘나라 개념은 찾아 볼 수 없다. 저승이나 내세에 대한 개념도 명확하지 않다. 인간은 죽어서 하계의 제령과 함께 사는 저승에 간다. 그런데 저승에 가야 할 망령이 이승을 떠나지 못하고, 후손 주위를 배회하는 것은 곧 불행과 액<sup>모질고 사나운 운수</sup>을 의

---

**5**  이 부분은 필자가 제3회 '소망신학포럼'에서 발표했던 연구논문 "한국 기독교인의 영성과 한국 전통 종교와 문화의 상관성 연구," 『21세기 기독교 영성과 교회 2: 제3, 4회 소망신학포럼』(서울: 장로회신학대학교 출판부, 2008), 340-43에서 요약·정리 혹은 거의 그대로 재인용하였음을 밝혀둔다.

**6**  Shim Jae-Ryong, "Buddhist Response to the Modern Transformation of Society in Korea," in Lewis R. Lancaster and Richard K. Payne eds., *Religion and Society in Contemporary Korea*, 77.

**7**  정철범, "한국인의 심성과 기독교영성," 『목회와 신학』(1993. 10): 70.

미한다. 이 때 무당이 굿을 통해 저승으로 가지 못한 망령의 한을 풀어 저승으로 인도한다. 한풀이의 일차적인 목적은 망령의 저승행이라기 보다는 이승에 산 사람들의 현실적인 안녕과 복이다. 샤머니즘에서 저승은 인간의 선악을 심판하는 세계가 아니다. 다만 이승에서 저승으로, 현 세상에서 다른 세상으로 옮겨간 삶의 연장이다. 따라서 샤머니즘의 가치기준은 절대적인 윤리 도덕적 선악의 유무가 아니라 현실적인 복의 유무이다.[8]

샤머니즘은 무당을 중재자로 하여 신과 인간 무당의 단골의 관계를 조화롭게 하는 구조를 가진다.[9] 신의 존재 양식보다는 인간에게 신이 어떤 복을 주느냐하는 데 관심이 집중된다. 복을 주는 신을 최대한 잘 섬기려고 한다. 인간의 행복과 불행은 신을 잘 대접하고 섬기느냐에 달렸다. 인간의 현실적이고 실존적인 문제의 원인은 바로 신에 대한 정성이나 대접이 부족해서라고 믿는다. 즉 질병, 천재지변, 가족 구성원의 급사나 횡사, 무자식, 사업 실패 등은 신을 잘 섬기지 못해서라고 생각한다. 따라서 한국 샤머니즘에는 그 존재 자체로 선신이나 악신이 있지 않고, 다만 인간의 정성과 대접에 따라 선신도 되고 악신도 된다. 그러므로 샤머니즘에서는 신을 잘 섬기면 더 좋은 신이 된다.[10]

이러한 샤머니즘의 세계관에 의해 형성된 한국인의 심성을 정리하면 다음과 같이 이야기할 수 있다.

첫째, 의타성이다. 신이 인간의 운명을 좌우한다는 믿음으로 자

---

8    정철범, 위의 글.
9    Cho Hung-Youn, *Koreanischer Schamanismus: Eine Einführung* (Hamburg: Hamburg Museum für Völkerkunde, 1982), 8.
10   김태곤, 『한국민간신앙연구』, 249-257.

기 삶에 대해 주체적 책임을 지려고 하지 않는다. 이러한 의존성은 의존주의와 책임감의 결여를 가져오는 의타주의로 빠지게 한다. 아울러 이러한 의존성은 역사의식의 결여를 가져온다.[11]

둘째, 보수성 내지 정체성이다. 의타주의와 주체적인 책임 회피로 발전적인 진취성이 약하다. 이것은 변화나 발전보다는 수구적인 보수성을 낳았다.

셋째, 현세 중심적이고 실용주의적 성격이다. 모든 욕구는 현재에 집결되어 있기에 어떻게 하면 재액과 불안에서 벗어나 안심입명安心立命할까 하는 데에 관심의 초점이 있다. 아울러 미래를 보지 않고 삶의 깊은 뿌리를 캐려들지 않는다. 함석헌은 우리 민족의 결점으로 "심각성이 부족하고 생각하는 힘이 모자라고 깊은 사색이 없다"고 하였으며, "한민족은 자기를 깊이 들여다 볼 줄을 모른다. 고로 자존심이 없다"라고 지적하였다.[12] 이러한 심각성과 사색의 힘이 모자라는 것은 샤머니즘의 현실주의에 기인한다고 본다.

넷째, 오락성이다. 의존주의적 운명론과 현실주의는 가무오락을 중시하게 되었다.

---

11    김인회, "무속과 외래종교" 계간 경향 『사상과 정책』(1984) 여름호: 140-142. 김인회는 샤머니즘의 신앙체계를 자연주의적이고 현세중심적이며, 평화적이고 인간중심적이고, 현실중심적이고 실용주의적이라고 한다. 이러한 믿음은 인간이익의 절대화와 신적권위의 상대화 기능, 공동체의 조직과 질서의 재정비 기능을 수행한다는 점에서 매우 인본주의적이고 공동체 지향적이지만, 동시에 책임감의 결여와 의타주의, 숙명론을 부추기고, 추상적 형이상학적 가치의식의 결여, 국가의식과 역사의식의 결여에 따른 역기능도 가진다고 주장한다.

12    함석헌, 『뜻으로 본 한국역사』(서울: 숭의사, 1963), 115.

## 4. 창시자와 대표자

샤머니즘에는 특정의 창시자가 없다. 샤머니즘의 사제라고 할 수 있는 사람은 무당이라 한다.

샤머니즘에는 특별한 경전이 없다고 볼 수 있다. 다만 내림굿을 집전한 강신무로부터 전해지는 무구가 무당의 권위와 영적 능력을 상징한다.

## 5. 자아, 고통, 구원에 대한 교리

신봉자는 인생의 과정에서 실존적인 문제가 발생하거나 위기 시에 그 해결책을 찾기 위해 무당을 찾는다. 그들은 무당이 신령하다고 믿고, 인생 어려운 문제를 해결하고 예방하는데 도움이 된다고 믿는다. 참고로 1980년 한국갤럽조사에 따르면 48.9% 여성이 결혼하기 전 점쟁이에게 가서 궁합이 맞는지를 알아보았다고 한다. 놀랍게도 개신교 여신도의 34.1%가 예언을 믿는다고 하였다. 이 때 예언은 성서적인 예언도 포함한 것으로 해석된다. 당시 우리나라 여자 인구 중 64%가 점쟁이를 방문하는 것으로 타나났다.[13]

---

13    김석록, "민속신앙" 『주부생활』(1981, 12): 276-81.

# Ⅱ. 샤머니즘의 선

## 1. 의례: 굿

"굿은 일", "굿다", "굿은 날" 등의 말과 연관이 깊은 "굿"은 재앙과 좋지 않은 일들을 예방하고 해결하며 복을 가져오기 위해 하는 샤머니즘의 중요한 의식이며, 굿을 하는 무당은 다른 민간신앙의 전문가들과 구분된다.[14]

굿의 목적은 다음과 같다.

① 국가의 평안과 번영 및 자연재해로부터 보호

② 가정의 번영, 행복과 부귀

③ 마을공동체의 평안과 단합

④ 질병의 치료

⑤ 풍년을 위한 기도

⑥ 죽은 자의 영혼을 저승으로 인도하기

⑦ 무당의 입무식과 그들의 신들을 섬김

## 2. 도덕적 행동과 교훈

샤머니즘은 민족의 의식과 세계관, 사회적 삶의 형성에 지대한

---

**14** 굿이란 용어는 퉁구스어 Kutu, 몽골어 Qutung, 터키어 Qut 등과 같은 어원을 가지며, 복을 끌어들인다(초복)는 뜻이다. G. J. Ramstedt, *Studies in Korean Etymology* (Helsinki, 1949), 132; 유동식, 『한국무교의 역사와 구조』(서울: 연세대학교출판부, 1975), 292.

영향을 미쳤다. 풍습과 축제, 가족과 마을공동체 관계에 사회적 기능을 해왔다.

그러나 가족, 가문, 마을이란 내집단 중심의 연대의식이 낯선 이방인이나 외집단에 대해서는 배타성을 가져와 집단이기주의에 빠질 위험이 농후하다. 따라서 합리적이고 보편적인 윤리의 발전에 장애가 된다. 윤리적 결단은 정의나 정직이나 진리보다는 그 때 그 때의 상황에 좌우되며, 신령의 기분이나 의지가 규칙보다 더 강하게 작용할 가능성이 많다. 그래서 "예"나 "아니오"를 명확히 하지 않고 상황이나 문맥에 따라 결정한다.

### 3. 사회의식

샤머니즘이 여타의 민간신앙의 점복이나 예언, 풍수와 다른 점은 가무로써 신령과 인간의 교통을 추구한다는 점이다. 노래와 춤, 즉 가무는 엑스타시와 영교의 방법이다. 강신무는 엑스타시에 들어가서 몸주인 신령과 직접 소통하고, 그 신령의 힘을 빌어서 신봉자의 문제해결과 화를 멀리하고 복을 초청하는 목적을 이루려고 한다. 샤머니즘의 종합판이라 할 수 있는 굿을 통해 제화초복을 이루려고 한다. 이런 의미에서 굿을 '풀이'라고 한다.[15] 따라서 샤머니즘은 윤리적 선악보다 복의 달성 유무로 가치판단을 내리고 그 목적 달성에 이르는 방법과 과정에는 그리 신경 쓰지 않는다. 샤머니즘의 가치관은 현세적이고 물질적이며 육체적이다. 샤머니즘에서 신령은 혈연과 지연의 고리를 넘

---

**15**  유동식, 『한국무교의 역사와 구조』, 268.

어서지 못한다. 결국 샤머니즘에서 사회의식 혹은 사회성이란 내집단 범위에 한정되고 그 집단중심의 가치와 윤리를 가진다.


## Ⅲ. 샤머니즘의 미


### 1. 종교 체험과 영성

17세기 후반부에 퉁구스어 사만<sup>saman</sup>이라는 용어에서 유래하는 샤만<sup>shaman, 무당</sup>이란 말이 유럽에 전해진 이래로[16] 샤머니즘에 대한 연구는 민속학, 종교사, 문화인류학, 심리학, 사회학 등 여러 분야에서 진행되어 왔다. 초기에 샤머니즘은 정신병이나 마귀의 사술로 취급되었으나 20세기 중반에 들면서 새로운 각도에서 연구가 이루어졌다. 샤머니즘이란 "고대적인 엑스타시 기술의 전문가"인 샤먼 중심의 종교 현상이다. 샤머니즘은 좁은 의미로는 북아시아와 중앙아시아의 종교 현상이지만, 그런 현상은 전 세계 도처에서 발견된다.[17] 그러나 샤머니즘의 근원지<sup>locus classicus</sup>는 시베리아라고 한다. 바쟈<sup>L. Vajda</sup>는 샤머니즘의 구성요소로 다음의 일곱 가지 양상을 제시한다. 의식적인 엑스터시, 동물형태의 보조 신령, 소명, 샤먼의 입무식, 우주론, 샤먼의 투쟁, 샤

---

**16**   M. Eliade, *Schamanismus und archaische Ekstasetechnik*, 14.

**17**   미르치아 엘리아데는 그의 책 『샤머니즘』에서 중앙아시아와 북아시아(6-7장), 북미와 남미(9장), 남동아시아와 오세아니아(10장), 인도게르만(11장), 그리고 티벳과 중국 등(12장)의 샤머니즘을 다루고 있다.

면의 장비 등이다.[18]

슈레더 D. Schroeder 는 『샤머니즘의 구조』에서 "엑스타시 없으면 샤머니즘이 아니다."[19]라고 단정하였다. 논쟁점은 엑스타시에 대한 개념 규정이다. '저승 세계로의 영혼여행 Seelenreise 인가, 아니면 신령에 의한 접신 Besessenheit 인가' 하는 것이다. 엘리아데는 전자를 근원적이고 고전적인 것으로 보는데 반하여, 가톨릭 선교사였던 빌헬름 슈미트는 후자를 본질적인 특성으로 본다.

샤먼의 기능은 신봉자들의 육체적, 정신적, 영적 건강을 보살펴 주는데 일차적인 목적이 있고, 아울러 그가 속한 공동체의 사회적 안녕과 균형을 유지하는 데 있다.

한국 샤머니즘은 신령과 샤먼 무당과 신봉자, 이 세 가지의 상호 관계성 속에서 구성된다. 무당은 굿을 통하여 신령과 신봉자의 관계를 조화 있게 하는 중개자 역할을 한다. 이러한 조화를 이루는 것이 샤머니즘 신앙의 목표이다.

샤머니즘에서 헌금은 제물과 복채, 노잣돈으로서 귀신을 회유하고 타협하며, 달래기 위한 수단이다. 뇌물의 성격이 강하다. 많이 바칠수록 복을 더 많이 받는다는 믿음도 가졌다. 기독교인은 헌금을 감사와 그리스도인으로서의 표시로 십일조를 드리지만, 이런 무속적 영향을 받아 많이 바칠수록 하나님이 더 기뻐하신다는 믿음과 함께 하나님의 노여움에 대한 불안 때문에 십일조를 바치는 경향도 있다. 십일조를 비롯하여 헌금을 하는 내면의 동기에는 더 많은 복으로 갚아주

**18**    L. Vajda, "Zur Phaseologischen Stellung des Schamanismus," *Uraltaische Jahrbücher* 31 (1959): 456-85.

**19**    D. Schroeder, "Zur Struktur des Schamanismus," *Anthropos* 50 (1955): 848-81.

신다는 믿음이 깔려있다. 교회 참석 자체도 물질, 정신, 영적 축복을 받는 수단으로 보고, 부흥회가 예수 믿고 소원성취 얻는 기회로 간주되기도 한다. 무속과 접근된 기독교 의식으로서 가장 대표적인 것을 부흥회로 보는 견해도 없지는 않다.[20]

〈표 22〉 샤머니즘의 개요

| 샤머니즘의 개요 | 진 | | | | 선 | | 미 |
|---|---|---|---|---|---|---|---|
| | 신 혹은 궁극적 존재 | 창시자와 대표자 | 경전 | 자아, 고통, 구원에 대한 교리 | 의례 | 도덕적 행동과 교훈 사회 질서 | 종교 체험과 영성 예술 |
| | 없음 | 없음/무당 | 없음 | 제재초복, 기복신앙 | 굿 | 배타성, 집단이기 주의 | 엑스타시 |

20    김동리의 소설 『무녀도』에서 굿이 없어지고 부흥회로 바뀌어갔다는 말은 굿과 부흥회를 대비시킨 대표적인 실례라고 하겠다. 최길성, 『한국민간신앙의 연구』(대구: 계명대학교출판부, 1989), 336.

# 9장
## 아프리카 부족 종교 이해

## I. 아프리카 종교의 진리

### 1. 신 혹은 궁극적 존재

먼저 '아프리카 민속 종교의 공통 개념'을 살펴보고, 아프리카인들의 세계관을 개략적으로 살펴본다.

## 1) 아프리카 민속 종교의 공통 개념

아프리카의 전 문화와 종교적 믿음, 그리고 예배 의식에는 어떤 아프리카적인 요소가 있다. 이런 보편적인 요소는 산만한 현상, 또는 대개의 아프리카인들이 민속이나 관습 그리고 종교적 예배 의식에 관한 공통적인 기원을 가지고 있다는 사실에 기인한다. 어떤 경우에는 서로 근접하고 있는 넓은 지역에 보편적으로 나타나는 특수한 문화적, 종교적 요소를 찾아낼 수 있다. 그리고 어떤 전 지역을 뛰어 넘어 대륙의 흩어진 여러 곳에서 다시 나타나는 요소가 흔히 있는 것이다. 예를

〈그림 18〉 아프리카 종교와 기독교

이 그림은 기독교의 십자가와 토착종교의 n'kisi(콩고
의 n'kisi는 영매를 말하며, 치유와 문제해결의 능력
이 있다고 믿음)의 혼합을 보여주는 비석. 그림 중간
의 거울이 n'kisi를 상징하며, 이것은 죽은 자(간혹 죽
은 조상)의 존재를 가리킨다고 본다.[1]

**1**   T. D. Blakely, et al., eds., *Religion In Africa*, 253.

들어, 신의 개념에 대해서도 대륙 전역에 연결되는 보편성이 흐르고 있다. 따라서 이런 보편성이 바로 아프리카의 종교라는 말을 가능케 하는 신의 개념이다. 곧 각 지방의 방언에 따라 여러 지역에서 다른 형태로 나타나는 신의 한 이름이 있다는 것이다. 초월적인 존재에 대한 신의 개념은 아프리카에 널리 퍼져 있는 개념인데, 이 개념은 아프리카 종교의 전 영역을 대변하는 것이다. 아프리카 종교를 단일하다고 이야기하는 것은 이러한 특별하고도 동일한 신 개념이라고 할 수 있다. 이 부분이 아프리카 선교의 가능성을 발견케 하는 놀라운 부분으로 보는 이도 있다.

## 2) 아프리카인들의 세계관

유명한 아프리카인의 시간관을 소개한 바 있는 음비티 John S. Mbiti 는 말하기를 "아프리카인에게 있어서 존재의 모든 형태는 하나의 종교적 현상이며 종교는 항상 존재론적으로 이해하여야 한다."[2]고 했다. 그는 종교를 실존 또는 존재에 속하는 문제로 보고 있다. 따라서 그는 아프리카인의 존재론을 5개의 범주로 나누고 있으며 그 모두가 인간 중심적으로 발생되어 있다고 한다.

① 하나님- 창조주, 혹은 인간을 지탱시키는 자.
② 영- 인간의 운명에 관계되는 것.
③ 인간

---

2    John S. Mbiti, *African Religion and Philosophy*, 정진홍 옮김, 『아프리카 종교와 철학』(서울: 현대사상사, 1979).

④ 동, 식물

⑤ 생물학적 생명이 없는 현상이나 사물 - 인간이 살고 있는 대
　부분의 환경

음비티가 그리는 신-인간의 관계성과 신에 의해 창조되고 지배되는 가시적이며 불가시적인 우주의 관계성을 그림으로 그리면 〈그림 19〉과 같다.[3]

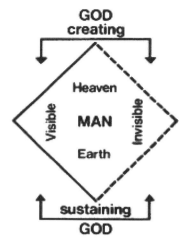

〈그림 19〉 아프리카 종교의 세계관

음비티가 이것으로 초자연과 자연과 인간과의 관계를 구별 짓고, 그들의 관계를 특징지었기 때문에 시간은 그들에게 중요한 문제가 된다. 따라서 음비티는 전통 종교와 그 세계관을 여는 열쇠를 아프리카인의 시간 개념으로 본다. 그는 아프리카인들은 서구인들이 가지고 있

---

3　위의 책, 40.

는 선형 개념에는 낯설기 때문에 과거와 현재만 있고 미래는 없다고 한다. 그러므로 아프리카인의 시간은 앞으로 가지 않고 뒤로 간다. 미래보다는 현재까지 된 일에 관심을 쏟는다. 곧 개개인은 과거의 조상과 만나기 위해 움직인다. 또한 음비티는 서구인들이 아프리카 종교를 유일신론 관점에서 평가하기를 원하고 있다. 이는 분명 아프리카 선교의 가능성이요, 만남점이라 할 수 있는 대목이다. 그는 아프리카 지역의 3,000개에 달하는 부족에 대하여 말하기를, 그 부족들 중에 어느 하나도 최고의 존재나 창조주신을 갖지 않은 부족은 발견하지 못했다고 한다. 이 창조주신은 전지자, 무소부재자, 전능자라고 인식되고, 물질계를 초월한 자로, 우주 어디에나 계시는 자로, 선하고 자비로우신 분으로 인식되고 있다고 한다. 이는 분명 기독교 유일신과 속성이 비슷하다. 물론 그 의미가 다른 부분도 있지만 다신교는 분명히 아니다. 그리고 음비티는 서구인들이 조상 숭배 신앙이라고 여기는 현상을 그것은 신앙이 아니고 그들의 세계관일 뿐이라고 말한다. 곧 친교, 우정, 추모의 상징적 의식이라고 한다.

## (1) 신관 神觀

모든 아프리카 사람들은 신에 대한 믿음을 가지고 있다. 비록 신의 기원이 무엇인지, 어디에서 유래하는지에 대해서는 알려진 바가 없으나 모든 아프리카 부족 종교는 신에 대한 믿음을 가지고 있다.[4] 신에 대한 장황한 이론적 설명을 기대한다는 것은 불가능한 일이다. 그럼에

---

4    John S. Mbiti, *Introduction to African Religion*, 45.

도 불구하고 결코 신이 아프리카인들에게 낯선 존재는 아니다. 전통
사회에는 어떠한 무신론자無神論者도 없다. 아샨티Ashanti족의 잠언에 이
런 말이 있다. "아이에게 구태여 지고至高 존재를 보여주고자 하는 사
람은 아무도 없다"고 말하고 있다. 그것은 인간이면 누구나 신의 존재
에 대해서는 거의 본능적으로 알고 있고, 따라서 아이들마저도 신을
알고 있다는 것을 의미하는 것이다. 아프리카의 신 관념은 각개의 백
성들이 처해 있는 역사적, 지리적, 사회적, 문화적 배경과 환경에 의해
서 짙게 채색되어 있고 또 영향을 받고 있다.

신의 기원에 대해서 추론된 몇 가지 설명을 보면, 우주에 대한 명
상, 인간의 한계 인식, 자연의 위대함 관찰 등이 제기되었다.[5]

### (2) 신의 활동活動

#### 창조創造

아프리카 전역에 걸쳐 광범위하게 창조는 신이 한 일로 인정되
고 있다. 신은 만물을 만들었다고 하는 대화, 신에게 창조자혹은 '빚어내는 자',
'만드는 자'라는 명칭을 부여하는 일, 그리고 기도할 때나 강신송降神頌을 할
때 그를 창조주라고 부르는 것 등을 통하여 이러한 관념을 분명하게
나타난다. 가나의 아칸족은 신을 "보레보레"Borebore라고 부르는데, 이
는 '굴착자掘鑿者, 채벌자採伐者, 조각가, 원조元祖, 발명가, 건축가' 등의 의
미를 가지고 있다. 어떤 부족은 무에서의 창조를 믿기도 한다.[6]

---

**5**    위의 책, 45-47.
**6**    위의 책, 49.

많은 아프리카인들은 신이 물질적인 우주만을 창조한 것이 아니라 자연의 법칙과 인간의 관습마저도 제정했다고 말하고 있다. 아샨티족은 "신은 사물을 질서 있게 창조하였다"고 믿고 있다. 요루바족은 신을 "낮과 밤의 창조자"라고 믿고 있으며, 매일 매일은 그의 자손이라고 생각한다. 줄루족은 결혼 제도와 할례割禮의 관습이 신에 의해서 정해진 것이라고 생각한다. 또한 신은 그의 창조 행위를 온 우주를 통해 계속하고 있다고 주장하기도 한다. 트위Twi족은 "신은 결코 창조 행위를 정지하지 않는다"고 말한다. 특별히 신에게 속해 있는 일로 여겨지는 것은 출산出産이다.

### 도우심/섭리

신은 피조물을 돕고 섭리한다. 신의 선함은 전 우주에 펼쳐지는데, 생명, 햇빛, 비, 물, 건강, 다산, 음식과 보호를 준다.[7] 가장 널리 신의 도우심의 표징으로 인정되고 있는 것은 비雨다. 아프리카인들에게 있어서 비는 언제나 축복이다. 또한 비를 내리게 해주는 것은 가장 중요한 신의 행위이다. 어떤 이들은 비가 신이 뱉은 '침'이라고 말한다. 아프리카 사회에서는 침이 축복의 매개체로 여겨지고 있어 축복에 대해 형식적으로 언급을 할 때면 때때로 공손하게 뱉으면서 이야기한다. 침은 번영, 건강, 행복, 복지 등을 상징하고 있는 것이다.

또 널리 사람들이 믿고 있는 사실 중의 하나는 신의 도우심이 인간이나 가축이나 농사 등의 다산多産, 곧 자녀가 많은 것, 가축이 많은 것, 식물食物이나 다른 물건이 많은 것을 통해서 나타난다고 하는 것이다.

---

**7**   위의 책, 52.

### 다스림

일반적으로 신을 왕이나 통치자로 생각하는 예는 전통적으로 왕이나 추장이나 기타 중앙집권적인 군주를 가지고 있는, 그런 경험이 있는 사회 속에서 찾아볼 수 있다. 바냐르완다족과 바룬디족은 신을 지고한 통치자이며 지배자로 여기고 있다. 바로트세<sup>Barotse</sup>족과 발루바족은 기도할 때 신을 모든 사물을 다스리고 통치하는 '위대한 왕'이라고 부른다. 아칸족은 신을 하늘과 땅과 지하의 통치자라고 한다. 일라족은 사냥을 나갈 때 신을 '두목'이라고 부르며 그에게 기도를 하면서 사냥에 나가 큰 수확하게 해달라고 호소한다. 줄루족은 신을 '왕 중의 왕', '추장 중의 추장'이라고 부르는데 이는 지고한 권위, 절대적인 권력의 의미를 전달해 주는 호칭이다.

신은 주인이고 지배자이기 때문에 불가능한 것이 전혀 없는 존재이다. 그는 모든 것을 할 수 있다. 즉 고통 속에 있는 사람들을 도와주고 인간이 할 수 없는 일을 성취하며, 정의를 구현하는 등의 일을 할 수 있는 것이다.

아프리카 종교에서 신은 아버지, 어머니, 혹은 부모로, 친구로, 신체의 일부<sub>는</sub>로 묘사된다. 그리고 신의 속성에 대해서는 그 어느 누구도 신을 본 사람이 없기 때문에 완전히 알 수는 없지만, 신은 선하고 자비롭고 거룩하고 어디에나 있고 한계가 없고 자존하며 제일 원인이며 영이며 불변하며 알 수 없는 분이라고 한다.[8]

---

**8**  위의 책, 53-60.

**영** The Spirits

아프리카 종교는 가시적이며 불가시적인 우주를 믿는다. 이 우주에는 인간과 신 외에 다른 존재가 있다고 믿는데, 그것이 바로 영이다. 영은 신과 인간의 중간자로서 인간도 아니고 신도 아니다. 하지만 종종 영은 인간처럼 말하고, 생각하고, 지능을 가지고, 능력을 가진 것처럼 간주된다. 영은 신에 의해 창조되었으며, 신에게 복종한다. 영의 계보를 표로 만들면 다음과 같다. 영은 크게 자연 영과 인간 영으로 구별되며, 자연 영은 하늘 영 태양, 달, 별, 유성, 무지개 등과 연관된 영 과 땅 영 언덕, 산, 바위, 나무, 숲, 금속, 물 등과 연관된 영 으로, 인간 영은 다시 오래 전 죽은 영 고스트 과 최근에 죽은 영 살아있는 사자 로 구분된다. 〈그림 20〉의 맨 아래의 네 종류 영은 상호 간 연관성을 가진다. 영은 그 자체로 선과 악으로 나누어지지 않고, 다만 인간이 어떻게 대하는가에 따라 선하기도 하고 악하기도 하다고 본다.[9]

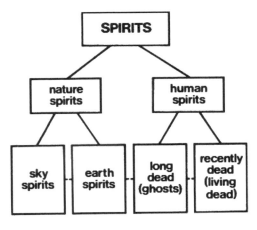

〈그림 20〉 아프리카 종교의 영

---

9    위의 책, 70-79.

## 2. 경전

아프리카 종교의 특별한 창시자와 대표자에 대해서는 말하기 힘들다. 아프리카 종교는 다른 문자가 있는 종교에서와 같은 경전은 없다. 아프리카 종교는 단지 역사에, 그리고 사람들의 마음과 경험에 쓰여 있다고 한다. 그러므로 다양성이 존재하며, 특별히 이단이나 사이비 논쟁도 없다. 아울러 아프리카 종교의 정통성이나 원조성 originality 을 고려할 필요가 없다.[10] 그러므로 아프리카 종교는 매우 실용적이고 현실적이다. 필요에 부응하는 민속 종교적 특징을 가진다. 그렇다고 아프리카 종교를 단순화하여 조상숭배, 미신, 애니미즘, 이교, 주술이나 주물숭배 fetishism 등으로 오해하는 것은 잘못이다.[11]

## 3. 자아, 고통, 구원에 대한 교리

### 1) 인간관 人間觀

아프리카의 존재론은 근본적으로 인간 중심적이다. 즉 인간은 실존의 한 가운데에 위치하고 있다. 그래서 아프리카인들은 모든 사물을 인간이 차지하고 있는 이 중심이 되는 위치와의 관계에서 이해한다. 그러므로 신은 인간의 기원과 존속에 관한 설명으로 전제되고 있다. 이는 마치 신이 인간을 위하여 있는 존재인 것 같은 인상을 준다.

---

**10**　John S. Mbiti, *Introduction to African Religion*, 17.
**11**　위의 책, 17-19.

## 2) 인간의 창조創造와 원상태原狀態

### (1) 인간의 창조 및 기원

아프리카 종교는 다양한 인간론을 가지고 있다고 본다. 일반적으로 만물은 신의 창조로 여기며, 그 중에서 인간의 창조는 제일 마지막에 일어났다고 믿는다. 부족들의 신화[12]는 신의 인간 창조 방법에 대해서 통일성이 있는 정보를 주지는 않지만 신이 인간을 창조했다는 사실만은 대체로 수긍하고 있다. 예를 들어, 아발루이야족의 신화는 태양이 햇빛을 쬐일 대상을 찾은 것은 신이 인간 창조 후부터였다고 전한다. 신은 인간의 양식으로 동물과 식물을 만들었고, 인간은 남편과 아내 순으로 만들었다고 한다. 루그바라족의 신화 역시 신이 최초의 인간 부부를 창조했는데, 이들이 자녀를 낳고 대를 이어 왔다고 한다.[13]

인간을 창조한 방법에 대한 다양한 설이 있다. 토기장이 신의 창조, 동굴이나 늪이나 나무에서 건져 낸 설, 배에 태워왔다는 설, 다리나 무릎에서 나왔다는 설 등 여러 가지 신화가 있다. 바우만이 그의 저서 『아프리카 민족의 신화에 있어서의 인간의 창조와 원시간』에서 밝힌 흥미로운 설은 진흙에서 창조한 이야기이다. 바로 피그미족의 계열인 밤부티족의 신화 내용이다. 이 신화는 여러 신화와 같이 진흙으로

---

**12**　바우만(H. Baumann)은 그의 저서 『아프리카 민족의 신화에 있어서의 인간의 창조와 원시간(原時間)』에서 2000개의 신화를 분석하는 거대한 작업을 하고 있다. Hermann Baumann, *Schöpfung und Urzeit des Menschen im Mythus der Afrikanischen Völker* (Berlin: Reimer, 1936).

**13**　John S. Mbiti, 『아프리카 종교와 철학』, 179-80.

사람이 빚어지는 인간의 형성을 생생하게 묘사하고 있다. 그 내용은 다음과 같다. 신은 처음에 토기장이가 진흙을 빚어내듯이 인간의 몸을 반죽으로 만들었다. 이어서 "가죽으로 몸을 싸고 생명 없는 그 몸에다 피를 부었다. 그러자 첫 사람은 숨을 쉬고 생명을 가지게 되었다. 신은 조용하게 그의 귀에다 '너는 아이를 낳을 텐데 그들은 숲속에서 살 것이다'하고 속삭였다."[14] 따라서 바우만은 신이 인간을 진흙으로 만들었다는 생각이 아프리카 전역에 광범위하게 퍼져 나갔다고 한다.[15]

### (2) 인간의 원상태<sup>原狀態</sup>

아프리카의 많은 창조 설화에 의하면 인간은 본래 낙원에서 순박하고 행복하게 살았고, 죽음이 없는 불사의 존재, 그리고 죽더라도 다시 사는 부활의 능력을 가진 존재였다고 한다. 신화에 의하면, 최초의 인간은 불멸과 다시 젊어짐과 부활의 선물을 받았으나 여러 가지 이유로 상실되고 죽음이 찾아왔다고 한다. 인간에게 죽음이 온 것은 신으로부터의 분리와 최초의 파라다이스의 상실에서 비롯된 것이라고 한다.[16]

아프리카 사상은 근본적으로 인간 중심적이다. 신이 인간을 창조하고 인간에게 양식을 주었지만 어디까지나 인간 중심으로 사물과 신과 인간관계를 파악한다. 특히 신은 인간의 기원과 생존에 대한 설명

---

**14**  Hermann Baumann, 『아프리카 민족의 신화에 있어서의 인간의 창조와 원시간(原時間)』, 203이하; John S. Mbiti, 『아프리카 종교와 철학』, 181에서 재인용.

**15**  위의 책, 186이하, 193이하, 219이하.

**16**  John S. Mbiti, *Introduction to African Religion*, 85-86.

의 전제조건처럼 이해된다. 인간이 신을 위해 존재하는 것이 아니라 신이 인간을 위해 존재하는 것처럼 보인다.[17]

아프리카인의 인간성은 공동체의 맥락에서 규정된다. 인간을 형성하는데 소요되는 모든 것이 부족이라는 한 공동체 속에 구현되어 있으며 이 공동체 밖에 있는 사람들은 모두 적이 아니면 외래인 내지 열등한 자이다. 이처럼 아프리카인의 인간성은 무엇보다도 먼저 그의 부족과 친족에 소속되어 그 집단을 위하여 이바지하는 존재로 정의됨을 알 수 있다. 전통 종교에서 인간은 '관계 속에 있는 존재'로 이해된다는 것이다. 인간은 신과의 관계와 동료 인간들과의 관계라는 양면적 관계로 이루어진다.[18]

아프리카 종교에는 원래의 낙원 상태로 행복했던 인간이 왜 불사를 상실했으며 어떻게 구원을 받아야 하는지에 대해 명확한 개념이 없다고 한다. 아울러 아프리카인들에게는 부활에 대한 관념이 뚜렷이 드러나 있지 않거나 모호한 모습으로 나타나 있다고 한다. 인간의 원상태와 신과 인간의 분리에 대해서 음비티는 다음과 같은 결론을 내린다. 즉 아프리카의 전통 종교는 인류 전체를 위한 탈출의 길, 구원의 메시지를 제공하지 못한다는 것이다. 그래서 구속 종교, 보편 종교가 되지 못하고, 부족 종교로 머물러 있을 수밖에 없는 것이다.[19]

---

**17**   John S. Mbiti, 『아프리카 종교와 철학』, 178.

**18**   G. H. Muzorewa, *The Origins and Development of African Theology*, 조동호 옮김, 『아프리카 신학』 (서울: 한국신학연구소,1987). 37-38.

**19**   John S. Mbiti, 『아프리카 종교와 철학』, 190-91.

# II. 아프리카 종교의 선

## 1. 의례

아프리카인들의 예배는 형식화된 것일 수도 있고, 비형식화된 것일 수도 있다. 정기적이거나 즉흥적으로 예배할 수 있다. 공동체적인 것일 수도 있고, 개인적인 것일 수도 있다. 제의적인 것일 수도 있고, 비의례적인 것일 수도 있다. 언어를 통해 나타날 수도 있고, 행동을 통해 나타날 수도 있다. 이 모든 것은 사회에 따라 다르고, 지역에 따라 다르다.[20]

아프리카 전통적인 부족 종교에서 악이 나타나면 악을 억제하거나, 극복하는 중요한 의식이 있다. 희생 제사는 이러한 의식의 한 가지 예이다.[21]

### 1) 신神에의 예배禮拜: 희생제의犧牲祭儀와 공의供儀 봉헌 혹은 공물

아프리카인들은 그들이 분명하게 지각知覺하고 있는 영적 세계에 대하여 많은 다양한 방법으로 반응하고 있다. 이 반응은 일반적으로 예배禮拜의 형식을 취하는데, 예배는 일상적이지 않은 다른 행위와 언어에 의해서 영속화永續化된다. 아프리카인들의 예배 행위 중에서 가장

---

**20**   위의 책, 118.

**21**   G. H. Muzorewa, *The Origins and Development of African Theology*, 35.

공통된 요소는 '희생제의' sacrifices 와 '공의' offerings 이다.

"희생제의"는 "신이나 초자연적인 존재와 영이나 살아있는-사자死者[22]에게 전체적으로나 부분적으로" 피 인간, 동물, 혹은 새를 바치기 위하여 생명을 죽이는 경우를 말한다. "공의"는 동물을 죽여 피로 하지 않고 주로 음식이나 물, 우유, 꿀, 돈 등의 기타 제물을 바치는 경우를 말한다.[23] 희생 제의와 공의의 기능과 의미에 대한 이론은 아래와 같이 분류할 수 있다.

헌납설 獻納設,offering theory : 신에게 무엇을 바친다는 이론

위무설 慰撫設,propitiation theory : 신의 비위를 맞춘다는 이론

영교설 靈交設,communion theory : 신과의 친교를 이룬다는 이론

감사설 感謝設,thank-offering theory : 고마움을 표현한다는 이론.[24]

그러나 이러한 이론들이 아프리카의 제의 행위를 완전히 설명하는 것은 아니었다. 이러한 전제에서 음비티는 다음과 같이 이야기한다.

아프리카인들은 신과 인간, 영과 인간, 죽은 자와 산 자 간에 일정한 존재론적 균형을 유지해 나간다. 이 균형이 깨지면 그들을 불행과 고통, 그리고 이러한 불행과 고통이 닥치지 않을까 하는 공포를 경험하게 된다. 때문에 희생 제의나 공의를 행하는 것은 이러한 존재론적 균형을 회복하려는 심리적인 장치이기도 하다. 그것은 또한 신과 인

---

**22** "살아있는-사자"(死者, living-dead)란 육체적으로는 죽었지만 영의 세계 속에서는 살아 있듯이, 그를 생전에 알고 있던 사람들의 기억 속에서는 아직도 살아 있는 사람을 말한다.

**23** John S. Mbiti, 『아프리카 종교와 철학』, 119; G. H. Muzorewa, *The Origins and Development of African Theology*, 63.

**24** John S. Mbiti, 『아프리카 종교와 철학』, 119-20.

간, 영과 인간, 즉 영적인 세계와 물질적인 세계와의 일정한 관계를 수립하는 일, 그리고 그 관계를 갱신하는 행위이기도 하다.[25]

## 2) 기도祈禱

기도는 신에게 다가가는 가장 흔한 방법이다. 아프리카 종교의 기도는 기원이며 축복이며 인간사에 중대한 변화의 동인이다. 기도에 희생제의와 공의가 따를 수도 있고 그렇지 않을 수도 있다. 일종의 예배 행위로서 기도는 대체로 짧고 즉흥적이지만, 일상생활의 구체적인 문제를 신에게 기원하는 것이다. 기도는 주로 신에게 하는 것이지만, 신-인간의 중개자인 살아 있는-사자와 기타 영적 존재에게 향하는 때도 있다.

아프리카 종교의 기도의 예를 들어 아발루이야족의 기도를 소개한다. 이 부족의 노인들은 잠에서 깨어 동쪽으로 신을 향해 무릎을 꿇고 침을 뱉으며 기도를 한다. 하루가 잘 되고, 신의 도움으로 모두가 건강하며, 악령을 추방해 달라고 간구한다.

> 오 신이여, 고통 받고 있는 내 자손들을 위하여
> 저에게 자비를 베푸소서,
> 이제 해가 떠오르는데 그처럼 오늘, 풍요를 보내주소서,
> 오늘 저에게 모든 행운을 보내주소서.[26]

---

25  위의 책, 120.
26  Paul Schebesta, *Revisiting my Pygmy Hosts* (E. T. London, 1936), 235; John S. Mbiti, 『아프리카 종교와 철학』, 125에서 재인용.

여타의 많은 부족들도 기복, 축복, 치병, 축사, 번영, 부요, 보호 등의 내용으로 기도한다. 누에르족은 신을 '할아버지', '아버지', '우리의 아버지'로 호칭하면서 두 손을 높이 하늘을 향해 들고 바라보면서 기도 한다. "그들이 행복할 때면 언제나 신에게 이야기하기를 좋아"한다고 기도한다. 그들의 대표적인 기도 가운데 하나를 인용한다.[27]

우리의 아버지시여,
이 우주는 당신의 것이옵고 이 세상은 당신의 뜻대로 이루어지나이다.
우리를 평화롭게 하옵소서, 당신의 백성들의 마음이 안정되게 하옵소서.
당신은 우리의 아버지이시오니,
우리가 살아가는 길에서 모든 악을 제거해 주옵소서.[28]

## 3) 통과의례 通過儀禮

### (1) 출생 出生과 유년기 幼年期

아기가 태어나는 것은 하나의 기점 起點, the starting point 이라기보다는 과정 過程, a course 으로 이해된다. 이 때 과정이란 말은 아기의 독자적 존재 이유보다는 출생 이전과 현재 및 이후의 전 과정 속에서 연속적인 존재로 본다는 말이다. 단독자나 개체성으로서 아기의 출생보다는 공

---

27  John S. Mbiti, 『아프리카 종교와 철학』, 129.
28  Edward E. Evans-Prichard, *Nuer Religion* (Oxford: The Clarendon Press, 1956), 7, 9, 22; John S. Mbiti, 『아프리카 종교와 철학』, 129-30에서 재인용.

동체의 일원으로서 간주되며, 아기의 출생은 공동체의 번영으로 이어진다. "내 아이"가 아니라 "우리 아이"로 규정된다. "매 세대는 하나의 팔찌, 곧 인간 실존의 사슬을 이어주는 고리"이다.[29] 예를 들면 기쿠유족의 경우 5, 6세보다 조금 더 나이를 먹으면 하나의 의례를 행한다. 이 의례는 "두 번째 탄생" kuciaruo keri, 문자적으로 번역하면 '두 번 태어난다'는 뜻, "다시 태어나는 것" kuciaruo ringi, 혹은 "염소로 태어나는 것" kuciareiruo mbori 으로 알려져 있다. 이 의례는 아이의 성년식 成年式 을 거행하기 전에 시행한다. 한 아이가 이 "두 번째 탄생" 의례를 통과하지 않으면 공동체의 온전한 일원이 될 수가 없다. 즉 부모의 상을 당해도 장례식에 도움을 받을 수 없고, 성년식, 결혼식을 할 수가 없으며, 유산 상속도 받을 수도 없고, 공동체의 어떠한 제의나 의례에도 참여할 수가 없다. 공동체의 일원으로 창조된 아이는 공동체가 양육하고 보호하고 교육한다.[30]

### (2) 성년식 成年式

유년기가 지나 청소년이 되면 대개 아프리카에서는 성년식을 거행한다. 성년식은 여러 가지 종교적 의미를 지니는데, 공동체 삶으로 이끄는 교육의 기능을 한다. 성년식에 참여하는 청소년은 공동체 내에서 어엿한 성인이 되어 책임과 의무를 다해야 함을 배운다. 이것은 사회 속에서만 아니라 영계에서 살고 다시 태어나는 일련의 죽음과 부활의 과정에 대한 상징적인 경험이다. 새로운 존재, 새로운 인격으로

---

**29**    John S. Mbiti, 『아프리카 종교와 철학』, 209. 219.

**30**    위의 책, 219-223

다시 태어났다는 의미에서 새 이름을 부여받는다.[31]

### (3) 결혼結婚과 출산出産

아프리카인은 결혼을 "사회의 구성원 모두, 즉 죽은 사람, 현존하는 사람, 그리고 태어날 사람들 모두가 만나는"[32] 실존의 초점으로 본다. 따라서 결혼은 한 개인이 속한 사회에서 의무이고, 결혼을 통해 협동과 인간다운 삶을 영위한다. 공동체의 연대와 삶의 리듬으로서 결혼은 아이의 출생과 연계되어 이해된다. 아이를 낳아야 결혼이 완성되고, 가문과 공동체의 흐름이 지속된다.[33] 결혼의 사회적 의미와 목적은 자녀 출산, 생명의 리듬에 사슬 잇기, 가족의 구성, 죽은 부모의 기억, 잃어버린 불멸 재획득, 공동체 형성, 사회에서 지위 획득, '온전한' 인간됨 형성, 좋은 인격 함양 등이다.[34]

### (4) 죽음과 내세來世

아프리카 종교의 죽음에 대한 이야기는 대단히 다양하다. 죽음은 가장 보편적이고 신비한 체험이기 때문이다. 앞에서 인간의 원상태에서 이야기한 바와 같이 원래 인간은 불멸과 다시 젊어짐과 부활의 선물을 받았는데 왜 죽음이 찾아왔는가? 이 세 가지 성질은 다 사라지고

---

**31**  위의 책, 229-231. 존 음비티는 성년식 통과의례의 사례로 아캄바족, 마사이족, 난디족, 은데벨레족 등의 내용을 자세하게 소개한다. 231-50을 참조하라.

**32**  위의 책, 251.

**33**  위의 책, 251-54.

**34**  G. H. Muzorewa, *he Origins and Development of African Theology*, 110-12.

죽음이 찾아왔다는 데 대해서 서로 다른 설명이 공존한다. 여러 가지 신화가 죽음의 기원에 대해 알려준다.[35] 대략 죽음의 원인에 대해서 제기되는 설명은 요술, 주술, 마술에 의한 죽음, 영들에 의한 죽음, 저주에 의한 죽음, 자연적인 죽음 등도 있다.[36]

죽음이 엄중한 만큼 죽음에 관련된 의식도 복잡하고 민감하다. 장례식이나 시체를 매장하는 방법 등을 통해서도 우리는 아프리카인들의 죽음관을 살펴볼 수 있다. 음식, 무기, 연장, 담배, 옷 (그리고 옛날에는 그의 아내나 여러 아내들을 같이) 등을 함께 묻는 관습은 어디에서나 찾아볼 수 있는 것이다. 이 모든 것을 죽은 사람이 내세에 가는 길에 "동행"하게 하는 것이다.[37] 어떤 사회에서는 죽은 사람의 해골이나 턱뼈 혹은 몸의 다른 부분을 떼어 보관하는 관습도 있다. 이는 죽은 사람이 해골이나 턱뼈에 "현존"하고 있다고 믿기 때문이다. 아무튼 죽은 사람의 일부를 이렇게 보관함으로써 가족들은 그 죽은 사람이 내세에서 여전히 살아 있음을 끊임없이 깨닫게 되는 것이다. 이러한 처리 방법은 주로 어른이나 "정상적"인 죽음을 한 사람의 경우에 해당된다.(아이들, 결혼을 하지 않은 사람들, 짐승한테 물려 죽은 사람, 나병, 천연두, 간질 등으로 죽은 사람들은 이러한 정상적인 완벽한 절차의 장례를 치러주지 않는다.)

분명한 것은 사람들이 죽음을 참으로 역설적인 현상으로 인식하고 있다는 사실이다. 죽음은 별리別離이지 멸절滅絶은 아니다. 육체적인 죽음의 순간에 그 사람은 '살아 있는-사자'가 된다. 육체적으로 보면

---

35    위의 책, 116-17.
36    위의 책, 117-18.
37    위의 책, 120.

그는 살아 있는 것이 아니나 협동적인 집단과의 관계에서 본다면 그는 죽은 것도 아니다. 살아있는 친척들이 고인을 생각하고 있다면, 그 고인의 영은 생을 이어간다고 믿는다. 즉 '살아있는-사자'가 된다. 이미 죽은 자이나 산자로 여긴다. 대략 3-4대까지 이어지는 '살아있는-사자'의 성격과 특성과 기질이 새로 태어나는 아이에게 발견된다고 믿는다. 사람들은 아이에게 '아무개'<sup>so and so, 거시기</sup>가 돌아왔다거나 귀환했다고 한다. 이 때 아이에게 죽은 고인의 이름을 붙여준다. 그리고 사람들은 기쁨으로 희생제의와 공의를 행한다. 때로는 꿈이나 환상이나 접신이나 질병을 통해 '살아있는-사자'가 나타나기도 한다. 특히 접신이나 질병에 어떤 고인이 나타났는지를 무당이나 신 내린 자가 살펴보고 진단한다. 과연 그 '살아있는-사자'가 무엇을 원하는지를 알고 채워주면 회복된다고 믿는다.[38]

아프리카 종교에서 과연 종말론적인 의미의 내세가 있는가? 그들에게 내세란 바로 "여기" 현세를 말한다. 현세와 내세의 차이란 내세는 눈으로 볼 수가 없다는 점이다.[39] 챠가족에게 내세란 위험한 사막을 지나는 9일 간의 거리이다. 로다가아<sup>Lodagaa</sup>족은 현세와 내세 사이에 죽음의 강이 가로놓여 있다고 믿는다. 내세는 방향으로는 서편<sup>西便</sup>에 있다. 가<sup>Ga</sup>족은 죽은 사람의 혼이 강을 건너가야 하는데, 내세에 이르자마자 코가 부러진다고 믿는다. 그래서 죽은 자는 콧소리로 말을 한다고 믿는다.

대부분의 아프리카인들에게 내세는 현세의 복사판이요, 현세와

---

**38** 위의 책, 125-26.
**39** John S. Mbiti, 『아프리카 종교와 철학』, 298.

유사한 지속持續이라고 믿는다. 개인의 인격과 사회적 지위, 성의 구별, 재산의 정도 등이 유지된다고 본다. "비록 혼과 몸은 분리된다 할지라도 현세의 물질적-사회적 특성을 거의 다 유지한다고 믿"[40]는다.

## 2. 도덕적 행동과 교훈, 사회 질서

### 1) 악의 문제와 범법 행위犯法行爲

### (1) 악에 대한 이해

악의 기원과 본성에 대해서 아프리카 종교는 "신은 이른바 악한 것을 창조하지도 않았고, 신이 자기들에게 어떤 악을 행하지도 않았다"[41] 라고 말한다. 그렇다면 악의 기원은 어디로부터 인가? 하는 의문이 남는다. 여러 가지 설이 가능하겠지만, "악은 신이 아닌 다른 영적인 존재로부터, 혹은 그러한 존재와의 결합으로부터 생긴 것으로"[42] 보는 사회가 있다. 아프리카 종교에서 악의 기원은 영적인 존재로 이해한다. 영이 악의 근원이거나 악의 대행자代行者라는 것이다. 놀라운 사실은 후손들에게 복을 주는 존재였던 살아 있는-사자가 후손의 4·5대가 지나면 개인적이고 인격적인 관계가 단절되고 무관한 존재 혹은 낯선 사람이 되어버린다는 점이다. 후손과의 접촉이 단절된 낯선 존재가 이제는 후손들에게 "악" 혹은 "해로운 것"으로 두려운 존재가 된다

---

**40**  위의 책, 298-302.
**41**  위의 책, 382.
**42**  위의 책, 383.

는 인식이다.[43]

　　대부분의 아프리카 부족 종교는 신을 최고의 도덕과 윤리의 수호자로 여긴다. 법률과 질서, 도덕과 윤리 규범의 최고 수호자로서 신을 상정하고, 그러한 신의 질서를 어겼을 경우에 개인이든 집단은 범죄자로 간주되고 형벌이 따른다. 이 형벌은 사회적 협동공동체로서의 아프리카 사회에서 개인과 가족, 가축이나 재산 등 집안 일체를 포함하는 것으로 간주한다.[44]

　　아프리카 종교에서 악은 크게 도덕적인 악과 자연적인 악으로 구분할 수 있다. 전자는 인간관계에서 일어나는 것이다. 인간 사회에서 있는 관습, 법률, 규칙, 금기 등을 어기거나 깨뜨리는 행위는 악이 된다. 인간관계를 파괴하는 마법, 악한 주술, 사술 등을 행하는 사람은 도덕적인 악의 화신化身으로 간주된다. 자연적인 악이란 인간의 실존이 경험하는 고통, 불행, 질병, 재난, 사고 등의 다양한 형태의 고난과 아픔과 관련된다. 자연적인 악 역시 어떤 "원인"으로 설명된다. 즉 "사고"나 "우연"이 아니라 어떤 대리자인간이나 영이 든에 의해서 야기되었다고 본다. 따라서 그러한 악의 도구 혹은 대행자를 찾아내지 않으면 안 된다.[45]


## (2) 배상賠償과 처벌處罰

　　대부분의 아프리카인들은 도덕 생활과 도덕률에 대해서 민감하

---

43　위의 책.
44　위의 책, 386-93.
45　위의 책, 398-403.

다. 죄를 범하면 살아 있는 동안에 신의 벌을 받는다고 생각한다. 신의 벌은 사회 공동체가 가진 각각의 배상과 처벌 형식에 따라 이루어진다. 사술이나 마법, 사형, 대가 지불 등의 다양한 배상과 처벌 방법이 있다. 법적 문제의 중재와 판결은 사회 공동체의 연장자들이 다룬다.

> 아프리카 사회에서는 어떤 사람을 "선"하다거나 "악"하다고 말하는 것이 지극히 심각한 함축적인 의미를 내포한다. 왜냐하면 그러한 표현은 그의 행동의 관계 정황 전체와 연결된 그 인간의 전 모습 혹은 전체적인 인상印象을 요약하고 있기 때문이다. … 악을 경험하면서 아프리카인은 어떤 개인이 교묘하게, 그러나 사악하게 자연의 우주가 부드럽게 운행하는 그 과정 속에 끼어들어 이를 혼란시켜버린 것이라고 본다. 여기에서 우리는 또 한 번 아프리카의 존재론이 심각하게 인간 중심적이라고 하는 사실을 발견하게 된다.[46]

(3) 영적 세계의 권위를 대변하는 아프리카 여성의 지위와 역할

아프리카 전통 사회에서 남성이 통치하고 다스리지만, 여성은 죽은 지도자의 영과 연결되어 있다고 보아 영적 세계에 대한 권위를 가진다고 한다. 여러 종류의 권위를 나타내는 물체조각품과 의자 등가 여성이 권력과 권위를 지지하는 모습을 묘사한다. 몇몇 아프리카 부족은 모계 사회로서 엄마와 딸에게로 대가 이어진다. 이런 문화에서 선조 어머니들은 시조로서 숭앙된다. 조상들은 모든 아프리카 전통 문화에서 아주

---

[46]  위의 책, 402-403.

중요한 지위를 가진다. 비록 죽은 조상이지만 조상의 영이 살아있는 후손에게 영향을 미친다고 믿는다. '살아있는 사자'라는 말 그대로 죽은 조상들은 기억되는 한 권력을 가진다. 기억이 오래 보존될수록 그들의 힘이 강하게 작용한다. 이러한 기억 강화의 목적으로 특수한 조각품이나 신당이나 기타 산물들이 만들어진다.

## Ⅲ. 아프리카 종교의 미

### 1. 종교 체험과 영성. 예술

아프리카 예술은 아프리카 종교와 긴밀히 연관된다. 아프리카 예술은 신과 영의 존재와 이미지와 관련하여 창조된 것이다. 특히 조상의 영과 토착 신들을 반영하는 예술이다. 이와 같이 아프리카 전통 종교는 예술 활동에 지대한 영향을 미쳤다. 조상影像, 탈, 그리고 의례와 예배에 사용되는 여러 가지 산물도 바로 이러한 종교적인 예술로 볼 수 있다. 예술로 표현된 여러 가지 이미지들은 권력에 중요한 기능을 하고, 아프리카의 물질적 세계를 종교적 믿음과 연결시킨다.[47]

존 음비티는 아프리카 종교를 찾아 볼 수 있는 자리가 의례와 축제, 신당과 성소, 종교적 매체, 신화와 전설, 관습, 삶의 모습, 그리고

---

**47** B. O. J. Omatseye, Kingsley Osevwiyo Emeriewen, "An Appraisal of Religious Art and Symbolic Beliefs in the Traditional African Context," *An International Multi-Disciplinary Journal, Ethiopia* Vol. 4 (2) April, (2010): 529-44.

예술이라고 한다. 예술 가운데는 음악, 춤, 속담과 격언 등을 이야기한다.[48]

아프리카의 전통 유산에 뿌리를 내린 아프리카 종교는 전통 예술을 통해 종교적 이념을 표현하였고, 그 재료와 표현양식은 매우 다양하다. 이러한 종교적 예술은 동물, 식물, 사람 등 다양한 매체로 상징적인 표현을 하였다. 종교적 이념은 상징화되고, 상징은 또한 종교적 표현이 되었다. 어떤 부족에겐 흰색이 죽음의 상징이고, 친척이 죽으면 얼굴에 흰색 흙 혹은 다른 흰색 재료를 칠한다. 또 어떤 부족에겐 카멜레온이 안전과 보호의 상징이다. 아프리카 여러 지역에서 올빼미 소리가 불길한 징조나 죽음의 상징이다. 이렇게 한 부족 전원에게 잘 알려진 상징이 있는가 하면, 소수의 사람들에게만 알려지는 상징도 있다(예를 들면, 성년식, 신탁, 비밀 결사 등).[49]

아프리카 종교에서 음악과 춤은 종교적 이념과 실천에 필수적인 부분처럼 간주된다. 특히 음악은 대단히 중요한 종교 체험과 영성의 동반자이다. 음악과 춤은 종교적 제의나 의식, 희생제의와 공의, 그리고 축제와 관습에 빼놓을 수 없는 예술이요, 소통방식이다. 음악과 춤을 통해 사람들은 감정적으로 육체적으로 예배에 참여한다. 음악과 춤을 통해 예배자의 내면 깊은 곳을 감동적으로 움직이게 하고, 서로 간의 동질감을 형성하고, 교제와 나눔을 실현한다. 특히 드럼, 플루트, 피리, 래틀rattle[50] 등의 악기가 동원된다. 부족의 이주와 이동에 음악은 부

---

48 John S. Mbiti, *Introduction to African Religion*, 20-33.
49 위의 책, 24-25, 67-68.
50 타악기의 일종으로, 나무로 만든 톱니바퀴를 돌리면 짤랑짤랑하는 소리가 연속하여 나는 악기로 마라카스(maracas) 등이 있다.

**364** 종교 속 진선미와 선교 ┃ 제2부 진·선·미로 본 종교의 모습

족의 전통과 종교적 이념을 전승하고 유지하는 종교적, 교육적, 사회적 역할을 한다.[51]

아프리카 종교에 문학적인 차원도 중요하다. 속담이나 수수께끼 혹은 금언wise sayings 등이[52] 단순히 인생과 삶의 지혜만 아니라 종교적 신앙과 이념과 도덕과 윤리도 소통한다. 짧은 말에 깊은 뜻을 품고, 촌철살인의 지혜를 짧은 시간에 소통하고, 세대를 이어 효율적으로 전수되는 이러한 말들은 문화적, 사회적 상황 속에서 탄생했지만 종교적 기능을 담당한다.[53]

이 외에도 아프리카 종교는 조각과 그림을 통해 표현되고, 사람들의 이름이나 장소, 신화와 전설, 신념과 관습 등 삶의 모든 영역과 차원에서 발견된다. 아래 도표는 아프리카 전통 건축물에 나타난 흔한 상징적인 장식 모티프들이다. 여러 부족들의 상징적인 모티프를 보여준다. 이 중 도마뱀을 상징화한 망베투Mangbetu 부족은 콩고민주공화국의 한 부족으로서, 특히 음악과 예술을 발전시켰다. 특히 망베투 하프 혹은 기타는 탁월한 예술적 가치를 지닌다. 하프 하나에 십만 달러에 팔리기도 했다.

---

**51**  John S. Mbiti, *Introduction to African Religion*, 26-27.
**52**  존 음비티는 12,000개의 이런 종류의 명언을 수집하여 그 중 119개를 부록에 실어놓았다. 위의 책, 208-212.
**53**  John S. Mbiti, *Introduction to African Religion*, 25, 27.

<그림 21> 아프리카 전통 건축물에 나타난 흔한 상징적인 장식 모티프

〈표 23〉 아프리카 종교 개요

| | 진 | | | | 선 | | 미 |
|---|---|---|---|---|---|---|---|
| 아프리카종교개요 | 신 혹은 궁극적 존재 | 창시자와 대표자 | 경전 | 자아, 고통, 구원에 대한 교리 | 의례 | 도덕적 행동과 교훈 사회 질서 | 종교 체험과 영성 예술 |
| | 다양한 이름 (창조자, 초월자, 섭리자) | 특별한 창시자 없음 | 없음 | 불멸, 부활의 인간 원래성, 죽음의 존재 | 신: 희생제의와 공의, 통과의례 | 도덕적, 자연적 악, 배상과 처벌 | 조상숭배, 기도, 음악과 춤, 속담과 격언 |

제3부

o

종교권별
선교
접근 방향

# 1장
# 힌두교-불교권 선교*

어느 한국 선교사가 태국 정부 관료에게 '태국 정부는 왜 기독교 선교사에게 비자<sup>visa</sup>주는 것을 줄이느냐고' 불평하듯이 물었다. 그러자 그 태국 관료는 이렇게 대답했다. "우리나라는 평화의 나라로, 기독교에 400년 동안이나 선교의 기회를 주었으나, 우리 인구의 1%도 전도하지 못했으니, 이는 분명 불교가 우월하기 때문이거나, 아니면 선교사의 자질이 부족한 때문일 것이다. 고로 이제는 우리의 책임이 아니고, 그들이 반성해야 할 것이다."

---

* 이 글의 일부는 2010년 3월 16일 서울교회 부설 한국교회갱신연구원이 주관한 '다원사회 속에서 타종교와 이단·사이비 종파에 대한 비판적 연구'를 주제로 열린 제37회 목회자신학세미나에서 발표한 내용 "불교 이해와 선교적 과제"와 동일함을 밝힌다. 이 세미나 발표에 대한 보도는 다음 사이트를 참고하라. https://blog.naver.com/htbear/100101897317 (2019. 12. 31).

이런 현실 속에서 선교에 대한 본질적인 물음이 제기되는 것은 당연한 것이다. 서양의 선교사업 특히, 기독교 승리주의에 입각한 선교는 이미 벽에 부딪혀 그 한계에 달했다고 할 수 있다. 이는 아시아의 선교현장에서 여실히 증명된 사실이며, 복음을 전파하는 입장에 선 아시아의 교회特히 한국교회가 현재 선교현장에서 체험하고 있는 현실인 것이다. 이처럼 문제는 이미 제기되었다. 이제 우리 기독인들은 어떤 길을 모색할 것인가? 참으로 중요한 기로에 선 우리의 모습을 느낄 수 있다. '어떻게 해야 하는가?' 필자가 여기에서 제시하는 것은 '힌두교-불교 권에 대한 우리의 선교방향'에 대한 것으로, 특히 불교 문화권에 있는 우리의 현실 속에서 어떻게 우리가 복음을 받아들였는지를 살펴보고, 아시아의 힌두교-불교 문화권에서 선교의 방향성을 검토하고자 한다.

## Ⅰ. 힌두교도와 불교도에 대한 복음 전도*

선교학자 헤셀그레이브D. Hesselgrave의 힌두교도와 불교도에 대한 복음 전도 방법은 서구인 관점이지만 우리에게도 도움이 되는 통찰력을 준다. 전통적으로 서구 사람들에게 힌두교와 불교의 사상과 세계관은 낯설고 할 수 없을 정도로 어렵다. 그 철학적, 종교적 진술과 표현

---

* 이 부분은 특별히 따로 각주를 달지 않은 이상, D. Hesselgrave, *Communicating Christ Cross-Culturally: Introduction to Missionary Communication* (Grand Rapids: Zondervan, 1978), 167-171을 요약 정리한 것임을 밝혀둔다.

은 엄청나게 다양하기 때문이기도 하다. 헤셀그레이브는 성경에 일원론적 범신론자와의 만남의 방식이 명확히 제시되어 있지 않으나 성경은 범신론자의 오류와 결핍을 지적하고 있다고 한다.

## 1. 선교 자원The Missionary Source

헤셀그레이브는 그의 경험으로 보아 힌두교도와 불교도는 기독교 선교사들을 선한 뜻을 지닌 사람으로as people of goodwill 수용한다는 것이다. 그러나 선한 뜻을 가진 사람 이상이 되어야 함을 주장한다. 성실성integrity과 신뢰성credibility은 복음증거의 자원이다.

첫째, 힌두교도와 불교도는 종교 전파자가 종교에 정통한 사람이기를 기대한다. 그들의 나라에 종교에 박식한 사람이 가득하고, 오랜 종교적 전통이 있기 때문이다. 전도자는 전파하려는 신앙뿐만 아니라 밀어내려는 신앙에 대해서도 주의 깊게 배우고 연구하려는 자세를 취해야 한다.

둘째, 현지 종교 문화의 고상한 가치와 진리를 인식하고 부응하는 것이다. 20세기 위대한 스리랑카의 선교학자요 교회지도자인 나일스D. T. Niles와 미국의 부흥사 빌리 그래함Billy Graham의 대화에서 잘 예시된 바 있다. 빌리 그래함이 인도의 복음전도집회에 가기 전에 나일스에게 질문하기를, 그가 인도인에게 복음 증거를 하기 위해 이해해야 할 것이 있는지에 관해서 질문했다.

나일스는 이렇게 대답하였다. "예, 당신이 반드시 알아 두어야 할 것 한 가지가 있습니다. 당신이 인도에 오면, 인도 사람들은 하나님의 사람임을 주장하는 신임장의 한 부분으로서 당신의 생활 방식에서 엄

격함간소함: austerity의 증표sign를 기대할 것입니다." 그러자 빌리 그래함은 "그것은 나의 양심의 해결 되지 않은 문제들 중의 하나를 떠오르게 하는 군요"라고 대답하자, 나일스는 그에 대해 이렇게 기록한다.

"그는 옳았다. 실제로 우리나라 사람은 본능적으로 어떤 사람의 삶이 포기단념: renunciation를 보여주지 않으면 그의 삶에 대한 신의 요구에 부합하지 않는다고 생각한다."[1]

## 2. 선교 메시지의 본질The substance of the missionary message

힌두-불교적 세계관의 본체적 특수화는 너무 광범위하기 때문에 한 그림으로 요약해 내기는 너무 어렵다는 전제하에 윤곽을 제시한다. 선교사들이 사용한 중요 용어는 다양한 색채를 띠고 그 개념 정의가 뚜렷하지 않음으로 조심해야 할 것을 지적한다. 비교와 대조에 의하여 선교사는 최선을 다하여 일원론적 토대 위에 기독교적 상부구조를 건축해서는 안 된다. 일례로 성서의 삼위일체 신성과 힌두교의 브라만과 Trimurite힌두교의 세 주요 신성, 불교의 부처와 Tripikaya삼보와 동일시 될 수 없다는 것이다. 창조의 세계는 서구의 유물론과 동양의 환상적 세계와 구별되어야 한다. 하나님의 피조물로서 인간은 전 인격체로서 보아야 하며, 인간의 문제는 무지가 아니라 반역이다. 역사는 부정되어야 할 무엇이 아니라 긍정되어야 하며, 영원의 서론이 아니라 영원의 부분으로 이해되어야 한다.

---

1   D. T. Niles, *The Preacher's Task and the Stone of Stumbling* (New York: Harper and Row, 1958), 63-64.

헤셀그레이브는 이상과 같은 차별화 되어야 할 용어들 뿐만 아니라, 가르쳐져야 할 교의도 있음을 말한다. 산상수훈은 그 한 예가 된다. 조오지 피터스 George W. Peters가 박 싱 Bakht Singh과 인도를 위한 복음전도와 메시지에 관한 대화를 나눈 것을 살펴보면, 박 싱의 출발점을 알아 볼 수 있다. 두 사람의 대화를 약간 재편집하여 제시하면 다음과 같다. P는 피터스를, S는 싱을 뜻한다.

P: 만약 당신이 인도에서 설교를 한다면 무엇을 강조하겠습니까? 하나님의 사랑을 설교하시겠습니까?

S: 아니오. 인도인에게 당신이 신의 사랑을 이야기하면 그들은 주로 성적인 삶을 생각합니다. 당신은 하나님의 사랑에 관해 이야기 하는 것을 가급적 적게 하고, 피해야 합니다.

P: 그러면, 하나님의 진노와 심판을 강조하겠습니까?

S: 익숙한 것이오. 모든 신성은 어느 정도 미친 것이요. 그들에게 있어서는 어느 신이 더 화를 낸다고 하는 것은 아무런 차이점이 없지요.

P: 당신은 그들에게 뭐라고 하겠습니까? 당신은 십자가에 못 박힌 그리스도를 전하겠습니까?

S: 아니오, 그들은 그리스도를 무력하게 죽은 가련한 순교자로 생각할 것입니다.

P: 그러면 당신의 의도는 무엇입니까? 그들에게 영생을 이야기 하겠습니까?

S: 그것도 아니오, 영생을 말하면, 인도인은 전생을 생각할 것입니다. 그들은 그것으로부터 벗어나려고 합니다. 영생을 강조

하지 마십시오.

P: 그러면 도대체 당신의 메시지는 무엇입니까?”

S: 지금까지 나는 그들에게 죄 사함과 마음의 평화와 안식을 말하였을 때 무시하는 것을 보지 못하였습니다. … 즉시 그들은 나에게 어떻게 그것을 얻을 수 있는지 물어보았습니다. 그들의 깊은 관심을 알게 된 후 나는 그들의 깊은 욕구를 채워줄 수 있는 유일한 구세주께로 그들을 인도할 수 있었습니다.

이와 같은 기독교 메시지의 선택과 적응은 힌두-불교 권에서 아주 중요하다. 그러나 힌두의 영향은 예수 그리스도를 수용하면서 동시에 힌두교 안에 고향을 갖게 한다. 간디는 주장한다. “나는 그리스도를 기독교만이 아니라 전 세계와 모든 민족에게 속하고, 어떤 이름으로 그들이 예배한다고 할지라도 그들에게도 속한다고 생각한다.”[2]

나일스의 힌두교 친구가 말하기를, “우리는 모든 힌두교 성전에 그리스도의 이미지를 두고 있다. 그래서 어떤 힌두교인도 그리스도인이 되어야 할 필요가 없다.” 힌두교, 적게는 불교도는 그리스도를 수용하기는 하나, 자기의 용어로 수용한다. 따라서 그리스도는 유일한 성육신하신 주요 구세주로서가 아니라, 화육avatar 또는 보디사트바bodhi-sattva로서 수용된다. 그러나 헤셀그레이브는 계시가 설화나 구루의 내적 환상과는 구별되어야 할 것을 주장한다.

죄 사함과 평화는 주의 깊게 구성되어야 함을 제안한다. 그리스도인이 힌두-불교로부터 명상하는 기술과 수동성에 대해서는 배워야

---

2    위의 책, 17.

하겠으나, 예수께서 주시는 평화와 안식은 그리스도의 피와 그리스도 안에서 하나님과의 화해를 통하여 얻는 죄 사함과 구속의 결과로 주어진다는 것을 알리는 것이다. 즉 카르마의 법에 따른 자기 노력이나 체념의 결과는 아니라는 것이다.

예수 그리스도의 메시지를 사용할 때, 선교사는 힌두-불교도가 진리 문제와 실존적 곤궁predicament에 직면하도록 해야 한다. 참 진리는 자기모순을 허용하지 않는다. 궁극적 실재를 주장하는 진리를 위해서 우리는 비 모순의 법칙 the law of non-contradiction 을 존중해야 한다. 참 진리는 좁은 길로 가는 것이다. 이런 진술의 권위는 논리적으로 뿐만 아니라 예수 그리스도 자신의 주장에 의해 발견될 것이다.

힌두교-불교와 기독교의 차이점과 유사점을 통해 복음을 적절하게 잘 전달해야 하는 것은 누구나 수용할 수 있다. 다만 복음과 타종교의 차이점을 무시하거나 감추거나 속일 필요는 없다고 본다. 최근 태국에서 오랫동안 선교하는 선교사의 불교와의 차이점을 분명하게 인식하면서 복음을 적절하게 전해야 한다는 주장도 이런 맥락에서 옳다고 본다. '한국 불교권 선교 세미나' 2018.4.24 서울에서 개최 알렉스 스미스Alex Smith 박사는 이렇게 이야기한다. "일부 사람들은 선한 행위와 사랑, 자비 같은 것을 보며 기독교와 불교의 외적인 형태가 비슷하다고 말합니다. 하지만 기독교와 불교는 본질적인 면에서 도저히 일치할 수 없습니다. 우리는 불교를 존중하고 이해하는 가운데 창조주 하나님과 구원의 은혜에 대해 분명하게 전파해야 합니다."[3] 이런 구원의 명확한

---

3  "10억에 이르는 불교권, 어떻게 선교할까?" 아이굿뉴스, http://http://www.igoodnews.net/news/articleView.html?idxno=56407 (2019.10.16).

이해와 전적인 하나님 신뢰라는 대전제 아래 구체적인 선교방향으로 알렉스 스미스 박사는 현지 그리스도인으로 하여금 가족과 친지들에게 복음을 공유하게 하고, 대중문화를 활용하며, 민속 불교화 된 지역, 즉 토속 불교와 샤머니즘과 혼합된 지역에서의 영적 투쟁을 통해 선교를 하도록 장려한다.[4]

합리적인 논쟁보다는 그리스도의 권위에 의해 힌두-불교도는 더 큰 인상을 받을 것이다. 그러나 논리성과 기독론은 그들의 실존적인 곤궁과 관련되어야만 한다. 힌두교는 자아의 개체성을 부인하고, 불교도는 자아의 실존을 부인한다. 그러나 박 싱의 접근에서 알 수 있듯이, 그들도 느끼고, 생각하고, 의지하는 사람들이다. 또한 그들은 카르마에 쌓여있고, 탄생과 재생의 수레바퀴에 얽혀 있으며, 정의내릴 수 없는 실재와의 합일에 도달하기까지 끊임없는 실존의 운명에 처해있다. 그래서 그리스도의 약속인 현생과 내생의 희망을 설교하는 것은 별로 주의를 끌지 못한다[고후 5:6 비교].

인도는 종교의 나라임을, 불교는 힌두교에서 나온 종교임을 알아야 한다. 기독교인은 다른 종교를 더 제시하는 것은 아니다. 복음인 예수 그리스도를 제시해야 한다.

---

4    알렉스 박사는 "불교가 전래될 때는 마치 대형 진공청소기와 같은 형태로 들어와, 그 지역의 모든 종교와 문화적 요소를 다 흡수하여 민속불교, 토속불교 형태로 나타난다고 주장한다. "세계 인구 약 7분의 2인 대중 불교인은 주력 선교 대상"『기독일보 Seattle』, http://kr.christianitydaily.com/articles/96134/20180508/ (2019. 10. 16).

## 3. 커뮤니케이션의 형태 The Style of Communication

커뮤니케이션의 가장 기본적인 형태는 전달자-메시지 내용-수신자 청중 이라는 구조이다. 따라서 복음의 전달과 소통에도 누가 무엇을 어떻게 누구에게 전하는가 하는 것이 중요한 요소이다. 앞에서 강조한 바와 같이 전달자는 종교인, 선교사, 그리고 진리의 구도자로 언행일치와 관용과 겸손과 배움과 사랑의 사람이 되어야 한다는 점은 매우 중요한 요소이다.

채플에서 미국의 청년 복음주의자가 설교를 하였다. 그는 예수 단추로 장식을 한 가죽 재킷을 입고 뭔가 선교 분위기를 조성하려 하였다. 그것이 그리스도를 "훌륭한 친구" a great guy 와 "좋은 동료" good fellow 로 받아들이게 하려는 의도였다. 그러나 그러한 의상은 무언가 경외심과 신비함을 상실한 것처럼 보였다. 힌두교에서 개종한 그리스도인은 아멘 이후에도 한동안 고개를 숙이고 있었다. 그의 마음속에는 질문이 그치지 않았다. "나는 그것에 믿음이 안 간다. 이것이 우주의 주를 증거하는 그리스도인의 방법인가?" 문화적 상황이 다양하게 고려되어야 함과 상황에 대한 이해 없이는 기독교 신앙의 커뮤니케이션이 어렵다는 것을 예시한다.

힌두-불교와 기독교가 공유하는 세계관은 무엇일까? 우주는 영적인 것이라는 것이다 요한복음 4:24 참조. 복음의 메시지를 진술 할 때, 그 영적인 차원과 본질을 잃지 않을 때 힌두-불교권 세계관에 선교가 가능하다.

요약 정리하면, 힌두교, 불교인이 이해하는 종교란 이론과 교리만 아니라 종교를 신봉하는 사람, 즉 종교인이다. 선교 역사를 고찰할 때, 기독교가 자성해야 할 요소는 선교를 그르치는 그림자와 오류 인식이다. 선교의 자원, 메시지, 커뮤니케이션을 힌두교-불교 문화권을 충분히 알고 바르게 상황화하면서 접근해야 한다.


## II. 힌두교 선교를 위한 방향[5]


이상에서 힌두교-불교권에 대한 선교 방향에 필요한 기초적인 이해를 토대로 한 선교적 접근을 간략히 다루기로 한다.

첫째, 기독교적 회심에 큰 장애가 되는 것은 신학적인 것이 무관하지는 않겠지만, 대개는 사회, 문화적인 요소가 더 크게 작용하는 것을 볼 수 있다. 따라서 선교에 사회, 문화의 구조를 진지하게 고려해야 한다. 힌두교 선교를 할 때에는 힌두교와 선교지의 사회, 문화에 대한 구조와 조직에 대해 연구할 필요가 있다.

둘째, 힌두교도들에게 그리스도를 전하려면 그들이 지닌 개념과 진리가 기독교와 어떠한 차이가 있으며, 그 요소를 뛰어 넘을 수 있는 방법과 접촉점이 무엇인지를 찾아내어야 한다.[6] 힌두교의 세계관과 교리를 기독교와 비교 검토하여 신학적이며 문화적인 장애요소를 극복해내야 한다. 기독교 선교의 장애요소로 종교, 신학적 반대, 사회 지역

---

**5**  힌두교와 기독교의 비교와 선교의 문제점 및 방향에 대한 종합적인 연구에 대해서는 변창욱, "인도 힌두교에 대한 선교방법적 고찰"(장로회신학대학교 신학대학원 석사논문)을 참조하라.

**6**  힌두교와 기독교의 접촉점과 대조점 및 각 종교의 진선미에 대한 대조표는 John T Seamands, *Tell It Well*, 홍성철 옮김, 『타문화권 복음 전달의 원리와 적용』(서울: 도서출판 세복 1995), 234-37을 참조하라.

공동체적 저항, 정치적 탄압, 심리적인 무력감, 경제적인 불이익이 있다고 하는 조범연은 폴 히버트의 이론을 차용하여 변증적 선교 방법을 세 가지로 제시한다. 먼저 인도 교회가 먼저 신실하게 증인의 사명을 고난 중에서도 겸손하게 대응하고, 다음으로 힌두-국수주의 도전에 바르게 응전하고 마지막으로 전 세계 교회가 인도교회와 협력하여 선교를 실천해야 한다는 것이다.[7]

셋째, 힌두교도들은 모든 길이 결국 한 신에게로 향한다고 믿고 있다. 따라서 삼위일체나 예수 그리스도의 성육신과 같은 기독교의 진리를 받아들일 수는 있지만 이 기독교의 가르침을 힌두교 체제 속의 것으로 이해하고 수용할 수밖에 없다. 따라서 이들에게 유일한 길인 예수 그리스도를 선포하기란 무척 힘이 든다. 이들은 예수를 단지 비슈누가 또 한 번 성육신한 것으로 생각한다. 이들에게는 그 영적인 깊이와 심오한 영성을 지닌 요한복음을 통하여 예수 그리스도의 생애와 사역을 공부할 수 있도록 유도하는 것이 좋은 접근방법이 될 수 있다.

넷째, 힌두교도들은 항상 희생과 굴복과 포기의 생활에 익숙해져 있다. 따라서 부활사건은 이들에게 지적인 어려움을 가져다주며, 역사적 사건과 희생과 사랑의 상징으로서의 십자가에 자연히 관심을 갖게 될 것이다. 그러므로 선교사의 희생적인 인격과 윤리가 중요한 접촉점이 될 것이다.

다섯째, 부족, 카스트, 언어를 고려한 다양한 교회를 증가시켜야 한다. 즉 동질 단위에 의한 전도방법을 가능한 한 모색해야 한다.

---

**7** 조범연, "힌두교권의 변증적 도전과 선교 전략," 『선교와 타종교』(서울: 미션아카데미, 2011), 94-95; Paul G. Hiebert, "Missiological Issues in the Encounter with Emerging Hinduism," *Missiology*, Vol. XXVIII, No. 1 (Jan. 2000): 47-63.

여섯째, 비록 카스트 제도 내에 많은 악법적 요소가 있긴 하지만 카스트를 깨뜨리는 것이 복음의 본질적인 부분이 아닐 수도 있다는 점을 기억할 필요가 있다. 많은 사람들이 기독교인이 되고 성경을 유일한 경전으로 받아들이게 되면 힌두 카스트를 강화하는 종교적 체제는 무너질 것이며, 종교적 제재가 사라짐과 더불어 분리 및 계층 차별 의식이 점진적으로 사라질 것이기 때문이다.

일곱째, 기독교 공동체를 형성해 나가려면 장기적인 계획이 요청된다. 카스트 제도 하에서는 기독교로 개종하는 경우에 자기 카스트에서 쫓겨나게 되며 불가촉천민의 경우에는 지급되던 재정지원도 끊어지게 되어 사회적, 경제적 어려움이 뒤따르게 된다. 이런 방해요인을 실제적으로 극복하는 방법으로서 개종자들에게 일터를 제공하면서 그들을 보호하고 최소한의 생계유지와 기능을 확보해 주는 전략이 필요하다.

여덟째, 복음에 관해 보다 수용적인 계층을 발굴해야 한다. 수용성에 있어서의 차이는 선교의 모든 측면에 결정적인 영향을 준다. 중, 상류 계층보다 억눌린 무산 계층을 그리스도에게로 인도하기 위한 모든 노력을 경주해야 한다. 새로운 종교는 대체로 상류 계층보다는 무산 계층에서 먼저 받아들여졌으며, 기독교는 기존 체제에서 불이익을 받는 대중에게 더 호소력이 있었다.

아홉째, 현지인들과 열린 자세로 의미 있고 상호의존적인 관계를 형성하고, 복음의 매력을 발산하는 생활방식과 존재양식을 보여주며, 부정적인 태도와 자세를 지양해야 한다.[8]

---

8    조범연, "힌두교권의 변증적 도전과 선교 전략," 109-110.

# III. 불교권 선교의 방향

## 1. 불교 문화권 내에서의 '종교인' 이해

불교권에서는 — 그것이 상좌부불교이건, 대승불교이건 간에 — '종교인'과 '비종교인'을 엄격하게 구분한다. 이는 성직자, 곧 승려는 말과 삶이 일치한다고 생각하기 때문이며, 아울러 종교의 본질적인 면을 중시한다는 것을 의미한다. 불교는 '도'에 대한 부단한 탐구를 추구하는 종교이며, 이에 대해서는 열린 자세를 취하고 있다.

이런 불교의 영향을 받은 대중은 모든 '종교인'을 '수도자'로 인식하고 있으며, 수도자의 높은 인격과 품위, 그리고 고매한 사상을 요구한다. 그리고 높은 도덕성과 성실한 삶의 자세를 요구한다. 이는 우리나라의 선교역사에서도 증명된 것이다. 선교사들의 성실한 삶의 자세와 헌신적인 사랑이 이 땅에 복음의 터를 이루어 놓았던 것이다. 또한 이러한 사실은 미미하지만 그래도 어려운 상황을 고려할 때 태국의 교회성장과도 관련이 있다. 전쟁의 참화 속에서도 굴하지 않는 기독교를 지켜온 자들이 기독교에 대한 존경심에서, 한편으로는 전쟁을 통해 시련을 당한 주민들이 더 나은 평화를 얻으려는 갈망으로 개종하기도 하였다. 그리고 불교 승려들조차도 기독교 신자들의 높은 도덕성을 인정하여 기독교를 존경하였다. 다시 말해, 진지한 영성 혹은 종교성이 불교권에서 선교의 중요한 요소라 할 수 있는 것이다. 구도의 신실한 자세, 하나님을 향한 진지한 삶의 자성과 함께 하는 말씀의 탐구, 하나님을 향한 사랑과 이웃을 향한 사랑과 삶의 용기, 이와 같은 것은 말이나 정책으로 이루어지는 것이 아니라, 신앙의 올바른 삶에서 표출되는 것이다.

## 2. 기독교회가 자성해야 할 것들

불교인은 자신들의 종교가 최고의 종교라고 생각한다. 불교계의 거목인 '성철'스님은 이렇게 말하기도 했다.

> 진리적으로 볼 때, 남의 종교를 비판할 것은 아니지만, 예수교와 불교는 상대가 안 됩니다. 그것은 양심 있는 학자는 모두 다 말하는 것입니다. 또 개인적으로 볼 때, 예수교에서 보면 불교가 아무것도 아니고, 불교에서 보면 예수교가 별 것 아닐 것입니다. 그러나 제 3자가 참으로 양심적으로 말할 때, 예수교와 불교는 서로 상대가 안 됩니다. 서양의 유명한 쇼펜하워 sic. 같은 사람은 어떻게 평했느냐 하면, (예수교와 불교가 싸움을 한다고 가정하면, 예수교가 불교를 공격하는 것은 계란으로 바위를 두드리는 것과 마찬가지)라느니, (절벽을 향해 총알을 발사하는 것)과 같다고 극단적으로 말했습니다. 아니, 극단이 아니고 사실입니다. 진리로 보면 그러한데 실천면에서 보면 거꾸로 되어 있습니다. 예수교 사람은 참으로 종교인다운 활동을 한단 말입니다. 그런데 불교는 예수교 사람 못 따라 갑니다.
>
> …
>
> 이것이 참으로 남을 위한 기도의 근본정신입니다.
>
> 이것이 종교인입니다.
>
> 아무리 남의 종교이지만 잘하는 것은 본받아야 합니다.

그러면 먹고 사는 것은 양계와 과자를 만들어 내팔아서 먹고 산다고

합니다.

먹고 사는 것은 자기들 노력해서 먹고 기도는 전부 남을 위해 기도하고

그런데 불교에서도 소승이니 대승이니 하는데

소승은 자기만을 생각하는 것입니다. 남이야 죽든 말든,

대승은 남만 위해 사는 것입니다. 자기가 죽든 말든.

…

우리 불교 하는 사람들은,

더구나 승려들은 봉사정신이 없지 않느냐 이렇게 봅니다.

예수교를 본받아서가 아니고 불교는 자비가 근본이므로

남을 돕는 것이 근본입니다.

부처님 말씀처럼 불공이란 남을 돕는 것입니다.

그래서 모든 생활이 남을 돕는 데에 기준을 두어야 합니다.[9]

이 말은 불교의 현 상태를 잘 말해주고 있다. 불교는 불교신도의 생활면에는 영향을 주지 못하고 있다는 것이다. 앞에서 말했듯이 기독교인들은 이러한 부분에서 '선교의 중심'을 찾아야 한다. 또한 불교에서는 이미 모든 인생의 문제에 대해 연구했다고 주장한다. 하지만 불교는 종교라기보다는 '철학'이라는 말을 듣고 있는 것은 무엇 때문인가? 그것은 불교가 '이론적'이기 때문이다. 모든 사람에게 구원의 길은 열려 있으나, 현실적으로는 소수의 사람들만이 깨닫고 있기 때문

---

9    출처: 해인지 〈해인법문〉 http://ingaksa.org/bbs/board.php?bo_table=bul2&wr_id=42&sst= wr_hit&sod=desc&sop=and&page=8&ckattempt=1 (2019. 10. 16).

에, 대부분의 사람들은 '운명의 굴레'속에서 체념하며 지내게 되는 모순을 담고 있다.

현재의 기독교는 어떠한가? 불교와 같은 '이론 종교'가 되려고 한다. 기독교는 '이론적'이 아님을 우리는 알고 있지 않은가? 우리가 전하는 복음으로서의 '하나님 나라'는 말씀 그대로 "말에 있지 아니하고 능력"에 있다. 지금 그대로의 모습에 머물러 있어서는 안 된다. 우리는 부르심을 받은 마태처럼 일어나야 한다. 그리고 예수님께서 명령하신 대로 "가야"한다. 그리고 우리 앞에 있는 구름같이 허다한 증인들이 그랬듯이, 예수님의 말씀을 전파하고, 가르치며, 지키게 함으로, "그리스도인"이라 불려야 하고, 제자가 되어야 한다. 이것이 이제 우리에게 남은 '선교방법'인 것이다.

### 3. 불교인 선교를 위한 방향

기독교가 선교적으로 불교와 만난 것은 페르시아 기독교가 동진하면서 이루어졌다고 본다. 서기 500년경에 이르러 페르시아 기독교는 조로아스터교와 마니교는 물론이고 불교와 함께 공존하였다. 그 후 역사의 흐름과 더불어 중국을 비롯하여 근대에 이르러 유럽과 미국에 불교가 전래되면서 기독교와의 만남을 이루어왔다. 21세기에 들어서 불교권 선교의 진보는 주로 동북아시아의 대승 불교권에서 나타났다. 그에 비해 상좌부 불교가 강한 동남아시아의 여러 나라에서 선교는 미약하고 그 진보가 두드러지게 나타나지 않는 현실이다.[10]

오랫동안 캄보디아를 거쳐 태국에서 사역하고 있는 이교욱은 불교권 선교의 방식을 네 가지로 분류 정리한다. 그 네 가지란 필요 충족 방식, 접촉점을 통한 방식, 변증법적 방식, 능력 전도다. 이 중에서 불교를 인지하는 다문화 상황이라면 "능력 전도 방식으로 회심한 사람들을 변증법적 방식으로 기독교를 논증해서 기독교의 진리를 잘 이해하고 받아들이게 하는 방식"을 통해 다수의 전도 열매를 맺을 수 있다. "변증법적 방식으로 기독교의 교리를 제대로 이해하고 받아들인 사람들을 능력 전도의 방식으로 신앙을 확증하여 회심시키는" 방법을 통해 현지의 뛰어난 리더십을 배양할 수 있다고 제안한다.[11] 이교욱은 이러한 네 가지 방식을 상황에 맞게 적용할 수 있다고 보면서도 정작 바람직하며 올바른 불교권 선교 방식으로 회심 선교를 제기한다. 특히 상좌부 불교권에서 회심자의 공동체로서의 교회의 가시적인 모습이 중요하다고 한다. 회심 선교의 구체적인 방법을 레슬리 뉴비긴의 바울의 회심 사건에서 나타난 일반적인 회심의 원리를 빌려와서 불교권 선교의 회심 선교 방법으로 제시한다. 그 방법은 첫째, 수용자 문화의 언어로 실천한다. 둘째, 진정한 복음의 소통은 선교사와 교회의 자기부정의 회심을 요구한다. 셋째, 참되고 궁극적인 회심은 비록 인간의 행동으로 촉발된다고 하더라도 하나님의 사역임을 명심해야 한다.[12]

역시 태국에서 오랫동안 현장 사역을 하였던 신홍식은 불교권 선교 방법으로 실질적인 질문에 대한 응답 형식으로 제시한다. 이는 마치 선교사의 입장만 아니라 현지 사람들의 질문에 대한 바람직한

---

**10**   간략한 불교권 선교의 역사와 현황은 이교욱, "불교권 선교의 어제와 오늘 그리고 미래," 36-46을 참고하라.

**11**   이교욱, "불교권 선교의 어제와 오늘 그리고 미래," 50-52.

**12**   위의 글, 57-59.

선교의 태도와 자세와 방법을 성서적, 신학적으로 응답하는 형식을 취하는 것과 같다. 레슬리 뉴비긴이 선교를 "질문에 대한 응답"[벧전 3:15]이라고 한 것과 상통한다.

첫째, '선교사의 생활이 경건한가, 세속적인가?' 라는 질문에는 선교사가 구도자적이며 영성 추구의 삶을 통한 통전성과 신뢰성을 갖추어야 한다.

둘째, '선교사의 자세는 불교사상에 적합한가?' 라는 질문에는 성급함과 분노와 조급함보다는 정숙과 세속으로부터의 초월이나 초연함을 보여주어야 한다.

셋째, '선교사들의 방법은 사람 중심인가 프로젝트 중심인가?' 라는 질문에는 사람 중심으로 상황 속에서 문제를 안고 있는 사람들의 필요에 반응할 수 있어야 한다.

넷째, '선교사들은 교회개척을 위하여 노력하는가?' 라는 질문에는 바울의 방식에 따라 현지인 리더십 중심의 교회개척을 장려한다.

다섯째, '선교사들은 기독교가 외국인의 종교라는 인상을 제거하려고 노력하는가?' 당연히 노력해야 하는데, 그 방식은 외국인 선교사가 나서지 않고 현지인 지도자들이 현지인과 만나고, 현지인 지도자들을 고용하는 것 같은 인상을 주지 말아야 한다.

여섯째, '불교도에 대한 선교사들의 이해는 충분한가?' 라는 질문에는 현지인들과 더불어 함께 살면서 소통하며, 그들의 언어와 문화를 연구하고 이해해야 한다.

일곱째, '선교사의 메시지가 이해하기 쉽고 호소력과 상황에 적절한가?' 라는 질문에는 선교사의 메시지에 포함되어야 할 접촉점을 제시한다. 불교 교리와 신앙 이해, 마음 평안을 추구하는 불교도 심리

이해, '공적' 개념과 같은 종교적인 접촉점 등이다.

여덟째, '선교사역에 있어서 복음주의와 에큐메니칼 선교 사이의 갈등은 어떻게 극복할 수 있는가?' 라는 질문에는 영적인 문제에 중심을 두되 상호보완적으로 구체화해야 한다.

마지막 아홉째, '선교사가 정부의 방해에 어떻게 대처할 수 있는가?' 라는 질문에는 선교 제한 지역에 들어가는 선교사는 현지 법 테두리 내에서 가능한 방법으로 비자를 받고 현지 정부나 지역 관청의 필요 혹은 지역사회의 요청에 응하는 사역을 수행해야 한다.[13]

---

13    https://www.cjob.co.kr/mission/627 (2020. 06. 13).

# 2장
# 자이나교와 선교

 

 

 

자이나교와 기독교가 겉으로 보기에 유사한 점도 많으나 심층적인 내용을 따져보면 차이점이 극명하게 드러난다. 특히 바른 믿음, 바른 지식, 바른 행위를 강조하는 자이나교는 십자가의 구속 은혜보다는 금욕과 인본주의를 강조하고, "카르마의 기계적인 체제" 안에 창조주요 구속주인 하나님의 자리가 없다. 계율과 복종의 시스템의 자기실현과 자기 의의 종교와 기독교 복음의 차이점은 결코 약화될 수 없다.[1]

자이나교는 기독교 선교 방법을 차용하여 그들 종교의 선교를 실천해 왔다. 그들은 '자이나교 뱅갈로 시티 선교회'Jain Mission Society of

---

1    Howard F. Vos ed., *Religions in a Changing World* (Chicago: Moody Press, 1959), 257-60.

Bangalore City를 설립하여, 전도지와 문서를 제작 배부하고, 신문도 발간한다. 학교와 병원을 설립하여 포교에 활용하고, 기독교의 YMCA같은 단체인 '자이나교 청년협회' Young Men's Jain Associations를 만들어 청소년들과 대학 청년들을 대상으로 포교한다.

자이나교 신자들을 향한 선교 이론과 방법도 다양하게 전개되어 왔다. 폴 하겐 Paul C. Haagen 에 의하면, 힌두교와 이슬람과 시크교 등으로부터 회심하여 영향력 있는 전도자가 된 사람은 많으나 자이나교에서 회심하여 알려진 사람은 거의 없다고 할 정도로 자이나교 선교는 어려운 실정이다.[2] 다만 우리가 기억해야 할 것은, 자이나교 신도들은 '누구' 보다는 '무엇이' 이 죽음의 몸으로부터 구원해주느냐 하는 질문이라고 한다. 바로 이런 점을 기억하면서 은혜 보다는 행위를 강조하는 자이나교 신자들에게도 예수 그리스도의 구속의 은혜의 기쁜 소식을 전하는 노력이 경주되어야 할 것이다.[3]

2    Paul C. Haagen, "Lesser Living Religions of India, Part Two: Jainism," Howard F. Vos ed., *Religions in a Changing World*, 260.

3    Howard F. Vos ed., *Religions in a Changing World*, 261.

# 3장
## 신도와 선교

혼합주의적 다신론과 국가 종교화된 신도의 절대적인 영향을 받고 있는 일본 선교는 그 역사의 뿌리가 깊은 것에 비해 복음화의 결과는 미미하다. 전 국민의 1% 미만의 복음화는 일본 선교의 어려움과 장애를 웅변적으로 입증한다. 일본 선교의 근본적인 장애 요인은 아마도 오랜 역사 속에서 국가 권력과 신도, 불교가 습합하고, 상호 보완하는 관계 속에서 형성된 사회 구조와 문화일 것이다. 아울러 기복신앙과 제재초복의 실용적인 종교의식도 죄의 고백과 회심과 거듭남과 변화된 삶을 요구하는 기독교 선교에 저항하는 요인이 될 것이다. 지금까지 일본 선교의 장애와 바람직한 방향에 대해 논의되어 온 것들을 정리하면 다음과 같다.

첫째, 일본의 사회 구조와 문화의 특수성 때문에 선교에 장애가 있어왔기에 일본의 특수한 종교 문화를 깊이 이해하고 상황화를 시도해야 한다.

문상철은 일본 선교의 상황화와 관계형성과 교육과 성경공부와 기도 등 통합적인 접근법을 제안한다. 그는 일본 선교의 장애 요인을 "일본인의 범신론적 다신론적 신관과 종교 다원주의"로 진단하고, "일본의 집단주의와 와和, 수치 회피 문화"를 이해하고 적절히 상황화 방식으로 대응해야 한다고 주장한다.[1] 종교적으로 다신론과 종교 다원주의적 기복신앙과 문화적으로 집단주의와 수치 문화는 복음 전도를 강하게 저항하는 요소가 된다. 죄와 회개의 문화를 가진 서양인과 달리 아시아 대부분의 나라 사람들이 수치 회피 문화 속에 살고 있다. 그런데 일본은 유독 이 수치 회피 문화가 강하고 특수하다고 할 수 있다. 수치 회피 문화에 대해 문상철은 이렇게 말한다. "일본의 문화 속에서 죄는 혼외정사나 살인, 우상 숭배 등의 영적인 죄가 아니고 사회적 수치와 동일시되는 것이라, 일단 수치심을 피하려는 경향이 많다." 일본 특유의 수치 회피 문화의 극단적인 형태가 할복이라고도 한다.

이런 뿌리 깊은 일본 특유의 종교 문화에서 복음을 수용하고 회개하고 거듭나서 하나님 나라 시민으로 살게 하는 데는 오랜 기간의 복음제시와 기도와 관계형성과 나눔을 이루어야 할 것이라고 본다. 필자가 모든 종교 문화권 사람들에게 공통적으로 필요하다고 보는 우정 선교를 일본에서도 실천함으로써 변화의 물꼬를 틀 수 있으리라 믿는

---

1    문상철, "2014 변형적 상황화: 일본 선교의 통합적 접근법," http://www.igoodnews.net/news/ articleView.html?idxno=47094 (2019.11.30).

다.

둘째, 일본 신도의 특징에 부합하는 선교 방식을 모색해야 한다.

일본의 종교별 인구 구성을 보면 신도 신자가 압도적으로 많다.[2] 선교적인 관점에서 일본 신도의 특징을 박영기는 다음과 같이 제시한다.

① 개인구원에는 관심이 없지만, 지역, 동네, 가족, 가문, 단체, 국가에 깊은 관심을 가지고 있다.

② 교주, 경전, 지도자 양성학교나 신학훈련이 없지만 일본사회에 가장 큰 영향을 미치고 있다.

③ 전도활동을 하고 있지 않지만 일본인의 종교로 정착하고 있는 일본특유의 종교이다.

④ 일본의 풍속, 습관, 전통문화를 신사축제를 통하여 계속 전승하면서 지역사회의 보이지 않는 중심역할을 하고 있다.

⑤ 종교 법인을 가지고 있는 종교이지만, 어떤 때는 정교분리 원칙을 초월한 일본 고유의 문화로 인정받고 있다.

⑥ 다신론을 믿고 있기 때문에, 일본의 다른 종교를 인정하고 다른 우상종교와 다투는 일이 별로 없다.

⑦ 종교의식은 있지만 분명한 신도信徒의 생활원리가 없기 때문에 신도神道로부터 속박 받는 것이 없다.

⑧ 神道信徒에 대한 명확한 기준이 없기 때문에 어떤 자가 구체적으로 신도 신자인지 구별하기가 어렵다.[3]

---

2   2015년 현재 일본인의 종교의식을 보면, 신도계 1억 160만 3,657명, 화교계 6,568만 4,711명, 기독교 52만 4,171명, 천주교 44만 4,711명, 그 외 종교 741만 8,275명이다. 박영기, "일본 신도의 특징과 일본 선교전략".

이러한 일본 역사와 국민의 의식 속에 깊이 뿌리내리고 영적으로나 정신적으로나 사회적으로 지대한 영향을 미치고 있는 일본의 신도 신자들을 향한 선교는 무엇보다 겸손한 마음과 배우려는 자세와 신앙과 삶의 일치로 영적인 깊이를 보여주는 것, 그리고 행함 Doing 보다는 성숙한 인격과 영성과 지성을 구비한 존재 Being 가 되는 것 등으로 접근해야 한다. 이응주 선교사 역시 이러한 관점이 타당성을 일본 선교 역사에서 제시한다. 일본 선교에 나섰던 초기 포르투갈 선교사들과 일본인 신자들이 보여 준 언행일치와 청렴하고 덕이 있는 삶의 모습이 행위 이전에 존재로서의 선교 접근의 타당성을 입증한다.[4] 이응주는 미가엘 슈타이엔의 『기리시탄 大名』이라는 저서에서 이러한 접근의 장점을 찾아낸다. 즉 "(1) 일본인들은 신기한 것, 새것에 대하여 잘 도취되는 성질을 가지고 있다는 점. (2) 기리시탄 신부나 수사들의 청렴한 생활과 고상한 인격이 당시 불교의 승려와 비교하여 일본인들에게 크게 주의를 끌게 하였다는 점. (3) 특히 그들의 언행일치의 생활은 일본인들에게 무한한 감동을 일으켰다."[5]고 미가엘 슈타이엔이 일본 초기의 선교 영향력을 정리하였다. 박영기는 좀 더 구체적인 접근 방식을 제안한다. 그가 오랫동안의 일본 선교 경험과 지식에서 우러나온 지혜를 다음과 같이 정리한다. 선교사는 "신앙과 생활이 일치하는 사랑의 선교사, 신도들을 잘 양육하는 교육 선교사, 약한 일본교회, 무목 일본교회를[6] 잘 섬기는 목회 선교사, 개인 전도를 잘하여 교회 안에 성도를

---

3    박영기, 위의 글.
4    이응주, "일본선교 전략," 월드미션뉴스 (2015. 02. 19), https://www.wgmnews.com/index.php?mid=board14&document_srl=17091 (2019. 11. 30).
5    위의 글.
6    목회자가 없는 교회를 '무목교회'로 표현한다.

정착시키는 전도자 선교사, 일본교회의 미래를 생각하면서 젊은이 선교에 관심을 가진 선교사"[7]가 되어야 한다.

셋째, 일본인의 종교적 심성인 죽음과 민족주의에 대응하는 선교를 시도한다.

일본인들에게 가장 중요하고 핵심적인 종교적 동인은 죽음과 민족주의라고 한다. 죽음에 대한 두려움이 불교에 귀의하게 하고, 민족주의에 대한 충성이 신도를 추종하게 한다고 본다. 일본 불교가 이러한 죽음에 대한 두려움에서의 해방을 다 충족시켜 주지 못하는 영역에 복음이 구원의 기쁜 소식이다. 특히 히브리서 2장 14-15절에서 선포하는 바와 같이[8] 죽음의 두려움을 이겨내고 영생을 얻을 수 있는 희망을 선포하는 것이 필요하다.[9] 예수님의 십자가 죽음과 부활은 죽음의 두려움에 처한 일본인들에게 해방하는 복음의 메시지다[계 20:6[10], 롬 6:18-19[11]]. 죽은 조상이 귀신이 되기에 죽음의 두려움에 떠는 후손들은 복음을 통해 해방을 얻게 될 때 복음의 능력이 크게 발휘 될 것이다. 반대로 귀신이나 사탄의 억압아래 죽음의 두려움을 가진 일본인들에게 복음의 능력이 제대로 나타나지 못하면 복음에 대한 저항으로 작용할 것이기 때문에 일본 선교에 어려움이 있다. 예수 그리스도의 부

---

**7**    이응주, "일본선교 전략".

**8**    "자녀들은 혈과 육에 속하였으매 그도 또한 같은 모양으로 혈과 육을 함께 지니심은 죽음을 통하여 죽음의 세력을 잡은 자 곧 마귀를 멸하시고 또 죽기를 무서워하므로 한평생 매여 종노릇 하는 모든 자들을 놓아 주려 하심이니"

**9**    Howard F. Vos ed., *Religions in a Changing World*, 118.

**10**    "이 첫째 부활에 참여하는 자들은 복이 있고 거룩하도다. 둘째 사망이 그들을 다스리는 권세가 없고 도리어 그들이 하나님과 그리스도의 제사장이 되어 천 년 동안 그리스도와 더불어 왕 노릇 하리라."

**11**    "만일 우리가 그리스도와 함께 죽었으면 또한 그와 함께 살 줄을 믿노니 이는 그리스도께서 죽은 자 가운데서 살아나셨으매 다시 죽지 아니하시고 사망이 다시 그를 주장하지 못할 줄을 앎이로라."

활도 믿지 못하게 될 것이다.[12]

　민족주의에 대한 선교적 해결의 열쇠는 예수 그리스도의 주권과 성경의 권위를 이해시키는 것이다. 일왕을 절대적인 신으로 숭배하며, 가장의 결정이 가족구성원들에게 절대적이라는 의식을 가진 일본인들에게 그리스도가 주가 된다는 전도는 거대한 장벽이 될 것이다. 그리고 일왕의 칙어 Imperial Rescript 외에 그 어떠한 절대적인 권위를 가진 책이나 문서를 가져본 적이 없는 일본인들에게 성경의 절대적인 권위는 쉽게 수용되기 어려울 것이다. 오히려 기존의 불교와 신도에 덧붙여서 성경과 복음을 습합할 것으로 보인다. 문제는 조상과 일왕에게 권위를 두는 전통적인 믿음을 따를 것인가, 아니면 창조주 하나님의 계시의 말씀인 성경에 권위를 둘 것인가 하는 것이다. 따라서 일본인들에게 선교하려는 선교사는 성경의 권위가 자기 자신과 가정에 절대적인 권위를 가진 것임을 보여주어야 하고, 하나님과 예수 그리스도가 만군의 주요 만유의 주임을 입증해야 한다. 그리고 2차 세계대전의 패배 후에 정복자로 등장한 미국과 연합군의 우산아래 수많은 미국인 선교사들이 일본에 진출한 까닭에 한편으론 복음 전도에 장애가 되었고, 다른 한편으론, 정복과 승리와 영광을 주는 종교로 인식하여 일본인에게 기독교가 호감을 주게 되었다고 할 수 있다. 그러나 참된 복음이 관용과 이웃 사랑, 죄인의 회개와 사죄, 겸손한 섬김이 그들의 고유 전통 가치와 배치됨으로 복음을 배척하는 현상도 나타났다. 일본인은 쉽게 만왕의 왕이요 만주의 주이신 하나님을 받아들이지 않는다. 신도는 한 때 불교를 배척했던 것처럼 이번에는 기독교를 배척하면서 가

---

12　　Howard F. Vos ed., *Religions in a Changing World*, 118-19.

정에 신주를 모셔 두는 감실 shindai, family altar 과 교육과 축제라는 수단을 활용하였다. 일본에서 교과서 문제와 교육이 그렇게 강조되고, 과거 식민주의를 당했던 나라들이 지속적으로 문제를 제기하는 것은 바로 이러한 극우 보수주의의 신도를 중심으로 한 민족주의와 국수주의 때문이다. 교육을 통해 신세대들의 의식을 민족주의적 신도 중심으로 통제하고 지배하는 일본 특유의 집단 체제가 작동하도록 교육을 보수주의자들이 장악하고 있는 것처럼 보인다.[13] 교육과 신도와 축제를 통해 작동하는 일본의 시스템에 복음 전도는 더 어렵게 보이며, 그럼에도 죽음과 민족주의라는 거대한 장애물이라는 옹벽에 한 줄기 빛이 스며들고, 그 빛이 강과 같이 흐를 날이 이를 것을 믿고 선교에 매진해야 할 것이다.

넷째, 일본 교회의 특수성과 상황, 자본주의와 4차 산업혁명의 급격한 변화 속에 적절한 선교 방향을 다양한 관점에서 다각도로 접근해야 한다.

2017년 11월 20일부터 22일까지 일본 시즈오카현 고텐바에서 "오늘의 일본 선교 현장과 그 전략"이란 주제로 "일본 선교 고텐바 포럼"이 개최되었다. 일본선교 네트워크가 주최하고, 한국세계선교협의회 KWMA, 재일한국기독교 연합회가 공동주관한 행사였다. 포럼을 마치면서 참석자들은 다음과 같이 현대 일본에 부합하는 선교 접근방식을 다음과 같이 제시하였다.

① 격변의 시대에 제4차 산업혁명의 흐름에 맞추어 교회와 선교 현장에도 스마트 미션과 비즈니스 선교 등 젊은 세대에게 적

---

13    위의 책, 119-21.

용 가능한 선교 전략의 수립이 필요하다.

② 일본 사회의 마이너리티에 속하는 크리스천과 교회는 더욱 다양한 네트워크의 결성과 활성화를 통해 인프라의 정비와 그 영향력을 강화할 필요가 있다.

③ 이론 신학에 중점을 두고 있는 일본 신학교육의 현실 속에서 한국 선교사들이 지성과 영성, 그리고 인격으로 조화된 실천 신학 부문에서 기여하고, 일본교회 차세대 헌신자 발굴과 교육에 한국교회가 참여해야 한다.

④ 일본교회의 교세가 감소하는 추세에서도 지진, 쓰나미 등의 재난지역에서는 오히려 한국 선교사에 의한 새로운 교회 개척과 사회적 활동으로 선교가 더욱 활성화되고 있다. 그런 면에서 재난지역에서의 구제와 연합 사역에 대해 지원이 더욱 요구된다.

⑤ 목회자가 절대적으로 부족한 일본교회는, 언어와 문화, 그리고 정서적인 면에서 준비된 한국의 선교 헌신자들과의 총체적인 협력 선교가 더욱 요구된다.

⑥ 제7대륙으로 불리는 디아스포라 영역의 240만 재일 외국인들을 위한 선교의 성과와 그 기대에 부응하는 새로운 선교 전략과 투자가 절실하다.

⑦ 새로운 교회 개척의 비전을 공유하는 선교 단체, 교회, 교단 등과의 네트워크를 통한 선교가 활성화되는 일에 적극적으로 협력해야 한다.

⑧ 급격한 시대 변화를 맞이하여 하나님 나라의 지속적 확장과 선교적 효과를 위한 일본교회는 다국적인 선교 팀과 기꺼이

협력을 추구해 나가야 한다.[14]

종합적으로 정리하자면, 일본 종교 문화 사회와 일본인의 종교적 심성을 깊이 이해하고 존중하며 그에 상응하는 선교 접근법을 모색해야 한다는 것이다. 일본인과 일본문화를 비하하거나 무시하기 보다는 배움의 자세와 겸손한 자세로 선교에 임해야 한다. 일본, 일본인, 일본 문화와 종교를 깊이 이해하며 통전적 선교, 성육신적 상황화 선교, 예언자적이며 대화의 선교 등을 통해 하나님의 선교를 실천해야 할 것이다. 그리고 일본인과 깊이 사귐을 가지는 우정선교를 실천해야 한다. 일본 교회와 협력하며, 일본 교회가 건강하게 자라도록 함께 노력하며, 봉사와 교회개척과 교육에 힘써야 하며, 선교사들 간의 우정과 다국적인 선교 팀과 우정선교도 더 적극적으로 강화해야 한다.

---

14    홍은혜, "오늘의 일본 선교 현장과 그 전략은⋯," 『기독일보』(2017. 11. 24), http://www.christian daily.co.kr/news/ (2019. 11. 30).

# 4장
## 유교권 선교

## I. 유교와 기독교의 비교

언젠가 배요한 박사는 어느 신학교 교수들에게 유교를 소개하는 자리에서 다음과 같은 비유를 들었다. 종교 간의 강조점과 차이점을 적절하게 설명했는데, 이해를 돕기 위해 유교권 선교를 이야기하기 전에 먼저 소개한다. 그는 유교, 불교, 기독교, 도가를 비교하면서 다음과 같은 상상의 예를 들었다.

버스 안에 멀미 안 하는 사람이 둘이 있다. 첫째로 운전기사이다. 왜냐하면, 미리 변화의 내용을 알고 능동적으로 대처하기 때문이다. 둘째로 자는 사람이다. 왜냐하면, 자는 사람은 버스와 일체가 되기 때문이다. 멀미하는 이유는 깨어있기 때문이다. 대부분 승객은 깨어있기에 멀미를 한다. 각 종교의 가르침을 버스 안에서 멀미하는 것으로 비유하여 이야기할 수 있겠다.

유교는 다음과 같이 말한다. 즉 성인의 가르침대로 좌로, 우로, 쿵 한다! 따라 하다 보면 멀미 안 하게 되고, 나아가서 스스로의 노력으로 점점 설명을 듣지 않아도 옆 사람과 대화도 하고 대화를 하면서도 멀미 안 하게 된다. '스스로의 노력'이 궁극적으로 중요한 것이다. 유교의 궁극적 목적은 전부 멀미 안 하는 성인의 경지까지에 이르는 것이다.

기독교는 다음과 같이 말한다. 유교와 거의 같으나, 이 운전기사가 항상 내가 탄 차에 같이 있어 주기로 한다. 내 노력 만으로가 아니라, 가장 좋은 것은 운전기사가 시키는 대로 하는 것이다. 운전기사에 대한 '신뢰'와 '믿음'이 중요하다.

도가는 말한다. 잠자는 사람이나 어렴풋이 깨어난 사람이 되면 된다. 도가는 다음과 같이 외친다. "성인아! 잠 좀 자자! 조용히 좀 해라! 네 말 때문에 도리어 더 못 자겠다! 멀미 안 하게 하려는 네 태도는 거꾸로 멀미하게 만들고 있다!"라고 한다.

불교는 다음과 같이 말한다. 잠자면 되는 거야! 일체유심조이다. 모든 것이 깨어있기 때문에 그런 것이다! 잠들면 괜찮다. 멀미 안 하는 세계는 잠들어 있는 세계다. 일체의 집착을 버리고 의심도 버리고 마음을 비우라고 한다.

각 종교가 지향하는 바와 그에 이르는 방편이 다름을 알려주는 비유로 이해할 수 있겠다.


## II. 유교권에 대한 선교적 접근


중국에서 조상 제사 문제로 예전논쟁이 벌어져서 선교에 대단한 문제가 된 역사가 보여주듯이 유교권에 대한 선교는 종교 문화적 차원의 저항, 특히 조상 제사로 저항과 핍박을 받았다. 세계화 시대 오늘날에 와서 유교가 강력한 신도 조직체로서 기독교 복음 선교에 저항하는 것은 아니다. 한국, 중국, 일본 등에서 유교가 종교적으로는 쇠퇴하고 있고, 다만 문화적 차원에서 복고 경향이 일어날 뿐이다.[1] 역사적으로나 현실적으로 유교 문화권에서 기독교 선교의 가장 큰 도전은 조상 제사라고 할 수 있다. 특히 기독교 내에서도 조상 제사에 대하여는 십계명의 제5계명에 위배되는 것 혹은 우상숭배로 보는 관점과 효를 중심으로 한 미풍양속의 하나로 혹은 문화로 보는 견해로 나누어진다.[2] 조상 제사를 제외하고 유교가 선교에 큰 도전이 되지 못했다고 하더라도 여전히 전통과 문화 차원에서 유교 복고 현상을 보이는 상황에서 유교권 선교에 대한 대응이 모색되어야 한다.

먼저 유교권의 선교 전략으로서 중요한 것은 신학적인 접근 방

---

1    전호진, 『종교 다원주의와 타종교 선교전략』(서울: 개혁주의신행협회, 1994), 259.
2    위의 책, 267.

법의 차이를 지적하지 않을 수 없다. 17세기 초기 예수회 선교사인 마태오 리치는 서양의 문명과 기독교를 가지고 중국에 들어갔다. 그는 먼저 마카오에서 중국어와 유교를 마스터하고, 황제에게 접근하여 중국 선교를 시도하였다. 그는 벽시계, 지도, 수학 등 서양의 과학 문명을 중국에 소개함으로 먼저 황제의 호감을 샀고, 다음 단계로 세계 지도를 펴 보이면서 중국이야말로 세계의 중앙이며 유교는 기독교와 배치되지 않는다는 적응Accommodation의 입장을 취하고 조상 제사를 거부하지 않았다. 그는 조상제사를 "중국에 있어서는 사회 전체가 가족의 단결 위에 의존하고 있었으며 조상에 대한 가족의 숭배는 상징"[3]이라는 견해를 가졌다. 물론 리치는 그러한 조상제사가 가톨릭의 관습으로 대체될 것을 희망했던 것도 사실이다. 그러나 프란체스코 수도회와 도미니칸 수도회 선교사들은 마태오 리치의 적응 선교는 비기독교적이라고 교황청에 보고함으로 천주교는 무려 100년 동안 토착화 논쟁을 거친 후에 조상 제사를 우상으로 정죄하였다.[4] 마태오 리치의 적응은 중국인 상류 계층과 학자들을 얻는 데 성공한 것으로 평가한다. 그러나 기독교의 본질을 희생하였다는 비판이 제기되었다.[5]

비록 소수에 속하였지만 일부 로마 천주교 선교는 자연 계시의

---

**3** Stephen Neill, *A History of Christian Missions*, 홍치모·오만규 옮김, 『기독교 선교사』(서울: 성광문화사, 1980), 210. 한편 스티븐 니일은 라토레트(K. S. Latourette)의 글을 인용하면서 "릿치는 오랜 연구 끝에 공자와 가족을 기념하는 의식은 단지 공민적인 의의만을 가지고 있으며 그리스도인은 제국의 법이 요구하는 경우에 한해서는 그 일에 참여할 수 있다는 온건한 입장"을 가졌다고 증언한다. 위의 책, 211-12.

**4** 이에 대한 자세한 설명은 Henry N. Smith, "A Typology of Christian Response to Chinese Ancestor Worship," in *JES* 25 (1989): 628-47.

**5** Ro Bong-rin ed., *Consultation on Christian Response to Ancestor Practices, Christian Alternative to Ancestor Practices* (Taichung, Taiwan: Asia Theological Association, 1985), 45-80; W. A. P. Martin, "The Worship of Ancestor - A Plea for Tolerance," in *Records of the General Conference of the Protestant Missionaries of China Held at Shanghai* (1980), 619-631; idem, "The Worship of Confucius: is it Idolatry?" in *Chinese Recorder* 34 (1904): 92-93.

입장에서 유교는 기독교와 연속성이 있다는 관점을 취하였는데, 19세기에 개신교 선교사들 중에도 이와 동일한 태도를 취하는 선교사들이 있었다. 스코틀랜드 선교사 존 프라이어 John Fryer 傅蘭雅 1839-1928 는 개신교의 보수적 선교사들이 유교를 너무 미신으로 공격하였다고 비판하고, 앞으로 아시아의 종교는 "기독교에서 서구적 요소를 제외하고 동양 종교의 많은 좋은 요소를 더하는 것이라."고 하면서 절충적 입장을 견지하였다. 그는 모든 종교는 동일한 근원에서 나왔기 때문에 모든 종교는 본질은 서로 차이가 없으며, 점차로 진화하면 세계적 종교의 요소를 형성하여, 모든 사람과 국가와 언어를 포용할 것으로 보았다. 동일한 시대에 영국 침례교 선교사 티모시 리처드 Timothy Richard 李提摩太 1845-1919 역시 보수주의 선교사들은 중국의 문화와 풍속을 죄로 정죄함으로 죄가 아닌 것을 죄로 만드는 선교를 하였다고 부정하고 절충적 모델을 채택하였다.[6] 이러한 절충적, 타협적인 대응은 중국 교회와 신학자들에게 많은 영향을 미쳤다. 따라서 많은 중국인 신학자들에게 기독교는 유교를 완성한다는 성취설이 지배적이었다.[7]

그러나 한국 선교는 처음부터 중국에서 시도된 일부 선교사들의 절충적 모델과 토착화를 완전히 배제하고, 철저한 기독교의 유일성을 강조하는 신학이 지배하여 이로 인하여 교회가 성장하였다는 것이 팔머의 지론이다.[8] 한국 교회는 1960년대 이전에는 성취설이나 병행주

6    Anna Runesson, *Exegesis in the Making: Postcolonialism and New Testament Studies* (Leiden: Brill, 2010), 169.
7    정홍호, 김교철, "중국 조상숭배 문화에 대한 근대 서구 선교사의 커뮤니케이션과 대응," 『복음과 선교』 34권 2호 (2016), 241-279. 19세기 말과 20세기 초기 중국의 신학에 대하여는 Wing-Hung Lam, Chinese *Theology in Construction* (Pasadena: William Carey Library, 1983)을 참조하라.
8    Spencer J. Palmer, *Korea and Christianity, the Problem of Identification with Tradition* (Seoul: Hollym Corporation, 1967). 20-26.

의는 감히 논의될 수 없었다. 그러나 60년대 토착화 논쟁으로 타종교의 가치를 높이 평가하는 신학적 발전이 이뤄지고, 80년대에 와서는 조상 제사는 우상이 아니라 풍속이라는 절충주의적 신학이 등장하였다. 신도들의 인격과 도덕성이 문제가 되는 상황에서 유교적 군자와 덕의 사상은 배울 점이 많다고 하였다. 그러나 유교인에게 전도하는 것은 신학적 절충주의로 해결하기보다 십자가를 지는 승화된 인격과 성경적인 상황화로 시도해야 할 것이다.

이제 구체적으로 한국의 조상숭배 문화에서 선교방법을 생각해 보려고 하는데, 추석과 정월 초하루와 죽은 조상의 기일忌日 등을 접촉점으로 하여 복음을 전할 수가 있다.

첫째로는 기일에 귀신에게 지내던 제사를 하나님께 드리는 예배로 변화시킨 추도회가 있다. 추도회는 기독교인만 아니라 비기독교인 가족이나 친척들이 참여할 수 있기 때문에 복음 전달의 창구가 될 수 있다. 다만 추도회가 죽은 귀신이 아니라 창조주 하나님께 예배하는 가운데 죽은 조상을 추모하고 기억하는 효의 차원에서 진행해야 한다.[9] 효도의 대상은 죽은 조상이 아니라 산 사람이라는 점이다. 추도회는 제사가 아님을 명확히 해야 한다. 제사는 단순한 추모를 넘어서 신령에게 제를 올리며 기원하는 것이고, 한국에서 제사는 샤머니즘과 습합하여 제재초복除禍招福과 기복면화祈福免禍를 목적으로 하기 때문이다.[10] 조상제사에서 가장 중요한 선교의 접촉점은 정성을 다하고, 감사하며

---

**9**  이동주, "죽은 사람 아닌, 철저히 산 부모에 효도하는 기독교 윤리," http://www.christiantoday. co.kr/news/268442 (2019.12.31).

**10**  배요한, 『신학자가 풀어 쓴 유교 이야기』, 300-301. 조귀삼도 한국 조상제사이 뿌리는 유교와 샤머니즘이라고 한다. 조귀삼, "조상제사의 비판적 상황화 선교 연구," 『성령과 신학』 24 (2008.12): 105.

공경하는 마음일 것이다. 이러한 마음은 십계명의 정신과 통하고 기독교인들이 언행심사 간에 유교인에게 보여주어야 할 중요한 덕목이다.

　　추도회가 너무 밋밋하거나 특히 불신자들에게는 도대체 무의미하게 느껴지는 것은 너무 예배의 틀에 매여 있고, 종교의 상징성을 드러내는 의식이 부족하기 때문이다. 준비하는 자세나 과정이 너무 간소하고 기대치도 낮기 때문에 조상제사에 버금가거나 능가하는 종교적 기능을 못하고 있는 것처럼 보인다. 따라서 이런 관점에서 과감하게 의식을 개발해야 하겠다. 한 예로, 추도회에는 가장이나 구역장 혹은 다른 평신도가 집례를 맡게 하지 말고, 목회자가 담당하도록 한다. 다른 어떤 교회 사역 못지않게 추도회를 중시하여 선교적 통로로 활용하도록 한다. 복음을 전하고, 가정의 화목과 갈등의 해소 및 온전한 회복과 사랑과 격려와 내세에 대한 소망을 진작하는 의식이 되도록 기획한다. 아울러 목회자는 일상적인 심방 대신 각 가정의 추도회를 중심으로 집례하고 심방을 겸하면 좋겠다. 그리고 가운과 흰 장갑을 끼고 의식의 절차와 분위기가 경건하고 엄숙하게 진행되도록 한다. 의식이 끝난 후에는 애찬식을 거행하며 성도의 공동체의 나눔과 섬김의 삶을 연습하도록 한다.

　　기독교가 전통문화의 아름다운 유산인 효행을 시행하지 않는다면, 조상숭배와 효행을 다 거부하는 문화 파괴론자로 나타날 것이다.

　　서양에서 태양신을 섬기던 크리스마스를 기독교적으로 경축하면서 예수 그리스도만을 섬기고, 우상 숭배를 완전히 제하고 기독교적 신앙으로 대치하였다. 조상숭배가 중심이었던 과거 유교적인 명절이 변하여 하나님을 섬기는 명절이 되며, 아름다운 문화적 덕목인 효행을 기독교에서 실행한다. 기독교 복음은 종교성이 약하고 형식화한 유교

윤리에 접목됨으로써 그 활기를 찾게 될 것이다. 유교권 선교의 심각한 문제는 바로 효행이다. 기독교가 부모공경에 대한 계명뿐만 아니라, 제사 때에 우러나오는 지성과 효를 능가할 만한 실제적인 해답을 주지 못하면, 유교권 선교에서 우상숭배를 제거하기에 큰 어려움이 될 것이다. 세속화 시대의 이기주의와 부패와 타협, 이것이 교회 안에 있을 때 어떻게 교회가 효를 실행하겠는가? 기독교인들은 십계명대로 살아있는 부모님께 효도를 해야 한다. 부모님을 뜨겁게 사랑하고 기쁘게 해드려야 한다. 기독교가 도덕의 근본을 허물어 버린다는 유학자들의 비난에 대답할 수 있는 설득력 있는 길은 효행이다. 죽은 사람에게가 아니라 산 사람에게의 효행이다. 효행을 통해 전통적인 고부간의 갈등이 해소되고 가정은 화목하게 될 것이다. 조상제사의 사회학적 기능과 효과는 살아있는 일가친척들이 모여서 서로 유대를 높이며 교제하는 대단히 중요한 축제의 장이 된다.[11] "조상제사에 있어서 사회적 통합 기능은 첫째가 大同이요, 둘째는 德行"[12]이라고 말하는 박귀철의 관점도 이를 뒷받침한다. 이렇게 혈연적 유대감과 교제와 효를 이루어 나가는 것이 제사의 중요한 목적이 되기에 추도회를 통해서 역시 가족 공동체의 화목을 꾀하며 전통적인 가족 문화유산에 충돌을 빚지 않고 복음을 전할 수 있도록 하는 것이 바람직하다.[13] 제사를 복음전도의 접촉점으로 삼되 복음의 우선성을 강조하는 비판적 상황화가 요청된다.[14]

---

11    배요한, 『신학자가 풀어 쓴 유교 이야기』, 301-302.
12    박귀철, "조상숭배자들에 대한 전도 방안," 선교학문학석사논문, 아세아연합신학연구원 1994 23. 조귀삼, 위의 책, 108에서 재인용. 대동이란 대가족의 형성과 대가족적인 국가 제도를 일컬으며, 인(仁)의 구체적인 실천으로 성취된다고 본다.

둘째로는 추수감사절인데 한 가지 대안은 추수감사절을 우리 고유의 가장 큰 명절인 추석에 지내는 것이다. 산업화, 도시화 이후 비록 약해진 것 같지만 여전히 끈끈한 가족의 정을 느끼는 추석에 흩어졌던 가족이 부모님 집에 모여 사랑과 우정을 나누 축제를 지키는 것이다. 조상의 무덤을 관리하는 성묘와 함께 조상의 덕을 기리고, 온 가족이 다함께 조상과 후손의 삶의 섭리자 되신 하나님께 예배를 드리는 것이 좋을 것이다.

다른 한 가지 대안은 추석에는 모든 교인들에게 고향교회로 가서 함께 축제의 예배를 드리도록 하는 것이다. 이 날만은 감사헌금도

---

**13** 조상제사에 관한 참고문헌 목록을 들면 다음과 같다.

김경재. "그리스도교와 제사문제." 『새가정』 통권341호 (1984년 11월): 36-43.

김병호. "조상제사에 대한 신학적 이해와 그 대안 연구. 미간행석사학위논문, 장로회신학대학교 (2003).

노영상. 『기독교와 미래사회』. (서울: 대한기독교서회, 2000).

목만수. "조상제사에 대한 성육신적 선교접근." 『基督敎思想』 통권501호 (2000년 9월): 190이하.

목만수. "조상제사와 상황화, 세계관, 그리고 성육신 선교." 『선교신학』 40 (2015): 111-142.

박용규. "조상제사 문제 조상제사는 효의 한 방편이 아니었던가." 『빛과 소금』 통권130호 (1996년 1월): 134.

배요한. 『신학자가 풀어 쓴 유교 이야기』. (서울: IVP, 2014), 295-313.

소요한. "한국 선교사(宣敎史)에 나타나는 제례문제와 의미." 『대학과 선교』 34 (2017): 385-408.

안성호. "17세기 초 마테오 리치의 『천주실의』와 19세기 제임스 레그의 중국유교경전 영어번역본에서 사용된 용어 '상제(上帝)'간의 신학적 연속성." 『한국기독교와 역사』 32 (2010. 3): 297-340.

이원규. "크리스챤의 제사문제." 『신앙세계』 통권279호 (1991년 10월): 38-43.

이정순. "조상제사 문제를 어떻게 이해할 것인가?: 한국 교회 영성 형성의 과제와 관련하여." 『신학과 실천』 30 (2012): 67-90.

최기복. "제사에 대한 그리스도교적 재조명." 『사목』 제107호 (1986년 9월): 20-32.

한국일. "조상제사에 대한 선교신학적 고찰: 복음과 문화의 관점에서." 『장신논단』 24 (2005. 12): 399-423.

한의수. "제사에 대한 기독인의 이해." 『복음과 상황』 통권27호 (1994년 2월): 32.

"죽은 사람 아닌, 철저히 산 부모에 효도하는 기독교 윤리," http://www.christiantoday. co. kr/news/268442 (2019. 12. 31).

**14** 목만수는 "조상제사와 상황화, 세계관, 그리고 성육신 선교"에서 조상제사를 상황화(신학적 접근), 세계관(문화적 접근), 그리고 성육신(삶의 현장)이란 관점에서 상호연관성을 분석하고 불신자 가정에 있는 그리스도인들의 대응방향과 선교방안을 제시한다. 목만수, "조상제사와 상황화, 세계관, 그리고 성육신 선교," 『선교신학』 40 (2015): 111-142.

고향교회에 하게하고, 오랜 만에 고향의 모든 친지와 교우들이 축제의 분위기 속에 어우러져 추수 감사 예배를 드리는 것이다.

셋째는 신정이나 구정을 맞이하면서 일일 신앙사경회나 부흥사경회를 개최하는 안이다. 대개 한국인은 구정을 대명절로 지키고 신정을 가족 간의 유대와 친교의 장으로 삼지 않는다. 특히 요즘 변화된 가족 시스템과 사회 변화에 따라 주로 해외여행을 다녀오는 추세를 보이고 있다. 대규모 집회를 열어 모든 성도들이 다 참석하기를 기대하기보다 새해에 말씀으로 한 해를 열어가는 송구영신예배에 이어서 혹은 그 대체로 신년축복성회를 개최하는 것이 좋지 않을까 생각한다. 물론 신년축복성회가 기복신앙의 욕구를 충족시키는 일이 되어버릴 위협도 있으나, 새해 첫날부터 하나님께 예배드리고 위로부터 내리는 은혜를 받아 정직, 정의, 사랑의 삶을 힘차게 살도록 하는 게 좋을 것이다. 번영신학이나 기복신앙을 부추기는 사경회가 아니라 복음의 본질로 돌아가는 말씀의 잔치가 되면 좋을 것이다.

넷째로 유교권 문화의 사람들에게 전도할 수 있는 가장 좋은 전략은 역시 전도자 자신이다. 유교는 학문한 사람을 존경하기 때문에 일단 전도자는 어느 정도의 학문과 교양과 인격을 갖춘 사람이어야 된다. 아직도 우리 사회의 믿지 않는 노인층들은 보수적인 성향으로 유교의 정통을 고수하며 사서삼경의 글을 인용하기를 좋아하는데, 물론 전문적으로 공부한 자들도 있으나 대체로 비전문적이고 상식적 지식뿐이다. 시골에는 노인들만이 주로 남았고 노인정의 노인들은 한국교회가 전도해야 할 대상이다. 노인들에게 접근할 때는 일상생활을 통하여 "젊고 덕 있는" 사람으로 인정을 받은 다음, 사서삼경의 사상과 개념을 이용하여 대화를 시작하면 접촉점이 가능할 수 있다. 그러나 불행하게도 한국 교회의 일부 목회자들이나 전도자들 및 선교사들은 동양적 인격과 품위를 유지하지 못함으로 접촉조차 어려운 실정이다. 부산에서 오랫동안 선교 활동을 한 장로교의 한부선<sup>Bruce F. Hunt 1903-1992</sup> 선교사는 농촌의 시장에서 전도할 때 "순천자順天子는 흥興하고, 역천자逆天子는 망亡한다"는 말로 접촉점을 삼아 많은 사람들의 호감을 사서 사랑방 전도에 성공한 대표적 선교사가 되었다.[15] 선교사는 배척을 받을지라도 복음은 살아남아야 한다. 변하지 않는 복음 진리는 변화하는 세상에서 변해야 할 것을 변화시키는 창조적 힘이 될 것이다.

---

15    http://m.blog.daum.net/visions72000/979 (2019. 12. 18).

# 5장
# 이슬람 선교

## Ⅰ. 한국교회의 이슬람 선교: 바람직한 태도와 방향

### 1. 이슬람 선교의 용어 사용 재고

우리가 흔히 사용하는 전략과 전술이란 용어는 군사용어로서 십자군 전쟁의 연속으로 오해받아 복음의 전달을 방해할 수 있다. 이슬람에서 회심한 북아프리카 국가의 한 교회 리더가 한번은 인터넷 서핑 도중에 자기 나라를 대상으로 선교하는 기독교 웹사이트를 우연히 보았다. 그 웹 사이트에 자기 나라에 복음전파의 "교두보"가 세워지고, 머지않아 그 나라가 그리스도께 '정복당할' 것이라는 선언을 하고 있었다. 일반적인 무슬림들에게 그 웹사이트의 선포는 무슬림 국가를 군사적으로 침공하려는 기독교 지하드<sup>성전</sup>로 비춰질 수 있는 것이다. 이런 군사적 비유를 무슬림 출신의 성숙한 기독교인도 문자 그대로 받아들인다면 일반적인 무슬림들은 더 심각하게 받아들일 것이다.[1]

타종교인들의 기독교 복음에 대한 부정적인 태도, 특히 무슬림의 복음에 대한 그릇된 태도는 기독교인에도 책임이 있다. 모든 도메인, 웹사이트는 기독교인 네티즌만을 위한 것이 아니고 일반인들에게도 공개되고 있다. 기독교인이 지하드를 영적 전쟁으로 여기듯이, 무슬림도 기독교의 군사적 비유를 문자적으로 받아들인다. 기독교 십자군은 코소보와 보스니아에서 '무슬림'을 살상하고 있다고 믿게 되며, 미국이 아프가니스탄 보복 공격과 전쟁을 하는 것을 보고 "십자군 전쟁은 계속되고 있다! 십자군은 단지 역사적인 과거가 아니다."[2]라고 생각한다.

2001년 9월 11일 뉴욕 세계무역센터<sup>WTC</sup> 테러와 이어서 미국의 아프가니스탄 보복공격으로 소위 사무엘 헌팅턴식의 "문명의 충돌"이 세계 대중에게 인식되고 있는 상황이다. 전 세계 무슬림들에게 미국인과 그리스도인은 한편으로 보이며, 그들과 기독교는 적대관계로 편성되고 있다고 간주하는 경향이 농후하다. 테러는 테러를 낳고 오해는 오해를 낳는다.

---

1    Rick Love, "무슬림과 성경의 군사 용어," *KMQ* 창간호 (2001): 92.
2    위의 글, 93.

## 1) 군사적 비유와 전쟁용어 사용의 예

"우리의 타겟<sup>표적</sup>인 무슬림": 이 말이 의미하는 바는 "우리가 사랑하는 무슬림"이겠지만, 실제로 타겟은 총을 쏘는 목표물을 말한다.

"필드<sup>현장, 전장</sup> 사역자 OOO" 등의 소개말: 이런 말도 오해를 낳기 쉽다.

군사적 언어는 현실 왜곡과 선교대상을 모호하게 만들거나, 공격적이며 식민주의적 방식과 태도를 낳는다. 전쟁 형상화는 잠재적으로 무슬림을 '적'으로 생각하도록 이끈다. 선교에서 사랑과 인간성 상실을 가져온다.[3] 선교를 위한 것 보다는 반선교<sup>anti-mission</sup>를 이끌기 쉽다.

## 2) 성경과 군사 용어

구약은 정복과 이교도 군대를 멸절시킨다. 그러나 신약에 와서 예수님은 이것을 스스로 십자가를 지심으로 다 폐기하셨다. 예수님은 세상의 죄를 담당하고 용서하기 위해서 스스로 겸손히 나귀를 탔고, 고통의 십자가를 지시며, 마침내 십자가에 매달려 죽으셨다. 참된 성전<sup>holy war</sup>은 "원수를 사랑하라" "선으로 악을 이기라" "우리에게 해를 끼치는 사람을 위하여 기도하라."이다. 신약은 마귀와 세상, 육신에 대한 영적 전쟁을 묘사하지만 실제적인 군사적 정복을 말하지 않는다.

---

**3**   위의 글, 94.

### 3) 신약 군사 비유의 의의

신약에 나오는 군사적 비유의 의의를 잘 이해하고 적용해야 한다. 첫째는 비교의 의미다. 기독교인 삶과 군인의 삶의 유사점, 훈련받고 고통 받고 한 가지 목적만 추구하라 딤후 2:3-4 는 것이다. 둘째는 대조의 뜻이다. 문자적인 전쟁과 영적인 전쟁을 대조하고, 실제 적은 사탄 고후 10:3, 엡 6:12 임을 천명한다. 군사 비유는 우리 그리스도인과 사역자들 자신을 위한 훈련, 희생, 헌신, 인내, 영적 전쟁에 사용되면 약이고, 선교지 사람들에게 사용하면 악이다. 신약은 전도의 임무를 군사 비유로 말하지 않는다! 바울은 '십자군', '동원한다' '교두보를 건설하라' '여호수아 프로젝트' '갈렙 작전' '타겟으로 삼아라'는 매우 자극적이고 군사적인 표현을 쓰지 않는다.[4]

비유는 상황에 적절하게 사용되어야 효율적이다. 예술적, 미적 감각이 필요하다. 창조적 상상력을 요한다. 축복 창 12:1-3, 화해 혹은 화해 사역 마 5:9, 엡 2:11-17, 롬 14:19, 고후 5:18-19, 치유, 씨뿌리기와 수확 마 13장, 고전 3:5-8 등과 같은 비유가 강조되어야 한다.[5]

오늘날 시급하게 회복해야 할 기독교 영성은 '십자군 정신'이 아니라 '십자가 영성'이다. 4세기 말, 380년 로마제국에서 기독교가 국교로 정해진 이후, 특히 6세기 샤를마뉴 대제 때 극에 달한 강압과 폭력과 무력에 의한 "기독교왕국 Christendom 시민 만들기"로서의 선교는 십자군 전쟁을 거치면서 무슬림과 지울 수 없는 적대관계를 만들었다.

---

**4** 위의 글, 95-96.
**5** 위의 글, 96.

근대 식민주의 시대는 이러한 무력과 강압에 의한 선교를 재현한 형태이다. 반선교적인 방법으로 선교를 한 셈이니 그 부작용과 문제가 나타나지 않을 수 없다.

4세기 기독교가 로마제국에서 공인되고 국교화 되기까지 선교는 약자의 선교, 가난한 자의 선교, 무명인의 선교, 연약함과 어리석음 가운데의 선교였다. 고대 교회에 가장 중요한 선교본문은 요한복음 3장 16절이었다. 중세의 선교는 누가복음 14장 23절, 즉 "주인이 종에게 이르되 길가 산울 가로 나가서 사람을 강권하여 데려다가 내 집을 채우라"는 말씀을 그 본문의 문맥과는 무관하게 아전인수격으로 사용하였다. 근대에 와서는 마태복음 28장 18-20절 말씀 가운데 네 가지 동사 중 본동사는 "제자 삼아라"이고, 이 본동사를 수식하는 분사가 '가라', '세례를 주라', '가르치라'이다. 따라서 마태복음의 선교관은 한 마디로 "제자 만들기"이다. 하지만 근대 가톨릭과 개신교 선교는 소위 신대륙 탐험과 이국적 정취에 대한 호기심으로 멀리 오지에 가는 것이 강조되었다. 선교도 "가라"가 가장 중요한 기치로 삼고, 식민주의와 선교가 짝을 지어 나아가게 되었으며, 현지인들에게 선교는 3C Christianity, Civilization, Colonialism 로 인식되었다. 결국 1960-70년대에 선교활동일시중시와 철수를 부르짖는 운동 모라토리움이 일어나서 선교재고의 위기를 맞았다. 최근에 와서 성육신적 선교와 협력 선교와 삼자원리 내지는 '사자 원리' 자립, 자치, 자전, 자신학화/자선교신학화 가 강조되고, 요한복음 20장 21절이 중심적인 선교 본문으로 자주 오르내린다.

"선교 방법은 기독교 복음의 본질에서 나와야 한다."

이러한 역사적 문화적 관점에서 볼 때 선교 방법은 선교의 본질, 기독교의 본질, 즉 예수 그리스도삶과 사역에게서 나와야 함을 절실히, 지금이 그 어느 때 보다도 더 절실히 요청된다. 그것은 용서, 사랑, 화해와 치유, 평화와 나눔과 섬김과 봉사라는 기독교의 본질에서 나오는 것이어야 한다. 선교의 목표가 우리 교단과 교파의 복사판 만들기나 그러한 교회의 양산이 아니고 현지 문화와 역사와 상황에 부응하는 신학과 신앙과 삶이 있는 교회 공동체 형성에 있다. 오직 성령의 이끄심 따라 거듭난 삶과 문화가 있는 하나님 나라 시민이 되게 하는 일이다.

## II. 무슬림 선교의 방향

무슬림 선교 역사를 통틀어 실천된 무슬림에 대한 선교 방식을 한 마디로 규정하기는 어려울 것이다. 시간과 공간, 즉 상황에 따라 다양하고 복합적이었다고 본다. 다만 역사상 무슬림 선교의 모델 혹은 패러다임을 간추려 볼 수는 있을 것이다. 이러한 시도로 마크 테리John Mark Terry의 이론을 들 수 있다. 테리는 기존의 무슬림 선교의 접근 모델을 대결적 접근Confrontational Model, 전통적 복음주의적 모델Traditional Evangelical Model, 제도적 모델Institutional Model, 대화식 모델Dialogical Model, 상황화 모델 Contextualization Model 등 다섯 가지 방식으로 분류한다.[6] 테리는 이러한 모델을 종합하고 융합하여 총체적인 방식을 제안한다. 어느 한 가지 방식만 고집하기가 무리인 이유는 무슬림의 상황과 문화가 매우 복잡하고 다양하기 때문이다. 따라서 테리는 총체적이며 일반적인 무슬림 선교 방향으로 교회 지향적, 예배 강조, 쿠란의 적절한 사용, 선교사의 생활 방식의 중요성, 이슬람 언어, 문화 이해, 선교지 상황과 문화에 적절한 설교 방법, 매스컴 활용 등의 여덟 가지를 제시한다.[7] 최원진은 이러한 무슬림 선교 방식을 긍정하면서 한국 선교사가 취해야 할 다음과 같은 선교 방향을 주장한다. 무슬림에 대한 인식 변화, 한국적 전략의 필요성, 한국 선교사의 장점 극대화, 한국 선교사의 약점의 인정, 융통성과 민감성의 개발, 열정적인 기도, 선교사의 성육신적 삶과 성령의 능력, 협력과 동역 등 여덟 가지이다. 이러한 다양한 선교 방식의 이론과 지침을 종합하는 총체적인 대안 모델은 가정 교회 모델이라고 한다. 여기서 가정 교회 모델이란 "여러 개의 작은 가정 교회를 지원하기 위해 하나의 연합체가 존재하는 특별한 형태의 한국형 House Church 모델"[8]이다.

이에 비해 김종일은 기존에 알려졌지만 실상 현장에서 잘 적용되지 못하는 무슬림 선교의 일반적이면서 중요한 원리를 제시한다. 그것은 기도의 사역, 사랑의 사역, 성령께서 온전히 일하시도록 맡기는 사역, 그리스도인의 삶을 통한 사역, 현지인 제자 양육 사역 등이다.[9]

어느 종교권이나 다 마찬가지겠지만 특히 무슬림 선교는 오랫동

---

6   John Mark Terry, "Approaches to the Evangelization of Muslims,"; 키스 스와틀리 편저, *Encounter Islam*, 정옥배 옮김, 『인카운터 이슬람』(서울: 예수전도단, 2008), 342-47.
7   John Mark Terry, "Approaches to the Evangelization of Muslims," (세미나 페이퍼), 18-20; 최원진, "도시 빈민 무슬림을 위한 전략적인 접근 방안: 한국 선교사들의 선교 방법론을 중심으로," 한국연합선교회 『선교와 타종교』(서울: 미션아카데미, 2011), 239에서 재인용.
8   최원진, "도시 빈민 무슬림을 위한 전략적인 접근 방안: 한국 선교사들의 선교 방법론을 중심으로," 248. 각주 52.
9   김종일, "중동 이슬람권에서의 선교 전략 연구: 터키 공화국을 중심으로," 『선교와 타종교』(서울: 미션아카데미, 2011), 283-90.

안의 적대적인 관계성을 고려할 때 무슬림의 필요에 부응하면서도 인격적이며 사랑의 관계 형성과 대화적, 성육신적 접근을 실천해야 한다고 본다. 성령의 능력 안에서 선교사의 삶과 사역이 가능할 때 참된 복음 선교가 실현될 것이며, 성령의 능력 안에서 성장하는 현지 교회가 자국의 선교는 물론 이웃과 세계를 향해 선교를 이어갈 것이라고 믿는다.

## Ⅲ. 기독교와 이슬람의 대화: 현재의 장애물 다루기*

### 1. 과거의 잘못을 잊고 인식하기

기독교인과 무슬림이 지난 14세기 동안 그들의 역사를 통해서 쌓아온 오해와 적개심, 불의를 보면 분명히 이성적으로 생각하기 어렵다. 왜냐하면 합법적인 고소와 정당한 불평이 그들의 양쪽의 신앙 속에 녹아져 있기 때문이다. 기독교인들이 깨달아야 할 것은 일반적으로 무슬림들은 과거 수세기 동안 정치적이고 문화적인 두 영역에서 무슬림 자신들 스스로가 부당하게 대우받아 왔다고 생각하고 있다는 것이다. 이런 생각은 잘 인식되어지지 않고 있다. 그러한 인식의 원인과 확산을 조사하기 위한 분명한 노력이 필요하다. 이러한 인식의 기저에는

---

* 이 글은 Maurice Borrmans, *Guidelines for Dialogue between Christians and Muslims: Pontifical Council for Interreligious Dialogue* (New York/Mahwah, N.J.: Paulist Press, 1981)의 제4장을 발췌 요약한 것임. 이 글은 가톨릭 입장에서 쓴 것이지만 개신교도 공감할 수 있다고 보아 여기에 소개한다.

비단 종교적인 요인만 아니라 경제, 정치적인 요인들도 포함되어 있다고 본다.[10]

기독교인들은 무슬림들로 하여금 자기비판을 통하여 좀 더 두 종교 역사의 비극에 대한 책임감에 대해 합당한 평가를 하도록 해야 한다. 그러한 비극적인 사건들은 쌍방 간에 대화와 분명한 역사적인 비평 하에 조사되어져야 한다. 그러한 사건에 대한 공동 연구를 통하여 종교적인 가치에 대한 불신적인 비판이 자제되어야 한다. 기독교인들과 무슬림 종교적 가치를 과거의 불의로부터 분리시키면서, 그러한 불의로 인해 야기된 잘못된 결과를 양쪽의 노력을 통해 바라보는 것이 가능하다. 이런 분별의 작업은 계속되어져야 한다. 왜냐하면 기독교인과 무슬림은 그들이 현재 당면하고 있는 역사적인 사건에 분별력을 가질 필요가 있기 때문이다. 수세기 동안 있었던 논쟁들을 직시해야 한다. 진실 되고 열린 대화가 변명의 장이나 터무니없는 공격적인 비판의 도구로 변질해 왔다. 기독교인과 무슬림은 오해와 왜곡된 가치로부터 고통 받아 왔다. 기독교 쪽에선 이슬람의 무함마드에 대해 얼마나 많은 모욕적인 글과 비판적인 성명을 발표했는가? 이슬람 쪽에서는 기독교의 삼위일체의 신비와 성육신 구원에 대해서 얼마나 많은 부주의한 성명과 성급한 판단을 했는가? 이런 질문에 직면해야 한다. 상호간의 불신을 조장하는 비판과 논쟁을 다루는 공동 연구가 오늘날 양자 간의 편견을 막는데 도움을 줄 것이다. 그리고 상호 간에 존중을 높이고, 각자의 신앙에 모욕을 줄 수 있는 논쟁을 막도록 해줄 것이다.

---

**10**  이런 관점은 이미 1972년 '브로우마나 대화'(Broumana Consultation)에서도 지적된 바 있다. Jutta Sperber, *Christians and Muslims: The Dialogue Activities of the World Council of Churches and their Theological Foundation* (Berlin, New York: Walter de Gruyter, 2000), 148-49.

이런 측면에서 스스로 양쪽 모두가 정말로 책임이 없는지 살펴보아야 할 것이다. 무슬림들은 종종 서방의 한쪽에 치우쳐 아랍 세계와 이슬람 문명에 대한 편견으로 해석된 이슬람에 대한 연구를 의심한다. 그리고 대화에 있어서 이슬람과 아랍 문명을 동일시해서는 안 된다는 것이 중요하다. 왜냐하면 아랍문명은 아랍기독교인들의 공헌과 무슬림들의 공헌을 다 포함하기 때문이다. 마찬가지로 무슬림은 서방 문명과 기독교를 전적으로 동일시해서는 안 된다. 왜냐하면 기독교가 중동에서 시작되었기 때문이고, 하나의 문명으로 포괄적으로 속할 수 없기 때문이다. 또한 서방은 세속적이고 다양한 세상으로 발전되어져 왔다. 상호간에 공정하게 이해하도록 돕고, 우호적인 대화와 이해의 증진을 위한 노력을 해야 한다. 마지막으로 무슬림과 기독교인은 현대 무신론자들과 세속적 인문주의자들에 의해서 비난받고 있다. 왜냐하면 이러한 이데올로기는 하나님의 영광과 인류의 존엄성에 반대해서 가고 있기 때문이다.

기독교인과 무슬림이 그들 자신의 공동체를 위한 생명의 가치와 정의와 형제애와 평화를 추구해 왔다. 다른 소수 종교들을 규제하고 억누르면서 혹은 그들로 하여금 정치 종교적인 동맹으로 대체하도록 요구했다. 최근에 있었던 노예제도가 기독교인과 무슬림에게 아프리카 흑인들과 관련하여 나쁜 인상을 주었다. 심지어 노예제도가 한 세기 훨씬 전에 폐지되었는데도 말이다. 그래서 기독교인과 무슬림 문명은 역사의 심판 자리에 결백하지 않다. 믿는 사람들은 겸손하며 단순하게 미래의 유익을 위해 과거로부터 교훈을 끌어내어야 한다.

## 2. 편견의 제거

신자라도 편견 없이 다른 사람에게 접근하지 못한다는 것을 실감한다. 불행하게도 그들은 공동체로부터 받았거나 조상으로부터 물려받은 이미 만들어진 사상이나 상상을 전체 집단 속에 공유하고 있다. 이것은 비록 임의의 판단이나 완고한 편견이 진리와 자비를 불러온다 할지라도 바로 잡아야 함을 의미한다. 이것은 특히 과학, 기술, 정치와 같은 신앙과 분리된 영역, 혹은 종교의 영향을 받을 것 같지 보이지 않는 영역에도 적용된다. 모리스 보르만 Maurice Borrmans 은 이 책에서 여섯 가지 편견에 대한 바른 응답을 제시하였다.

## 3. 협력의 영역

오늘날 인류가 겪고 있는 사회 문화적 변환은 인간의 종교적인 삶에 영향을 미친다. 현대인은 그들 자신의 삶이 현대 세계의 명암의 원인이 되면서 동시에 결과임을 목도하고 있다. 그들은 부와 가난, 풍요와 불행, 강함과 약함, 대담함과 포기, 자유와 정복, 앎과 무지, 과학기술의 진보와 저개발, 건강과 질병, 생명과 죽음을 알고 있다. 이러한 것은 현대 세계를 괴롭게 하고, 나라와 공동체, 그리고 개개인들의 모든 관계를 왜곡시키는 분명한 불일치의 모습이다.

이슬람, 기독교와 유대교의 모든 신앙인들은 종교 혹은 관념이 무엇이든지 간에, 인간 상황에 대한 공동의 메시지와 협력의 구체적인 행동을 포함하여, 구체적인 응답을 제공하기 위해서는 선한 의지의 사람들과 연합해야 한다. 근본적인 문제는 모든 공동체들에게 동일하다.

또한 하나님에 대한 그들의 믿음과 인류를 위한 그들의 사랑이 그들을 인도하는 것처럼, 신앙인들이 실천과 말씀에서 해답을 찾아야만 한다. "인간이란 무엇인가? 그 만큼의 진보에도 불구하고 끊임없이 존재하는 슬픔, 죄악, 죽음의 느낌은 무엇인가? 상당히 비싼 값을 치른 성공의 목적은 무엇인가? 사람이 사회에 무엇을 제공할 수 있으며, 그것으로부터 무엇을 기대할 수 있겠는가? 이 지구상의 삶 이후에 무슨 일이 일어나겠는가?" 이러한 질문에 해답을 내야 한다. 함께 공동으로 노력해야 한다!

첫째, 협력의 주제는 창조의 완성이다.

이슬람, 유대교, 기독교와 같이 유일신을 믿는 사람들은 세계가 우연히 혹은 필연적으로 생긴 결과가 아니라 초자연적인 계획, 즉 오직 하나님만이 알고 있는 비밀이라는 것을 믿고 있다. 따라서 신앙인들은 하나님이 창조하신 그 뜻대로 세계가 완벽한 일치를 향해 나아가며, 진보할 수 있도록 도울 수 있는 무엇을 해야만 한다. 하나님은 그의 주권적인 사랑 안에서 인류가 협력할 수 있도록 그들을 선택하였다. 기독교인들은 피조물이 하나님 아들의 나타남을 오래도록 갈망해왔음을 알고 있다. 피조물은 자의가 아니라 소망 가운데 그것을 숭배하고자 하는 의지로 무익한 것에 복종하기 때문이다. 왜냐하면 피조물 스스로가 그것의 속박을 풀고 하나님의 자녀로서의 영광스러운 자유를 부패하거나 획득하지 못하기 때문이다. 우리는 모든 피조물이 고통 가운데 지금까지 함께 탄식하고 있다는 것을 알고 있다롬 8:19-22.

반대로 무슬림은 하나님은 "하늘들과 땅에 있는 무엇이든지 너에게 유용하도록 만들었다는 것"을 기억한다쿠란 31:20. 그리고 더 나아가, "하나님은 강들이 너를 예배하도록 만들었다. 해와 달도 너를 예배하도록 만들었고, 낮과 밤이 너를 예배하도록 만들었다. 그리고 그는 그에게 구하는 모든 것을 너에게 주었다." 쿠란 14:32-34. 따라서 신앙인들은 세상의 궁극적인 완성을 위해 효과적인 역할을 하도록 부탁을 받았고, '피조물의 완성'에 참여함으로서, '새 하늘과 새 땅'의 나타남을 준비해야 한다.

새로운 탐구의 영역은 인간과 자연 간의 소중히 여김과 순종, 융통성의 관계를 요하는 것으로서, 오염과 폭력과 정복을 제거하는 것이다. 이러한 것은 과학과 자연 간의 새로운 관계로 이끌어야 하는 것이다. 도시화와 산업화, 대량 생산과 같이 되돌릴 수 없는 진행을 조절해야 한다. 물질적인 이익 추구에서 인간 욕구를 절제하고 자연을 소중히 여기는 방향으로 나아가야 한다. 기술문명이 인간다운 모습, 즉 아름다운 것과 진실한 것, 선한 것을 하나로 결합시키는 것을 상상하는 것은 과연 유토피아적인 것인가? 창조와 모든 문명화의 실현을 언급하는 예술과 문화는 원시적일지라도 이것을 증명하여왔다. 하나님은 책임감 있게 행동할 수 있는 믿음의 사람을 요구하신다. 그것은 세계 속에서 그들의 영향력이 형제애의 이상 즉, 그들이 사회 속에서 좋은 본보기로 찾고자 함을 반영하고 있기 때문이다.

둘째, 협력의 영역은 인류에 대한 봉사다.

신앙인이든지 그렇지 않든지 거의 대부분 사람들의 의견에 의하면, 땅위에 있는 모든 것은 그들의 중심 되는 인간과 관련되어 있다. 기독교인과 무슬림은 인간의 탁월한 존엄성을 확언한다. 인간은 하나님이 지은 피조물로서 특별한 위치를 지니기에, 기독교인과 무슬림은 모든 사람들에게 단체로든 개인으로든 봉사해야 된다. 하나님의 피조물인 인간은 신을 예배하고, 신의 은혜와 영광을 위해 부름 받고 선택

되었다.

어떻게 인간의 존엄성이 최고로 향상될 수 있는가? 무엇보다 생명에 대한 존엄성이다. 인간의 고결함에 대한 또 다른 면은 영에 대한 존엄성이다. 또한 인간의 위엄은 심리학적, 도덕적으로 이해되어지는 양심의 존엄성 안에서 표현되어졌다. 인간 양심의 신비는 자유에 대한 존엄성으로 이어진다. 이 자유는 모든 사람들이 개인적으로 혹은 사회 단체나 어떤 사람의 힘의 권력에서 자유로움을 의미한다. 종교적인 문제에 있어서, 어떠한 사람도 자신의 믿음에 반대되는 방법으로 행동하도록 강요받을 수 없기 때문이다. 신앙인들은 자유에 대한 지혜로운 훈련이 사회학적이고 합법적인 안전망과 함께 적절한 교육이 필요하다는 것을 경험함으로서 알고 있다. 그래서 자유가 위협받고 있는 어느 지역에서든지, 이와 같은 교육과 안전망이 가능하게하기 위해서는 함께 노력할 수 있어야만 한다. 그들이 각각의 국제 사회 내에서 그리고 국제적인 조직에 의해, 신앙인들은 종교적 혹은 이념적인 소속에 아랑곳하지 않고, 인도주의적 봉사로, 연합을 위한 자신들의 의지를 표명할 수 있다. 국제적인 봉사와 헌신의 영역에서 양측 모두는 각자의 특별하고 종교적인 동기를 인정할 필요가 있다. 하지만 그들은 함께 다른 사람을 섬기는 것을 통하여, 이미 그들과 연합된 영적인 가치를 존중하면서, 대화를 시도할 수 있으며, 그들에게 불어 넣어주고 싶은 인간 위엄의 고상한 비전을 함께 나눌 수 있다.

누가 먼저 섬김의 대상이 되어야 하는가? 신자의 인권존중 의식을 볼 수 있는 가장 중요한 것은 바로 사회적 약자에 대한 봉사이다. 억압받는 자들과, 고아와 장애인이나 한센병 환자, 혹은 정신적 장애를 앓고 있는 사람들을 돕고자 하는 열정으로 그들의 신앙이 얼마나 행함으로 동기화 되는지 알 수 있다. 그들의 인간을 향한 사랑은 사회의 주변인들에 대한 친절이나, 노인과 죽어 가는 사람들을 향한 부드러운 애정으로 증명된다. 무신론자조차도 이런 인류를 향한 관심에서 배제되어서는 안 되는데, 그들이 비록 신의 존재를 부정하면서 인권을 유린하거나 평화를 깨뜨리는 일탈행동을 할 수 있지만, 그들 또한 인간으로서의 존엄성을 가지고 있기 때문이다. 이런 무신론자들에게 믿는 사람들이 모든 인간이란 '하나님을 향한 길'이라고 말함으로서 "인류를 창조하신 하나님"께 영광을 돌릴 수 있다.

모리스 보르만Maurice Borrmans 이 그의 책 제6장에서 기독교인과 무슬림이 대화를 진행하고, 인류 보편적 가치와 공존공영을 위해 협력해야 하며 또 할 수 있는 공통의 신앙적 가치와 이념을 여섯 가지로 제시한다. 신적인 신비, 말씀의 선물, 선지자의 역할, 공동체의지지, 기도의 비밀, 그리고 거룩의 길이다. 이러한 유대와 공통의 기반 위에서 하나님의 사랑과 공의를 널리 펼 수 있다고 본다.

종교 간의 대화는 장소와 시대에 따라 다양하게 전개되어 왔다. 지금까지 이루어진 대화의 유형을 대략 살펴보면 다음과 같다.[11]

첫째, "의회 형식의 대화Parliamentary dialogue"로서, 1893년 시카고에서 처음 열렸다. 종교 간의 협력과 종교인의 평화 진작을 위해 노력했다.

둘째, 제도적 대화Institutional dialogue 로서, 종교 간의 제도 사이에 소통을 도모하고 장려하며, 주로 WCC와 바티칸을 통해 이루어져 왔다.

셋째, 신학적 대화Theological dialogue 로서, 신학적 철학적 이슈를 일차

---

11    http://www.oxfordislamicstudies.com/print/opr/t236/e0567 (2019.11.14).

적 의제로 삼는다. 특히 무슬림과 기독교인의 대화는 신, 예수, 계시, 인간의 사회적 책임 등의 이슈를 다룬다. 다원화된 현대사회의 종교 다원주의 상황에서의 종교 전통의 의미도 논의한다.

넷째, 공동체 대화Dialogue in community와 삶의 대화the dialogue of life이다. 종교와 국가, 종교적 소수자의 권리, 종교간 결혼, 종교적 가치와 대중 교육 등의 다양한 실제적인 이슈를 대화의 주제로 삼는다. 이 대화는 종종 공동의 행동을 장려한다. 종교가 다른 이웃과의 일상적인 접촉과 대화도 장려한다.

다섯째, 영적 대화Spiritual dialogue로서, 종교간 대화를 통해 영적인 삶의 개발, 자극, 고양을 촉진한다. 여기에는 타 종교의 예배 참관, 금식 혹은 기도의 의미 나눔 등을 포함한다. 좀 더 발전된 형태는 공동의 예배를 하는 것이다.[12]

---

12  무함마드는 유대교와 기독교에 대해서 주로 구두 전승만 듣고 기독교에 대해 왜곡되게 알고 있었다고 한다. 기독교의 이슬람에 대한 왜곡도 문제지만, 이슬람의 기독교에 대한 오해도 상호간의 대화와 소통에 문제가 된다. 아래 도표는 이러한 무슬림의 기독교 핵심 내용에 대한 오해를 복음적 기독교의 이해와 대조하여 나타낸 것이다. Phil Parshall, *New Paths in Muslim Evangelism* (Grand Rapids: Baker Book House, 1980), 74.

〈표 24〉 이슬람과 기독교의 기본 신앙 비교

| 어휘 | 무슬림 | 복음적 기독교 |
|---|---|---|
| 하나님 | 거리가 먼 변덕, 복수, 전능 | 인격적 사랑 |
| 그리스도 | 예언자 | 하나님 |
| 성경 | 하나님으로부터 온 변하고 고칠 것이 많은 계시 | 하나님으로부터 온 권위의 계시 |
| 삼위일체 | 하나님, 마리아, 예수 | 아버지, 아들, 성령 |
| 믿음 | 대상: 하나님, 무함마드 | 대상: 하나님으로서의 예수 |
| 죄 | 부끄러운, 당혹함, 하나님께 대한 반역 | 범죄(guilt). 먼저 하나님에 대해, 인간에 대해 반역 |
| 구원 | 요구된: 믿음, 선행<br>시혜자: 하나님, 확신 없음 | 요구됨: 믿음<br>시혜자: 그리스도 안에서의 하나님 확신 |
| 성결(성화) | 순종과 의식 강조 | 성령의 역할 강조 |
| 사랑 | 가정을 강조 | 공동체를 강조 |
| 초자연적 힘 | 영적 세계를 강조 | 성서의 가르침에 기초한 믿음 |

# 6장
# 민간신앙과 선교

오늘날 한국 기독교인에 대한 풍자적인 말이 있다. 교회에 나가지만 생각은 불교적으로 하고, 살기는 유교적으로 살고, 믿기는 무속적으로 믿는다. "한국 기독교인은 마음으로는 불교인이요, 머리로는 기독교인이고, 사회적으로는 유교인이며, 배 <sup>창자</sup>로는 샤머니즘 인이다."라는 말을 듣게 된다.[1] 이 말을 학문적으로나 사실적으로 정확한 표현인지 증명하기는 어렵고, 그렇게 쉽게 단정 지을 수는 없다. 하지

---

[1] 초기 내한 선교사 가운데 한 사람은 한국인은 "머리는 유교적이고, 마음은 불교적이며, 배는 샤머니즘적"이라고 하였다. Suh David Kwang-sun, *The Korean Minjung in Christ* (Hong Kong: CCA, 1991), 107. 헐버트(Homer B. Hulbert)는 약간 다르게 비슷한 견해를 표현하였는데, 그에 의하면 한국인은 "사회적으로는 유교인이고, 철학적으로는 불교인이고, 고난을 당할 때는 정령숭배자"라고 하였다. H. B. Hulbert, *The Passing of Korea*, 신복룡 옮김, 『대한제국멸망사』(서울: 평민사, 1906), 388.

만 한국의 다층적인 종교 문화적 심성을 그렇게 표현할 수 있는 면이 다분히 있는 것도 사실이다.[2] 아무튼 한국인의 종교적 의식구조에는 위의 말과 같이 샤머니즘巫敎, 불교, 유교, 기독교의 네 개의 종교가 혼합되어 한국사회를 종교적 복합 문화 사회로 이루고 있다고 할 수 있겠다. 즉 표면에 나타나 있는 불교와 기독교, 내면화 또는 음성화되어 있으면서 한국 민중의 생활 의식을 지배하고 있는 무교와 유교의 복합화로 볼 수 있다. 따라서 무교뿐만 아니라 한국의 민간 신앙의 전반적인 것을 살펴봄으로서 우리 의식의 내면세계를 객관적으로 파악하여 무속인은 물론 자기 자신과 우리민족, 나아가 세계 모든 무속적 의식을 가진 사람들을 바로 이해하고 올바른 선교관을 확립하는 계기가 되었으면 한다. 선교의 본연의 모습은 문화가 아니라 복음을 전하는 것이다. 그러나 선교의 상황화 과정에서 복음에 문화적인 요소가 덧붙여지게 되면서, 복음의 진리만이 아니라 덧붙여진 문화까지도 전달하는 경우가 허다하게 일어난다. 그러므로 선교가 문화가 아닌 복음의 진리를 전파하기 위해서는 복음에 덧입혀진 문화를 떼어내는 작업이 있어야 하는데, 우리의 의식 속에 잠재되어있는 민간 신앙적 요소를 올바로 파악하고 복음의 진리를 천명해야 한다.

---

2    어느 민족이나 부족이건 다층적인 종교 문화적 심성은 쉽게 찾아 볼 수 있을 것으로 생각한다.

# Ⅰ. 민간신앙이 기독교 수용 발전에 미친 영향

## 1. 한국의 기독교 수용

우리나라에 복음이 전파된 지 이미 천주교는 230여 년, 개신교는 130여 년이 넘었지만, 기독교 복음은 우리 전통문화 속에 아직 충분히 화육(化肉)하지 못하고, 특히 상·제례 문제로 인하여 긴장과 갈등을 겪고 있다. 복음전래 당시 18-19세기의 우리 사회는 유교적 가정의례와 무교적 다신 숭배신앙이 민간 신앙 속에서 종교적 습합(習合)을 이루었고, 조상숭배 신앙을 기반으로 한 유교적 가정의례가 토착화되어 있었다. 당시 한국 사회의 문화적 가치이념을 주도했던 지도계층은 복음의 본질을 전혀 이해하지 못하고, 기독교인들은 전통사회의 가치규범을 파괴하여 사회를 혼란으로 빠뜨리는 이단사설 집단이요 사회해체를 초래하는 위험집단으로 여겼다.

다른 한편, 선교사들은 한국적 전통문화나 아시아적 문화유산을 깊게 이해하지 못하고, 서양 기독교문화가 아닌 다른 문화는 모두 이교문화 또는 우상 숭배하는 저급종교 문화라고 단정해버린 큰 잘못을 범했다. 이러한 상호간의 오해와 독선 때문에 흔히 말하기를 예수쟁이는 자기 부모제사도 안 지내는 불효 망덕한 인간으로 치부 당했던 것이다. 물론 모든 선교사가 다 그런 의식을 하였던 건 아니지만 대개 그런 태도를 보였다고 본다.[3]

우리 민족은 역사적으로 종교 심성이 비교적 강한 민족이었는데 재래 종교의 환경에서 그 심성이 더욱 발전되었다고 볼 수 있다. 그러나 여러 가지 여건 때문에 재래 종교에서 종교적 욕구를 충족할 수 없게 되었을 때 기독교와 만나게 되었고, 여기서 영성적 불꽃이 일어난 것으로 볼 수 있다. 한국 민족은 마음이 착하고 밝고 광명한 것을 숭상하여 '하늘'을 우러러 제사를 지내던 백성들이었다. 옛 부터 높은 사람이나 낮은 사람의 빈부귀천을 가리지 않고, 모든 사람에게 이롭게 뜻을 펴가는 '한울님'을 믿고 숭상하는 신앙을 가져 왔었다. 우리가 사는 이 땅이 복음의 옥토가 된 것은 이렇게 재래 종교의 종교적 바탕과 그 영성이 기독교의 복음을 받아들이기 좋은 여건이 있었기 때문이다.

## 2. 한국 교회의 특성과 민간신앙의 관련

1990년대에 들어와서 교회 성장이 정체되는 현실에 직면하여 많은 목회자들은 생동감 있는 목회를 위하여 영적능력에 관심을 가지게 되었다. 영적능력을 추구하는데 있어서의 문제점은 우리 민족이 전통적으로 영력 개념을 소지해 왔다는 데에 있다. 전통적인 영적능력 개념을 형성하는 데 있어서 영향을 끼친 것은 민간신앙이라고 할 수 있다. 비록 민간신앙이 체계적인 조직체를 형성하지 못했지만 그것은 전통적인 세계관 내지는 신념체계의 틀 위에서 우리 민족의 종교적인 필요에 부응해 오면서 끈질긴 생명력을 유지해 왔다. 민간신앙은 한민족과 시작을 같이하며 근대화, 산업화 과정을 거쳐서 정보 통신 시대

---

3   한국 전통 문화와 종교에 대해서 겸손한 태도로 그 가치를 이해하려고 노력한 선교사 중 제임스 게일과 노르베르트 베버를 예로 들 수가 있다. 게일은 개신교, 베버는 가톨릭 선교사다. 민경배, "게일: 한국을 사랑하고 한국 문화를 아낀 선교사," 『한국사 시민강좌』 제34집 (2004.02), 69-80; 한규무, "게일(James S. Gale)의 한국 인식과 한국 교회에 끼친 영향: 1898-1910년을 중심으로," 『한국기독교와 역사』 제4호 (1995.12): 161-176; 박일영, "노르베르트 베버가 본 조선의 종교: 전통종교와 민간신앙을 중심으로," 『종교연구』 55권 (2009): 35-63.

에 도달한 오늘날까지 우리 민족의 종교 문화 형성에 지대한 영향을 끼치고 있다.

### 3. 한국 기독교의 영적 능력 개념

기독교에서는 귀신 개념이 매우 발달한 것을 볼 수 있다. 많은 신앙인은 나쁜 현상을 마귀적 존재의 활동에 기인한 것으로 간주한다. 그래서 영적 은사에 대한 높은 관심을 나타낸다. 영적인 은사는 방언, 영분별, 방언 통역, 예언, 치유, 축귀, 지식, 찬양, 기도 등의 은사이다. 이런 은사가 일반 신도의 다양한 문제를 해결하는 데에 사용될 때, 그것은 그들의 눈에 영적능력의 나타남으로 간주된다. 예언 내지 방언통역의 은사는 일반 지역 교회의 정규 예배 시간보다는 기도원에서의 특별 집회 시 자주 사용된다. 그런데 기도원 내지는 특별집회에 참석하는 사람들의 관심사를 면밀히 검토해본 결과 그들이 가지는 하나의 공통 주제를 발견해 낼 수 있었다. 그것은 "삶에서 직면하는 다양한 문제를 해결하려면 영계의 특수한 영적 능력이 요청된다."는 것이다. 기도원을 정기적으로 방문하는 기독교인에 의하면, 그들이 겪는 많은 문제의 원인은 마귀나 악령의 작용에 기인한다고 믿고 있다. 마귀나 악령과 같은 영적 존재는 실재하는 인격적 존재이고, 그것이 신자, 불신자를 막론하고 사람들의 삶에 해악, 재난 등의 영향을 끼치기 때문에 문제를 해결하기 위해서는 보다 강력한 영적능력이 필요하다고 믿는다.

## 4. 한국 기독교에 대한 민간신앙의 영향

기독교는 한국에서 선교를 시작하면서 사람들의 필요에 부응하는 해결책을 찾고자 노력하였다. 서구적인 구조와 이로 인한 문화적 부적응 상황을 예민하게 감지한 그들은 자신들이 찾아낸 해답을 전통적인 세계관과 관점에 서서 표시하였다. 이 과정에서 그들의 사고는 전통적인 민간신앙 세계관에 의하여 크게 영향 받았다. 하지만 그러한 과정에서도 복음의 본질이 희석되지 않고 끊임없이 문화를 변혁해 나가려고 시도하였다.

그러나 민간신앙 종교 토양에서의 문제점은 성서의 분명한 언명에 전적으로 배치되는 전통적인 관점을 무비판적으로 수용하는 가운데 성경보다는 민간신앙의 관점에 근거한 왜곡된 기독교가 될 수 있다는 것이다. 비록 그들이 자신들의 신앙과 행위를 표현하는 데에 성경적인 용어를 사용하지만 그들이 사용하는 준거틀frame of reference 이나 종교적 행위의 동기는 민간신앙 정향으로 깊이 물들어 있는 것을 보게 된다.


# Ⅱ. 민간신앙으로부터의 긍정적인 수용 사례


## 1. 민족 고유의 최고신最高神 개념의 수용

우리민족의 기독교 지도자들은 성경적인 하나님 개념을 나타내는 데에 '하나님,' '하느님,' '하늘님' 등의 기존에 우리 민족 사이에서 유통되던 최고신 개념을 사용하였는데, 이것은 적절할 뿐만 아니라 복음화에 유익했던 것으로 평가된다. 또한 일반 백성에게 친숙한 용어를 사용함으로 복음 전도자들은 그들에게 쉽게 접근할 수 있었다. 또한 예수 그리스도를 하나님으로부터 보냄 받고, 우리 가운데 사셨으며 인간들의 죄 때문에 죽은, 하나님의 아들로서 소개함으로서 한국 사람들로 하여금 자신들의 삶에 무관한 것으로 간주되던 최고신과 자신들 사이에서 느꼈던 공백을 메워 줄 수 있었다.

## 2. 영적 세계관의 수용 및 성령 은사의 적극적인 활용

영적인 세계를 인정하고 믿는데 있어서 민간신앙과 기독교사이에 유사점이 있음을 볼 수 있다. 영계에 대한 이러한 공통적인 인식은 양 종교 사이의 의사소통을 가능케 하였고 민간 신앙의 토양에서 기독교를 받아들이는 데 있어서 긍정적으로 작용했다. 또한 영적 존재와 긴밀한 관계를 가졌던 한국 상황에서 하나님의 내재적인 속성이 교회 지도자에 의해서 적절하게 인식되고 강조되었다. 많은 교회 지도자가 역동적인 체험을 했을 뿐만 아니라 사람들로 하여금 하나님의 능력의 임재를 체험하도록 안내하였다. 임재하시는 하나님이신 성령을 강조하는 사역은 사람들의 종교적인 필요와 아울러 정서적인 욕구를 채워 줄 수 있었고 많은 사람들을 교회로 불러 모을 수 있었다.

## 3. 친족 구조 <sup>kinship structure</sup>를 활용하는 복음화 전략

한국의 전통 사회는 서구 사회에 비해서 보다 강한 친족 관계를 유지해 왔다. 그들 중 한 명의 개종은 대개 친족의 개종을 동반하는 것으로 나타난다. 이들을 복음화 하는데 있어서 복음 전도자들은 친족 관계망을 최대한 지혜롭게 활용하였다. 한국 상황에서 비록 가족 구성원이 일시에 개종하지는 않았지만, 긴밀한 가족적인 연대 내지는 유대감으로 인하여 한 구성원의 개종은 대개 다른 구성원의 개종을 동반하는 양태로 나타났다. 한국 선교와 교회 성장에 관한 선교학적인 연구에서 이구동성으로 한국 기독교인의 높은 구성원 비율에는 그들이 가족 내지는 친척, 친구가 교회로 인도되었음을 보여주고 있다. 한국 교회의 급성장 요인 중의 하나는 헌신된 그리스도인이 다른 가족 요원의 핍박과 탄압에도 불구하고 가족과 친구를 교회로 인도한 것을 들 수 있다.

## 4. 여성의 역할

한국 기독교의 또 다른 양상은 '전도 부인' 내지는 여전도사들이 차지하는 중요한 역할이다. 한국은 어느 면에서 이중적인 종교 문화 구조를 갖고 있다. 남자들은 주로 유교문화에 젖어온 반면에 여성들은 남성 주도적인 사회로부터 소외된 채 민간신앙에서 도피처를 찾아 왔었다. 이러한 상황에서 선교사 부인 내지는 독신 여선교사로부터 단기간의 교육을 마친 전도 부인들은 여인과 아동의 복음화에 크게 기여했다.

# Ⅲ. 민간신앙으로부터의 부정적인 수용 사례

민간신앙의 토양 속에서 복음화는 항상 혼합주의의 위험을 동반해왔다. 민간신앙의 세계관과 기독교의 초자연적 세계관의 유사성이 복음화에 유리하게 작용하는 점도 있었지만 많은 문제를 초래하는 점도 결코 간과될 수 없다.

## 1. 최고신 最高神, High God 개념의 왜곡된 수용

기독교인에게 있어서 능력과 안전의 궁극적인 근원은 하나님이시다. 그런데 많은 그리스도인은 하나님을 너무나도 초월적이고 거룩한 분이셔서 자신들의 일상사에는 관여하지 않는 분으로 생각한다. 비록 한국 민족이 '하나님'이라는 최고신 개념을 가져왔지만, 그 '하나님'은 전통적으로 일반인들의 삶과는 멀리 떨어진 분으로 생각되어져 왔다. 그분은 보통 사람의 일상에서 발생하는 작은 일에는 무관심한 분으로 여겨졌다. 이러한 '하나님' 개념과는 대조적으로 조상과 귀신을 포함한 영적인 존재는 자신들의 일상사에 가까이 영향력을 발휘할 수 있는 것으로 간주하였다. 성경에서의 하나님은 인간 존재와 그들의 삶에 진실로 관심 있는 분이시다. 성육신은 그러한 관심의 최고의 표현이다. 성경의 하나님은 자신과 인간 사이의 화해를 시작하셨으며, 인간의 교만, 반역, 완고한 불순종으로 인해서 절단된 관계를 회복하시고자 하신다.

## 2. 성령에 대한 그릇된 이해

어떤 그리스도인은 자신이 말하거나 행하는 모든 것의 배후에는 성령의 인도하심이 있다면서 자신의 모든 말과 행동을 합리화한다. 특별한 통찰력, 꿈, 그리고 다른 사건을 하나님의 말씀에 입각해서 신중하게 검토하지도 않은 채 성령에 의해서 기인한 것으로 쉽게 해석한다. 그러한 사람들일수록 자신을 비판하는 자를 성령 훼방 죄를 범하는 것으로 거칠게 정죄함을 보게 된다[마 12:31].

## 3. 변칙적인 보상 체제

어떤 그리스도인은 하나님의 축복을 사람이 그분을 어떻게 대우하느냐에 달린 것으로 여기고 있다. 헌금은 하나님께서 주도하신 사랑과 은혜에 대한 감사의 표현이라기보다는 손익관계를 바탕으로 한 투자로 생각된다. 부흥사들은 만일 누군가가 부흥 집회를 통해서 축복받기를 원한다면 많은 양의 헌금을 해야 한다는 것을 강조한다. 자신의 개인적인 기도 제목과 함께 헌금 봉투를 강대상 위에다 올려놓은 사람에 대해서는 부흥사가 설교를 시작하기 전에 이름을 호명하고 기도해 준다. 그런 상황에서 충분히 바치지 못한 사람들은 죄책감을 느끼게 된다.

## 4. 어두움의 세력에 대한 공포심

민간신앙에서 기독교로 개종한 사람들 중에는 어두움의 세력에 대한 공포심이 지속되는 경우가 있다. 그들은 자신들의 이전의 섬김의 대상이었던 존재에 의한 보복을 두려워한다. 이러한 종류의 두려움이 불교나 민간신앙을 신봉하던 사람들이 기독교로 개종하는 데 가장 큰 장애물로 나타난다. 그들은 가족 중 일원이 기독교 신앙을 받아들이면 자신들이 신봉하던 영적 존재의 노여움과 보복으로 전 가족이 폐해를 입는다고 믿는다.

이와 같은 공포심은 신앙 안에서 신속하고 명쾌하게 극복되어져야 할 것이다. 예수 그리스도의 대속의 죽음을 통하여 죄 사함 받은 그리스도인들은 하나님의 자녀로서의 자신들의 새로운 신분을 확인할 수 있고 하나님의 돌보심과 보호하심을 확신할 수 있다.

## 5. 귀신론적 환원주의 Demonological Reductionism

어떤 그리스도인은 귀신이나 악령을 자신들이 겪는 재난, 불행, 질병의 주요 원인으로 본다. 그래서 재난을 극복하려면 악령을 쫓아내야 한다고 믿는다. 그들은 축귀를 모든 문제의 해결책으로 본다. 물론 어떤 질병이 경우에 따라서는 직간접적으로 어두움의 세력의 공격 내지는 작용과 관련될 수 있다. 하지만 모든 질병을 귀신에 의한 것으로 보고 축귀함으로 치유하려는 것은 균형을 상실한 것이다. 질병과 문제에 대한 부적절한 치료와 해결책은 상황을 더욱 악화시키고 문제를 심화시킬 위험이 크다. 심한 경우에는 의학적 치료를 포기함으로 인하여 생명을 잃는 경우까지도 보게 된다.

### 6. 자칭 메시아

기독교 지도자 가운데에는 성령이 자신의 몸에 특별한 방식으로 임한 양 성령의 입장에서 말하고 행동하는 경우도 있다. 이러한 현상은 이단적인 지도자에게서 찾아 볼 수 있다. 그들은 공공연히 자신을 인간의 몸을 입은 메시아, 하나님이라고 공포한다.

### 7. 민간 신앙적인 예언

어떤 신도는 사역자를 찾아갈 때 점쟁이를 찾아가는 식으로 한다. 그들은 "우리가 이 증권을 사야하나요? 말아야 하나요?" 하거나 "내가 이사 가야 하나요? 말아야 하나요?"와 같은 질문을 한다. 이러한 형태의 질문은 기독교 사역자가 특별한 영력을 소유하고 있다고 믿어질 때 더욱 많이 주어진다.

## Ⅳ. 나가는 말

복음을 전하다보면 대부분의 사람들이 고등종교보다는 민간 신앙 등에 빠져있음을 알 수 있다. 민속 신앙은 궁극적인 실체를 다루지 않고 일상생활의 문제를 다룬다. 점괘, 신탁, 무당 등을 통해 미래로 인해 불안해하는 사람들의 길잡이 역할을 한다.

기독교도 일상생활에서 일어나는 여러 문제에 대해서 많은 답을 해야 하는데, 일상 문제에 대한 기독교적 해결책을 제시하는 데 있어서 전통문화와 종교요소를 상황화하되, 혼합주의를 용납해서는 안 된다. 도식화된 처방을 만들어 내기 위해 하나님을 교묘히 이용할 수도 있다. 그리고 그리스도인의 모든 행위가 성령의 역사가 아니기에 식별 능력을 가져야 한다. 그리고 무엇이 더 중요한지 알아야 한다. 복음은 사람들의 일상생활에 나타나는 하나님의 보호하심을 말하지만 그 초점은 인간의 구원과 영생에 있다.

한국 민간신앙에 대한 충분한 이해가 없다면 그러한 세계관의 배경을 가진 한국 기독교인의 영적능력 개념이 얼마나 민간 신앙적 견해로 채색되었는지를 볼 수 없을 것이다. 사람들은 자신이 속한 문화적 관점, 즉 세계관에 깊이 물들어 있다. 기독교인이 건전한 성경 지식을 갖추지 못했을 때 자신에게 있어서 무엇이 문제가 되는지 알 수가 없다. 객관적인 눈으로 볼 때에 그들의 사고와 관점에 있어서 성경적인 부분은 빙산의 일각에 지나지 않는다. 수표면 이하에 숨겨진 엄청난 빙산 덩어리의 민간 신앙적인 행동을 본인은 성경에 근거하고 있다고 이해하고 스스로 자부하고 있다. 한국 교회 지도자가 성경적 관점 위에 서야 한다는 것은 두말할 여지가 없다. 하지만 그와 동시에 한국 민간신앙의 관점을 충분히 이해하지 못한다면 그는 문제 상황을 파악하지 못하고 그에 따른 적절한 조처를 취하지 못할 것이다.

복음이 한 문화 속으로 들어올 때, 복음과 문화 사이에 다양한 만남의 양식이 존재한다. 그러한 다양한 만남을 살펴보는 가운데 복음이 다양한 문화 가운데 다채로운 옷을 입을 수 있는 유연성을 갖추고 있음을 보게 된다. 동시에 외면할 수 없는 점은 복음이 그 본질을 잃지 않고 그 문화를 속에서부터 변형시켜나가는 능력을 가졌다는 사실이다. 이 복음화 사역의 배후에는 하나님이 계시다. 그분이 그 사역의 주체이시다. 하나님의 종으로 부름 받은 자로서 복음과 문화 사이에 존재하는 역학관계를 깊이 이해하게 될 때 그는 보다 충성된 종이 될 수 있을 것이다.

# 7장
# 샤머니즘과 한국 기독교의 영성

## Ⅰ. 샤머니즘과 한국 기독교*

샤머니즘은 언제든 임의로 황홀경 ecstasy 에 들어가는 원초적 기술을 가진 샤먼을 중심으로 한 종교현상이며, 한국에서는 샤먼을 일반적으로 무당이라 하고, 샤머니즘을 무속 종교라고 한다.[1] 샤머니즘은 오랜 역사 동안 외래종교와 국가권력에 의해 박해를 받고 그 존재 자체

* 이 글은 부분적으로 필자가 이미 발표했던 글인 "한국 기독교인의 영성과 한국 전통 종교와 문화의 상관성 연구,"『21세기 기독교 영성과 교회 2: 제3, 4회 소망신학포럼』(서울: 장로회신학대학교 출판부, 2008)에서 가져온 것임을 밝혀둔다.

가 부인되었지만 민중의 종교로, 혹은 왕실 여인들의 은밀한 종교적 봉사자로 살아남아왔다. 오늘날 무당의 조직체는 있지만 샤머니즘이 공식적인 종교로서 인정되지는 않는다.[2] 무언가 드러내지 않고 은밀한 원시 종교 간주되지만 오늘날 대부분의 학자들은 샤머니즘을 종교로서 인정한다.[3] 어떤 무당은 고유 전통문화·예술의 전수자로, 혹은 인간문화재로 지정되어 보호받고 있다. 샤머니즘은 역사적으로 기존 권력 유지의 수단으로 전락하거나 기존 권력에 도전하고 변화를 일으키는 수단으로 그 기능을 하였다. 특히 독재 치하와 노사 간의 갈등이 첨예화하던 시대에 대학생과 노동자와 진보적 인사들이 사회와 문화 질서를 변화시키기 위해 샤머니즘의 의식인 마당굿을 사용하였다. 민중신학도 마당굿을 통해 혁명적 사회 변혁을 이루고자 하는 한국적 신학으로 서구 신학계에 알려졌다. 샤머니즘은 서구 문화의 지배적인 힘에 대항하는 한국 문화의 토착성과 독립성을 드러내는 본보기로 인식되기도 한다.[4]

---

1    샤머니즘은 시베리아나 특정 지역에 한정되는 종교현상으로 보기도 하고, 넓은 의미에서 전 세계적인 현상으로 간주되기도 한다. 한국 샤머니즘에 대한 명칭도 무(巫), 무속(巫俗), 무교(巫敎), 무속 종교 등 다양하나 본 연구에서는 샤머니즘 혹은 무속 종교를 사용함으로써, 샤머니즘이 종교적 현상임을 강조한다.

2    한국 인구센서스나 종교인구 통계 조사에서 샤머니즘은 제외된다. 무당의 조직체가 여러 개 있지만 대표적인 것은 '승공경신연합회'로서, 반공 혹은 승공주의를 표방함으로써 대사회적인 이미지를 좋게 보이려고 한다.

3    종교학자이며 한국학 전문가인 최준식, 종교학자이며 문화인류학자인 조흥윤, 가톨릭 신학자인 박일영, 개신교 신학자인 유동식 등은 샤머니즘을 종교로 본다. 참고: 최준식, 『한국의 종교 문화로 읽는다』(서울: 사계절, 1998); 조흥윤, 『한국무의 역사와 현상』(서울: 민족사, 1997); 박일영, 『한국무교의 이해』(왜관: 분도출판사, 1999); 유동식, 『한국무교의 역사와 구조』(서울: 연세대학교출판부, 1975).

4    Choi Chungmoo, "Hegemony and Shamanism: The State, the Elite, and the Shamans in Contemporary Korea," in Lewis R. Lancaster and Richard K. Payne eds., *Religion and Society in Contemporary Korea*, 19-43. 민속 문화 혹은 종교로서 샤머니즘을 현대 한국의 정치와 관련하여 다룬 최충모의 연구가 흥미를 끈다. 그는 국가 권력을 합법화하기 위해, 그리고 혁명적 사회 개혁을 촉진하기 위해 민속 문화가 재활되고 창조적으로 변혁되는 역사적 과정을 탐구한다.

샤머니즘은 한국인의 종교적 심성이나 의식구조로 간주되며[5], 단군시대로부터 오늘에 이르는 기층 종교로 인식된다.[6] 다른 말로 하면, 샤머니즘이 한국에 들어 온 외래종교 수용의 한 토대로서 기능을 하였음을 의미한다.[7] 하비 콕스의 표현을 빌리자면, 샤머니즘은 한국인에게 원초적 영성을 회상시키는 기능을 담당한다고 할 수 있다. 원초적 영성 primal spirituality 이란 하비 콕스가 세계적으로 가장 빠르게 널리 성장하고 있는 성령운동을 분석할 때 사용한 용어로서,[8] 그는 이것을 "인간의 본원적 종교성" 혹은 "끊임없이 삶의 의미와 목적을 추구하는 인간 영혼의 본바탕"이라 정의한다. 교리와 종교 의례의 무미건조함과 영적 공허함에 빠진 기성 교회와는 달리 성령운동 교회는 인간의 원초적 영성을 회복하였으며 그로 인해 세계적으로 확산되고 성장하였다고 확신한다. 특히 하비 콕스는 성령운동이 인간의 원초적 영성의 세 가지 차원을 회복시켰다고 한다. 그것은 "원초적 언어" primal

---

**5**  Shim Jae-Ryong, "Buddhist Response to the Modern Transformation of Society in Korea," in Lewis R. Lancaster and Richard K. Payne eds., *Religion and Society in Contemporary Korea*, 76. 심재룡은 한국에서 종교간 평화적 공존의 원인을 샤머니즘에 뿌리를 둔 패러다임 전이(paradigm shift, 통시적 차원에서 불교, 유교, 기독교로의 패러다임 전이)와 패러다임 혼합(paradigm amalgamation, 공시적 차원에서 종교 간의 혼합)이라고 주장한다.

**6**  김태곤, 『한국무속연구』(서울: 집문당, 1981), 20; 유동식, 『한국무교의 역사와 구조』, 14; 조흥윤, 『한국무교의 역사와 현상』, 372. 특히 유동식은 일찍이 한국의 문화적 토양에 복음이 뿌리를 내리고 결실을 맺기 위해서 문화의 핵인 전통종교를 보아야 하며, 그 중에서도 샤머니즘이 타종교 수용의 바탕이라고 하였다. 샤머니즘은 한국의 종교적 바탕을 이루면서 외래 종교를 받아들였으며, 그 외래 종교와의 혼합을 통해 변형하면서 역사 속을 흘러왔다고 말한다. 이렇게 볼 때 샤머니즘 신앙은 결국 한국인의 종교적 기저를 이룬다는 말이며, 이러한 종교심성을 바탕으로 타종교를 받아들였다는 것이다. 유동식, 『한국종교와 기독교』(서울: 대한기독교서회, 1965), 서문과 1장 참조. 황필호는 더 나아가 샤머니즘 연구가 한국인의 종교심성 연구와 통한다고 한다. 황필호, "한국 무교 연구의 네 가지 문제점," 『종교와 문화』 제3집 (1997): 131-57.

**7**  최중현은 샤머니즘이 외래 종교를 배척하지 않고 저항 없이 받아들이는 이유를 샤머니즘의 수용과 변형 능력에서 찾는다. 문제는 수용한 후 상대방을 표면에 내세우고 자신은 내면으로 숨어드는 특성을 지니며, 그러기에 "얼굴 없는 실력자"라고 말한다. 최중현 편저, 『한국 교회와 샤머니즘』(서울: 성광문화사, 1993), 25.

**8**  Harvey Cox, *Fire from Heaven*, 유지황 옮김, 『영성 음악 여성』(서울: 동연, 1996).

speech, "원초적 경건"primal piety [9], "원초적 희망"primal hope 이다.[10]

　　원초적 언어는 종교인들이 느끼는 새로운 신앙을 어떻게 표현해야 할지, 왜 마음으로부터의 언어가 필요한지에 대한 해답을 주었다. 종교학자들은 원초적 언어를 "무아적 표현"이라고 하나, 성령운동에 집중하는 교인들은 "방언"이나 "성령 안에서의 기도"라고 말한다. 이는 상호간에 유사한 영적인 의미 구조를 내포한다고 본다. 원초적 경건은 원형적인 종교 체험의 표현을 의미하는데, 성령운동에 있어서는 이것이 황홀경, 환상, 신유, 꿈, 춤 등으로 나타난다.[11] "원초적 희망은 근본적으로 완전히 새로운 시대가 도래 할 것이라는 천년 왕국에 대한 성령운동의 끈질긴 전망을"[12] 말한다. 요약 정리하자면 "원초적 언어는 무아적 종교 감정의 표현이요, 원초적 경건은 신비 경험과 황홀경과 신유요, 원초적 희망은 보다 나은 미래에 대한 확고한 기대감이다." 이러한 원초적 영성 이해에 있어서 샤머니즘이 한국 기독교인의 종교적 심성으로서 작용한다는 점에서 한국에 들어온 외래종교의 원초적 영성과 습합하였다고 보는 것이다.

　　샤머니즘의 현실주의, 배타주의 신앙, 혈연, 지연 중심의 축복관은 지역이나 국가의 장벽을 넘어 세계적 신앙과 삶의 공동체를 지향하는 에큐메니칼 정신에 위협 요소가 된다. 그러므로 현실주의적, 이기적 기복신앙을 탈피하여 참된 성령운동과 기독교 영성이 회복되어

---

**9**　하비 콕스의 위의 책의 번역자인 유지황은 primal piety를 "원초적 신앙심"으로 옮겼으나, 필자는 "원초적 경건"으로 고쳐 적었다. 경건이 신앙심보다는 좀 더 포괄적인 용어라고 생각해서 이다.

**10**　하비 콕스, 『영성 음악 여성』, 129-30.

**11**　이러한 원초적 경건은 에밀 뒤르켐이 인간 종교성의 근거로 규정했던 인간의 "종교적 삶의 기본 양식들"과 관계가 있다고 본다. 하비 콕스, 위의 책, 130.

**12**　하비 콕스, 『영성 음악 여성』.

야 한다.

종합하면, "샤머니즘이 한국 기독교 수용과 영성 형성에 미친 영향을 과소평가할 수 없다. 신명, 무당의 중재적 기능, 축복 추구의 신앙, 인간론과 저승관, 의타적 신앙 등이 의식적이고 무의식적으로 기독교인의 영성 형성에 영향을 끼쳤다고 본다. 아울러 신내림과 성령의 이해도 전혀 무관하지 않다고 본다." 샤머니즘이 "한국 기독교의 교리에 끼친 영향은 극히 미미하다 할지라도 일상적인 신앙생활과 영성에 미친 영향은 지대하다고 말할 수 있다."[13] 샤머니즘의 토양아래 한국 기독교가 한반도에서 수용되고 뿌리내리는데 일정한 기능을 하였다고 본다.[14] 복음 수용과 한국 기독교 영성 형성에 미친 영향을 다음과 같은 몇 가지 점에서 고찰할 수 있다.[15]

첫째, 샤머니즘은 범신론적이고 다신론적이지만, 샤머니즘적인 신명이 기독교의 하나님 번역에 차용되었으며, 샤머니즘적인 신관이 기독교의 하나님을 이해하는데 일종의 전 이해 내지 복음의 예비preparatio evangelica의 역할을 한 면도 있다고 본다. 우리 전통 고유의 신관이 유일신 개념은 아니지만 한국인의 마음속에는 초월신과 최고신으로서의 '하늘님'이란 신 이해를 갖고 있었다. 샤머니즘의 다신론적인 신령과 자연신 등이 '하나님'을 받아들이는데 다리 역할을 충분히 하였

---

**13** 김영동, "한국 기독교인의 영성과 한국 전통 종교와 문화의 상관성 연구," 343.

**14** 비교: Mun Sang-Hui, "Shamanism in Korea," in *Korean Thought. International Cultural Foundation*, gen. ed. Chun Shin-Yong (Seoul: Sisayongosa Publishers Ins., 1982) (Korean Culture Series 10), 34; Suh David Kwang-Sun, "Shamanism: The Religion of Han," 같은 이, *The Korean Minjung in Christ*, 176; Roy E. Shearer, *Wildfire: Church Growth in Korea*, 이승익 옮김, 『한국교회 성장사』(서울: 1974), 29-30.

**15** 이 부분은 필자가 제3회 '소망신학포럼'에서 발표했던 연구논문 "한국 기독교인의 영성과 한국 전통 종교와 문화의 상관성 연구," 343-44에서 거의 그대로 재인용하였음을 밝혀둔다.

다고 보며, 다른 한편 천사와 마귀를 이해하는데 용이하게 하였다. 문제는 신을 이해하는 내용이다. 하나님을 지상의 복의 보증자로 보는 현실주의적이며 공리주의적인 신관을 가진 점이나,[16] 샤머니즘적인 신이 진노와 공포와 두려움의 대상이라는 점이다.

둘째, 무당의 중재자 기능이 하나님과 타락한 인간의 중재자로서 메시아 되신 예수님의 사역을 이해하는데 기여하였다. 무당의 중재자 기능이 때로는 목사의 기능이 되기도 하였다. 목사는 신령한 목사가 되어야 하며, 부목사나 전도사 보다는 담임목사가 더 영적인 권위를 가진다는 믿음은 큰 무당을 더 인정하는 샤머니즘에서 왔다고 본다. 담임목사가 와야 하나님의 현존을 보장하는 것으로 인식하고, 심방 감사 헌금도 할 마음이 내킨다는 것이다.

셋째, 샤머니즘의 제화초복除禍超福의 추구는 죄로부터의 구원이란 기독교 복음 이해를 쉽게 하였다. 이신칭의以信稱義가 전혀 낯설지 않았다고 본다.

넷째, 샤머니즘의 인간론과 저승 사상이 어느 정도 기독교 수용과 영성 형성에 영향을 주었다고 본다. 인간과 신의 연계성 혹은 신인 융합 사상, 인간과 신의 절대적 연관성, 모든 생명체의 상호관련성과 만물이 신의 통치하에 있다는 관점도 기독교의 수용을 용이하게 하였다고 본다.

다섯째, 샤머니즘의 엑스타시 경험으로서 접신 혹은 신 내림이

---

16  Lutz Dresher, "Ethik und Ekstase: Beobachtungen über den Einfluss vom Konfuianismus und Schamanismus auf die Koreanischen Kirchen," in *Zeitschrift für Missions- und Religionswissenschaft*, Heft 4, 1994: 274-89. 현세적 공리주의는 현세적 대개는 개인주의적 기준에 입각해서 행복을 최대화하고 불행을 최소화하려는 행위의 성향을 말한다.

기독교의 성령에 대한 이해를 용이하게 하였다고 본다. 중국과 일본의 샤머니즘과는 달리 한국 샤머니즘의 엑스타시는 무당이 황홀경 중에 말을 타거나 다른 어떤 것을 타고 천상을 향해 올라가는 것 Seelenreise 이 아니라, 신이 무당의 몸에 접신 Besessenheit 혹은 빙의憑依하는 것이다. 신이 내려와 한 몸이 되는 것, 신이 내리면 신나고, 신령한 무당이 되고, 만사가 해결되는 것 같은 의식을 조장한다. 이것이 성령의 강림과 성령 충만의 이해에 기여하였을 것이다. 문제는 성령의 하나님으로서의 주체성을 망각하고, 성령을 마음대로 부릴 수 있는 것처럼, 성령 충만을 받으라하거나 성령의 은사를 마음대로 조정할 수 있는 것처럼 하는 것이다. 부흥사나 카리스마적 지도자가 능력의 분배자로서 자처하는 것은 능력의 주 되시는 성령 하나님임을 망각하는 샤머니즘적 영향이라고 본다.[17]

여섯째, 샤머니즘의 의타적 신앙과 운명론적 믿음이 하나님의 절대주권과 통치에 대한 이해를 도왔다.

일곱째, 한국인의 원초적 영성으로서의 샤머니즘적 종교성은 다른 여러 요소 가운데서도 가장 중요한 요소로서, 신에 대한 절대적 헌신으로 나타난다. 이것이 한국인으로 하여금 신앙을 갖게 되면 그 교리를 수호하고 변함없이 충성하려는 보수성을 배양하였으며, 절대적으로 헌신하며 열정적이고 격정적인 심성을 길렀다고 본다. 이것은 비단 기독교만이 아니라 불교나 유교에서도 나타난다.

부정적인 면에서는 첫째, 즉흥적인 신앙태도이다. 이신칭의로 구원받은 성도로서 계속적인 성화를 이루며 마침내 영화로 나아가는 것

---

**17**　장남혁, "샤머니즘," 『선교와 신학』 제6집 (2000): 171-72.

보다는 즉각적인 어떤 감동과 반응과 행동을 요구하는 신앙생활로 빠진다.[18] 이것은 샤머니즘의 엑스타시 현상과 탈아상태와 신인합일의 상태에 몰입하면 즉흥적인 신령의 힘을 빌어 액을 물리치고 복을 받고자 하는 종교현상이 끼친 영향이라고 할 수 있다. 둘째, 무조건적인 신앙자세이다. 샤머니즘에서 문제의 해결을 위해 신령에게 절대적으로 복종하게 하는 자세이다. 주문呪文이나 경문經文에 대한 일반적인 신뢰는 무조건적일 수밖에 없다. 셋째, 지나치게 이기적인 신앙자세이다. 샤머니즘의 귀신을 추방하고 길흉을 예언하고 병을 치유하는 일종의 마술적인 것을 주된 목적으로 하기 때문이다.[19]

## II. 외국 신학자의 한국종교와 기독교 상호관계성 고찰

한국에서 오랫동안 선교사로 사역했던 독일 선교사 루츠 드레셔 Lutz Drescher, 한국 이름은 도여수 는 "윤리와 엑스타시 Ethik and Ekstase : 한국 교회에 미친 유교, 샤머니즘 영향 고찰"[20]이란 논문에서 다음과 같이 분석하고 주장한다.

---

18  최중현 편저, 『한국 교회와 샤머니즘』, 59.
19  최중현은 한국교회 내 샤머니즘의 영향과 요소를 17가지로 나열하는데, 그 대부분은 좀 지나친 연결이라고 생각되어, 몇 가지 시사점이 있는 것만 제시한다. 각종 대형 집회 추구성-부락제, 신유은사-병굿인 치병제, 신유은사집회-큰 굿거리, 족벌중심의 교회, 즉 세습-세습무당, 혼자 받은 은혜-공수, 심방시 헌금-복채, 소위 신령하다는 목사만을 찾는 경향-신령한 무당을 찾는 것 등이다.
20  Lutz Drescher, "Ethik und Ekstase".

첫 번째로 한국 교회에 영향을 미친 요소는 유교적 에토스Ethos와 샤머니즘적 파토스Pathos이다. 이러한 요소가 한국 사회와 한국 교회의 특성으로 보이고, 이러한 요소가 여성 신도와 카리스마적 교회를 강화했다고 한다. 따라서 복음주의적 관점의 상황화는 일어나지 않았다고 본다. 특히 전통악기나 전통의식의 상황화가 일어나지 않았으며, 서구적 형태를 답습하고 있다.

두 번째로 사회에 유교적 에토스는 행동방식 가족, 집단, 혈연, 지역, 학연 등 강화: '우리'와 '그들' 분리에 강하게 작용하고, 교회 내에도 장유유서와 남녀구별 등의 계층구조가 자리 잡고 있다. 한편 교회의 공동체성을 강화하고, 이런 연유로 산업화, 도시화로 상실된 '대가족'에 대한 보완 혹은 대체를 제공한다. 즉 가족에의 헌신이 교회 공동체에 대한 헌신으로 확대되고, 때로는 이것이 지나쳐서 개교회 중심주의를 낳는 부작용이 있고, 결국 교회와 분파 분열의 원인이 된다. 또 목사를 '성직자', '성직'으로 권위를 부여한다. 500명의 신학생을 대상으로 행한 설문조사 결과 32%가 목사를 권위주의자로 본다. 강단에서 선포되는 설교도 도덕적 성격을 농후하게 띤다. 대개 복음보다 율법을 강조한다. 이러한 현상에는 유교적 신관 이해도 한 몫을 한다고 본다. 전통 보존의 교회, 비민주적, 권위적, 성직 계층적, 가부장적 구조의 교회, 윤리적 차원을 강조하는 점에서 변화의 매체로서의 교회로 탈바꿈할 수 있을지가 관건이다.

샤머니즘의 파토스는 샤머니즘적 영성의 작용이다. 샤머니즘에는 여성이 사제로서 영향력을 발휘한다. 샤머니즘은 일종의 민중종교 혹은 민간 신앙화하여 사람들의 무의식에 내재한다. 샤머니즘은 여러 외래 종교를 수용하고 샤머니즘화 한다.

교회에 샤머니즘적 흔적이 다분하다. 하나는 기도원이나 교회에서 철야기도회를 하며, 뜨거운 감정을 폭발하고[박수, 찬송, 춤], 손을 들고 기도하며 고통과 감사 등의 파토스를 표출한다. 이러한 현상은 순복음교회만 아니라 일반적 현상으로 장로교회에도 나타난다. 기도원 방문도 무속적 기원 형태를 취하는데, 바위, 나무 아래, 샘 곁에서 기도하기를 좋아한다. 사실 기도원은 일제 강점기에 생겼다. 기도원적 파토스의 신앙은 피난, 은둔을 내포하며, 특히 치유 기능을 강조한다. 안수기도의 치유는 금전을 요구하기도 하고, 안수기도로 사람이 죽는 경우도 있다. 다음으로, 목사는 곧 무당처럼 天地를 연결하고 중재하는 자로 인식한다. "2-3사람이 예수의 이름으로 모이면 예수가 함께 함"[마 18:20]을 믿으나 심방 때 목사가 와야, 그것도 담임 목사가 와야 하나님의 현존이 보장되는 것처럼 인식하고, 그러할 때 헌금하는 것도 관련이 있다. 다음은 풍성한 헌금과 관련된다. 십일조는 감사와 하나님께 속한 그리스도인으로서의 표시인데 반해, 많은 경우 막연한 불안감과 하나님의 노여움 때문에 십일조를 바치는 경향이 있다. 복 받기 위한 수단으로 헌금하는 자세 등이다. 그리고 교회 참석은 세 가지 복의 기원과 연결된다고 보는데, 그것은 물질적, 육체적, 영적 복[평안]을 말한다[요한3서 2절]. 따라서 예수 믿고 소원성취하기를 원한다. 하나님은 지상 복의 보증자라는 공리주의적 신앙이 강하고, 결국 기독교는 서구의 탈을 쓴 무속화처럼 보인다. 마지막으로 카리스마적인 교회 급성장을 들 수 있다. 신앙체험과 초자연적 현상[성령, 치유]을 강조하는 것 역시 샤머니즘 영성의 영향으로 본다. 신령을 대신해서 성령이 등장하는 것이다. 한국적 영성에 대한 정답은 참된 의미의 세례가 아닐까 제기하며, 이것이 올바른 상황화의 방향이라고 본다.

세 번째의 시각은 서구교회, 그 중에서도 특히, 독일교회가 배울 점에 대해서 이야기한다. 첫째는 열성적 기도이다. 영혼의 맺힌 한을 푸는 기도이다시 30:12. 중보기도의 강력함과 기도원의 예배에서 하나님의 열정과 생명력과 활력을 보게 된다. 아울러 교회 공동체가 치유 공동체로서 회복하는 도전이다. 합리적 이성 중심의 신앙과 열정적 경건 신앙의 조화를 배울 수 있다. 열정적 경건을 배울 수 있다고 한다. 모든 문화의 사람은 늘 질문해야 할 것이 있으니, 지금 우리가 이해하고 있는 복음에 나사렛 예수가 살고, 선포한 그 복음과 일치하는가? 하는 점이다. 우리의 좁고 문화적으로 제한된 시각에서 "순복음"을 멀리하는 것은 문제다. 독일교회는 한국교회를 보며 타산지석他山之石으로 삼아서 온전하고 충만한 복음이해를 모색해야 할 것이라고 결론 내린다.

1978-87년까지 미연합감리교 교육선교사로서 대구 지방을 중심으로 선교사로 일하다가 영국에 가서 학자로 섬기고 있는 제임스 그레이슨James H. Grayson, 한국 이름으로 김정현이라 함은 "한국 개신교의 종교 문화에 대한 적응 요소들"[21]이라는 연구 논문을 남겼다.

그레이슨은 한국 개신교회가 한국문화에 심도 깊게 적응했다는 점과 아울러 기독교 신앙과 한국 문화의 부조화도 존재한다고 분석한다.

이러한 가설적 논제를 가지고 그레이슨은 세 가지 차원, 즉 행동, 종교의례, 신앙영적 수준의 차원에서 논의한다. 한국 개신교의 전통 종교 문화에 대한 적응과정은 긍정적인 면과 부정적인 면을 다 갖고 있고,

---

**21**  James Grayson, "Elements of Protestant Accommodation to Korean Religious Culture: A Personal Ethnographic Perspective." *Missiology* 23(1) (1995): 43-59.

비공식적 수단과 공식적 구조적 수단을 지닌다.

그레이슨은 이러한 세 가지 차원의 한국 개신교의 종교 문화에 대한 적응을 고찰하기 전에, 먼저 한국 사회와 종교 문화적 상황을 분석한다. 그 내용은 우선 젊은 세대의 (유교적) 전통 사회가치 부인과 엘리트의 진보의식이 교회에도 도전이 되고 있으며, 기독교와 민간 신앙 혹은 민속 종교의 평행<sup>공존</sup>, 엘리트 계층의 새 종교에 대한 관대함, 민족 종교와의 조화 추구, 그리고 조직화 된 종교적 저항의 결핍을 든다. 그는 기독교와 한국 전통 종교문화와의 만남과 적응에서 여전히 그리스도인으로서와 한국인으로서의 불일치가 나타난다고 본다. 그리스도인이 되는 것은 전통 문화를 거절하는 것으로 비쳐지는 점으로 보아 개신교가 아직도 한국 문화에 적응하지 못했다고 한다. 예를 들면, 성직자의 스톨, 교회 건축 양식, 찬송가, 예술, 문학, 일반적인 관습 등에서 그러한 점이 나타난다. 이런 가운데서도 그동안 교회가 성장했던 혹은 그레이슨이 논문을 발표할 당시에 성장하는 이유는 무엇인가에 대해 질문을 던진다. 그 해답은 한국 사회의 종교 문화적 상황, 즉 전통과의 단절과 사회 구조의 변화 속에서 기독교가 미래에 대한 희망을 제시하고, 위로와 평안과 축복을 기원했기 때문이라고 본다. 그럼에도 불구하고 한국 교회는 폐쇄적이고 개교회주의에 파묻혀 있다.

그레이슨 논문의 핵심 논제인 개신교가 한국 문화에 적응한 세 가지 수준에서의 분석과 진단을 살펴본다. 우선 행동 면에서 교회 정치 형태와 목사의 역할에 대한 인식이 유교적 오륜<sup>가정의 아버지, 부락의 제사장, 선생</sup>에 영향을 받고 있다고 한다. 이미 과거의 역사가 되었지만, 유교 영향으로 예배당 안에서 남녀 좌석 분리, 기도 할 때 안경 벗는 것<sup>윗사람이나 부모 앞에서 안경 벗는 습관</sup>이 있고, 샤머니즘의 영향으로 기도와 찬송할 때 열성적 엑스타시 경향과 통성기도 할 때 "귀머거리 될 지경"으로 강하게 외치는 모습 등이다. 다음으로 종교의례 면에서 볼 때, 추모 예배가 대표적이다. 한편 "그리스도인 영성에 한국인의 공헌"이란 긍정적인 면에서는 기도원 장소, 목적, 중요성이 샤머니즘적 치료 전통-신유, 심령부흥회 미국 개신교와 형식적으로 유사한 점을 감안하고를 들 수 있다. 마지막으로 신앙영적 수준에서 제일 먼저 떠오르는 요소는 '하나님' 이해이다. 기독교의 하나님 이해와 한국 전통 종교 문화의 하나님 이해가 융합하여, 신은 오직 한분임을 믿는다는 점과 무속적 이해를 토대로 믿음의 결과를 강조하는 기복신앙이 정신적, 물질적 축복으로 나타난 점이다. 불교 절의 산신각축복을 비는 곳은 남아출생, 가족건강, 물질부요, 대입시험 등을 비는 기복신앙의 전통인데, 기독교의 종교적 행동매주일 예배출석, 매일 성경 읽고, 십일조 헌금 등에 영향을 미쳐 하나님께서 간구하는 자에게 축복하신다는 것으로 되었다.

한국종교와 기독교의 상호관계성을 고찰한 독일 선교사 루츠 드레셔와 미국 선교사 제임스 그레이슨의 논지를 종합적으로 보면, 한국 전통 종교 문화의 토양에 기독교가 들어와서 긍정적인 만남과 조화를 이루어 교회 성장을 촉진시킨 요소가 있는가하면, 그 반대로 복음 진리의 본질을 왜곡하거나 교회의 위기를 가져온 요소가 있음을 지적받는다. 복음을 수용하는 '복음의 예비적 역할'을 한 점이 있고, 세계 기독교 영성과 신앙행동에 새로운 도전을 주는 요소가 있는 반면에 기독교의 본질이 약화되어 변화하는 가치관에 부응하지 못하는 역기능적인 면도 있다는 것이다. 우리가 외국 학자들의 분석과 주장을 모두 수용하지 않는다고 하더라도 우리 스스로가 보는 우리의 모습과 한국에서 십 년 이상 살며 선교사로 사역한 학자들의 관점을 비교하고 대조하면서 과거를 반성하고 미래를 열어가는 타산지석으로 삼아야 할 것이다. 물론 두 사람의 분석과 진단과 제안이 완벽하다고 할 수는 없을 것이다. 개교회주의적 위기 상황이 있지만 공동체적 특성을 지니고, 기복적인 신앙 양태가 있지만 섬김과 사회봉사 등 이웃사랑 실천의 노력도 적지 않음을 인식해야 한다.

유교적 권위주의, 불교적 타계신앙, 샤머니즘적 기복신앙의 위험 인자를 늘 인식하면서, 그리고 다른 한편 극도로 세속화하고 반기독교 정서가 확산되는 상황에서 신앙영적 수준, 행동, 종교의례 등의 여러 측면에서 연구를 더 깊이하고, 선교 방향을 모색해야 할 것이다.

# 8장
## 아프리카 부족 종교와 선교

아프리카에서 선교를 하려면 많은 문제점과 마주친다. 지구의 온난화로 인한 아프리카 대륙의 사막화 및 이에 따른 경제적 궁핍과 에이즈 등 열악한 환경을 제고해야 한다. 또 그로 인한 식량문제, 의료문제가 제기된다. 최근에 오르내리는 종족간의 갈등으로 인한 분쟁도 고려되어야 한다.

그러나 무엇보다 중요한 것은 그들이 오랜 세월의 식민지로 인한 아프리카 고유의 문화적 상실, 서구 열강 세력과 선교 단체 및 서구 기독교에 대한 반발로서 일어나고 있는 아프리카 교회의 노력도 주의 깊게 보아야 한다. 아프리카 교회의 백인 선교사와 외국 자금에 대한 모라토리움moratorium, 즉 선교활동 일시 중지 요구는 내외의 선교 개념을 바꾸어

놓았다. 모라토리움이라는 용어는 아프리카 신학자와 교회 지도자와 아프리카 교회가 "자립, 자치, 자전"을 확립하게끔 하게 하여 모든 해외 선교사의 파송과 자금 원조를 중지하는 조처이다. 아프리카에서 이를 제창한 대표 인물은 존 가투John Gatu와 카논 부르지스 카Canon Burgess Carr이다.

한편 과거 식민주의의 폐해와 문화우월주의나 외부의 정치적, 경제적 침입 외에도 아프리카 내부의 도전으로부터 아프리카 교회가 위협받는 요소도 간과할 수 없다. 잠비아의 리더십 개발 지도자인 푸쿠타 므완자Pukuta Mwanza는 오늘날 아프리카 교회의 선교와 전도에 미치는 여섯 가지 위협을 제시한다. 그것은 곧 구원의 복음 포기, 복음주의로부터 떠남, 번영의 복음 추종, 숫자적 성장주의, 학력편중주의Credentialism, 상업주의 등이다.[1] 복음주의자로서 므완자의 아프리카 교회 진단이지만 그 어느 지역의 교회도 이런 위협에 자유롭지 못함을 인정해야 할 것이다.

한 최근의 연구에 의하면, 많은 아프리카인이 기독교나 이슬람으로 회심한 후에 다시 아프리카 전통 종교African Traditional Religion = ATR로 회귀하고 있다고 한다. 이에 대해 아프리카 전통 종교로의 회귀가 문화적 관습과 실행에 대한 비호patronage냐 회심conversion이냐는 논쟁이 있다. 나이지리아의 서부 지역을 대상으로 한 설문자료조사에 토대를 둔 질적 연구 분석에서 몇 가지 이유로 기독교나 이슬람으로 회심한 뒤 아프리카 전통 종교로 회귀하는 경향의 원인을 밝혀내었다. 그 원인으로

---

1    Pukuta Mwanza, "6 Threats to Evangelism in the African Church,"(JUNE 4, 2019) https://africa. thegospelcoalition. org/article/6-threats-evangelism-african-church/ (2019. 11. 03).

는 육체적 문제 해결, 영적 공격에 대한 방어, 아프리카 전통 종교를 일반적인 아프리카 관습as part of normal custom of the Africans 으로 인지한다는 것이다. 따라서 이러한 회귀의 경향은 신앙의 위기라기보다는 전통 종교 문화에 대한 비호로 해석된다.[2] 또한 아프리카 전통 특히 아프리카의 조상 숭배와 영적인 세계에 무관심한 신학은 아프리카 사람과 공동체의 심층에 다가갈 수 없다는 주장이 있다. 세로테S. E. Serote 라는 신학자는 다음과 같이 단호히 주장한다. "기독교적인 아프리카는 기독교적인 조상ancestry을 가져야 한다. 아프리카적인 조상 이해를 언급하는 기독교 신학을 개발함에 있어 이러한 신학자들은 그들의 통찰력이 세계 기독교를 풍성하게 할 것이라는 사실을 확신해야 한다."[3]

아프리카 전통 종교의 상징이나 이념을 기독교가 어느 정도 수용하고 상황화해야 하는가하는 점은 아프리카 신학자가 씨름해야 할 영원한 문제라고 할 수 있다. 어느 특정 개인 신학자의 몫이라기보다는 전 교회적인 과제이다. 해석학적 공동체로서 하나의 거룩한 사도적인 보편적 교회를 믿는다면 교회 전체의 과제로서 상황화를 이루어가야 할 것이다. 한편 아프리카 교회 안에 이미 아프리카 전통 종교의 상징과 이념이 습합 내지는 융합을 이루고 있는 예를 찾아 볼 수 있다. 그 중에서 가나 교회가 그들의 아칸Akan 문화의 상징을 기독교의 상징과 융합한 것이다. 아래 사진이 보여주듯이 교회 제단의 십자가상과

2    Akinmayowa Akin-Otiko, Aremu Rahman Abbas, "Return to African Traditional Religion after conversion to Christianity or Islam: Patronage of culture or religious conversion?" *Ilorin Journal of Religious Studies* Vol. 9 No. 1 (2019): 27-36; https://www.ajol.info/index.php/ijrs/article/view/188350 (2019. 11. 3).

3    H-J Becken, (ed), "Meaningful Christian worship for Africa," in *Relevant theology for Africa* (South Africa: Lutheran Publishing House, 1973).

우주의 전체성과 통일성<sup>totality of the Universe</sup>을 나타내는 아칸 종교 문화적 상징이 조화를 이루고 있다. 아래 우측 그림은 우주의 창조자인 '기에 냐메' Gye Nyame 를 묘사한 아칸 부족의 종교 문화적 상징이다. 이 상징이 좌측 교회 강단의 제단 정면에 알파와 오메가 사이에 자리를 차지하고 있다.

〈그림 22〉 십자가와 우주의 전체성과 통일성을 나타내는 아보데 산탄 Abode Santaan

〈그림 23〉 아보데 산탄의 확대한 모양

이와 같은 모습은 보기에 따라 혼합주의로 비판을 받을 수도 있고, 다른 한편으론 구원론적인 차원이 아니라 아프리카인의 삶에 뿌리 깊이 내면화된 종교와 문화적 상징을 융합한 상황화의 한 형태로 볼 수도 있다. 문제는 이론만 아니라 실제 삶에서 얼마나 예수 그리스도의 제자화 된 신앙과 삶을 공동체 내에서 살며 보여주고 있느냐 하는 점일 것이다.

이와 같이 아프리카 선교에서 복음의 상황화 Contextualization 는 아프리카 교회는 물론 외부 신학자와 성도의 공동 과제이다. 앞에서도 이미 언급한 바 있지만, 20세기 초까지의 서구 선교사들은 흔히 식민주의를 통하여 아시아나 아프리카 국가에 그리스도의 복음을 전하는 것을 하나님의 방법으로 생각하였다. 서구 문명은 피선교지의 문화보다 우월하여 기독교와 문명화를 거의 동의어로 생각하였다.[4] 많은 선교사들이 복음과 문화를 혼동하며 서구 유럽의 기독교 문화를 복음으로 생각하는 실수를 하였다. 유럽 문화만이 문명화된 문화이고 아프리카의 문화는 미개하고 이교도적인 것으로 생각하였다.[5] 선교사들은 그들의 문화 산물인 상업 제도 등을 아프리카에 대한 축복의 선물로 생각하였다. 모펫이 주장한 "복음 전파와 생산의 증대"라는 표어가 리빙스턴에 이르러서는 "선교와 상업 활동"으로 바뀌었고, 다시 메리 슬레서 Mary Slessor 에 이르자 그녀는 아프리카인의 생활수준을 높이고, 사람들로 하여금 기독교적 도덕 생활을 하게 하기 위해서는 무역의 극대화가 필요하다고까지 주장하게 되었다.[6]

19세기 아닌 20세기 선교사들도 자신들과 친숙하지 않은 아프

---

4　이광순, 이용원, 『선교학개론』(서울: 한국장로교출판사, 1993), 284.
5　Waldron Scott, *Bring Forth Justice*, 강선규 옮김, 『사회 정의와 세계 선교를 향한 제자도』(서울: 두란노서원, 1988), 48-49에서 스콧트는 '말하는 북'을 일례로 들고 있다. 나이지리아의 어느 마을에서 단합의 표시로 중요한 일들이 있을 때마다 "말하는 북"을 치는데, 이 북이 닳아져 새북을 만들기로 하였다. 모든 사람들이 이 북을 만들고 그 후의 축제를 위해서 돈이나 음식을 기부하며 중요한 축제를 위한 준비를 하였다. 그러나 그리스도인들은 이 행사에 불참하였는데, 그 이유는 우상숭배적인 행사에 참여할 수 없다는 것이었다. 이로 인해 그들은 마을 대표로부터 마을의 권위에 대해 거부한다는 비난을 받으며 추방되기에 이르렀으나 선교사들로부터는 "우상숭배에 반대"하였다는 칭찬과 격려를 받았다. 스콧트는 미국에서 독립 기념일에 국가에 대한 존경의 표시로 그리스도인이든 아니든 모두가 국기에 대한 경례를 하며, 미국 국기가 미국 시민에게 중요한 의미를 갖는 것처럼 나이지리아의 부족에게는 '말하는 북'이 많은 의미를 가지고 있다고 설명하고 있다.
6　Ruth A. Tucker, *From Jerusalem to Irian Jaya: A Biographical History of Christian Missions*, 박해근 옮김, 『선교사열전』(서울: 크리스챤다이제스트, 1993), 174.

리카의 문화 가치를 올바르게 평가하지 못하고, 원시 사회의 문화 관습에 기독교를 제대로 상황화 시키지 못했던 것은 사실이다. 그러나 아프리카 문화의 건전하지 못한 것, 예를 들어 두개골 사냥, 쌍둥이 살인, 인간제사, 식인 행위, 요술 등의 나쁜 문화를 제거함으로서 좋은 전통이 살아남았고 사람들의 목숨을 보전하였다. 민족주의 혼을 일깨워주기도 했으며, 민주주의 이념을 가르치고 인간의 존엄성과 개인의 가치, 사상과 언론의 자유를 가르쳤다. 아프리카의 많은 지도자들은 선교사가 세운 학원에서 교육을 받았다.[7]

이러한 긍정적인 업적에도 불구하고 지금까지 아프리카 선교에 있어서 복음과 문화의 혼동으로 인한 혼합주의와 종교 다원주의 등의 문제는 더 깊은 신학적 성찰과 발전을 필요로 한다.

선교 역사적인 관점에서 볼 때, 과거 일제의 침략을 받은 우리는 아프리카 선교에 있어서 어느 정도 그들의 마음을 이해할 수 있는 동병상련의 입장을 갖고 있다. 그러나 아프리카 선교는 신중하게 그리고 겸손하게 시도되어야 할 것이다. 영적 실체를 믿는 그들에게 선교가 쉽게 될 수도 있다. 그러나 오늘날 대다수 신학자들이 주장하고 있겠지만 여기서 스콧 Waldron Scott 의 말을 빌어 우리들의 선교 자세를 가다듬어 보아야 하겠다.

"아프리카에는 이처럼 아프리카에만 있는 독특한 신학적 문제를 다룰 수 있는 신학이 필요하다. 외국의 선교사들은 그러한 신학을 만들 수가 없다. 아프리카의 후손을 잘 훈련시키면 그들은 그 문화와 세계관의 맥락 속에서 순수한 말씀을 가르치고 성령의 쓰임을 받을 것

---

**7**  위의 책, 175.

이다. 교회들이 진정한 아프리카의 신학을 갖도록 할 수 있는 방법은 오직 그 길밖에 없다."[8]

선교현장에서 마주치는 이러저러한 문화, 육체, 재정, 신앙, 영적 차이로 선교에 장애가 생기는 것은 과거만 아니라 오늘과 내일에도 여전히 사라지지 않을 것이다. 그리고 아프리카 선교를 위해 아프리카 신학을 정립하는 일에는 아프리카 교회는 물론 선교사도 함께 노력해야 할 일이며, 하나님의 선교에 참여하는 모든 지체는 겸손하고 품위 있으며 순전한 Humility, integrity, and simplicity=HIS missions 자세로 임해야 한다.

---

**8**    Waldron Scott, *Bring Forth Justice*, 48-49.

# 9장

---

## 종합적 고찰:
## 타종교인에 대한 선교태도와 방향

## I. 비기독교인을 향한 우리의 태도

### 1. 겸손을 동반한 확신

스리랑카의 유명한 교회 지도자였던 나일스<sup>D. T. Niles</sup>는 "복음 전도는 한 거지가 다른 거지에게 빵을 어디서 찾아야 할지를 말하는 것이다."라고 말했다. 핸드릭 크래머는 "솔직한 대담과 급진적인 겸손의 특별한 조화"로 복음 전도와 선교를 언급했다. 그가 솔직한 대담의 이유로 그리스도인은 그의 발견이 아니라 하나님의 행위인 메시지의 전달자이며, 신적 계시의 증인이기 때문이라고 한다. 또한 급진적인 겸손의 이유는 기독교 전달자는 그 자신이 만들거나 성취한 어떤 것이 아닌, 신적 선물의 전달자이기 때문이라고 한다. 이러한 관점에서 하나님의 선교에 동참하는 교회와 성도는 자유와 동시에 책임을 가진다.

## 2. 타협 없는 관용

다른 사람에 대한 태도에는 관용을, 복음의 주장에서는 타협 불가를 견지해야 한다. 그리고 관용은 진리에 기초해야 한다.

## 3. 존경을 동반한 사랑

스텐리 존스 박사가 언젠가 마하트마 간디에게 이런 질문을 하였다.

"우리 그리스도인이 인도를 돕기 위하여 할 수 있는 것이 무엇입니까?"

주저할 것 없이 간디는 이렇게 대답하였다.

"예수처럼 사십시오, 당신의 종교의 질을 떨어뜨리거나 누그러뜨리지 마십시오, 사랑을 중심이 되게 하십시오."

독일의 위대한 경건주의자인 블룸하르트 Christoph Friedrich Blumhardt 1842-1919는 인도 선교사로 사역하던 사위 리하르트 빌헬름에게 편지하기를 이렇게 말했다.

다만 너는 중국인들과 인간적으로 잘 사귀면서 지내라. … 성급하게 그들을 기독교인으로 만들 필요가 없다고 본다. …그 들에겐 오직 하나님 나라가 간절하므로 너는 (기독교 선교사이기에 앞서 하나님 나라의 사람으로서) 하늘 아버지의 이름으로 그들과 사귀는 것이 중요하다.[1]

원주민들에게 설교하려 들지 마십시오, 아예 입을 열지 마십시오! 입으로 회개를 강요하지 마십시오! 예수처럼 살아가십시오, 예수 따라 사는 삶이 되십시오! 그러면 그들이 당신에게 이렇게 물을 것입니다: '당신으로 하여금 이렇게 아름답게 살 수 있도록 하는 힘이 어디에서 나옵니까?' 그러면 이렇게 대답 하십시오: '내 안에는 내가 섬기는 주님이 있습니다. 그 분은 예수입니다, 그 분은 나의 기쁨입니다, 그 분을 통해서 나는 하나님의 것입니다.'[2]

## II. 복음 전달의 접근 방법

존 시먼즈John T Seamands는 타문화권 선교에서 '수용할 수 없는 방법'과 '수용 가능한 방법'에 대해서 자세하게 설명한다.[3]

---

**1**    CW, p. 32. = *Christus in der Welt. Briefsammlung an R. Wilhelm*, (Hg.) A. Rich, Zuerich 1964/5); 임희국, "19세기 후반 독일 개신교회의 선교에 대한 비판과 대안," 재인용; http://kin.naver.com/open100/detail.nhn?d1id=6&dirId=60901&docId=775743&qb=Q2hyaXN0b3BoIEJsdW1oYXJkdOy dmCDtjrjsp4A=&enc=utf8&section=kin&rank=1&search_sort=0&spq=0&pid=Tm41klpVuEwssut wmSKssssssQC-293113&sid=vNeNlyDcBuDHnHm/TCzakQ%3D%3D (2017.11.20)

**2**    *Ansprachen, Predigten, Reden, Briefe: 1865-1917*, 3 Bde., (Hg.) J. Harder, 2. Aufl., Neukirchen-Vluyn 1982), 150.

## 1. 수용할 수 없는 방법

첫째는 정면 접근법으로서, 공격적으로 논박하고 정죄하는 방법이다. 달리는 기차를 돌진하는 염소 이야기에서 '숫염소 접근법'이라는 별명이 붙었다. 용기는 100점, 분별력은 0점이다. 마하트마 간디의 고백은 이런 정면 접근법의 폐해를 지적한다.

나는 (고교생) 기독교에 대해 일종의 혐오감을 갖게 되었다. 이유가 있었다. 그 당시 기독교 선교사들은 고등학교 근처 모퉁이에 서서 힌두교도들과 그 신들에 대해 욕설을 퍼부으며 설교를 하곤 했다. 나는 이것을 참을 수 없었기 때문이다. 나는 딱 한번 들었지만, 그것으로 충분했다.

사도 바울의 예에서도 찾아 볼 수 있듯이, 그는 그리스도를 유일한 구세주로 담대히 선포했지만 청중의 신이나 신앙을 무조건 공격하지 않았다. 인도에서 선교사로 사역했던 스탠리 존스Stanley Jones는 미국의 시사주간지 '타임'Time지 1938년 12월 12일자에서 '세계에서 가장 위대한 선교사'로 소개됐다. 그는 1961년에는 '간디평화상'을 받았으며, 인도 독립운동에 연관된 활동과 2차 세계대전 중 펼친 평화활동 등으로 두 차례 노벨평화상 후보로 지명되기도 했다. 존스에게 한 인도인이 한 말이 그에게 큰 충격을 주었다. "예수는 정말 이상적이고

---

3    이 부분은 주로 John T Seamands, 『타문화권 복음 전달의 원리와 적용』의 제5장(107-128)을 요약 정리한 것이다.

멋진 분입니다. 그러나 당신네 기독교인들은 정말 그분을 닮지 않았군요. … 만약 당신네 기독교인들이 예수 그리스도와 같은 삶을 살았다면 우리 힌두교인이 기독교로 개종하는 순간은 훨씬 빨리 찾아왔을 겁니다."[4] 존스 자신도 선교사로 와서 과거 미국에서 보다 더 좋은 사람이 되었다고 고백한다.

> 처음 인도에 도착했을 때만 나는 배우는 데 아무런 생각이 없었고 단지 가르치려고만 했습니다. 그러나 인도에 머무르는 동안 나는 많은 것을 배웠습니다. 인도에 와서 사실, 동양의 부드러운 미덕을 배운 덕분에, 이전보다 훨씬 괜찮은 사람이 되었다고 생각하고 있습니다.[5]

"성서에는 기독교 Christianity 란 용어는 존재하지도 않으며 나는 기독교란 용어를 사용하지 않았다"고 말하는 존스와 "기독교는 부인하지만 예수는 인정한다."는 인도인들의 생각에는 일맥상통하는 점이 있다. "인도의 길거리에서 만날 수 있는 예수와 갈릴리 호숫가를 거닐던 예수와 무엇이 다릅니까? 전혀 다르지 않습니다."라는 말을 깊이 묵상해보아야 하겠다.

둘째는 악수 접근법 타협의 방법 이다. 청중의 입에 맞게 복음의 본질 변화시키고, 희석시키는 보편구원론을 수용할 수 없다.

---

4   John T Seamands, 『타문화권 복음 전달의 원리와 적용』, 206-207.
5   위의 책, 383-384.

## 2. 수용 가능한 방법

첫째는 마음 대 마음heart to heart의 접근법이다.

예수 그리스도의 길을 가는 선교에서 일차적 관심은 사람이지 그들의 종교 체계가 아니다. 인간으로서 먼저, 그 다음에 힌두교도, 불교도, 무슬림으로 보아야 한다. "인간 본성과 인간의 곤경이라는 공통 분모 속에서 우리는 보편적인 접촉점을 찾을 수 있다. 근본적으로 밑으로 내려가면 사람은 모두 같다. 사람은 같은 종교 의식, 같은 열망, 갈망과 필요를 가지고 있다. 모두들 같은 생리적 필요, 근심으로부터의 안정과 자유에 대한 필요, 사랑하고 사랑받고 싶은 필요와 소속되고 인정받고 싶은 욕구가 있으며, 모든 사람들이 자기 성취에 대한 갈망을 갖고 있다. 어느 곳에 있든지 사람은 같은 유혹을 받는다. 모든 사람은 죽음이라는 실재를 직면해야 한다. 용서라는 보편적 필요와 하나님과의 교제를 향한 보편적 갈망이 있다. 보편적 신앙으로서 복음은 사람들의 근본적인 필요에 대한 부응, 하나님과의 화해, 무조건적 사랑, 죽음을 이긴 승리와 영원한 생명을 제시해 준다. 그러므로 설교는 하나님의 마음과 정신으로부터 메시지를 받아서, 우리의 마음과 정신을 통해 다른 사람들의 마음과 정신으로 흘러 들어가게 하는 과정이다."[6]

아프리카 한 선교사 부부의 체험이 있다. 수 년 간 사역 후 마침내 한 가족이 예수님을 영접했다. 그 후 가족 중 어린아이 한 명이 심하게 아파서 곧 죽게 되었다. 마을에 소문이 퍼졌다고 한다. "그들이

---

6    위의 책, 113-14.

옛 종교를 버리고 선교사의 종교를 받아들였기에 악령이 화가 나서 그들에게 벌을 주는 거야, 그 아이는 정녕코 죽을 거야." 심히 동요된 선교사 부부는 철야 기도를 하며, 소년의 목숨을 살려달라고 간청하는 기도를 올렸다. 만약 그 아이가 죽으면 선교의 문이 닫히는 것 아닐까 조마조마했다. 며칠 후 그 어린 소년은 죽었다. 장례식을 치루고, 마을 사람들이 호기심을 가지고 구경을 하였다. 얼마 후 마을 원로들이 선교사를 찾아와 "우리들도 기독교인이 되기로 결심했습니다. 우리에게 세례를 베풀어주십시오." 선교사는 얼떨떨했다. 그리고 이유를 물었다. 원로들은 "당신은 우리가 죽음을 당할 때 어떻게 행동하는가를 아시지요; 우리는 울부짖고, 비명을 지르며, 가슴을 치며 슬퍼하지요. 그러나 이 가족의 소년이 죽었을 때, 당신들은 모두 찬송가를 부르고 기도하며, 그의 생명을 인하여 하나님께 감사 드렸습니다. 만일 우리에게 말한 이 예수가 죽음의 공포를 가져갈 수 있다면, 우리도 그를 따를 준비가 되어 있습니다!"[7] 인간적인 논리로 마음 대 마음의 접근법을 할 수는 없을 것이다. 말씀과 기도 속에서 성령님의 도움으로 가능한 것이다.

둘째는 접촉점 접근법이다.

종교 간의 공통점을 찾아내어서 적절히 접근하는 것이다. 그들이 아는 것으로부터 모르는 것으로, 동의의 영역에서 반대의 영역으로 진행한다. 이런 방식은 재치 있고 효과적이다. 예수님이 그러했듯이, 일반적 관심<sub>고기잡이, 생수, 씨앗 등</sub>, 공통의 필요와 문제, 공통된 종교 사상<sub>기도 시간, 신론, 구속적 유비의 원리 화해의 아이 – 중보자 개념</sub>을 통해 소통한다.[8]

---

**7**    위의 책, 115.

셋째는 대조 접근법이다.

종교 간의 대조점을 발견하고 그 대조점을 중심으로 논리적으로 접근한다. 접촉점 접근법과는 상반되는 방식이지만 가능한 방법이다. 여기에 주의점이 있다. 부정적인 태도로 대조점을 강조하는 것보다는 "긍정적인 태도로 복음의 독특한 진리를 제시"하는 것이 지혜롭다. 일 방적으로 대조점을 주장하기보다 복음을 듣는 사람들이 대조점을 깨 달아 알게 하는 것이 현명하다. 예를 들면 힌두교인에게 "크리슈나는 부도덕하지만, 예수님은 온전히 거룩하다"라고 말하기 보다는 그리스 도의 거룩성을 제시해주는 것이 더 지혜롭다. 구태여 "당신들의 신은 당신을 질병으로 징계하고 또한 무섭지만, 우리 하나님은 사랑의 하나 님이며 당신들의 유익만을 바라신다."라고[9] 말할 필요는 없다. 단지 하 나님의 긍휼, 관심과 사랑을 제시해주면, 그들이 알아서 이해하게 될 것이다. 적극적이고 긍정적인 태도로 차이점을 알려주고, 아울러 복음 의 특이한 점을 제시하는 것이 필요하다.

이상의 세 가지 접근법이 시공간을 넘어 적절하게 상호 보완적 으로 적용되어 복음 전달에 다양성과 영향력을 줄 것으로 믿는다.

제3차 로잔대회가 선포한 "케이프타운 서약"이 제시하는 타종교 인에 대한 선교방법은 "타종교인들 속에서 그리스도의 사랑을 실천하 기"로 요약할 수 있다.[10] 전도가 윤리적이어야 하고, 타종교인과 친구 되기, 편견과 증오와 공포를 방지하며, 폭력과 복수를 거부하고, 대화

---

8    위의 책, 117-24.

9    위의 책, 126.

10   로잔 운동, *The Cape Town Commitment*, 최형근 옮김, 『케이프타운 서약: 하나님의 선교를 위한 복음주의 헌장』(서울: IVP, 2016).

를 장려할 것을 제기한다. 케이프타운 서약은 사랑, 희생, 행동, 다양성 존중, 디아스포라 공동체, 종교적 자유 존중 등을 체계적이며 구체적으로 제시함으로써 21세기 타종교인에 대한 선교의 자세, 방식, 과정 등에 대해서 이야기한다. 이러한 지혜와 태도를 선교에 동참하는 모든 지체들이 더 깊이 토론하고 이해하며, 자신이 속한 삶의 현장에서 적용함으로써 진리인 복음의 능력이 온 열방에 나타나게 해야 할 것이다. 선교는 하나님이 하시는 역사다. 하나님은 사람을 통해 그의 선교를 행하신다. 그러므로 교회와 성도는 주체적이고 희생적인 헌신을 다하면서 하나님의 윤리에 부합하고 진리에 맞게 행동하며 하나님의 선교에 동참해야 한다.


# III. 종교 속 진·선·미에 대한 신학적 평가와 종교 신학의 논의


필자는 앞에서 "인간 실존의 문제에 대한 해답의 일환으로서 초자연적이며 초인간적 실재인 궁극적 존재와의 관련성 속에서 진리<sup>믿음</sup>와 선<sup>행동의 이상</sup>과 미<sup>개인적 경험</sup>를 이해하고 실천하는 복합적 체계"로 종교의 개념 정리를 하였다. 종교가 인간의 보편적인 가치 혹은 '궁극적인 관념'ultimate ideals인 '진·선·미'를 포함하고 있다고 본 것이다. 종교 이해와 선교 방향을 제시한 기존의 연구와 다른 점은 진리와 도덕<sup>선</sup>의 관점만이 아니라 미의 차원을 포함 시킨 것이다. 그런데 막상 미의 차원에 대한 선교 방향과 신학적 성찰은 미흡한 것이 사실이다.

영화 '미션'mission에서 미끄러운 폭포 위를 목숨 걸고 오른 가브리엘 신부는 정글에서 오보에를 분다. 엔니오 모리꼬네의 주제음악 "천국처럼 이 땅에서"On Earth As It Is Heaven의 토속적이면서 경건하고 서정적인 아름다움이 넘치는 선율은 원주민의 마음을 울린다. 전율을 느낄 정도의 청아한 소리에 담긴 영성은 살기 가득한 원주민의 마음을 열게 하고 이제 화살을 내려놓고 신부를 반긴다. 그들에게 신부는 마리아와 아기 예수 사진을 보여주며 성경 말씀을 들려준다. 복음 진리에 적대적이고 무지하며 언어가 통하지 않는 원주민들에게 다가간 방법은 음악이라는 미적 도구이다. 사랑과 아름다움의 선교는 감동적인 소통과 회개와 용서와 기쁨을 이루어내게 한다. 마지막에 가브리엘 신부는 사랑은 폭력이 아니라면서 원주민들과 함께 죽는다. 그의 고뇌에 찬 눈빛과 아름다운 사랑은 예수님의 마음을 느끼게 한다. 한편 교황청 특사로 와서 로마 바티칸 교황청의 명령을 따랐던 대주교는 이런 말을 남긴다. "진실로 죽은 자는 나요, 산 자는 그들이다. 죽은 자들의 정신이 산 자의 가슴속에 남는다." 진·선·미 선교방법은 영화에서만이 아니라 일상에서 계시와 같은 깨달음을 주리라 본다.

종교에 대한 신학적 성찰과 평가를 내리는 종교 신학에 대해서는 이 책의 후속 작업으로 남기고, 여기에서는 필자가 제시했던 미적 차원의 선교에 대한 관점을 재현함으로써 결론을 대신하고자 한다.

한국 개신교가 하나님의 성스러움과 동시에 하나님의 참된 아름다움을 맛보고 고백하고 일상적 삶에서 중시한다면 새롭게 갱신될 것이며, 국내외의 선교도 통전적으로 달라질 것이다. 미를 경시하거나 무시하고 진이나 선을 강조하면 내부적 모순에 빠질 수밖에 없을 것이다. 비그리스도인만 아니라 교회에 소속된 그리스도인도 기독교가 "공감의 폭이 너무 좁고, 감정에 대해 적대적이며, 상상력을 질식시킨다."고 느낄 수 있다. 한국 교회의 목회와 선교는 미에 관한 적극적인 신학적 평가를 통해 우리 곁에서 호흡하는 '타자'의 존재를 새롭게 발견할 것이며, 그들을 사랑해야 할 강력한 이유를 발견할 수 있을 것이다. 그러할 때 신앙의 기형화와 교회의 천박함을 극복 하고 교회는 세상에 참된 빛으로, 소금으로 존재하게 될 것이다. 한국 그리스도인들이 좀 더 깊고 넓고 높은 신앙인으로 사는 길을 모색하기 위해서는 '이해를 추구하는 신앙' fides quaerens intellectum 과 '아름다움을 추구하는 신앙' fides quaerens pulchrum 의 조화를 모색해야 할 것이다. 선교는 타자와 타문화를 변화시키려고 하기 전에 먼저 자신이 복음으로 변화하는 모습을 통해 타자도 변화시키는 것이다. 진정한 자기 변화는 하나님의 영광을 보고 그 안에 녹아지는 계기를 통해 깨달음에 이를 때 일어난다고 본다. 하나님의 영광의 경험과 표현은 완전한 진리, 무한한 선, 숭고한 미가 최고도로 연합 될 때 발생하며, 이러한 하나님의 영광이 예배와 기도와 묵상의 삶으로 경험되며 특히 미적 요소로 표현될 때 선교는 새로운 차원을 얻게 될 것이다.[11]

다른 종교의 미적 차원 혹은 아름다운 면을 발견하고, 종교인의 신앙 체험과 삶에서 우러나온 예술적 작품을 하나님을 더듬어 찾으려는 열망으로 간주해야 한다.[12] 다른 종교에 대한 이해를 더 깊이 함으로써 더 존중받는 선교를 하게 될 것이다. 바울은 아레오바고 연설에

---

11    김영동, "'신학적 미학'에 대한 선교신학적 연구," 49.

서 다른 종교의 종교심을 존중하면서 복음을 담대하게 선포한다. 데이비드 보쉬가 말했듯이 우리도 역시 "담대한 겸손"으로 다른 종교와 종교인을 대하며 복음 진리를 선포해야 하겠다.

바울이 아레오바고 가운데 서서 말하되 아덴 사람들아 너희를 보니 범사에 종교심이 많도다. 내가 두루 다니며 너희가 위하는 것들을 보다가 알지 못하는 신에게라고 새긴 단도 보았으니 그런즉 너희가 알지 못하고 위하는 그것을 내가 너희에게 알게 하리라<sup>행 17: 22-23</sup>.

---

12   사도 바울은 사도행전 17장 27절에서 "이는 사람으로 혹 하나님을 더듬어 찾아 발견하게 하려 하심이로되 그는 우리 각 사람에게서 멀리 계시지 아니하도다." 라고 말하며, 로마서 1장 19절에서 이렇게 천명한다. "이는 하나님을 알 만한 것이 그들 속에 보임이라 하나님께서 이를 그들에게 보이셨느니라."

# 참고문헌

강상원 박사 스페셜 테마(23). "금문과 산스크리트어가 일치한다." https://www.youtube.com/watch?v=RtveKiG792g (2019.10.10).

강영순. "인도네시아 여성의 지위: 혼인법에 대한 헌법과 이슬람법 관점을 중심으로." 『아시아연구』 제20권 1호(2017), 123-153.

공일주. 『중동의 기독교와 이슬람』. 서울: 예영커뮤니케이션, 2002.

공자. 『논어』 문례 제6(問禮 第6).

권복규. "한국인의 전통 죽음관." 『한국 호스피스 · 완화의료학회지』 16-3 (2013.9): 155-165.

기시모토 히데오. 宗敎學. 박인재 옮김. 『종교학』. 서울: 박영사, 1993.

김동욱 외 4인 공저. 『한국 민속학』. 서울: 새문사, 1988.

김봉환. "서부 자바 순다족의 종교 · 문화생활과 기독교 접근 방법 연구." 미간행석사학위논문, 장로회신학대학교 세계선교대학원, 2006.

김석록. "민속신앙." 『주부생활』(1981.12), 276-281.

김선근. "청담스님의 한국불교사에서의 위치." https://blog.naver.com/skkim3130/220020496740 (2019.12.29).

김승혜. 『종교학의 이해』. 서울: 분도출판사, 1993.

김영동. "'신학적 미학'에 대한 선교신학적 연구: 헤라르두스 판 데어 레이유(Gerardus van der Leeuw)의 '성과 속의 아름다움: 예술 속의 성스러움'을 중심으로." 『신학논단』 제36집 (2011), 29-52.

_____. "제4차 산업혁명 시대의 현실(off-line)과 가상(on-line)을 연결하고 융합하는(connected and blended) 선교학 수업 모델 개발." 『14호 교육실행연구, 초연결시대의 융합적 수업설계 및 실행』(2018), 7-38.

_____. "한국 기독교인의 영성과 한국 전통 종교와 문화의 상관성 연구." 『21세기 기독교 영성과 교회 2: 제3, 4회 소망신학포럼』. 서울: 장로회신학대학교출판부, 2008.

김은수. 『비교종교학 개론』. 서울: 대한기독교서회, 2006. 이 책의 개정증보판은 2018에 출간되었다.

김인회. "무속과 외래종교." 계간 경향 『사상과 정책』(1984 여름호) 140-142.

김종도. "이슬람 교육관과 쿠탑(Kuttāb)에 관한 연구." 『한국중동학회논총』 제35권 제2호 (2014.10), 35-58.

김종일. "중동 이슬람권에서의 선교 전략 연구: 터키 공화국을 중심으로." 『선교와 타종교』(2011), 261-299.

김중순. "이슬람 근대주의의 이해." 『동서인문학』 47 (2013.12), 23-52.

김정명. "존재일원론을 정립한 수피 철학자 이븐 아라비." http://www.koreaislam.org/kislam_home/%ec%9d%b4%ec%8a%ac%eb%9e%8c%ec%9d%98-%eb%93%b1%eb%b6%88/?mod=document&uid=4376 (2019.10.28).

김정위. 『이슬람 사상사』. 서울: 민음사, 1987.

김태곤. "민간신앙을 해부한다." 『민간신앙』(1994).

김태곤. 『한국민간신앙연구』. 서울: 집문당, 1963.

김태연. "근대시기 기독교와 유교의 영향관계에 대한 상호문화신학적 고찰: 리하르트 빌헬름과 구훙밍의 교류를 중심으로." 『신학연구』 72 (2018.6), 141-164.

길희성. "'바가바드 기타'에 나타난 힌두교의 사회윤리 - 불평등의 문제를 중심으로 하여." 『인도철학』 1권 (1989), 61-82.

"쿠란" 위기백과. https://ko.wikipedia.org/wiki/%EA%BE%B8%EB%9E%80 (2019.10.17).

로잔 운동. 최형근 옮김. 『케이프타운 서약: 하나님의 선교를 위한 복음주의 헌장』. 서울: IVP, 2016.

마루야마 마사오. 日本の思想. 김석근 옮김. 『일본의 사상』. 서울: 한길사, 1998.

"무슬림의 가정생활." http://www.islammission.org/culture/muslim-family/ (2019.10.19).

목만수. "조상제사에 대한 성육신적 선교접근." 『基督敎思想』 통권 501호 (2000년 9월): 190이하.

목만수. "조상제사와 상황화, 세계관, 그리고 성육신 선교." 『선교신학』 40 (2015), 111-142.

문화체육부. 『한국종교의 의식과 예절』. 서울: 범신사, 1995.

문상철. "2014 변형적 상황화: 일본 선교의 통합적 접근법." http://www.igoodnews.net/news/articleView.html?idxno=47094 (2019.11.30).

민경배. "게일: 한국을 사랑하고 한국 문화를 아낀 선교사." 『한국사 시민강좌』 제34집 (2004.02), 69-80.

박건주. "대승불교 略史." 『종교문화학보』 10 (2013.12).

박규태. "신불분리(神佛分離)의 종교사적 일고찰: 신불의 타자론." 아세아연구 46(4) (2003.12), 93-120.

박영기. "일본 신도의 특징과 일본 선교전략: 한국교회가 성숙해야 일본선교를 기쁘게 할 수 있다." 『개혁정론』(2015.03.18). http://reformedjr.com/board06_01/3091 (2019.11.30).

박일영. "노르베르트 베버가 본 조선의 종교: 전통종교와 민간신앙을 중심으로." 『종교연구』 55권 (2009), 35-63.

박재희. 『고전의 대문: 사서편, 인생에서 꼭 마주치는 질문들에 대한 동양고전의 답』. 서울: 김영사, 2016 (eBook).

배요한. 『신학자가 풀어 쓴 유교 이야기』. 서울: IVP, 2014.

변종호. 『종교의 비교 연구와 그 결론』. 서울: 심우원, 1959.

변창욱. "인도 힌두교에 대한 선교방법적 고찰." (장로회신학대학교 신학대학원 석사논문).

사마천. 『사기』 '공자세가'편 "태사공은 말한다"에서, 유승우, "사마천이 우리에게 던지는 메시지." http://www.2000news.com/news/articleView.html?idxno=1991와 https://brunch.co.kr/@bookfit/565 (2019.10.30)에서 재인용. 고종문. 『사마천의 사기에서 지혜를 배우다』(사기 시리즈 1권). 서울: 키메이커 출판, 2015 (eBook).

샤머니즘사상연구회 엮음. 『샤머니즘과 타종교의 융합과 갈등』. 샤머니즘 사상연구회 학술총서 3 (서울: 민속원, 2017).

서범종. "이슬람 교육의 이해를 위한 기초 연구." 『한국교육학연구』 19권 2호 (2013.06), 167-187. "What is Halal? A Guide for Non-Muslims." https://www.icv.org.au/about/about-islam-overview/what-is-halal-a-guide-for-non-muslims/ (2019.10.18).

徐永大, "韓國 土着宗敎史 硏究의 回顧와 展望," 韓國史論 28 (1998.12.30), 475-543.

http://db.history.go.kr/item/level.do?sort=levelId&dir=ASC&start=1&limit=20&page=1&pre_
page=1&setId=-1&prevPage=0&prevLimit=&itemId=hn&types=&synonym=off&chiness
Char=on&brokerPagingInfo=&levelId=hn_028&position=-1 (2019. 12. 28). 손주영. "수피
의 종단들." https://m.cafe.daum.net/monandal/vnk/18?q=D_N5A2_iHQZo0& (2019.
10. 28).

손주영·황병하. 『1400년 이슬람 문명의 길을 걷다: 이슬람을 빛낸 위인 이야기』. 서울: 프라하,
2012.

'실용 한-영불교용어사전'. http://dic.tvbuddha.org (2019. 11. 28).

"십중계."『한국민족문화대백과사전』. http://encykorea.aks.ac.kr/Contents/SearchNavi?keyword=
%EC%8B%AD%EC%A4%91%EA%B3%84&ridx=0&tot=1 (2019. 11. 28).

안승준. "아함경에 나타난 초기불교의 천신관."『구산논집』제3집 (1994.04) 285-320. 법보신문
(2004.08.10일자 보도) http://www.beopbo.com/news/articleView.html?idxno=22761
(2019. 10. 12).

『예수회 일본연보』1585년 8월 27일자, 박규태. "신불분리(神佛分離)의 종교사적 일고찰: 신불의 타
자론."『아세아연구』46(4) (2003.12), 93에서 재인용.

"오동석의 인문여행: 거대한 상징 힌두교의 사원." https://thruguide.tistory.com/361 (2020.07.17).

오성숙. "일본 선교를 위한 일본 신도의 이해." 한국연합선교회. 『선교와 타종교』(2011), 63-92.

『요가 근본경전: 하타요가프라디피카 요가수트라 바가바드기타』. 이태영 편역. 서울: 여래, 2017.

왕해화. "공자의 음악치유 사상에 내재된 예술치료적 의의."『연극예술치료연구』5권 (2015), 33-75.

유동식. 『한국무교의 역사와 구조』. 서울: 연세대학교출판부, 1975.

윤이흠. 『종교와 예술: 성과 미의 경계에 대한 현상학적 이해』. 서울: 열화당, 1996(1988).

이광순, 이용원. 『선교학개론』. 서울: 한국장로교출판사, 1993.

이교욱. "불교권 선교의 어제와 오늘 그리고 미래."『선교와 타종교』. 서울: 미션아카데미, 2011, 31-
62.

이동주. 『아시아 종교와 기독교』. 서울: 기독교문서선교회, 1998.

_____. "죽은 사람 아닌, 철저히 산 부모에 효도하는 기독교 윤리." http://www.christiantoday.
co.kr/news/268442 (2019. 12. 31).

이복임. "한국의 무속신앙과 일본신도(神道)에 대한 연구: 시바 료타로(司馬遼太郎)의『샤머니즘 사
상』을 중심으로."『일본문화학보』75 (2017.11), 337-355.

이원삼. "이슬람에서의 천사와 JINN."『종교연구』10 (1994.12) 137-171.

이웅주. "일본선교 전략." 월드미션뉴스(2015.02.19). https://www.wgmnews.com/index.
php?mid=board14&document_srl=17091 (2019. 11. 30).

이인숙. "칸트에 있어서 양심의 의미: '양심의 자유'와 관련하여."『철학연구』28권 (2004).

이장호. "인도네시아 자바 무슬림의 민간신앙 연구."『선교와 신학』제11집 (2003.06), 133-164.

이재창. "불교의 사회·경제관."『불교학보』. 10 (1973.07) 97-134.

이주형. "한국 불교미술의 미학적 의미와 문화적 특징."『철학사상』11 (2000.12), 21-50.

이희재. "유교제례에서의 악(樂)의 의미 -한국의 문묘와 종묘제례악을 중심으로."『유학연구』22권
(2010), 165-188.

임부연. "정약용이 발견한 '천명天命'과 '교제交際'."『다산학』32호 (2018.06), 7-60.

임어당. The Importance of Living. 원창화 옮김. 『생활의 발견』. 서울: 홍신문화사, 1987.

장남혁. 『교회 속의 샤머니즘』. 서울: 집문당, 2002.

장남혁. "샤머니즘." 『선교와 신학』 제6집 (2000. 12), 143-181.

전완경. "이슬람 예술의 특징 1, 2." 겸재예술인문통신 '미술사 특강' "이슬람 문화와 예술" 9강+10 강. http://gjjs.or.kr/home/index.php?pg=subm6_s2&bt=v&bo_table=ryusunyung&wr_id=36&page=&sca=&sfl=wr_subject&stx=%EC%9D%B4%EC%8A%AC%EB%9E%8C&sop=and (2019. 10. 17).

전호진. 『종교 다원주의와 타종교 선교전략』. 서울: 개혁주의신행협회, 1994.

정수일. 『이슬람 문명』. 서울: 창비, 2002.

"정토삼부경." 『글로벌 세계 대백과사전』.

정철범. "한국인의 심성과 기독교영성." 『목회와 신학』(1993. 10), 69-77.

정흥호, 김교철. "중국 조상숭배 문화에 대한 근대 서구 선교사의 커뮤니케이션과 대응." 『복음과 선교』 34권 2호 (2016), 241-279.

조귀삼. "조상제사의 비판적 상황화 선교 연구." 『성령과 신학』 24 (2008. 12), 103-127.

조범연. "힌두교권의 변증적 도전과 선교 전략." 한국연합선교회. 『선교와 타종교』. 서울: 미션아카데미, 2011, 93-116.

조승미. "불교의 모신(母神) 하리티(Hārītī) 신앙의 형성과 변천 연구." 『佛敎硏究』 第41輯 (2014), 107-148.

조현범. "의미추구의 해석학으로서의 문화연구." http://m.blog.daum.net/bolee591/7864155 (2019.09.25).

조흥윤. 『한민족의 기원과 샤머니즘』. 서울: 한국학술정보, 2002.

최길성. 『한국민간신앙의 연구』. 대구: 계명대학교출판부, 1989.

최석만. 『유교적 사회질서와 문화, 민주주의』. 전주: 전남대학교출판부, 2006.

최영길. 『이슬람의 생활규범』. 서울: 명지대학교 출판부, 1985.

최영길 편저. 『성 쿠란: 의미의 한국어 번역』. 서울: 송산출판사, 1988.

최영길. "이슬람, 현대 그리고 개혁." 『서강인문논총』 23 (2008. 06), 139-161.

최원진. "도시 빈민 무슬림을 위한 전략적인 접근 방안: 한국 선교사들의 선교 방법론을 중심으로." 한국연합선교회. 『선교와 타종교』. 서울: 미션아카데미, 2011, 225-260.

한국문학평론가협회. 『문학비평용어사전』. 서울: 국학자료원, 2006.

한국이슬람교중앙연합회 선교부. 『성지순례』. 서울: 이슬람교중앙연합회, 1978.

"한국 이슬람교 할랄 규정(할랄 식품의 생산, 제조·가공, 취급, 보관 및 유통 등에 관한 지침, 2016)." http://www.koreaislam.org/kislam_home/%ed%95%a0%eb%9e%84-%ec%9e%90%eb%a3%8c%ec%8b%a4/?uid=1621&mod=document (2019. 10. 25).

한규무. "게일(James S. Gale)의 한국 인식과 한국 교회에 끼친 영향: 1898~1910년을 중심으로." 『한국기독교와 역사』 제4호 (1995. 12), 161-176.

함석헌. 『뜻으로 본 한국역사』. 서울: 숭의사, 1963.

허남린. "규율과 질서: 임진왜란과 유교적 사회질서." 『국학연구』 14 (2009. 06), 249-287.

현종스님. "일체유심조 불교신문(2009. 09. 07)." http://www.hyundeoksa.or.kr/html/dzArticle/0000300001/973.html?page=4 (2019. 10. 13).

홍은혜. "오늘의 일본 선교 현장과 그 전략은…." 『기독일보』(2017. 11. 24). http://www.christiandaily.co.kr/news/ (2019. 11. 30).

Akin-Otiko, Akinmayowa., and Aremu Rahman Abbas. "Return to African Traditional Religion after conversion to Christianity or Islam: Patronage of culture or religious conversion?" *Ilorin Journal of Religious Studies* vol.9 no.1 (2019), 27-36. https://www.ajol.info/index.php/ijrs/article/view/188350 (2019. 11. 3).

Al-Qaradawi, Yusuf. *The Lawful and the Prohibited in Islam (Al-Halal Wal Haram Fil Islam)* (Arabic). Translated by Kamal El-Helbawy, M. M. Siddiqui, and S. Shukry, Plainfield: American Trust Publications, 1999.

Amaterasu, the Sun Goddess, rises from a cave ⓒ 歌川国貞 / WikiCommons; https://theculture trip.com/asia/japan/articles/7-shinto-kami-youll-meet-in-japan/ (2019.11.07).

Apte, Vaman Shivram. *The Practical Sanskrit Dictionary*. Delhi: Motilal Banarsidass Publishers, 1965.

Asad, Talal. *Genealogies of Religion: Discipline and Reasons of Power in Christianity and Islam*. Balti more: Johns Hopkins University Press, 1993.

Bachtiar, Harsja W. "The Religion of Java: Sebuah Komentar." Clifford Geertz. *Abangan, Santri, Priyayi dalam Masyarakat Jawa*. Jakarta: Pustaka Jaya. Reprinted from *Majalah Ilmu-ilmu Sastra Indonesia* 5:1 (January 1973).

Baird, Robert D. *Category Formation and the History of Religions*, 2nd ed. The Hague: Mouton de Gruyter, 1991.

Basham, A. L., Kenneth G. Zysk ed. *The Origins and Development of Classical Hinduism*. New York: Oxford University Press, 1989.

Baumann, Hermann. *Schöpfung und Urzeit des Menschen im Mythus der Afrikanischen Völker*. Berlin: Reimer, 1936.

Becken. H-J. ed. "Meaningful Christian worship for Africa." in *Relevant theology for Africa*. South Africa: Lutheran Publishing House, 1973.

Bernard, Theos. *Hindu Philosophy*. New York: Philosophical Library, 1947.

Blakely, T. D. et al. ed. *Religion In Africa: Experience & Expression*. London: James Currey, 1994.

Bodner, Lynn. "A Geometric Analysis of the Seven Heavens," https://archive.bridgesmathart.org/2005/ bridges2005-285.pdf (2019.10.29).

Brhadaranyaka Upanishad 1, 3.27

Brodd, Jeffrey. et al. *Invitation to World Religions* 3rd edition. Oxford: Oxford University Press, 2018.

Breen, John., and Mark Teeuwen. ed. *Shinto in History: Ways of the Kami*. Honolulu: University of Hawai'i Press, 2000.

Brownson, Elizabeth. *Palestinian Women and Muslim Family Law in the Mandate Period* 2nd ed. (Gender, Culture, and Politics in the Middle East). Syracuse: Syracuse University Press, 2019.

Brunner, E. *Der Mensch im Widerspruch: Die Christliche Lehre vom Wahren und vom Wirklichen Menschen*. Berlin: Furche, 1937.

"Buddhist texts," Wikipedia https://en.wikipedia.org/wiki/Buddhist_texts (2019.10.12).

Cali, Joseph., and John Dougill. *Shinto Shrines: A Guide to the Sacred Sites of Japan's Ancient Religion*. Honolulu: University of Hawai'i Press, 2013.

Capps, Walter H. *Religious Studies: The Making of a Discipline.* 김종서 외 5인 옮김. 『현대 종교학 담론』. 서울: 까치글방, 1999.

Chang, Lit-sen. *Asia's Religions: Christianity's Momentous Encounter with Paganism.* Phillipsburg: P & R Publishing, 2000.

Cho, Hung-Youn. *Koreanischer Schamanismus: Eine Einführung.* Hamburg: Hamburg Museum für Völkerkunde, 1982.

Choe, Sug Man. "The Problem of Social Order in Confucianism." *Comparative Korean Studies* 6 (2000), 59-77.

*Christus in der Welt. Briefsammlung an R. Wilhelm.* (Hg.) A. Rich, Zuerich 1964/5, 32. 임희국. "19세기 후반 독일 개신교회의 선교에 대한 비판과 대안." 재인용. http://kin.naver. com /open100/detail.nhn?d1id=6&dirId=60901&docId=775743&qb=Q2hyaXN 0b3BoIE JsdW1oYXJkOydmCDtjrjsp4A=&enc=utf8&section=kin&rank=1&search_ sort=0&spq=0&pid=Tm41klpVuEwssutwmSKsssssQC-293113&sid=vNeNlyDcBu DHnHm/TCzakQ%3D%3D (2017. 11. 20).

Clouser, Roy A. *The Myth of Religious Neutrality, Revised Edition: An Essay on the Hidden Role of Religious Belief in Theories,* Rev ed. 홍병룡 옮김. 『종교적 중립성의 신화』. 서울: 아바서원, 2017.

Comstock, W. Reichard. et al. ed. *Religion And Man: An Introduction.* New York: Harper & Row, Publishers, 1971.

Cotterell. Peter. *Mission and Meaninglessness: the Good News in a World of Suffering and Disorder.* London: SPCK Publishing, 1990.

Cox, Harvey. *Fire from Heaven.* 유지황 옮김. 『영성 음악 여성』. 서울: 동연, 1996.

Cragg, Albert Kenneth. "Hadith." *Encyclopaedia Britannica.* https://www.britannica.com/topic/ Hadith (2019. 10. 18).

Cusack, Carloe M. Review of *Journal of Religious History* 39(3) September, 2015.

Dresher, Lutz. "Ethik und Ekstase: Beobachtungen über den Einfluss vom Konfuianismus und Schamanismus auf die Koreanischen Kirchen." in *Zeitschrift für Missions- und Religionswissenschaft,* Heft 4 (1994), 274-289.

Durkheim, Emile. *The Elementary Forms of the Religious Life.* New York: Free Press, 1965.

Edwards, Linda. *A Brief Guide to Beliefs: Ideas, Theologies, Mysteries, and Movements.* Louisville: Westminster John Knox Press, 2001.

El-Hibri, Tayeb, Maysam J. al Faruqi. "Sunni Islam." In *The Encyclopedia of the Modern Middle East and North Africa* vol. 4 Se ed, edited by Philip Mattar, et al., London: Macmillan Reference, 2004.

Eliade, Mircea. "A Methodological Remarks on the Study of Religious Symbolism," in: *History of Religions: Problems of Methodology,* Eliade Mircea., and Joseph Kitagawa, ed. Chicago: Chicago University Press, 1959.

_____. *The Sacred and the Profane: The Nature of Religion: The Significance of Religious Myth, Symbolism, and Ritual within Life and Culture.* New York: Harcourt, Brace & World, Inc., 1961, 11. Translated from the French by William R. Trask, [first published in German as Das Heilige und das Profane (1957)]

_____. *Patterns in Comparative Religion.* Translated by Rosemary Sheed. New York: World, 1963.

_____. *Myth and Reality*. New York: Harper and Row, 1963.

_____. *The Quest: History and Meaning in Religion*. London: University of Chicago Press 1969.

_____. *Schamanismus und archaische Ekstasetechnik*. 이윤기 옮김. 『샤마니즘』. 서울: 까치글방, 1992.

Ellwood, Robert S. *The History and Future of Faith*. New York: Crossroad Publishing Company, 1989.

_____. *Mysticism and Religion*. 서창원 옮김. 『신비주의와 종교』. 서울: 이화여자대학교출판문화원, 1994.

Esekong, H A. "Arts, Religion and the New Social Order: Emerging Trends in Mediation in an Age of Globalization," *Lwati: A Journal of Contemporary Research* vol. 6 no. 1 (2009). https://www.ajol.info/index.php/lwati/article/ view/46544 (2019. 11. 03).

Esposito, John L. *Islam: The Straight Path* Rev. 3rd ed. Oxford: Oxford University Press, 2005.

_____., ed. *The Oxford History of Islam*. Oxford: Oxford University Press, 1999.

_____., and Natana J. DeLong-Bas. *Women in Muslim Family Law*. 2nd ed. Syracuse: Syracuse University Press, 2001.

_____., Darrell J. Fasching, and Todd Lewis. *World Religions Today*. Oxford: Oxford University Press, 2002.

Evangelical Alliance. *Christian and Other Faiths*. Paternoster Press, Exeter, 1983.

Evans-Pritchard Edward Evans. *Theories of Primitive Religion*. 김두진 옮김. 『원시종교론』. 서울: 탐구당, 1985.

Federspiel, Howard M. *A Dictionary of Indonesian Islam*. Athens: Ohio University Center for International Studies, 1995.

Feuerstein, Georg. *The Deeper Dimension of Yoga: Theory and Practice*. Boston: Shambhala Publications, 2003.

Fieser, James., and John Powers. *Scriptures of the World's Religions*. 5th ed. New York: McGraw-Hill Education, 2015.

Flood, Gavin. *An Introduction to Hinduism*. Cambridge: Cambridge University Press, 1996.

_____., ed. *The Blackwell Companion to Hinduism*. Malden: Blackwell Publishing Ltd., 2003.

Frazer, James George. *The Golden Bough*. 이용대 옮김. 『황금가지』. 서울: 한겨레출판사, 2011.

James, William. *The Varieties of Religious Experience: a Study in Human Nature*. London: Longmans, Green & Co., 1902. 후에 Modern Library #70, 1929년 판과 최근의 인쇄본이 있다. 한글 번역서는 김재영 옮김으로 『종교적 경험의 다양성』. 한길그레이트북스 40. 서울: 한길사, 2000.

Freud, Sigmund. *The Interpretation of Dreams*. 이환 옮김. 『꿈의 해석』. 서울: 돋을새김, 2014. 독일어 완역본은 김기태 옮김. 『꿈의 해석』. 서울: 선영사, 2011.

Geertz, Clifford. *The Religion of Java*. Chicago and London: The University of Chicago Press. 1960.

_____. *Interpretation of Cultures*. 문옥표 옮김. 『문화의 해석』. 서울: 까치, 2009.

Gellman, Rabbi Marc. Monsignor Thomas Hartman, Religion For Dummies, https://www.dummies.com/religion/shintoism/four-affirmations-of-shinto/ (2019. 11. 06).

Griffith, Ralph T. H. *The Hymns of the Rgveda*. Rev ed. Delhi: Motilal Banarsidass, 1973.

Gyawali, Dipak. "Challenged by the Future, Shackled by the Past," *Himal South Asia* (May 1997): 19.

James, William. *The Varieties of Religious Experience: a Study in Human Nature*. 김재영 옮김. 『종교적 경험의 다양성』. 서울: 한길사, 2000.

Jaspers, Karl. *Socrates, Buddha, Confucius, Jesus: From The Great Philosophers*. 황필호 옮김. 『소크라테스, 불타, 공자, 예수, 모하메드』. 서울: 종로서적, 1980.

Jones, Gavin W. "Agama-agama di Indonesia: Sejarah dan perkembangannya," *Agama dan Tantangan zaman: Pilihan artikel Prisma 1975-1984*. Jakarta: Lembaga Penelitian Pendidikan dan Penerangan Social dan Ekonomi, 1985, 117-138.

Hesselgrave, David J., and Edward Rommen. *Contextualization: Meanings, Methods, and Models*. Grand Rapids: Baker Book House Company, 1989.

Hick, John., ed. *Truth and Dialogue: The relationship between world religions*. London: Sheldon Press, 1974.

Hiebert, Paul G. "Power Encounter and Folk Islam," *Muslims and Christians on the Emmaus Road*, edited by J. Dudley Woodberry. Monrovia: MARC, 1989.

_____. "Popular Religions." *Toward 21st Century in Christian Mission*, edited by James M. Phillips, and Robert T. Coote. Grand Rapids: Eerdmanns, 1993.

_____. "Missiological Issues in the Encounter with Emerging Hinduism." *Missiology* vol. XXVIII no.1 (Jan 2000), 47-63.

Hughes, Thomas Patrick. *A Dictionary of Islam*. Chicago: Kazi Publications, 1995.

Hulbert, H. B. *The Passing of Korea*. 신복룡 옮김. 「대한제국멸망사」. 서울: 평민사, 1906.

Hurvitz, Leon. *Scripture of the Lotus Blossom of the Fine Dharma: The Lotus Sutra* Rev ed. New York: Columbia university press, 2009.

Idowu, E. Bolaji. *Olodumare: God in Yoruba Belief*. London 1962, (A & B Book Dist Inc, 1994).

Institute for the Study of Islam and Christianity. *Survey of Islam* [CD-ROM] (2000) 중 'Section Eleven: Folk Islam and Sufism (Islamic Mysticism).

Johnson, Todd M., and Brian J. Grim. *The World's Religions in Figures: An Introduction to International Religious Demography*. Chichester: Wiley-Blackwell, 2013.

Joo, Sunghak. "An Analysis of Ethical Principles of Jainism for Liberation and Moral Development of Jains Using Defining Issues Test," Ph.D. Dissertation of University of Madras, 2018.

Kane, Pandurang Vaman, ed. *History of Dharmasastra* vol. 1, 2. Poona: Bhandarkar Oriental Research Institute, 1968.

Kant, I. *Die Metaphysik der Sitten*, Kant Werke Bd. 7, W. Weischedel(Hrsg), 1983.

Kato, Byang Henry. *Theological Pitfalls in Africa*. Kisumu: Evangel Publishing House, 1975.

_____. *Theological Perspective in Africa: A Collection of Papers and Addresses*. Achimota: African Christian Press, 1985.

Kishore, B. R. *Rig Veda*. Dehli: Diamond, 1998.

Kraemer, Hendrik. *The Christian Message in a Non-Christian World*. 최정만 옮김. 『기독교 선교와 타종교』. 서울: 기독교문서선교회, 1993.

Keown, Damien. *A Dictionary of Buddhism*. Oxford: Oxford University Press, 2003.

Koentjaraningrat. *Majalah Ilmu-ilmu Sastra Indonesia*, 1/2 (September, 1963).

_____, ed. *Manusia dan Kebudayaan di Indonesia*, 15th ed. Jakarta: Penerbit Djambatan, 1995.

Kurata, Bunsaku., and Yoshio Tamura., ed. *Art of the Lotus Sutra: Japanese masterpieces*. Translated by Edna B. Crawford. Tokyo: Kōsei Pub. Co., 1987.

Lam, Wing-Hung. *Chinese Theology in Construction*. Pasadena: William Carey Library, 1983.

Lanczkowski, Günter. *Einführung in die Religionswissenschaft* 2nd ed. Darmstadt: Wissenschaftliche Buchgesellschaft, 1991.

Leone, Bruno. *The Spread of Islam*. San Diego: Greenhaven Press, 1999.

Lewis, James F., and William G. Travis. *Religious Traditions of the World*. 엄성옥 · 박경환 옮김. 『세계의 종교와 관습』. 서울: 도서출판 은성, 1995.

Long, Jeffery D. *Jainism: An Introduction*. New York: I. B. Tauris & Co Ltd, 2009.

_____. *Historical Dictionary of Hinduism*. Lanham: Scarecrow Press, 2011.

Lopez, Donald Jr., *The Lotus Sutra: A Biography Lives of Great Religious Books*. Princeton: Princeton University Press, 2016.

"Lotus Sutra." https://en.wikipedia.org/wiki/Lotus_Sutra (2019.10.13).

Love, Rick. "무슬림과 성경의 군사 용어." KMQ 창간호 (2001), 92-96.

Malinowski, Bronislaw. *Magic, Science and Religion*. New York: Doubleday Anchor, 1954.

"Mapping the Global Muslim Population: A Report on the Size and Distribution of the World's Muslim Population". Pew Research Center (October 7, 2009). https://www.pewforum.org/2009/10/07/mapping-the-global-muslim-population/ (2019.10.26).

Martin, W. A. P. "The Worship of Ancestor - A Plea for Tolerance." in *Records of the General Conference of the Protestant Missionaries of China Held at Shanghai* (1980), 619-631; idem. "The Worship of Confucius: is it Idolatry?" in *Chinese Recorder* 34 (1904), 92-93.

Marty, Martin E. "An Exuberant Adventures: The Academic Study and Teaching of Religion." *Religious Studies News*, vol.12 no.3 (September 1997).

Mbiti, John S. *African Religion and Philosophy*. 정진홍 옮김. 『아프리카 종교와 철학』. 서울: 현대사상사, 1979.

_____. *Introduction to African Religion*. 2nd ed. Long Grove: Waveland Press, 2015.

Mun, Sang-Hui. "Shamanism in Korea." in *Korean Thought*. International Cultural Foundation, gen. ed. Chun Shin-Yong. Seoul: Sisayongosa Publishers Ins., 1982 (Korean Culture Series 10).

Musk, Bill. *The Unseen Face of Islam: Sharing the Gospel with Ordinary Muslims*. oxford: Monarch books, 1989.

Muzorewa, G. H. *The Origins and Development of African Theology*. 조동호 옮김. 『아프리카 신학』. 서울: 한국신학연구소, 1987.

Mwanza, Pukuta. "6 Threats to Evangelism in the African Church."(JUNE 4, 2019) https://africa.thegospelcoalition.org/article/6-threats-evangelism-african-church/ (2019.11.03).

Nasr, Seyyed Hossein. *Three Muslim Sages: Avicenna-Suhrawardi-Ibn Arabi*. Cambridge: Harvard University Press, 1964.

Nazir-Ali, Michael. *Islam: A Christian Perspective*. Philadelphia: Westminster Press, 1983.

Neill, Stephen. *A History of Christian Mission*. 홍치모 · 오만규 옮김. 『기독교 선교사』. 서울: 성광문화사, 1980.

Nelson, John K. *A Year in the Life of a Shinto Shrine*. Seattle and London: University of Washington Press, 1996.

Netland, Harold A. *Encountering Religious Pluralism: The Challenge to Christian Faith & Mission*. Downers Grove: InterVarsity Press, 2001.

Nida, E. A. *Religion Across Cultures: A Study in the Communication of Christian Faith*. New York: Harper, 1968.

Noss, D. S. and J. B. Noss. *Man's Religions*. New York: Macmillan, 1980.

Nostra aetate. in A Flanneryed.. *Vatican Council II: The Conciliar and Post-Conciliar Documents*. Leominster: Fowler-Wright Books, 1975.

O'Dea, Thomas F. *The Sociology of Religion*. New Jersey: Prentice-Hall, 1966.

Omatseye, B. O. J., and Kingsley Osevwiyo Emeriewen. "An Appraisal of Religious Art and Symbolic Beliefs in the Traditional African Context." *An International Multi-Disciplinary Journal*. Ethiopia Vol. 4 (2) (April, 2010): 529-544.

Omotoye, Rotimi Williams. "The Study of African Traditional Religion and Its Challenges in Contemporary Times." *Ilorin Journal of Religious Studies*. (IJOURELS) vol. 1 no. 2 (2011): 21-40. https://www.ajol.info/index.php/ijrs/ article/view/90920/80339 (2019. 11. 03).

Otto, Rudolf. *Das Heilige: ber das Irrationale in der Idee des Gttlichen und sein Verhltniss zum Rationalen*. Mnchen: Breslau 1917, 영문판 번역 제목은 *The Idea of the Holy: An Inquiry into the Non-rational Factor in the Idea of the Divine and its Relation to the Rational*. tr. by John W. Harvey, Oxford University Press, 1923. 한글 번역은 길희성 옮김. 『성스러움의 의미: 신관념에 있어서의 비합리적 요소 그리고 그것과 합리적 요소와의 관계에 대하여』. 칠곡: 분도출판사, 1987.

Pals, Daniel L. *Seven Theories of Religion*. Oxford: Oxford University Press, 1996.

_____. *Eight Theories of Religion*. 조병련, 전중현 옮김, 『종교에 대한 여덟 가지 이론들』서울: 한국기독교연구소, 2016.

_____. *Nine Theories of Religion*. Oxford: Oxford University Press, 2015.

Parshall Phil. *Bridges to Islam*. Grand Rapids: Baker Book House, 1983.

_____. *The Cross and the Crescent*. 이숙희 옮김. 『십자가와 초승달』. 서울: 죠이선교회출판부, 1994.

_____. *New Paths in Muslim Evangelism*. Grand Rapids: Baker Book House. 1980.

Penner, Hans H. "Creating A Brahman: A Structural Approach to Religion," in *Methodological Issues in Religious Studies*. Chico: New Horizons Press, 1975.

Rahbar, Daud. *A Study in the Ethical Doctrine of the Qur'an*. Leiden: Brill, 1960.

Radhakrishnan, Sarvepalli., and Charles A. Moore, *A Sourcebook in Indian Philosophy* Rev ed. Princeton: Princeton University Press, 1967.

Ramachandran, R. *A History of Hinduism: The Past, Present, and Future*. 1st ed New Delhi: SAGE Publications Pvt. Ltd, 2018.

Rayan, Sohbi. "Islamic Philosophy of Education," *International Journal of Humanities and Social Science*, vol. 2 no. 19 (2012. 10): 150-156.

Rennie, Bryan S. *Reconstructing Eliade: Making Sense of Religion*. Albany: The State University of New York Press, 1996.

_____. "Mircea Eliade and the Perception of the Sacred in the Profane: Intention, Reduction, and Cognitive Theory," *The Finnish Society for the Study of Religion Temenos* vol. 43 no. 1 (2007), 73-98.

Reeves, Gene. *The Lotus Sutra: A Contemporary Translation of a Buddhist Classic*. Somerville: Wisdom Publications, 2008.

Review of Michael Stausberg ed., *Contemporary Theories of Religion: A Critical Companion*. New York: Routledge, 2009: *Method and Theory in the Study of Religion* 22 (2010), 375-377; *Numen* 57 (2010), 212-230.

Richter, Kent. *Religion: A Study in Beauty, Truth, and Goodness*. Oxford: Oxford University Press, 2017.

_____. et al., ed. *Understanding Religion in Global Society*. Belmont: Wadsworth, 2005.

Ro, Bong-rin., ed. *Consultation on Christian Response to Ancestor Practices, Christian Alternative to Ancestor Practices*. Taichung: Asia Theological Association, 1985.

Rosen, Larry. The "Psychology of Technology" https://www.psychologytoday.com/us/blog/rewired-the-psychology-technology/201003/welcome-the-igeneration (2018. 07. 11). *Rewired: Understanding the iGeneration and the Way They Learn* (New York: Palmgrave Macmillian, 2010).

Rumi, Mevlana Jalaluddin. *Love's Ripening: Rumi on the Heart's Journey*. Translated by Kabir Helminski., and Ahmad Rezwani. Boston: Shambhala, 2008.

Runesson, Anna. *Exegesis in the Making: Postcolonialism and New Testament Studies*. Leiden: Brill, 2010.

Schmitt, Eric Emmanuel. *Monsieur Ibrahim And The Flowers*, 김민정 옮김. 『이브라힘 할아버지와 코란에 핀 꽃』. 서울: 문학세계사, 2006.

Schimmel, Annemarie. *Mystical Dimensions of Islam* (35th Anniversary Edition). Chapel Hill: The University of North Carolina Press, 2011.

Schreiter, Lothar. *Adat dan Injil: perjumpaan adat dengan iman Kristen di Tahah Batak*. Jakarta: BPK Gunung Mulia, 1978.

Schroeder, D. "Zur Struktur des Schamanismus," *Anthropos* 50 (1955), 848-881.

Scott, Waldron. *Bring Forth Justice*. 강선규 옮김. 『사회 정의와 세계 선교를 향한 제자도』. 서울: 두란노서원, 1988.

Sharpe, E, J. *Understanding Religion*. London: Duckworth, 1983.

Shearer, Roy E. *Wildfire: Church Growth in Korea*. 이승익 옮김. 『한국교회 성장사』. 서울: 대한기독교서회, 1974.

Shim, Jae-Ryong. "Buddhist Response to the Modern Transformation of Society in Korea." in *Religion and Society in Contemporary Korea*, edited by Lewis R. Lancaster. et al. Berkeley: University of California, 1997.

Smart, Ninian. *Dimensions of the Sacred Paperback*. Berkeley: University of California Press, 1999.

_____. *Worldviews: Crosscultural Explorations of Human Beliefs*. 김윤성 옮김. 『종교와 세계관』. 서울: 이학사, 2000.

Smith, Henry N. "A Typology of Christian Response to Chinese Ancestor Worship." in *JES* 25 (1989): 628-647.

Smith, W. C. *Islam in Modern History*. Princeton: Princeton University Press, 1957.

_____. *The Meaning and End of Religion: A New Approach to the Religious Traditions of Mankind*. Minneapolis: Fortress Press 1991.

"Special Feature//특집//불교미술읽기: '불교미술의 몇 가지 상징 세계.'" 『미술세계』(2007. 4), 118-119. http://www.dbpia.co.kr/journal/articleDetail?nodeId= NODE00834069 (2019.10.14).

Spencer, Sidney. *Mysticism in World Religion*. Brunswick: A. S. Barnes, 1963.

"St. George's Church Ethiopia." Irish Archaeology. http://irisharchaeology.ie/ 2013/04/st-george-s-church-ethiopia/ (2019.11.01).

Stausberg, Michael., ed. *Contemporary Theories of Religion: A Critical Companion*. New York: Routledge, 2009.

Suh, David Kwang-Sun. "Shamanism: The Religion of Han," in Ibid., *The Korean Minjung in Christ*. Eugene: Wipf & Stock Pub, 2000.

_____. *The Korean Minjung in Christ*. Hong Kong: CCA, 1991.

Szocik, Konrad. "Research Approaches in the Study of Religion." *Studia Humana* 4 (1) (February 2015), 26-35.

Taber, Charles R. *The World Is Too Much With Us: "Culture" in Modern Protestant Missions*. Macon: Mercer Univ Press, 1991.

Tanabe, George J., and Willa Jane Tanabe, ed. *The Lotus Sutra in Japanese Culture*. Honolulu: University of Hawaii Press, 1989.

*The Laws of Manu*, George Bühler 옮김. The Sacred Books of the East, Vol. XXV, 1886.

Tenibemas, Purnawan. "Folk Islam among the Sundanese People of Indonesia." Unpublished Ph.D. dissertation, Fuller Theological Seminary, 1996.

Terry, John Mark. "무슬림 전도에 대한 몇 가지 접근법." Swartley, Keith., *Encounter Islam*. 정옥배 옮김. 『인카운터 이슬람』. 서울: 예수전도단, 2008, 342-347.

_____. "Approaches to the Evangelization of Muslims." (세미나 페이퍼). 18-20.

Thera, Nyanatiloka. *Buddhist Dictionary: Manual of Buddhist Terms and Doctrines*. Kandy: BPS Pariyatti Editions, 2019.

Tucker, Ruth A. *From Jerusalem to Irian Jaya: A Biographical History of Christian Missions*. 박해근 옮김. 『선교사열전』. 서울: 크리스챤다이제스트, 1993.

Tylor, Edward B. *Primitive Culture: Researches into the Development of Mythology, Philosophy, Religion, Art and Custom*. 1st ed. London, 1865, London: Forgotten Books, 2012.

_____. *Primitive Culture*. 유기쁨 옮김. 『원시문화 1, 2』. 한국연구재단총서 학술명저번역 615. 서울: 아카넷, 2018.

Va Buitenen, J. A. B. "Vedic Literature." in *Civilization of India Syllabus*. Madison: University of Wisconsin Press, 1965.

Vajda, Thomas L. "Zur Phaseologischen Stellung des Schamanismus," *Uraltaische Jahrbücher* 31 (1959), 456-485.

Van der Leeuw, Gerardus. *Religion in Essence and Manifestation: A Study in Phenomenology*. New York: The Macmillan Company, 1938.

_____. *Vom Heiligen in der Kunst*. Gütersloh: Bertelsmann, 1957.

_____. "De tween Wegen der Theologie." *Inleiding tot de Theologie*, 1948.

_____. *Sacred and Profane Beauty: the Holy in Art.* Oxford. New York: Oxford University Press, 2006.

Van Genep, Arnold. *Rites of Passage.* Chicago: The University of Chicago Press, 1960.

Van Leur, J. C. *Indonesian Trade and Society.* Bandung: Sumur Bandung, 1960.

Wang, Eugene Yuejin. *Shaping the Lotus Sutra: Buddhist Visual Culture in Medieval China.* Seattle: University of Washington Press, 2007.

Watson, Burton translator, *The Lotus Sutra and Its Opening and Closing Sutras.* Tokyo: Soka Gakkai, 2009.

"What is Halal? A Guide for Non-Muslims." https://www.icv.org.au/about/about-islam-overview/what-is-halal-a-guide-for-non-muslims/ (2019.10.18).

Weber, Max. *Die Protestantische Ethik und der 'Geist' des Kapitalismus.* 박성수 옮김. 『프로테스탄티즘의 윤리와 자본주의 정신』 2판. 서울: 문예출판사, 2010.

Wikipedia "Brahman" 항목(https://en.wikipedia.org/wiki/Brahman (2019.09.28).

Yang, C. K. *Religion in Chinese Society.* Berkely: University of California Press, 1962.

Yao, Xinzhong. *An Introduction to Confucianism.* Cambridge: Cambridge University Press, 2002.

Yewangoe, A. A. *Theologia Crusis in Asia: Asian Christian Views on Suffering in the Face of Overwhelming Poverty Multifaced Religiosity in Asia,* trans. to Indonesian Language Bahasa Indonesia by Stephen Suleeman, *Theologia Crusis di Asia.* Jakarta: Gunung Mulia, 1996.

Yoder, Lawrence McCulloh. *The Introduction and Expression of Islam and Christianity in the Cultural Context of North Central Java.* Unpublished Dissertation (Fuller Theological Seminary), 1987.

Zwemer, Samuel Martinus. *Islam, a Challenge to Faith: Studies on the Mohammedan Religion and the Needs and Opportunities of the Mohammedan World From the Standpoint of Christian Missions.* London: Forgotten Books, 2015.

오마이뉴스(2017.07.21). http://www.ohmynews.com/NWS_Web/view/at_pg.aspx?CNTN_CD=A0002344327 (2019.10.01).

"7 Shinto Kami You'll Meet in Japan." https://theculturetrip.com/asia/japan/articles/7-shinto-kami-youll-meet-in-japan/.

http://blog.naver.com/PostView.nhn?blogId=karsamo&logNo=220803596139 (2019.10.13).

http://collections.nmmusd.org/Africa/5893/ArchedHarp5893.html (2019.11.02).

https://ko.wikipedia.org/wiki/%EC%97%90%EB%B0%80_ %EB%92%A4%EB%A5%B4%EC%BC%90 (2019.09.21)

https://en.wikipedia.org/wiki/Shiva (2019.09.26).

https://en.wikipedia.org/wiki/File:Jain_Prateek_Chihna.jpg (2019.10.09).

http://fiestascope.co.kr/news/view/1064 (2019.10.02).

http://islambusan.org/%EA%BE%B8%EB%9E%80%EC%9D%BD%EA%B8%B0/ (2019.10.01).

http://kcm.kr/dic_view.php?nid=39037 (2019.11.02).

https://ko.wikipedia.org/wiki/%EC%9A%94%EA%B0%80 (2019.10.03).

https://ko.wikipedia.org/wiki/%EB%B9%84%EC%8A%88%EB%88%84 (2019.10.08).

https://ko.wikisource.org/wiki/%EA%BE%B8%EB%9E%80/%EC%A0%9C1%EC%9E%A5 (2019. 10. 17).

https://m.blog.naver.com/PostView.nhn?blogId=pink-madam&logNo=220912409091&proxy Ref erer=https%3A%2F%2Fwww.google.com%2F (2019. 10. 28).

https://m.blog.naver.com/PostView.nhn?blogId=pink-madam&logNo=220912409091&proxy Ref erer=https%3A%2F%2Fwww.google.com%2F (2019. 10. 28).

http://m.blog.daum.net/visions72000/979 (2019. 12. 18).

https://namu.wiki/w/비슈누 (2019. 10. 08).

http://www.dar-alifta.org/Foreign/ViewArticle.aspx?ID=64&CategoryID=2 (2019. 10. 26).

http://www.hyundeoksa.or.kr/html/dzArticle/0000300001/968.html?page=4 (2019. 11. 28).

http://www.sisajournal.com/news/ articleView.html?idxno=101299 (2019. 10. 01).

http://www.indiary.net/know/index_know.htm (2019. 09. 26).

http://www.indiary.net/know/index_know.htm

https://www.slideshare.net/hendQaid/lecture-1-islamic-art (2019. 10. 29).

 http://www.dar-alifta.org/Foreign/ViewArticle.aspx?ID=64&CategoryID=2 (2019. 10. 26).

https://www.pewresearch.org/wp-content/uploads/sites/7/2009/10/weightedmap.pdf (2019. 10. 26).

https://www.sos-usa.org/about-us/where-we-work/africa/hunger-in-africa (2019. 11. 30).

https://www.worldvision.org/hunger-news-stories/africa-hunger-famine-facts (2019. 11. 30).

# 찾아보기

## ㄱ

## ㄴ

## ㅇ

## ㅈ

## ㅍ

## ㅎ